学校保健ハンドブック

●第7次改訂●

教員養成系大学保健協議会 編

ぎょうせい

発刊によせて

　『学校保健ハンドブック』は，1982（昭和57）年に初版が発刊されて以来36年余りにわたって，全国の多くの大学等で教職課程における科目「学校保健」のテキストとして使用されて参りました。この間，本書は，教職をめざす学生が学ぶべき内容を分かりやすく解説し，学校保健の全体を理解できるようにするという方針を守りつつ，子供たちの健康実態や課題，関係する諸制度の改正など，社会の変化に応じた改訂を重ねてきました。

　この第7次改訂では，まず，前回改訂（2014（平成26）年）からの学校保健に関わる状況の変化に対応して，内容の拡充を図りました。主な事項としては，第一に，このたび改訂された新学習指導要領（2017（平成29）年告示の小学校学習指導要領及び中学校学習指導要領，2018（平成30）年告示の高等学校学習指導要領）を踏まえて，体育科・保健体育科における保健の内容等を改めました。第二に，がん対策基本法及びがん対策推進基本計画に基づいて求められているがん教育を新しい章として取り上げました。第三に，自殺やいじめの問題，精神疾患，依存症，性などの重要な現代的課題についてさらに内容を充実しました。

　また，今改訂では，テキストとしての活用の向上を一層めざして，「学習のポイント」及び「演習課題」を各章の扉に引き続き示すことに加え，「Master Course」を設けて項目内容の整理を図りました。

　本書が，教職をめざす学生はもとより，学校保健に携わる多くの皆様に役立てられ，子供たちの健康や安全を守り育てる活動の推進の一助となることを願っております。また，本協議会では，これからもよりよい学校保健及び学校安全の在り方について議論を重ね，その実現に努めて参ります。皆様からのご意見などもお寄せいただければ幸いです。

　最後に，本書の刊行におきまして，株式会社ぎょうせいの皆様に大変お世話になりました。ここに記して御礼を申し上げます。

2019（平成31）年3月

教員養成系大学保健協議会幹事長　野津　有司

執筆者一覧

[編集代表]

野津　有司　（のづ・ゆうじ）　　筑波大学教授

[編集委員]

岩田　英樹　（いわた・ひでき）　　金沢大学教授

笠井　直美　（かさい・なおみ）　　新潟大学教授

片岡　千恵　（かたおか・ちえ）　　筑波大学助教

久保　元芳　（くぼ・もとよし）　　宇都宮大学准教授

栗原　淳　（くりはら・あつし）　　佐賀大学教授

西岡　伸紀　（にしおか・のぶき）　　兵庫教育大学大学院教授

渡部　基　（わたなべ・もとい）　　北海道教育大学教授

[執筆者]

青柳　直子	（あおやぎ・なおこ）	茨城大学准教授	第2章第2節5
浅沼　徹	（あさぬま・とおる）	国際武道大学助教	第1章 Master Course ①／第10章第2節
新井　淑弘	（あらい・よしひろ）	群馬大学教授	第14章第3節
今村　修	（いまむら・おさむ）	東海大学名誉教授	第2章第4節
岩井　浩一	（いわい・こういち）	茨城県立医療大学教授	第12章第5節
岩田　英樹	（いわた・ひでき）	[前掲]	第2章第3節2
上地　勝	（うえじ・まさる）	茨城大学教授	第14章第1節
上田　敏子	（うえだ・としこ）	愛媛大学講師	第10章第1節／第11章第1節／第12章第3節
内田　匡輔	（うちだ・きょうすけ）	東海大学教授	第16章第3節
岡﨑　勝博	（おかざき・かつひろ）	東海大学教授	第2章第2節4
小澤　治夫	（おざわ・はるお）	静岡産業大学教授	第8章第2節
笠井　直美	（かさい・なおみ）	[前掲]	第6章第3節／第8章第3節／第9章
笠次　良爾	（かさなみ・りょうじ）	奈良教育大学教授	第16章第1節
数見　隆生	（かずみ・たかお）	東北福祉大学教授	第4章 Master Course／第15章 Master Course
片岡　千恵	（かたおか・ちえ）	[前掲]	第4章第2節／補章第1節2
鎌田　尚子	（かまた・ひさこ）	女子栄養大学名誉教授	補章第4節
久保　元芳	（くぼ・もとよし）	[前掲]	第5章第2節／補章第1節3
栗原　淳	（くりはら・あつし）	[前掲]	第1章第2節
黒川　修行	（くろかわ・なおゆき）	宮城教育大学准教授	第6章第1節

小泉　綾	（こいずみ・あや）	湘北短期大学教授	第16章第4節
小磯　透	（こいそ・とおる）	中京大学教授	補章第2節
佐見由紀子	（さみ・ゆきこ）	東京学芸大学准教授	第12章第6節
清水　将	（しみず・しょう）	岩手大学准教授	第3章第1節
菅沼　徳夫	（すがぬま・のりお）	大阪体育大学准教授	第2章第3節1
杉崎　弘周	（すぎさき・こうしゅう）	新潟医療福祉大学准教授	第7章第3節・第4節／第8章第1節
住田　実	（すみた・みのる）	大分大学教授	第6章第2節
高橋　珠実	（たかはし・たまみ）	東洋大学准教授	第4章第1節
高橋　浩之	（たかはし・ひろゆき）	千葉大学教授	第3章第2節
高橋　裕子	（たかはし・ゆうこ）	天理大学教授	第12章第2節
谷　健二	（たに・けんじ）	静岡大学名誉教授	第14章第2節
照屋　博行	（てるや・ひろゆき）	九州共立大学教授	第1章第4節
友川　幸	（ともかわ・さち）	信州大学准教授	第1章 Master Course ③
中村　和彦	（なかむら・かずひこ）	山梨大学大学院教授	第8章 Master Course
七木田文彦	（ななきだ・ふみひこ）	埼玉大学准教授	第1章 Master Course ② 2
西岡　伸紀	（にしおか・のぶき）	［前掲］	第5章第1節／第15章第2節～第5節
西村　覚	（にしむら・さとる）	島根大学准教授	第12章第4節
野津　有司	（のづ・ゆうじ）	［前掲］	第1章第1節2／第2章第1節、第2節1・2／第7章第1節／補章第1節1
野村　良和	（のむら・よしかず）	筑波大学名誉教授	第1章第1節1／第1章 Master Course ② 1
原　郁水	（はら・いくみ）	弘前大学講師	第12章第1節
樋口　善之	（ひぐち・よしゆき）	福岡教育大学准教授	第10章第3節／第11章第2節
藤原　昌太	（ふじわら・しょうた）	了徳寺大学講師	第2章第5節
本間　啓二	（ほんま・けいじ）	日本体育大学教授	補章第3節
宮本　賢作	（みやもと・けんさく）	香川大学准教授	第16章第2節
棟方　百熊	（むなかた・ほくま）	岡山大学大学院准教授	第1章第5節
面澤　和子	（めんざわ・かずこ）	弘前大学名誉教授	第13章
物部　博文	（ものべ・ひろふみ）	横浜国立大学教授	第2章第3節4／第7章第2節
山田　浩平	（やまだ・こうへい）	愛知教育大学准教授	第2章第2節3
吉田あや子	（よしだ・あやこ）	元西南女学院大学准教授	第1章第3節
渡邉　正樹	（わたなべ・まさき）	東京学芸大学教授	第15章第1節
渡部　基	（わたなべ・もとい）	［前掲］	第2章第3節3

（2019年3月1日現在／五十音順）

目　次

発刊によせて

執筆者一覧

第1章　全ての教職員が関わる学校保健

第1節　学校保健の意義 ……………………………………………………… 16

1　学校保健とは／16

2　改正された学校保健安全法／19

第2節　学校保健を担う教職員等の責任 …………………………………… 22

1　学級担任／23

2　養護教諭／24

3　保健主事／25

4　体育科・保健体育科の担当教員／26

5　校長・教頭等管理職／26

6　学校医，学校歯科医，学校薬剤師／27

7　スクールカウンセラー，その他の学校保健関係者／27

第3節　学校保健の組織活動 ………………………………………………… 29

1　学校保健に関する組織活動の必要性／29

2　学校保健活動における教職員の協力体制の確立／29

3　学校保健委員会／30

4　学校保健活動のマネジメント／32

5　学校保健活動の活性化／33

第4節　学校保健計画と学校安全計画 ……………………………………… 34

1　学校保健計画と学校安全計画の意義／34

2　学校保健計画と学校安全計画の策定／35

第5節　学校保健の行政 ……………………………………………………… 38

1　学校保健の行政組織／38

2　学校保健行政の特徴／39

3　学校保健行政の現状と課題／40

Master Course ①　健康の考え方 ………………………………………… 41

1　「疾病モデル（医学モデル）」と「生活モデル（社会モデル）」／41

2 「疾病生成論」と「健康生成論」／41

Master Course ② 学校保健の歴史 ······················· **42**

1 明治期からこれまでの変遷／42

2 歴史から見える2つの学校保健の課題／46

Master Course ③ 諸外国の学校保健 ····················· **48**

1 諸外国における Health Promoting Schools（ヘルスプロモーティングスクール）の普及／48

2 開発途上国における学校保健とその課題／48

3 国家プログラムとしての学校保健の普及と国際支援機関による学校保健支援／49

4 FRESH 提唱以降の学校保健の成果と，今後の開発途上国における学校保健の課題／50

第2章 教科「体育科」及び「保健体育科」での保健の指導

第1節 育成すべき保健の学力 ························· **54**

1 児童生徒における保健の学力の現状と課題／54

2 実践する力につながる保健の知識の習得／54

3 これからの子供たちに一層求められる保健の学力／55

第2節 学習指導要領に基づく保健の指導 ················· **56**

1 学習指導要領にみる保健の変遷／56

2 学習指導要領（平成29，30年）改訂の考え方／65

3 小学校学習指導要領（平成29年）のポイント／66

4 中学校学習指導要領（平成29年）のポイント／70

5 高等学校学習指導要領（平成30年）のポイント／74

第3節 保健の指導と評価 ··························· **78**

1 年間指導計画の立案／78

2 学習指導案の考え方と立て方／80

3 教材と指導方法の工夫／85

4 保健の学習評価の考え方と進め方／90

第4節 保健の担当教員として求められる力量形成のために ········· **96**

1 教師としての力量の重要性／96

2 よい授業とは何か／96

3 内容と教材と素材／97

4 授業遂行能力の構造／98

5 教師の基礎・基本的な力量（自己研鑽過程）／100

目　次

  6　教師の力量形成の主体者／101

第5節　保健の模擬授業の実際　………………………………………………………**102**

  1　模擬授業の意義／102

  2　模擬授業実施に当たっての留意点／102

第3章　学校の教育活動全体を通じて行う健康に関する指導

第1節　学習指導要領総則に示された学校における健康に関する指導　………………**106**

  1　健康的な生活を実践することのできる資質・能力を育成する教科等横断的な視点

    ／106

  2　学校の教育活動全体を通じて行う健康に関する指導／107

第2節　特別活動における健康に関する指導　……………………………………………**108**

  1　特別活動とは／108

  2　特別活動における健康に関する指導の位置付けとその特性／109

第4章　学校における性教育

第1節　児童生徒の性に関する現代的課題　……………………………………………**114**

  1　児童生徒の性行動の状況／114

  2　学校における性同一性障害等への対応／115

第2節　教育課程に基づく性に関する指導　……………………………………………**117**

  1　性に関する指導のねらい／117

  2　様々な機会で行われる性に関する指導／117

  3　指導に当たっての配慮事項／120

Master Course　性教育をどうとらえるか　……………………………………………**121**

  1　「性」は学びの対象たり得るか──「性の学力形成」という発想──／121

  2　性教育の必要性──その共通理解を図るために──／122

  3　性教育のスタンスをどう設定するか──誰もが納得できる視角──／123

第5章　喫煙，飲酒，薬物乱用防止教育

第1節　喫煙，飲酒，薬物乱用防止教育の進め方　……………………………………**126**

  1　喫煙，飲酒，薬物乱用防止教育の目標と内容／126

  2　教科「体育科」及び「保健体育科」における喫煙，飲酒，薬物乱用防止教育／127

  3　喫煙，飲酒，薬物乱用の助長要因に対処するための指導方法の工夫／129

第2節　薬物乱用防止教室の開催 ･･･ **131**

  1　我が国の薬物乱用防止対策と薬物乱用防止教室の位置付け／131

  2　薬物乱用防止教室の実施に向けて／132

第6章　食　　育

第1節　児童生徒の食に関する現代的課題 ･････････････････････････････････････ **136**

  1　食環境の変化と児童生徒の食生活の課題／136

第2節　学校における食に関する指導の進め方 ･････････････････････････････ **138**

  1　学校における食に関する指導と食育基本法／138

  2　学校における食に関する指導の意義，目標，内容，指導の留意点／138

  3　学校における食に関する指導と栄養教諭の職務／141

  4　学校・家庭・地域の連携による食育の推進／142

第3節　学校給食 ･･･ **143**

  1　学校給食の役割／143

  2　学校給食の衛生管理と食物アレルギー／144

第7章　がん教育

第1節　がん教育とは ･･･ **148**

第2節　がん教育の内容 ･･･ **149**

第3節　がん教育で配慮が必要な事項 ･･･････････････････････････････････････ **152**

第4節　外部講師による指導 ･･･ **153**

第8章　児童生徒の発育発達，疾病・異常

第1節　児童生徒の発育発達の特徴 ･･･ **156**

  1　発育と発達とは／156

  2　身体の形態発育／156

  3　身体の発育発達に影響する要因や条件／158

  4　相対的年齢効果／158

第2節　児童生徒の体力と運動習慣の現状と課題 ･････････････････････ **160**

  1　体力とその測定／160

  2　児童生徒の体力の現状／161

  3　児童生徒の運動習慣と体力／161

目　次

　　4　体力向上に向けての課題／162

第3節　児童生徒に見られる主な疾病・異常……………………………………………**164**

　　1　むし歯（う歯）／164

　　2　裸眼視力 1.0 未満／164

　　3　アデノイド，扁桃肥大／165

　　4　起立性調節障害／166

　　5　気管支ぜん息／167

　　6　アトピー性皮膚炎／167

　　7　食物アレルギー／168

　　8　アナフィラキシー／168

　　9　アレルギー性鼻炎／169

　　10　心 疾 患／169

　　11　腎 疾 患／170

　　12　肥満傾向及び痩身傾向／172

Master Course　被災地における幼児，児童生徒の体力・運動能力向上のための取組
………………**174**

　　1　被災地の子供の状況／174

　　2　被災地の子供の体力・運動能力／174

　　3　健やかな子供を育むための取組／175

　　4　まとめ――実は大人の問題である――／177

第9章　学校で注意すべき感染症

第1節　学校における感染症の予防と対応の考え方………………………………**180**

　　1　学校において予防すべき感染症の種類／181

　　2　出席停止の期間の基準／182

　　3　臨時休業／183

　　4　感染症予防に関する細目／183

　　5　保健所との連絡／184

第2節　学校で特に注意すべき感染症とその対策……………………………………**185**

第10章　精神の健康

第1節　児童生徒に見られる精神疾患…………………………………………………**190**

　　1　主な精神疾患／190

目　次

2　依存症／192

第2節　ストレスへの対処方法 ……………………………………………………194

1　現代人のストレスの状況――国民生活基礎調査の結果から――／194

2　ストレスへの対処方法の考え方と具体例／194

3　教育課程におけるストレスへの対処に関する指導／195

第3節　児童生徒の心の問題への対処 ……………………………………………197

1　児童生徒の心の問題への対応における基本的な考え方／197

2　対処の方法と留意点／197

第11章　児童生徒の自殺，いじめの問題

第1節　我が国における自殺の実態とその防止対策 ……………………………202

1　自　殺／202

2　自殺防止のための対策／204

第2節　児童生徒のいじめの防止 …………………………………………………206

1　いじめの動向と背景／206

2　いじめ防止対策／208

3　学校長や教職員の責任・役割等／209

4　ストレスに着目した取組の例から考える／210

5　中学校区単位での学校いじめ防止基本方針の着実な取組の重要性／211

第12章　児童生徒の健康状態の把握と指導

第1節　健康観察と健康相談 ………………………………………………………214

1　健康観察／214

2　健康相談／218

第2節　個別の保健指導 ……………………………………………………………222

1　学校における保健指導の位置付け／222

2　どの教職員も，相互に連携して行う保健指導とは／222

第3節　児童生徒の不登校への対応 ………………………………………………224

1　不登校の動向／224

2　不登校への対応／224

第4節　健康診断 ……………………………………………………………………226

1　健康診断の目的と意義／226

2　健康診断の種類／226

目　　次

   3　実施時期と検査項目／226

   4　健康診断の特質と限界／228

   5　実施上の留意点／229

   6　事後措置／229

   7　成長曲線の活用について／230

   8　臨時健康診断／231

   9　就学時健康診断／231

   10　教職員の健康診断／232

第5節　運動器検診……………………………………………………………**234**

   1　四肢の状態／234

   2　学校での運動器検診の手順／234

   3　整形外科医・理学療法士等との連携／237

第6節　学校生活管理指導表を活用した指導……………………………**238**

   1　学校生活管理指導表とは／238

   2　運動強度及び指導区分について／238

   3　学校生活管理指導表を活用した指導とケア／238

   4　アレルギーを有する児童生徒への指導とケア／240

   5　食物アレルギーにおけるアレルギー指導表を活用した実践の流れ／241

第13章　障害のある児童生徒への健康上の支援

第1節　特別支援教育の現状と課題……………………………………**244**

   1　特別支援教育の目的と推移／244

   2　特別支援教育の現状と課題／246

   3　特別支援教育の制度・体制の進展と課題／250

第2節　障害のある児童生徒への支援の留意点………………………**252**

   1　健康問題とその対応における留意事項／252

   2　保健・安全管理上の留意事項／254

   3　保健・安全教育の方針と留意事項──「自立活動」との連動──／255

第14章　学校環境衛生

第1節　学校における環境衛生の重要性と課題………………………**258**

   1　学校環境衛生の重要性／258

   2　学校環境衛生の構造／259

3　学校環境衛生の課題／259

第2節　環境衛生基準 ………………………………………………………………… **262**

　1　学校環境衛生基準の一部改正／262

　2　学校保健安全法と学校環境衛生基準／262

　3　定期検査と臨時検査／262

　4　日常点検／266

第3節　放射線曝露のリスクの理解 …………………………………………… **269**

　1　福島第一原子力発電所の事故による環境汚染と懸念される健康被害／269

　2　空間放射線量率の環境基準と食品中の放射性物質の基準／270

　3　放射線の測定，除染活動，放射性廃棄物の保管／271

　4　学校環境衛生におけるリスク・コミュニケーション／272

第15章　学校安全

第1節　事故・災害の発生とその防止の考え方 ……………………………… **276**

　1　事故・災害の発生機序／276

　2　事故・災害の防止／277

第2節　学校安全の意義 …………………………………………………………… **279**

　1　学校安全の意義，目標，構造／279

　2　学校安全の内容／280

第3節　児童生徒の事故及び災害被害 ………………………………………… **282**

　1　国内の全般的実態／282

　2　学校管理下の負傷，死亡／282

　3　交通事故／283

　4　犯罪被害／284

　5　自然災害／285

第4節　学校における安全管理と組織活動 ………………………………… **286**

　1　安全管理／286

　2　組織活動／289

第5節　学校における安全教育 ………………………………………………… **291**

　1　子供たちの安全に関する発達／291

　2　安全教育のねらいと指導内容／292

　3　学習指導要領における安全教育の内容及び活用できる資源／293

　4　安全マップづくり／295

　5　家庭，地域，関連機関と連携した安全教育／296

目　次

Master Course　東日本大震災の経験から学ぶ学校安全（防災）上の教訓 …………… 297

第16章　応急手当

第1節　応急手当の意義と教師の心構え …………………………………………… 300
　1　応急手当の意義／300
　2　教師としての取組──特に管理的な視点から──／302

第2節　急病の応急手当 ………………………………………………………………… 304
　1　保健教育における急病の応急手当／304
　2　保健管理における急病の応急手当／304
　3　急病の種類／305
　4　急病の応急手当の方法／306

第3節　けがの応急手当 ………………………………………………………………… 310
　1　けがの応急手当／310

第4節　心肺蘇生法 ……………………………………………………………………… 313
　1　救急蘇生法とは／313
　2　心肺蘇生とAEDによる除細動／315

補　章　保健を専攻する学生のために

第1節　卒業論文・修士論文の作成の基本 …………………………………………… 322
　1　研究課題の設定／322
　2　調査票の作成／323
　3　統計手法／326

第2節　教育実習への心構え …………………………………………………………… 331
　1　まじめに，一生懸命！／331
　2　学習指導案をしっかり書こう／331
　3　自分らしさ，工夫を形にしよう／333
　4　教育実習期間中は自分の全てを教育実習に／334

第3節　教員採用試験の対策 …………………………………………………………… 335
　1　分野別の出題内容と傾向／335
　2　採用試験への受験対策／338

第4節　子どもの権利条約と教師としての倫理 …………………………………… 340
　1　はじめに／340
　2　子どもの権利条約／340

3　教師の倫理／343

資　　料
　　○学校保健安全法／346
　　○小学校学習指導要領（抄）／348
　　○中学校学習指導要領（抄）／351
　　○高等学校学習指導要領（抄）／353

事項別索引··**357**

第1章

全ての教職員が関わる学校保健

学 習のポイント

1. 学校保健及び学校安全は，全ての教職員が学校保健安全法に基づいて推進していく必要がある。
2. 教育職員免許法上「学校保健」が必修科目となっている保健体育科教員は，養護教諭とともにより積極的に役割を担っていくことが求められる。
3. 学校保健（活動）は大きく分けると保健教育と保健管理の2領域に分けられ，それぞれに関する諸活動が推進されることにより，児童生徒の健康が維持向上する。
4. 学校保健安全法に基づく行政は，国・地方公共団体，学校の設置者，校長のそれぞれの役割と責任を規定し，実施されている。校長は，学校の条件整備に努めるとともに，学校設置者に対して改善請求権を持つことになっている。
5. 学校保健関係職員として，統括者である校長，保健主事，養護教諭，保健体育科教員，学級担任をはじめとした全ての教職員，さらには学校医，学校歯科医，学校薬剤師などの専門的な関係者がそれぞれ役割を担っている。
6. 学校保健のより効果的な取組に向けて，学校保健委員会，教職員の保健組織活動，児童生徒保健委員会などの組織活動が推進されている。
7. 各学校においては，年間の学校保健計画及び学校安全計画をそれぞれ作成し，それらに基づいて実践する。

演 習 課 題

A. 最近の新聞から学校保健活動に関わる記事を取り出し，その活動の意義を考えてみよう。
B. 学校保健活動を具体的に2つ挙げて，それぞれの活動における主な担当者とその役割について述べなさい。

第1章　全ての教職員が関わる学校保健

第1節	学校保健の意義

1　学校保健とは

　「学校保健」という用語は，「学校」と「保健」とが結合しているわけであるが，多くの場合「学校における保健」と解される。特に公衆衛生の立場からは，地域保健，産業保健，母子保健などと併置されることが一般的である。つまり「学校」という場における「保健」ということになる。この考え方によれば，学校保健は教育活動を円滑に行うための条件整備的な役割を負うものと言える。

　しかし一方，「学校保健」は教育の場としての学校における保健活動であり，本来教育という機能に内在するものであるという考え方もある[1)~5)]。

(1)　学校保健の目的

　我が国における多くの法律等が学校保健に関係を持っているが，それらを小倉学は次のように整理している[3)]。

　すなわち学校保健（活動）は，以下に示す３つの内容を達成することを目的としており，それぞれに付記した法律等に根拠を置いている。

　　①　基本的人権としての生存権・健康権の保障

　　　（日本国憲法第 13 条，第 25 条）

　　②　教育の目的としての健康な発達の促進

　　　（児童憲章，児童福祉法）

　　③　教育を受ける権利の保障

　　　（日本国憲法第 26 条，教育基本法第 3 条，同第 10 条）

　これらを踏まえて森昭三は学校保健の教育における存在理由として，言い換えれば学校保健の目的として以下の３点を挙げている[4)]。

　　①　心身ともに健康な国民の育成

　　②　教育を受ける権利（学習権，発達権）の保障

　　③　児童生徒の生存権・健康権の保障

　そしてこれらの目的は，学校（教育）に内在する福祉的機能（守る仕事）と教育的機能（育てる仕事）とを統一的にとらえ，実践活動に反映されることによって達成されるものであると述べている。

　ところで 1988（昭和 63）年，文部省の機構改革において，学校健康教育課が設置された。これはそれまでの学校保健課と学校給食課を統合したものであるが，このことにより健康教育という言葉の意味するところが大幅に拡大された。すなわち学校健康教育という言葉は，広義には従来の学校保健に学校給食をも含む広範な活動を意味することとなった。

・　**16**　・

第1節 学校保健の意義

図1 学校保健の領域・内容

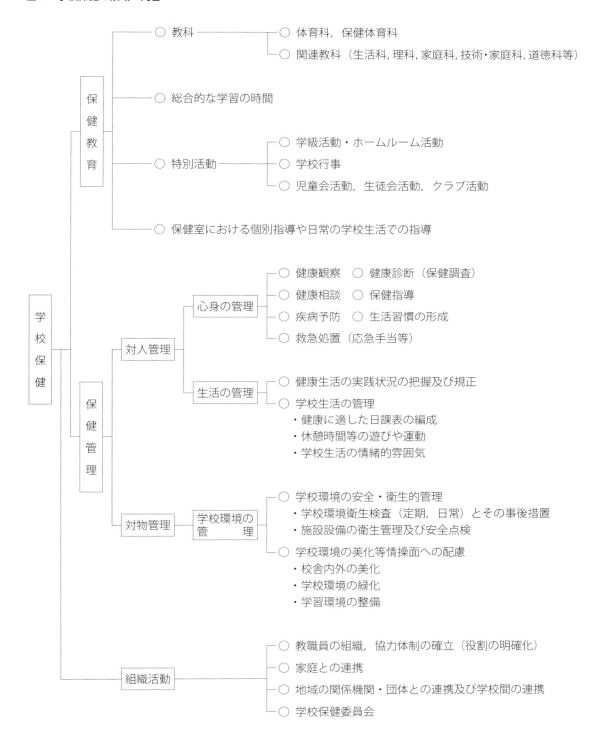

(参考：文部科学省主催「平成29年度学校保健全国連絡協議会（平成30年2月2日）」資料 p.33に一部加筆修正)

第1章 全ての教職員が関わる学校保健

表1 保健教育と保健管理の対比

	目　標	自律的か他律的か	効　果	関係職員	学校運営の過程
保健教育	保健の科学的認識と実践的能力の発達 ＊特に教科「体育科」及び「保健体育科」における保健の指導は，将来の健康生活における能力の基礎をつくる	学習効果として，児童生徒の自律的な判断・行動によって健康が保持増進されることを期待する	より間接的 しかし永続的	学級担任 保健(体育)教師 養護教諭	教授＝学習過程 (教育課程)
保健管理	心身の健康の保持増進 ＊学校管理下における健康問題の発見・改善・予防，健康増進が中心	専門職のリーダーシップのもとに他律的に児童生徒の健康に関する世話(care)をする	より直接的 しかし非永続的 (管理下から広げにくい)	学級担任 保健主事 養護教諭 (学外) 学校医 学校歯科医 学校薬剤師	管理＝経営過程

(※小倉学によるものを一部改変)

(2)　学校保健の構造と内容のとらえ方

　我が国では，「学校保健」を「保健教育」と「保健管理」の2領域からなるものというとらえ方が一般的である[6]。

　ところでこの2領域に「学校保健組織活動」を加えて「学校保健」の全体を整理すると，全体像を理解する上では有効な方法ではあるが，厳密にいえばこれは領域ではなく活動の形態であるので，併置することには多少問題もある（**図1**）。

　なお，「保健教育」と「保健管理」はそれぞれ独自の目的，内容，そして方法によって展開されるが（**表1**），同時に相互に関連性を持ちながら，全体として学校保健活動の目的の達成を意図している[7]。

(3)　ヘルスプロモーションと学校保健

　WHOによればヘルスプロモーションとは，「人びとが自らの健康をコントロールし，改善することができるようにするプロセス」であると提起している。また健康のための基本的な条件と資源は，平和，住居，教育，食物，収入，安定した生態系，生存のための諸資源，社会的正義と公正であり，健康の改善にはこれらの基本的な前提条件の安定した基盤が必要であると同時に，それを実現するための活動（行動）として，「唱道」（advocate），「能力の付与」（enable），「調停」（mediate）の3つの手段を挙げている[8]。

　そして具体的な活動として，①健康的な公共政策づくり，②健康を支援する環境づくり，③地域活動の強化，④個人技術の開発，⑤ヘルスサービスの方向転換を挙げている。

　このヘルスプロモーションの考えの具体策として，世界各地で「健康都市づくり」（Healthy City Project）や「健康的な学校づくり」（Health Promoting School Project）が進められている。

我が国の学校保健活動も，これまでに児童生徒の健康の保持増進に関わる教育的な支援と管理的な支援の両方の視点の下で進められてきた。しかしながら，より複雑化・多様化する児童生徒の健康・安全に関する課題の解決に向けて学校と地域社会との連携が一層求められている中で，ヘルスプロモーションの理念をより重視した包括的な学校保健活動の在り方について検討していく必要があろう。

■引用・参考文献
1）竹村一『教育としての学校衛生』日本学童保健協会，1938 年
2）唐津秀雄「人間形成の生活－学校保健に関する教師の問題意識を中心に－」『学校保健研究』第 6 巻第 5 号，pp.2-9，1964 年
3）小倉学『学校保健』光生館，pp.12-15，1983 年
4）森昭三「学校保健の意義と目的」『全訂　学校保健ハンドブック』ぎょうせい，pp.17-24，2000 年
5）数見隆生『教育としての学校保健』青木書店，1980 年
6）野村良和「学校保健理論に関する研究（Ⅱ）－領域構成論の検討－」『筑波大学体育科学系紀要』第 14 巻，pp.147-154，1991 年
7）上掲書 3）p.331
8）島内憲夫『ヘルスプロモーション～ WHO：オタワ憲章～』垣内出版，2013 年

[野村　良和]

2　改正された学校保健安全法

中央教育審議会答申「子どもの心身の健康を守り，安全・安心を確保するために学校全体としての取組を進めるための方策について」（2008（平成 20）年 1 月）[1]を踏まえて，50 年ぶりに学校保健法等が改正され，「学校保健安全法」「学校保健安全法施行令」及び「学校保健安全法施行規則」が 2009（平成 21）年 4 月に施行された。

この法改正の意義は，文部科学省によれば，「子どもたちの健康や安全の確保を図るために，現在学校において当然行われていること，行われなければならないことを規範として法律上位置付けることとしたものである。子どもの健康や安全を守る上で，いわば当然のこと，最低限必要なことをたゆみなく，あまねく全国の学校で行われるよう，法律上，明確に示した」[2]ことにあると説明されている。

全ての教職員はこれを機に，学校現場における保健及び安全に関わる取組の重要性について改めて自覚し，一層強力に推進していく必要がある。中でも，教育職員免許法上「学校保健」が必修科目となっている保健体育科教員においては特に，改正された点を含めて学校保健安全法について十分理解し，専門職である養護教諭とともにより積極的に役割を担っていくことが求められる。

主な改正事項等について，以下に示す。

(1)　総則に関して

①　「学校保健法」から「学校保健安全法」へ改称

近年，児童生徒等の安全を脅かす事件・事故が発生し，また，学校安全に対する意識が高まってきたことから，学校安全の章が新設され，学校安全に関する規定が充実された。

第1章　全ての教職員が関わる学校保健

これに伴い，本法律が学校保健と学校安全の両分野を規定する法律であることを明確にするため，「学校保健安全法」に改められた。

② 国及び地方公共団体の責務

国及び地方公共団体は，相互に連携を図り，各学校において保健及び安全に関わる取組が確実かつ効果的に実施されるようにするため，財政上の措置その他の必要な施策を講ずる旨が規定された（第3条関係）。

(2) 学校保健に関する事項

① 学校保健に関する学校の設置者の責務

学校の設置者は，児童生徒等の心身の健康の保持増進を図るため，施設設備や管理運営体制の整備充実など，必要な措置を講ずるよう努める旨が規定された（第4条関係）。

② 学校環境衛生基準

文部科学大臣は，学校における環境衛生に関する事項について，児童生徒等の健康を保護する上で維持されることが望ましい基準を定めるものとし，学校の設置者は，この基準に照らして適切な環境の維持に努めなければならない旨が規定された。また，校長は，当該基準に照らし，適正を欠く事項があると認めた場合には，遅滞なく，改善に必要な措置を講ずる等の旨が規定された（第6条関係）。

③ 保健指導

学校において，児童生徒の様々な心身の健康課題に適切に対応するためには，健康相談や担任教諭等による日常的な健康観察等により児童生徒等の健康状態を把握するとともに，健康上問題があると認められる児童生徒等に指導を行うことや，さらに家庭において対応が求められる事項に関して，保護者への助言指導を行うことがより必要となっている。こうしたことから，養護教諭その他の教員は相互に連携して，保健指導を行うべき旨が規定された（第9条関係）。

④ 地域の医療機関等との連携

学校においては，児童生徒の心身の健康課題を解決するために，地域の医療機関等との連携を推進することが重要となっている中で，救急処置，健康相談，保健指導を行うに当たっては必要に応じ，地域の医療機関その他の関係機関との連携を図るように努めるものとする旨が規定された（第10条関係）。

(3) 学校安全に関する事項

① 学校安全に関する学校の設置者の責務

学校の設置者は，児童生徒等の安全の確保を図るため，学校において事件事故等により児童生徒等に生ずる危険を防止し，事件事故等により児童生徒等に危険等が生じた場合，適切に対処することができるよう，学校の施設設備や管理運営体制の整備充実その他の必要な措置を講ずるよう努めるものとする旨が規定された（第26条関係）。

第1節　学校保健の意義

②　総合的な学校安全計画の策定及び実施

　学校においては，施設設備の安全点検，児童生徒等に対する通学を含めた学校生活その他の日常生活における安全指導等について計画を策定し，これを実施しなければならない旨が規定された（第27条関係）。

③　学校環境の安全の確保

　校長は，学校の施設設備について，児童生徒等の安全の確保を図る上で支障となる事項があると認めた場合には，遅滞なく，改善に必要な措置を講じる等の旨が規定された（第28条関係）。

④　危険等発生時対処要領の作成等

　学校においては，危険等発生時において学校の職員がとるべき措置の具体的内容や手順を定めた対処要領（危機管理マニュアル）を作成することとし，校長は，対処要領の職員に対する周知，訓練の実施その他の危険等発生時に職員が適切に対処するために必要な措置を講ずる旨が規定された。また，事件事故等が発生した後，児童生徒の心のケアが重要であることから，当該児童生徒等や関係者の心身の健康を回復させるため，必要な支援を行う旨が規定された（第29条関係）。

⑤　地域の関係機関等との連携

　学校においては，児童生徒の安全の確保を図るため，保護者，警察署その他の関係機関，地域の安全を確保するための活動を行う団体，地域住民等との連携を図るよう努めるものとする旨が規定された（第30条関係）。

■引用・参考文献
1）中央教育審議会答申「子どもの心身の健康を守り，安全・安心を確保するために学校全体としての取組を進めるための方策について」2008年1月17日
2）文部科学省スポーツ・青少年局学校健康教育課「学校保健法の改正をめぐって」日本学校保健会編『学校保健の動向』pp.1-7，2009年
・文部科学省スポーツ・青少年局長「学校保健法等の一部を改正する法律の公布について（通知）」2008年7月9日

［野津　有司］

第1章　全ての教職員が関わる学校保健

第2節　学校保健を担う教職員等の責任

　現代社会における多様化，深刻化した児童生徒の心身の健康問題への対応・解決に向けて，教職員等の果たすべき役割は大きい。特に2008（平成20）年1月の中央教育審議会答申「子どもの心身の健康を守り，安全・安心を確保するために学校全体としての取組を進めるための方策について」においても「学校保健に関する学校内外の体制の充実」として教職員の役割が明記されている。同年6月に学校保健法が「学校保健安全法」に改められ（2009（平成21）年4月施行），学校の管理・運営や教育計画において健康で安全な教育環境の整備・充実，危機管理体制の確立がこれまで以上に強く求められることとなった。そして，新たに健康観察，保健指導，医療機関等との連携などが位置付けられ，児童生徒の心身の健康問題の早期発見，早期対応を図るために，学級担任や教職員による日常的健康観察や保健指導の重要性が示された。

　それらを受けて文部科学省は「教職員のための子どもの健康観察の方法と問題への対応」（2009（平成21）年3月），「教職員のための子どもの健康相談及び保健指導の手引」（2011（平成23）年8月）を作成し，教職員と学校保健に関わる全ての関係者が共通理解のもとで，子供の心身の健康問題への責任ある対応の充実がめざされている。

　加えて，近年の学校教育改革の動向として，急激な社会の変化や将来予測が難しい社会状況において学校・教員が抱える課題解決や学校と地域の新たな連携・協働が求められている。そうした中で中央教育審議会は「チームとしての学校の在り方と今後の改善方策について」（2015（平成27）年12月）答申し，学校の教育力・組織力を効果的に高めるための「チームとしての学校」の考え方と具体的な改善方策を示している。「チームとしての学校」像として，答申には以下のように記載されている。

　校長のリーダーシップの下，カリキュラム，日々の教育活動，学校の資源が一体的にマネジメントされ，教職員や学校内の多様な人材が，それぞれの専門性を生かして能力を発揮し，子供たちに必要な資質・能力を確実に身に付けさせることができる学校

　そして，国や教育委員会が一体となり学校自体が教育課程の改善を含め学校のマネジメントモデルの転換を図る必要性を指摘し，次の3つの視点が明記された。
① 専門性に基づくチーム体制の構築
　・教員の専門性を共通基盤として，個々の得意分野を生かした学習指導や生徒指導など様々な教育活動を「チームとして」担い，指導体制の充実と学校内に協働文化を創出
　・心理や福祉等の専門スタッフが教育活動に参画できるよう位置付け，教員との連携・分担を図り専門スタッフが専門性や経験を発揮できる環境の充実
　・地域との連携・協働の推進の中核を担う教職員を配置するなど連携体制の整備

第2節 学校保健を担う教職員等の責任

② 学校のマネジメント機能の強化
  ・校長がリーダーシップを発揮できるような体制の整備
  ・校務分掌や委員会等の活動を調整し，学校の教育目標のもとに学校全体を動かす機能の強化
  ・副校長や教頭，主幹教諭の配置と活用の促進等ミドルマネジメントの充実
  ・事務職員の資質能力の向上や事務体制の整備など事務機能の強化
③ 教職員一人一人が力を発揮できる環境の整備
  ・「学び続ける教員像」の考え方を踏まえ人材育成や業務改善等の推進
  ・安心して教育活動に取り組めるよう，教育委員会等による教職員支援体制の充実

　これらの観点は，いわゆる「チーム学校保健」に置き換えて考えた場合，まさにチームとして複雑・多様化した児童生徒の様々な健康課題解決に向け，地域との連携を進め学校教育全体で取り組む重要性を再認識しなければならない。
　以下，「チーム学校保健」を構成する関係職員の個々の責務について述べる。

1　学級担任

　学校保健計画の実施に当たり，その内容全般にわたり児童生徒の直接的指導，管理に携わるのが学級担任の役割である。学級担任は，児童生徒の心身の健康状態を日常的に観察・把握し，その実態に即した指導，管理に当たることが，効果的な学級経営につながることに留意しなければならない。特にいじめなど心の問題については解決に向けての支援的態度を示し，プライバシーに配慮しながら児童生徒や保護者との信頼関係を深めるような教育活動を展開する必要がある。

　①保健教育に関わる内容では，学校保健計画に基づいて保健活動を学級経営方針に明確に位置付け，学級年間指導計画を立案し学級活動やホームルーム活動等において実施する。全ての児童生徒がその意義や必要性を理解できるようにすることも大切である。また，健康生活の実践に問題を持つ児童生徒に対し，随時個別指導を行う。

　②保健管理に関わる内容としては，教室の清潔，換気，照明，温度等の環境衛生の維持・改善を図り，日常的に児童生徒の健康生活の実践を管理，推進することが大切である。毎日の健康観察の結果から，児童生徒の健康状態を把握し，健康上問題のある者や支援を要すると思われる者に対しては適切な対応をしなければならない。特に健康診断の実施に協力し，事後措置については学校医，養護教諭等と相談の上，必要に応じて保護者と連絡をとり適切な指示を行う必要がある。

　③組織活動に関わる内容では，各学級における保健活動の推進が学校保健全体に影響することから，その役割を自覚し関係者との協力体制を積極的に整えなければならない。また，児童生徒の心身の健康に対する保護者の意識啓発と共通理解を深め，相互の信頼関係に基づいた連携に留意することが求められる。

第1章　全ての教職員が関わる学校保健

2　養護教諭

　養護教諭は，学校保健活動の中核として特に重要である。しかし，従来の職務に加え深刻化した不登校，いじめなど心の健康問題への対応としてヘルスカウンセリング機能の充実が求められ，また，保健主事としての役割や，教育職員免許法改正（1998（平成10）年）により兼職発令を受けて保健の授業担当ができるなど職務内容の拡大とともに，多忙さが指摘されている。教員加配措置（2007（平成19）年）により一部の改善も見られるが，求められる役割を機能的に遂行していくためには複数配置制度の導入など早急に解決すべき課題も多い。同時に資質の向上も十分図られなければならない。

　養護教諭の主な職務としては，以下の項目が挙げられる。

---

① 学校保健情報の把握に関すること
② 保健教育に関すること
③ 救急処置及び救急体制の整備に関すること
④ 健康相談に関すること
⑤ 健康診断に関すること
⑥ 学校環境衛生に関すること
⑦ 学校保健計画及び組織活動の企画，運営への参画及び一般教員が行う保健活動への協力に関すること
⑧ 感染症の予防に関すること
⑨ 保健室の運営に関すること

---

　①学校保健情報には体格，体力，疾病，栄養状態や健康習慣の実践状況，心の健康度，さらに性に関する内容など個人の情報や保健管理・運営に必要となる情報まで，その内容は実に多岐にわたる。それらの情報は学校保健活動を進める上で重要となるが，個人情報が含まれるためプライバシーに配慮し，その利用，管理には十分留意する必要がある。

　②保健教育には個人及び集団を対象としたものがあり，個別の心身の健康に問題や健康生活の実践に関して問題を有する児童生徒への個別の指導や学級活動やホームルーム活動，学校行事での集団への指導を行わなければならない。体育科・保健体育科での保健の指導では，指導助言や資料の提供等，専門的立場からの関わりを持つと同時に，T・T（ティーム・ティーチング）や単独での授業参加，協力に努めなければならない。

　③，④，⑤，⑧の職務は，保健管理における心身の管理として養護教諭の重要な役割である。また，それぞれの内容から得られた結果は，児童生徒が自らの健康状態を評価し，生活改善等に活用できるよう保健教育との関連性を考慮する必要がある。

　⑨保健室の運営については，職務やその機能が十分に発揮されるよう施設，設備や医薬品等の整備管理，諸情報の保管管理を徹底しなければならない。

3　保健主事

　保健主事は，1958（昭和33）年学校保健法の公布施行に際し，学校教育法施行規則の一部改正により文部省がその常置を規定した職務であり，1995（平成7）年・2007（平成19）年の法改正により「保健主事は，指導教諭，教諭又は養護教諭をもって充てる」となっている。1997（平成9）年9月保健体育審議会答申において，「保健主事は，健康に関する指導体制の要として学校教育活動全体の調整役を果たすことのみならず，心の健康問題や学校環境，衛生管理など健康に関する現代的課題に対応し，学校が家庭・地域社会と一体となった取組を推進するための中心的存在としての新たな役割を果たすことが重要である」と，深刻な児童生徒の心身の健康問題に対応して保健主事の重要性が示唆された。その役割を十分認識し学校保健活動の企画・調整に努めなければならない。

　保健主事の役割として，文部科学省は以下の項目を示している。

---

①　学校保健と学校教育全体との調整に関すること
②　学校保健計画及び学校安全計画の立案とその実施の推進に関すること
③　保健教育の計画作成とその適切な実施の推進に関すること
④　保健管理の適切な実施の推進に関すること
⑤　学校保健組織活動の推進に関すること
⑥　学校保健の評価に関すること

---

　①児童生徒の健康問題解決を学校教育の課題として位置付け，教育目標や学校運営の重点項目として取り組めるようにし，保健教育や保健管理の展開に当たり全ての教職員がそれらの活動に積極的に参画できるよう，その役割分担等の調整を行うことが求められる。

　②具体的実施計画の作成は，教育計画との関わりにおいて教務主任等と調整を行い，保健教育の時間が適切に確保できるように努める。また，計画内容には養護教諭や関係教員，保護者，地域の関係機関等からの情報・意見を生かすように配慮し，円滑な実施に向け全教職員の理解を深めるとともに，家庭，地域とも密接な連携をとることが求められる。

　③保健教育の計画において，保健主事は主に特別活動等における健康に関する指導の計画を作成する。その際，学校保健安全計画に基づき，題材名，ねらい，具体的指導内容を明らかにし，体育科・保健体育科での保健の指導との関連や実施時期の配慮を含め必要な指導資料，教材・教具の整備を行う。その際には特別活動主任等との調整が必要となる。

　④保健管理では，学校環境衛生検査の実施と環境衛生の維持及び改善，健康観察や健康診断の実施と事後措置，学校感染症，食中毒（特にO-157）の予防措置，救急安全対策など多岐にわたるが，学校教育運営上の基盤として重要であり，その実施は養護教諭の協力を得て適切に実施されなければならない。

　⑤学校保健組織活動は教職員，保護者，学校医等の専門職員や関係機関など多岐にわたる人々が関係する。「チームとしての学校」の観点から，関係者の連携を緊密にするため

第1章　全ての教職員が関わる学校保健

校内研修による教職員の共通理解や保護者との連携が進められるよう活動体制を整備する。

　⑥学校保健活動の評価は，PDCA の理念により計画立案と実施の改善のため活動の各領域・内容によって，さらに総合的に行われなければならない。基本的な評価の観点は活動計画及びその目標，活動方法，活動の成果について行い，問題解決を図り次の計画にフィードバックをする必要がある。

4　体育科・保健体育科の担当教員

　小学校においては体育科を担当する全ての学級担任，中学校，高等学校では保健体育科の教科担任によって保健の学習指導が行われる。体育科・保健体育科での保健の指導は，児童生徒が自らの健康と健康な生活について理解を深め，将来にわたって実践的意欲や態度を養う基盤となるものである。担当者はその重要性を認識し，画一的な教育にならないよう推進していく責任がある。また，その指導が教育活動全体を通じて行われるように，健康に関わる専門的教員として中心的役割を担う必要がある。

①　具体的学習計画（年間指導計画，単元計画）を立案，実施，評価する。その際，健康に関わる他教科との関連性や学年の系統性を配慮する。

②　児童生徒の特性を踏まえて，課題解決型学習など学習者が興味・関心を持ち主体的に授業参加できるよう教材の選択，開発を行い，養護教諭や専門家との T・T 導入など指導方法を工夫する。

③　児童生徒の健康生活の実践に関して，一般教員に指導・助言を与える。

④　学校保健計画の作成，実施に当たり，保健主事及び養護教諭に協力をする。

5　校長・教頭等管理職

　学校保健活動の充実と円滑な運営のため，冒頭で述べた「チームとしての学校」のリーダーとして校長や副校長・教頭等の管理職の果たす役割は重要である。管理職には自らの学校保健に対する理解と積極的態度が求められ，特に，リーダーシップを発揮し学校保健活動を統括しなければならない。したがって，学校保健安全法をはじめとする法的理解に努めるとともに，学校保健を学校経営に明確に位置付ける必要がある。

①　学校保健計画及び学校安全計画の策定（立案・実施・評価）に当たり，保健目標を設定し，具体的方針を教育計画の中に位置付ける。また，保健管理及び保健教育が適切に行われるよう，保健主事をはじめとする教職員の役割やその責務を明確にするとともに関係者の指導，監督を行う。

②　児童生徒及び教職員の健康実態を把握し，健康・安全の保持増進に向け施設・設備の安全，環境衛生の維持・改善を図る。特に危険発生時対処マニュアルの作成と，教職員に対しその周知，訓練を実施するとともに危機管理意識の高揚を図る。

第2節 学校保健を担う教職員等の責任

③ 保健主事の人選を行い，その職務を委嘱する。人選に当たっては，学校保健について十分な理解を持ち，役割を担うにふさわしい教員を充てる。

④ 学校における保健，安全に関する法令や通達等を教職員に周知徹底するとともに，最新の情報や知見について必要に応じて研修機会などを設ける。

⑤ 学校保健委員会を組織し，定例のほか必要に応じて委員会を召集する。また，健康課題解決や健康づくりのための研究協議を行い，協議事項を実践に移す。また，他校との学校保健委員会交流や，学校間の保健ネットワークを編成するなど組織活動の活性化を図る。

⑥ 学校保健活動の実施に当たり，地域社会の関心と理解を深めるとともに，連携・協力が得られるように配慮する。そのために教育委員会やPTA，あるいは保健所等地域保健・医療に関わる機関との連絡，交渉に当たり，学校保健活動推進の連携・協力体制を整える。

⑦ 感染症の発生など保健上の緊急事態が発生した場合，法の定めるところにより関係機関に連絡し，対策本部を設置するとともに児童生徒の出席停止や臨時休業など適切な措置をとる。日常的にも校内体制を整備する。

6　学校医，学校歯科医，学校薬剤師

学校医，学校歯科医，学校薬剤師は，保健管理に関わって学校における健康診断，健康相談や環境衛生検査等に従事するほか，学校保健計画及び学校安全計画策定とその推進に当たり実際の活動が適切に行われるよう，校長をはじめとする関係者に個々の専門の立場から助言，指導を行うものである。

学校保健法改正に伴い，文部科学省スポーツ・青少年局長通知（2008（平成20）年7月）に「学校医及び学校歯科医は，健康診断及びそれに基づく疾病の予防処置，改正法において明確化された保健指導の実施をはじめ，感染症対策，食育，生活習慣病の予防や歯・口の健康つくり等について，また，学校薬剤師は，学校環境衛生の維持管理をはじめ，薬物乱用防止教育等について，それぞれ重要な役割を担っており……」と示されている。

特に児童生徒の健康保持増進のために健康・安全に関わる予防教育は極めて重要であり，保健教育の効果的な推進のためにも教育活動に積極的に参画し，直接学習指導を行うなど専門的立場から教育に参画しなければならない。必要に応じて教職員に対する研修に協力するなど，その専門的知見を学校保健活動に生かすことができるよう努めるべきである。

7　スクールカウンセラー，その他の学校保健関係者

スクールカウンセラーは，1995（平成7）年度の試行的導入以降，全ての公立小・中学校や高等学校にもその配置・派遣が進められており，その取組の広がりとともに成果も認められている。

27

第1章　全ての教職員が関わる学校保健

　特にその導入により，校内におけるいじめや不登校，他の問題行動の減少が見られ，スクールカウンセラーは養護教諭とともに心の健康問題の解決や維持増進のため中心的な役割を担っている。ただし，その役割については教職員間の共通理解を深めるとともに，児童生徒への対応が教職員との連携のもとに進められることが大切である。

　このほかに 2005（平成 17）年度に導入された栄養教育制度により食教育を担う栄養教諭，学校給食に携わる学校栄養職員が挙げられる。また，地域保健医療や安全管理従事者は多岐にわたるが各々重要な存在であり，学校の健康・安全確保のために個々の学校の状況により組織活動の一員として連携を保つように配慮されなければならない。

■引用・参考文献
・中央教育審議会「子どもの心身の健康を守り，安全・安心を確保するために学校全体としての取組を進めるための方策について（答申）」2008 年 1 月 17 日
・文部科学省スポーツ・青少年局長「学校保健法等の一部を改正する法律の交付について（通知）」2008 年 7 月 9 日
・文部科学省「保健主事のための実務ハンドブック」2010 年 3 月
・文部科学省「教職員のための子どもの健康観察の方法と問題への対応」2009 年 3 月
・文部科学省「教職員のための子どもの健康相談及び保健指導の手引」2011 年 8 月
・公益財団法人日本学校保健会編『学校保健の動向』各年度版
・中央教育審議会「新しい時代の教育や地方創生の実現に向けた学校と地域の連携・協働の在り方と今後の推進方策について（答申）」2015 年 12 月 21 日
・中央教育審議会「チームとしての学校の在り方と今後の改善方策について（答申）」2015 年 12 月 21 日
・中央教育審議会「これからの学校教育を担う教員の資質能力の向上について〜学び合い，高め合う教員育成コミュニティの構築に向けて〜（答申）」2015 年 12 月 21 日
・文部科学省「『次世代の学校・地域』創生プラン」2016 年 1 月 25 日

［栗原　淳］

第3節　学校保健の組織活動

1　学校保健に関する組織活動の必要性

　学校保健における組織活動とは，児童生徒等の健康の保持増進に向けて，保健管理と保健教育を有機的に関連付け，学校医・学校歯科医・学校薬剤師の協力の下，学校・家庭・地域社会の三者が互いに連携しながら活動することである[1]。

　児童生徒等の心身の健康については，近年の都市化，少子高齢化，情報化，国際化などによる急激な社会環境や生活環境の変化によって大きな影響を受けている。生活習慣の乱れている児童生徒やいじめ，不登校，児童虐待などのメンタルヘルスに関する課題や性の問題行動，薬物乱用，感染症，アレルギー疾患などの健康課題を抱えている児童生徒が増加してきており，心身の健康問題も多岐にわたり，一人一人のニーズも多様化してきている。さらに，特別な配慮を必要とする児童生徒の教育的支援も課題である。

　このような現代的な健康課題の解決を図るためには，一人一人の健康の維持増進を目標に学校，家庭，地域社会が連携協力して組織的に取り組むことが大切である。学校内の組織体制が充実していることが基本となる。

2　学校保健活動における教職員の協力体制の確立

　学校保健活動は，学校長のリーダーシップの下，学校保健計画に基づき，全教職員が学校保健の共通認識を持って，連携・協働することが重要である。特に，学校保健計画の企画・推進者としての保健主事の役割が重要であり，加えて児童生徒の健康をつかさどる養護教諭の役割と働きが学校保健組織の活性化には不可欠である。

　学校保健を担当する職員としては，保健主事，養護教諭のほか，学級担任等の教諭，学校医，学校歯科医，学校薬剤師等の専門家，栄養関係では栄養教諭・学校栄養職員など，専門性を有する教職員まで幅広く考える必要がある。さらに，教職員以外にも，心の健康についてはスクールカウンセラーなど，それぞれの分野における専門家の協力を得ることが重要である。このように多様な教職員等が学校保健に関係することから，学校においては互いの役割を明らかにし，連携して組織的に学校保健に取り組むことが重要である。

　学校保健に関連する組織活動には，校務分掌による保健部などと関連する生徒指導部，教育相談部などがある。各種委員会として，学校保健委員会，学校安全委員会，いじめ・不登校対策委員会，特別支援委員会及び児童・生徒保健委員会，PTA保健委員会などが設置されている。

第1章　全ての教職員が関わる学校保健

3　学校保健委員会

(1)　学校保健委員会の沿革

　学校保健委員会については，1958（昭和33）年の学校保健法等の施行に伴う文部省体育局長通達（昭和33年6月16日文体保第55号）において，学校保健計画に規定すべき事項として位置付けられている。また，1972（昭和47）年の保健体育審議会答申においても，「学校保健委員会の設置を促進し，その運営の強化を図ることが必要である」と提言されている。これは，学校保健委員会の設置率の低迷などの実態をとらえての提言である。

　1997（平成9）年の保健体育審議会答申においては，ヘルスプロモーションの理念に基づく健康の保持増進が提言されるとともに，学校保健委員会の設置促進，地域との連携・協働及び地域学校保健委員会の活性化などの重要性が示された。

　学校保健委員会の設置率は，文部科学省の調査によると2005（平成17）年度で小学校81.9％，中学校78.6％，高等学校76.7％，中等教育学校55.6％，旧特殊教育諸学校89.8％であったが，2012（平成24）年度では小学校92.2％，中学校90.3％，高等学校91.2％，中等教育学校92.6％，特別支援学校92.3％など徐々に高くなってきた。しかし，まだ開催回数が1回以下の学校もあるなど質的な課題があり，今後さらに活発化を図っていく必要がある。

　なお，2008（平成20）年1月の中央教育審議会答申を受けて同年に学校保健法が学校保健安全法に改正されたことを機に，安全の重要性が高まったことから，学校安全は学校保健から独立して取り組むべきこととされた。学校における事件・事故・災害等に対する児童生徒の安全に関する課題の解決に向けて，学校保健組織と同じように，その地域の特性を踏まえて学校安全計画を立て，学校内外の組織的な活動を行うことが求められた。

(2)　学校保健委員会の目的

　学校保健委員会は，学校における健康に関する課題を研究協議し，児童生徒等の健康づくりを推進するための組織である。多様な健康問題に対応するため，学校と家庭，地域を結ぶ組織として学校保健委員会を機能させることが大切である。

　なお，児童・生徒保健委員会は，特別活動における児童会・生徒会活動における「異年齢集団による交流」として，児童会・生徒会活動のねらいを踏まえ児童生徒によって構成され，保健という側面からよりよい学校生活づくりに取り組む組織である。

(3)　学校保健委員会の構成員

　学校保健委員会は，校長，関係教職員をはじめ保護者や地域保健関係者，児童生徒などの代表者で構成し，保健主事が中心となり養護教諭の協力の下で計画的に開催されるものである。学校保健委員会の関連組織として，地域保健委員会，校区保健委員会なども必要に応じて開催する。

　学校保健委員会の構成員は，固定的，画一的ではなく，その年度の児童生徒の健康課題

第3節 学校保健の組織活動

表1 学校保健委員会の主な構成員

学校	学校長，教頭	学校長，副校長，教頭など
	教職員代表	保健主事，養護教諭，教務主任，生徒指導主事，学年主任，体育・安全・給食等の主任，保健部教員（学年），栄養教諭（学校栄養職員），進路指導主事など
	関係組織	体育委員会などの議題に関係のある委員会など
	児童生徒代表	児童会・生徒会保健委員，児童会・生徒会委員会役員など
保護者代表		PTA本部役員，PTA各学年委員長，PTA各学年保健委員，PTA各部委員長など
指導・助言者学校医など		学校医，学校歯科医，学校薬剤師，スクールカウンセラー
関係機関代表		教育委員会（担当者），保健所・保健センター（所長，保健師その他の職員），市町村保健衛生課，児童相談所，警察署，民生（児童）委員，消防署，児童館，地域の保育所・保育園・小学校・中学校など
地域の団体代表		通学区交通安全担当者，通学区町内代表，公民館館長など
その他（議題に応じて）		各領域の専門家（大学等），学校評議員，小中高連携校の教員，交通安全協会，道路・公園管理者，地域内の老人会等，地域内の他校の児童生徒など

や議題に応じて機能的な組織となるように弾力的なものにする必要がある。

2008（平成20）年1月の中央審議会答申を参考に，学校保健委員会の主な構成員を**表1**に示す。

(4) 学校保健委員会の運営

学校保健委員会の運営については，学校教育の目標及び学校保健計画・学校安全計画での位置付けを踏まえ，年間計画を策定することが大切である。開催回数は，学期ごとに1～2回が望ましい。また，いじめや薬物の問題や感染症の流行時（エピデミック）などには，臨時に開催する必要がある。学校保健委員会の実施に当たっては，以下の事項に留意し，活性化に努めること。

○ 学校保健活動における年間計画に位置付け，日時・議題を決定する。議題は自校の児童生徒の健康課題や喫緊の課題等できるだけ具体的な課題とする。

○ 特別活動での健康に関する指導，体育科・保健体育科における保健の指導，総合的な学習の時間等との関連を図る。

○ 会議資料は簡潔明瞭に作成しておく。

○ 会議の時間は1時間程度とし，開始・終了時間を厳守する。

○ 司会・記録などの役割を事前に定め，議事録を作成する。

○ 開催後，協議結果を職員会議に報告・提案する。

○ PTA活動や児童会・生徒会活動を通して実践する。

4　学校保健活動のマネジメント

　保健主事は，学校保健と学校全体の活動との調整，学校保健計画の作成と実施，学校保健に関する組織活動の推進，学校保健の評価などを行い，適切かつ充実した学校保健委員会を開催し，学校保健活動の推進につなげる役割を担っており，学校内外の情報を収集し，関連する人々を活用する企画力などが求められる。

　養護教諭は，その職務が学校教育法で「児童（生徒）の養護をつかさどる」と定められており，救急処置，健康診断，疾病予防などの保健管理，保健教育，健康相談活動，保健室経営，保健組織活動などを行っており，保健主事を兼ねることが可能となっている。学校保健計画を踏まえた保健室経営計画を立て，開かれた保健室経営を行うことが大切である。

　効率的に学校保健活動を展開するためには，いわゆる Plan・Do・Check・Action のマネジメントサイクルを活用することが望ましい（図1）。

　まず前提として，児童生徒の実態やニーズを把握し，自校の健康課題を検討し，その解決のために組織としての方針を検討する。

① 児童生徒の健康の保持増進を図るために，保健教育目標を定め，学校保健計画を作成（Plan）する。
② 次に，計画を実施（Do）する。
③ 実施後には，目標の達成度や計画及び組織活動の妥当性などの評価（Check）を行う。
④ 評価を踏まえた修正などの改善（Action）を行い，次回の計画につなぐ。

図1　学校保健活動のマネジメント

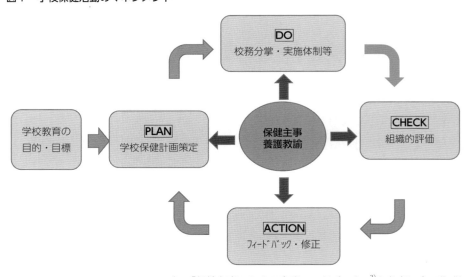

（※「保健主事のための実務ハンドブック」[2]を参考に吉田作成）

5　学校保健活動の活性化

　学校内では，教職員が学校保健の情報を共有し，民主的に進めていくことが重要である。また，各教職員が学校保健活動に対する知識を深め，認識を高めるためには，学校保健に関する校内研修会などを企画して実施する。

　家庭との連携については，児童生徒の生涯を通じた健康づくりを推進していくために学校がなすべきことを明確にして，保護者との信頼関係を構築し家庭との役割分担を行っていくことが重要であり，保護者会，授業参観，家庭訪問，地域懇談会などの機会を利用して学校保健についての方針を具体的に説明することである。また，地域の関係機関との連携では，その地域の特性を踏まえた取組の実施が重要であり，母子保健，保健福祉などの関係機関とも緊密に連携していくことである。

■引用・参考文献
1）日本養護教諭教育学会「養護教諭の専門領域に関する用語の解説集（第二版）」2012 年
2）文部科学省「保健主事のための実務ハンドブック」2010 年
・学校保健・安全実務研究会編著『学校保健実務必携（新訂版（第 2 次改訂版））』第一法規，2009 年
・公益財団法人日本学校保健会『学校保健の動向　平成 24 年度版』日本学校保健会出版部，2012 年
・中央教育審議会「子どもの心身の健康を守り，安全・安心を確保するために学校全体としての取組を進めるための方策について（答申）」2008 年 1 月 17 日
・公益財団法人日本学校保健会「平成 27 年度『学校保健委員会に関する調査』報告書」2016 年
・文部科学省「平成 29 年度　学校保健委員会の設置状況」2018 年

［吉田　あや子］

第1章　全ての教職員が関わる学校保健

第4節　学校保健計画と学校安全計画

1　学校保健計画と学校安全計画の意義

　児童生徒が学校や家庭，地域社会において，健康で明るくたくましく，心豊かに過ごすためには長期的展望に立った学校保健計画と学校安全計画を策定し，全ての学校関係者は，家庭や地域社会の人々とともにその活動が効率的に進められていくようにしていかなければならない。近年の児童生徒の中には，う歯，高脂血症，肥満，アレルギー性疾患等になりやすかったり，ちょっとした転倒で骨折や捻挫，また，反射等の能力の低下で頭部や顔面打撲を引き起こしたりする者も見られている。また，精神的，社会的問題としては，いじめ，薬物乱用，性の逸脱行動等，近年では，さほど珍しい出来事ではなくなってしまった。一方，死因別死亡数から，児童生徒の死亡状況を観察すると，自殺や不慮の事故による死亡が上位に見られている[1]。学校においても，これらの事象に対処していくことも重要なことではあるが，それよりもっと重要なことは，このような事態が発生することのないように，彼らの常日頃の健康状況や生活行動に気を配り，かつ，関係各方面と密接な関係を保っておくことである。

　2008（平成20）年1月，中央教育審議会答申「子どもの心身を守り，安全・安心を確保するために学校全体としての取組を進めるための方策について」が示された。このことを受けて，約50年ぶりに学校保健法等が改題され，「学校保健安全法」「学校保健安全法施行令」及び「学校保健安全法施行規則」が，2009（平成21）年4月に施行された。こうしたことから，学校においては，児童生徒等及び教職員の健康管理を図るための「学校保健計画」を策定すること，また，児童生徒たちの安全確保を図るための「学校安全計画」を策定することが学校保健安全法で規定されている。また，近年，健康教育学の領域では「ヘルスプロモーション」の考え方が主流になっており，ヘルスプロモーションの根拠「全ての人々が健全なライフスタイルを創造すること」を活かした健康教育，健康管理活動が始められている。このような考えを基に健康促進学校（ヘルスプロモーティングスクール）の構築に向けて学校と地域社会が一体となった活動（コミュニティスクール）も始まっている。アメリカ，イリノイ州立大学のコルビー教授は，健康促進学校づくりに向けての8項目として「①健康教育，②体育科教育，③学校保健サービス，④栄養教育，⑤社会心理学的カウンセリング，⑥健康的な学校環境，⑦学校健康促進専門スタッフ，⑧家庭や学校を包含した活動」等を提言している[2]。これらの8項目を発展させるためには，全ての教師が学校保健安全への造詣を深めることや，学校と地域社会が協働した連携が求められている。

第4節 学校保健計画と学校安全計画

2　学校保健計画と学校安全計画の策定

　学校保健計画とは，学校において必要とされる保健に関する具体的な実施計画であり，毎年度，学校の状況や前年度の学校保健活動の取組状況を踏まえて作成されるべきものである。そして，学校保健に関する取組を進めるに当たっては，学校のみならず，保護者や関係機関・関係団体と連携協力を図っていくことが重要であり，学校保健計画の内容について，保護者等にも周知を図らなくてはならない。なお，学校保健計画に必ず盛り込まなければならない事項としては，「児童生徒等及び職員の健康診断」「環境衛生検査」「児童生徒等に対する指導」などがある（学校保健安全法第5条）。

　学校安全計画とは，学校において必要とされる安全に関する具体的な実施計画であり，毎年度，学校の状況や前年度の学校安全の取組状況等を踏まえ，作成されるべきものである。そして，学校保健計画と同様に，学校安全を推進していくためには，関係機関との連携協力が重要であることから，学校安全計画の内容についても保護者等にも周知を図らなければならない。さらに学校においては，生活安全（登下校時の安全確保，防犯等も含む），交通安全，災害安全（自然災害への対処）等の確保に向けて総合的な安全対策を講じることが求められている。なお，学校安全計画に必ず盛り込まれなければならない事項としては，「学校の施設及び設備の安全点検」「児童生徒等に対する通学を含めた学校生活その他の日常生活における安全に関する指導」「職員の研修」などがある（学校保健安全法第27条）。

　学校保健計画や学校安全計画は，長・中期計画から，1年単位の短期計画が見られている。**表1**と**表2**に福岡県Y小学校の年間の学校保健計画と学校安全計画を一部改変して提示した。このように各学校では，児童生徒の実態に即して，「このような働きかけを行うことによって児童生徒等は，健全な心身をつくりあげることができるであろう」という仮説を立案し，その仮説に基づいた活動が実践されている。そして，その活動が終了すれば，その評価が行われている。評価の方法は，計画段階の仮説と照合することによって，その活動は正しかったのかどうか，ということである。その仮説通りの結果が見られているのであれば，その計画は成功したということであるが，仮説通りの結果が見られなくても，それを失敗と考えるのではなく，次への新たな課題として検討することである。

■引用・参考文献
1）（一財）厚生労働統計協会「国民衛生の動向 2018/2019」『厚生の指標』臨時増刊第65巻第9号「死因順位5位までの死亡数・率」p.419，2018年
2）Lloyd J. Kolbe「A Template for Building Modern School Health Programs」p 35
　 International Workshop on Health Promoting Schools in Taiwan 2003.12.15

〔照屋　博行〕

第1章　全ての教職員が関わる学校保健

表1　学校保健推進計画

《指導の重点及び月別の概要等》

本年度の指導の重点
・学級での健康に関する指導や日常的な指導を通して，健康生活を営むための知識を習得させるとともに，家庭との連携を図り基本的な生活習慣の育成に努める。 ・児童一人一人が体や心をみつめ，自分や友だちを大切にしようとする意識や態度を育てる。

月		月の重点	関連行事	保健管理	保健教育		組織活動 (教員研修)
					体育科・保健領域	特別活動等での 健康に関する指導	
4	い	いちばんに，健康診断を上手に受けよう	身体測定・歯科検診 視力検査・聴力検査 歓迎遠足	健康観察（毎日） 健康診断 保健調査		トイレの使い方① 手洗い場の使い方① 健康診断④	推進計画案立案 健康診断計画 健康面での配慮する児童把握
5	つ	ついつい朝寝坊。生活リズムを整えよう	尿検査 耳鼻科検診・歯科検診 運動会・プール清掃	運動会における健康管理		好き嫌いをなくそう② 体の成長④	
6	も	もぐもぐよくかみ，しゃかしゃか歯をみがこう	内科検診・眼科検診 心臓検診 交通教室①④ プール開き	水泳における健康管理 プール水質検査 照度測定	健康な生活③ 育ちゆく体とわたし④ たんじょうのふしぎ⑤ けがの防止⑤ シンナーの害⑥	正しい手の洗い方① 雨の日のすごし方① 丈夫な歯② おやつと虫歯③ 男女の体のちがい⑥ 薬物の害⑥	ゴミステーション点検
7	な	夏の健康に気をつけよう		健診結果お知らせ 手洗い場の管理		プールの使い方① たばこの害⑤⑥	
8	か	体にいいことしよう。夏休みのせいかつ		夏休みの健康管理 寝具の手入れ			害虫駆除
9	よ	よくあらうことが一番，けがの手当の仕方を知ろう	避難訓練（地震・火事） 視力検査 宿泊体験学習	視力検査 薬品の点検		睡眠と規則正しい生活⑤	
10	し	しっかりと目について考えよう	視力検査	修学旅行事前保健調査 照度測定		目を大切に①⑤ 正しい姿勢と目の健康②	
11	い	いつも良い姿勢ですごそう	就学時健診 社会見学 修学旅行		心の健康⑤ 体のつくりとはたらき⑥	何でもたべよう① 男の子，女の子の体のちがい④	ゴミステーション点検
12	ず	ずっと早寝が大事，かぜ予防	大掃除 人権集会 持久走大会	冬休みの健康 持久走大会における健康管理 教室換気	病気の予防⑥	インフルエンザの予防④ 冬に向かっての健康づくり⑤ 冬の健康⑥	
1	み	みんなで学ぼう，薬物の害		かぜ予防		かぜに負けない子ども② かぜとインフルエンザ③ シンナーの怖さ⑤ 薬物の害⑥	
2	つ	つないでいこう，命の大切さ				健康と偏食③	
3	こ	心と体の健康について　1年間の反省をしよう	卒業式 奉仕作業	薬品の点検 寝具の手入れ			

※表中の○数字は学年を指す。

・36・

第4節 学校保健計画と学校安全計画

表2 学校安全推進計画

《指導の重点及び月別の概要等》

本年度の指導の重点
・日常的な安全指導を通して，進んできまりを守り，安全に行動できる態度や習慣を養う。 ・学校生活や登下校時の危険を予想し，事故を防止するために場に応じた行動ができる力を育てる。

月	月の重点	関連行事	安全管理	安全教育		組織活動 (教員研修)
				各教科等における 安全に関する学習	特別活動等における 安全に関する指導	
4	通学路を正しく歩こう	春の交通安全運動 入学式・始業式 歓迎遠足	安全点検年間計画の確認 通学路点検 施設安全点検	学校探検 （①生） まち探検 （③社） 交通事故をふせぐ （④社） ものの燃え方と空気 （⑥理）	学校の約束① 最上級生として学校生活の過ごし方について考えよう⑥	PTA総会 安全パトロール あいさつ運動
5	学校生活の安全のきまりを知ろう	運動会 プール清掃	生活の安全のきまりの設定 安全点検 施設安全点検	電車やバスででかけよう （②生） 火事を防ぐ （④社） 簡単な調理 （⑤家） 朝食に合うおかずを作ろう （⑥家）	運動場石拾い	安全パトロール あいさつ運動
6	プールの安全な使い方を知ろう	交通教室 プール開き 誘拐防止教室	安全点検 施設安全点検	公園に行こう （①生）	雨の日の過ごし方①②③④ プールの使い方③ プールの正しい使い方⑤ 校内での安全な過ごし方⑥ 正しい自転車の乗り方④	安全パトロール あいさつ運動
7	水の事故に気をつけよう		安全点検 施設安全点検	糸このドライブ （⑤図）	正しい横断歩道の渡り方① 夏休みのくらし方③ 夏休みのすごし方③ 楽しい夏休みにしよう⑤ 夏休みの生活⑥	水泳監視 （PTA） 安全パトロール あいさつ運動
9	避難訓練を上手にしよう	避難訓練（地震・火事） 宿泊体験学習	安全点検 施設安全点検	ミシンを使ってみよう （⑤家） 町大すき （②生）	楽しい修学旅行をめざして⑥	救急法講習会 （PTA） 安全パトロール あいさつ運動
10	運動や遊びの安全に気をつけよう	社会見学	安全点検 施設安全点検	作っておいしく食べよう （⑤家） 彫刻刀の使い方 （④⑥図）	危ない遊び③ 楽しい社会見学にしよう⑥	安全パトロール あいさつ運動
11	廊下や階段を安全に歩こう	修学旅行 避難訓練（不審者）	安全点検 施設安全点検	ものの温まり方を調べよう （④理） 楽しい家事を工夫しよう （⑥家）		安全パトロール あいさつ運動
12	安全な走り方をしよう	持久走大会	暖房器具点検 安全点検 施設安全点検	避難訓練をしよう②③ 冬休みのくらし方③ 冬休みの生活⑥		安全パトロール あいさつ運動
1	火の安全に気をつけよう		安全点検 施設安全点検		公共の場所での遊び方⑤	安全パトロール あいさつ運動
2	冬の遊び方を工夫しよう		安全点検 施設安全点検			安全パトロール あいさつ運動
3	安全生活の反省をしよう	奉仕作業	安全点検 施設安全点検		春休みの過ごし方を考えよう⑤	安全パトロール あいさつ運動 お父さん会修理活動

※表中の○数字は学年，生・社・理・図等は教科を指す。

● 37 ●

第1章　全ての教職員が関わる学校保健

| 第5節 | 学校保健の行政 |

1　学校保健の行政組織

　学校保健活動を推進するためには，人，物，情報，予算，組織などの条件を整えることが必要である。このような条件整備は，国や地方公共団体などの行政組織が責任を持って行わなければならない。学校保健行政は，国－地方公共団体－設置者－学校という系列で行われており，学校保健行政の中央組織は文部科学省である。文部科学省の取り扱い事項は，「学校保健（学校における保健教育及び保健管理をいう。），学校安全（学校における安全教育及び安全管理をいう。），学校給食及び災害共済給付（学校の管理下における幼児，児童，生徒及び学生の負傷その他の災害に関する共済給付をいう。）に関すること。」（文部科学省設置法第4条第12項）と位置付けられ，具体的な取り扱い事項は以下のように示されている。

※初等中等教育局健康教育・食育課の所掌事務（文部科学省組織令第41条）
（1）　文部科学省の所掌事務に係る健康教育の振興及び食育の推進に関する基本的な施策の企画及び立案並びに調整に関すること。
（2）　学校保健及び学校給食に関すること（学校における保健教育の基準の設定に関すること，初等中等教育の基準（教材並びに学級編制及び教職員定数に係るものに限る。）の設定に関すること及び公立の学校の給食施設の災害復旧に関することを除く。）。
（3）　公立学校の学校医，学校歯科医及び学校薬剤師の公務災害補償に関すること。

※総合教育政策局男女共同参画共生社会学習・安全課の所掌事務（同第31条第7項）
（7）　学校安全及び災害共済給付に関すること（初等中等教育の基準（教材並びに学級編制及び教職員定数に係るものに限る。）の設定に関することを除く。）。

　2015（平成27）年10月には文部科学省の外局としてスポーツ庁が設置された。学校における体育及び保健教育の基準の設定，独立行政法人日本スポーツ振興センターの組織及び運営一般などをスポーツ庁政策課が担当している（文部科学省組織令第86条第24・32項）。
　都道府県や市町村において学校保健行政を中心的に担うのは，教育委員会の学校保健の主管課など（公立学校），あるいは知事部局の私学担当課など（私立学校）である。教育委員会は教育における政治的中立性，継続性・安定性の確保や，地域住民の多様な意向の反映を実現するために設置され，教育長及び4人の委員で構成される。教育長及び委員は，地方公共団体の長が議会の同意を得て任命する。教育長が教育委員会を代表し，委員には保護者を含めることが義務付けられている。地方公共団体の長は，地方公共団体の長及び教育委員会により構成される総合教育会議を招集して地域の実情に応じた大綱を定める。これらは2015（平成27）年4月1日から施行された「地方教育行政の組織及び運営に

関する法律」に定められている。

2　学校保健行政の特徴

　学校保健は「学校における保健教育及び保健管理」に大別される。保健教育は文部科学省において策定される学習指導要領に基づき実施されるが，疾病予防や健康増進などの保健管理に係る行政は厚生労働省が管轄する。

　例えば，感染症に関して，「感染症の予防及び感染症の患者に対する医療に関する法律」（平成10年法律第114号）を踏まえて，学校における必要な事項は文部科学省令（学校保健安全法施行規則）に定めている。また，「地方教育行政の組織及び運営に関する法律」には保健所との関係が規定され，その具体的な項目は「同施行令」（最終改正：平成29年政令第128号）に，保健所の協力を求める事項，保健所が教育委員会に助言と援助を与える事項に分けて示されている。

地方教育行政の組織及び運営に関する法律
第57条　教育委員会は，健康診断その他学校における保健に関し，政令で定めるところにより，保健所を設置する地方公共団体の長に対し，保健所の協力を求めるものとする。
2　保健所は，学校の環境衛生の維持，保健衛生に関する資料の提供その他学校における保健に関し，政令で定めるところにより，教育委員会に助言と援助を与えるものとする。

　一方で，教育行政は「日本国憲法」を受け「教育基本法」（昭和22年法律第25号）に基づき行われてきた。教育基本法は2006（平成18）年に改正（平成18年法律第120号）され，教育の目的（第1条）は「教育は，人格の完成を目指し，平和で民主的な国家及び社会の形成者として必要な資質を備えた心身ともに健康な国民の育成を期して行われなければならない。」とし，教育の目標（第2条）の5項目が示された。教育行政に関しては，その理念や原則と，国と地方公共団体の役割分担及び相互の協力について示している（第16条）。学校保健は，この教育目的「心身ともに健康な国民の育成」を達成する活動をめざし出発している。小倉学[1]は，教育における学校保健の意義を，法的な観点から①基本的人権としての生存権・健康権の保障，②教育の目的としての健康な発達の促進，③教育を受ける権利の保障の3つにまとめている。学校保健行政は，成長し発達する存在である子供の健康安全の面から，教育の目的を遂行するために必要な諸条件の確立を図ることが重要である。

教育基本法（平成18年法律第120号）
第16条　教育は，不当な支配に服することなく，この法律及び他の法律の定めるところにより行われるべきものであり，教育行政は，国と地方公共団体との適切な役割分担及び相互の協力の下，公正かつ適正に行われなければならない。
2　国は，全国的な教育の機会均等と教育水準の維持向上を図るため，教育に関する施策を総合的に策定し，実施しなければならない。

第1章　全ての教職員が関わる学校保健

　3　地方公共団体は，その地域における教育の振興を図るため，その実情に応じた教育に関する施策を策定し，実施しなければならない。
　4　国及び地方公共団体は，教育が円滑かつ継続的に実施されるよう，必要な財政上の措置を講じなければならない。

3　学校保健行政の現状と課題

　現在，学校保健管理活動は学校保健安全法（学校保健法等の一部を改正する法律（平成20年法律第73号））に基づいて行われている。学校保健安全法は学校保健法（昭和33年法律第56号）を改正して，「学校保健」と「学校安全」を明確に位置付けたものである。

　学校保健行政について，この法律では管理責任の主体を「国及び地方公共団体の責務」（第3条）として「財政上の措置その他の必要な施策を講ずるものとする。」と明記した。「学校環境衛生基準」（第6条）を例にとると，①文部科学大臣は「基準」を定める，②学校の設置者は，「基準」に照らしてその設置する学校の適切な環境の維持に努めなければならない，③校長は，「基準」に照らし，学校の環境衛生に関し適正を欠く事項があると認めた場合には，遅滞なく，改善のための措置を講じ，できないときは設置者に対しその旨を申し出るもの，と役割を明記している。これは，学校の設置者には施設設備整備義務が課せられ，校長は現場的条件整備に努めるとともに，設置者に対する改善請求権が与えられたと解釈できる[2]。

　また，この法律では，「保健指導」と「健康相談」を「養護教諭その他の職員」の職務として位置付けた（第8条，第9条）。関連して文部科学省から「教職員のための子どもの健康相談及び保健指導の手引」（平成23年8月）が示された。これらのことは，「教育（教師）の仕事としての学校保健」を意味すると同時に，複雑化・多様化した課題の解決等のために，教職員，学校医等，地域の保健・医療関係者等が連携して「チームとしての学校」[3]として機能することが求められていることを示すものである。

　以上のように，学校保健に関する環境衛生などの条件整備を組織的に担う責任があること，健康問題に気付いた際には保健指導等により「遅滞なく」対応する必要があることを理解し，子供の心身の健康や発達を促すために，個々の教職員が「チームとしての学校」の一員として主体的に取り組むことが課題である。

■引用・参考文献
1）小倉学『学校保健』光生館，pp.12-16，1983年
2）喜多明人「学校保健安全法成立の意義と活かし方」『季刊教育法』エイデル研究所，No.160，p.8，2009年
3）中央教育審議会「チームとしての学校の在り方と今後の改善方策について（答申）」2015年12月21日
・友定保博「『学校保健安全法』で何が変わるのか」『季刊教育法』No.160，エイデル研究所，pp.10-15，2009年
・文部科学省『平成29年度文部科学白書』日経印刷，2018年

［棟方　百熊］

Master Course ① 健康の考え方

Master Course ① 健康の考え方

世界保健機関（WHO）の憲章前文で掲げられた健康の定義「健康とは単に疾病がないとか，虚弱でないだけでなく，身体的・精神的・社会的に完全に良好な状態である」に見られるように，健康を考える上では，疾病の有無だけでなく，生活の質（QOL）などの心理社会的側面やポジティブな側面も合わせて包括的にとらえることが重要である。

ここでは，近年における健康の考え方について，疾病の有無やその要因に着目する考え方と，健康のポジティブ面やその要因に着目する考え方の枠組みを紹介する。なお，これらの考え方はどちらかが優れているとかではなく，相互補完的な考え方であることを先に述べておく。

1 「疾病モデル（医学モデル）」と「生活モデル（社会モデル）」

園田[1]は，疾病や異常といった悪い状態（illness）に着目し，そのマイナス面やネガティブ面の除去や軽減をめざす考え方を「疾病モデル（医学モデル）」，正常・活力・エネルギーなど良い状態（wellness, well-being）に着目し，プラス面やポジティブ面の維持や強化をめざす考え方を「生活モデル（社会モデル）」としてまとめている。

2 「疾病生成論」と「健康生成論」

疾病モデル・生活モデルと一見似ているが異なる健康の考え方として，近年注目されているのが，アントノフスキー[2]により提唱された「疾病生成論」と「健康生成論」である。

「疾病生成論」は，疾病を発生させる危険因子を解明し，その軽減や除去をめざす考え方である。一方，「健康生成論」では，健康はいかにして回復され維持され増進されるのかという観点から健康を保持増進する要因を解明し，その向上をめざす考え方である。

アントノフスキー[2]は健康生成論に基づき，ストレスフルな出来事や状況に直面させられながらも，それらを成長や発達の糧としてとらえ，それらにうまく対処して心身の健康を保持する要因として，「首尾一貫感覚」を提唱した。首尾一貫感覚は，「その人に浸みわたった，ダイナミックではあるが持続する確信の感覚によって表現される世界（生活世界）規模の志向性のことである」と定義され，我が国ではその機能から「ストレス対処力」や「健康生成力」と呼ばれ，その発達・形成と機能についての実証研究が進められている。

■引用・参考文献
1 ）園田恭一『社会的健康論』東信堂，pp.19-26，2010 年
2 ）アーロン・アントノフスキー著，山崎喜比古，吉井清子監訳『健康の謎を解く―ストレス対処と健康保持のメカニズム』有信堂，pp.3-39，2001 年

［浅沼　徹］

第1章　全ての教職員が関わる学校保健

| Master Course ② | 学校保健の歴史 |

1　明治期からこれまでの変遷

　現在の学校保健はかつて学校衛生と呼ばれており，これまでの流れを概観すると以下のようになる。

(1)　明治時代の学校衛生（医学的学校衛生）

　明治新政府は我が国の近代化への重要な課題として，教育制度の確立による国民の教育水準の向上を位置付けた。そして「学制」を発布し，諸々の具体的教育施策を開始したが，その際に先進諸国を参考にしつつ衛生上の諸問題への対処を意図していた。

　例えば「学制」の中に，種痘あるいは天然痘をすませた者でなければ小学校への入学を許可しないという規定があるが，これはヨーロッパ諸国に倣ったものである。その後，1875（明治8）年に文部大輔であった田中不二麿は文部省第一年報（最初の報告書）の上奏文において，教育の仕事はようやく緒につきはしたが，「衛生ノ術ノ如キ未ダ迫ニ其功ヲ奏スルヲ得ズ」と当時の衛生面での問題状況を指摘すると同時に，近代教育の基礎としての「人身ノ健康」の重要性を主張している。そして1879（明治12）年の教育令や，1890（明治23）年の「改正小学校令」の中には伝染病予防に関する規定が見られる。

　それに加えて，当時緊急に必要とされた学校建設に際しての衛生面の配慮が挙げられる。さらに文部省が1881（明治14）年に出した「小学校教員心得」では，教員に対して校舎の清潔，光線・温度の適宜及び大気の流通への留意，また生徒の健康を害する癖習の予防等の活動へ積極的に従事するよう奨励していた。

　なお，1878（明治11）年に東京に開設された体操伝習所において，学校における体操の効果を判定するため実施された活力検査（身長，体重，体形，身体諸機能の測定）は，我が国における身体検査（後の健康診断）の原型として注目される。

　また教育内容面では，「学制」及び「教育令」において，下等小学に「養生法」，上等小学に「生理学大意」という教科が課され，これらは今日の保健の学習に相当するものではあったが，1886（明治19）年の「学校令」において廃止された。

　学校衛生に関する行政制度の整備はやや遅れて，1891（明治24）年に文部省が医学博士三島通良（1866 − 1925）に学校衛生の全国的調査を委嘱したことが始まりである。それに続き，1896（明治29）年には学校衛生顧問会議の制度が設けられた。さらに1900（明治33）年には文部省に学校衛生課が設置され，初代の課長には三島通良が就任した。前述の学校衛生顧問会議で審議決定した事項は法規として具体化され実施に移されたが，その主なものとしては，学校清潔法，学生生徒身体検査規程，公立学校の学校医制度，学校伝染病予防規則等が挙げられる。特に1898（明治31）年の学校医制度と1900（明治

33）年の公立学校における身体検査規程は，学校衛生施策の根幹をなすものである。これらの実施の中心は嘱託医としての学校医であるが，その資格と職務については省令により定められていた。しかし実際は各地方の事情により，学校医の資格のある者が得られないとか，経済的な理由から学校医を置けないところもあり，制度として完備するまでにはかなりの期間を要していた。しかしこれらは，全国的な制度制定の出発点としての役割を果たしていた。

その後，1903（明治36）年に軍備拡張の余波で文部省経費が大幅に削減され，学校衛生課及び顧問会議は廃止されることとなった。そのため明治期の終わり頃には，学校衛生に関する事業は一時低迷することとなった。

（2）　大正時代の学校衛生（社会的学校衛生）

大正時代には外国からの影響による自由主義の発展と同時にファシズムの萌芽という相反する流れが発生した。また資本主義経済が急速に発展することに伴う社会的諸矛盾が急激に増大した時代でもある。そのような社会の動向の下に，学校衛生行政は復活され，整備されていった。その要因の1つとして，肺結核に罹患した教員の救済策の必要性，児童のトラホーム（トラコーマ）や近視眼の増加，歯牙衛生等といった学校衛生に関係する問題が社会的な関心を呼んだことが挙げられる。さらに，これらの問題の解決のために，文部省の学校衛生課を復活させようとする民間の勢力の出現があった。それは大日本学校衛生協会であり，その果たした役割は大きい。それらに加えて，窮状にあった国家財政が立ち直りを見せたことも大きく影響している。

1920（大正9）年に文部省は学校衛生課を復興し，学校衛生官を新設した。そして府県においては学校衛生主事を任命した。さらに市町村では大正の中期になると，全国各地に学校医会（学校医の団体）や学校衛生会（学校医，教育家，市町村役員などによる団体）も設置され，学校衛生活動が活発になった。これらの活動内容は，前述のようにそれまでの医学的学校衛生を基盤として，そこに社会政策的あるいは社会福祉的な性格のイギリス風の社会的学校衛生と特徴付けされる。具体的には，病者，虚弱者，そして精神薄弱者（現在は「知的障害」に名称を変更。以下同様）等に対する養護も学校内で積極的に取り上げられるようになった。さらに各地に学校内診療施設が開設され，トラホームや結膜炎の治療としての洗眼や点眼，皮膚疾患の治療，そしてう歯の治療も行われるようになったが，このようなやり方はイギリスのスクールクリニックに範をとってのものであった。

（3）　昭和前期の学校衛生（教育的学校衛生）

昭和初期の学校衛生上の重要課題は，児童生徒の身体の鍛錬，身体虚弱者に対する養護対策，精神薄弱者の保護，結核予防対策，健康相談の充実などであった。それらを実現するための主な具体的施策として，1929（昭和4）年の学校看護婦に関する訓令や，1931（昭和6）年の学校歯科医令の制定の他にも，1937（昭和12）年に身体検査規程の改正により，結核検診としてツベルクリン皮内反応やエックス線検査が行われるようになったことなど

第1章　全ての教職員が関わる学校保健

がある。

　また当時はアメリカのC．E．ターナーらによって推進されていた健康教育運動の影響を強く受けた。そのため学校衛生活動は全般的に，教育的活動を重視するようにその性格を転換していった。このことが後に学校保健を保健教育と保健管理の2領域でとらえる考え方の基礎となった。

　1941（昭和16）年の国民学校令においては，体錬科の体操領域の中の衛生で，身体の清潔，皮膚の鍛錬，救急看護を扱うこととされた。戦時体制下の教育ではあるが，ある面では教科の教育内容として現在の保健科教育の原型が位置付けられたということは注目に値する。

　なお，この国民学校令において，養護訓導の制度が制定されたことは重要な点である。当時において人材の確保や職務の規程その他において決して十分なものとは言えないまでも，明確に学校の教職員として配置することを制定したということは，今日の養護教諭制度の出発点である。

（4）　昭和後期（戦後）の学校保健

　戦時体制による公衆衛生水準の低下，食料不足による学童の体位の著しい低下，及び健康状態の悪化は深刻なものであったが，近視（低視力）者と齲歯（虫歯）数の減少は顕著であった。そこで日本再建において，児童生徒の健康や体位・体力の回復や向上が重要な課題とされた。特に健康対策の重点は，急性伝染病や結核に置かれた。また，栄養対策として占領軍によるミルク給食が開始された。

　また当時のアメリカを中心とする連合国の占領政策の中で，特に教育面での影響が大きかったものとして，1946（昭和21）年に来日した第一次米国教育使節団の報告書が挙げられる。そこでは学校保健に関しても，我が国では健康教育はほとんど実施されていないことなどを指摘している。

　この報告書の基本理念は，1946（昭和21）年に公布された新憲法，1947（昭和22）年の教育基本法及び学校教育法等に基づき，同年の学習指導要領一般篇（試案），学校体育指導要綱（試案），1949（昭和24）年の中等学校保健計画実施要領（試案），1950（昭和25）年の小学校保健計画実施要領（試案）等の中に具体化されたことになる。この学校保健計画実施要領（試案）では，健康教育の重視，学校保健委員会の設置，合理的学校保健計画の立案と実施，そしてそのため全体的調整役としての保健主事の設置の必要性が提唱されていることなどは，特に注目に値する。

　1958（昭和33）年には学校保健法が制定され，戦前からの「学校身体検査規程」「学校伝染病予防規程」，そして「学校清潔法」等を総合し，新たに定期健康診断（以前は身体検査と呼んだ）以外に健康観察や健康相談の実施を定め，加えてそれまでは行政指導として行われていた学校保健計画の作成や保健主事の設置，そして学校保健委員会の設置も規定している。

Master Course ②　学校保健の歴史

　一方で健康（保健）教育に関しては，1949（昭和24）年に保健体育という教科名が決定され，中学校及び高等学校における教育内容や授業時間が定められた。また小学校においては，1958（昭和33）年以降，5・6学年の体育科の一部（10%）で健康について教えられるようになった。さらに保健指導（当時の）についても，1971（昭和46）年から特別活動の中に位置付けられることになった。

(5)　平成以降の学校保健

　平成以降の主な動向としては，予防接種制度の改定に伴う疾病管理体制の変化，健康診断項目や内容の改訂，小学校保健教科書の配備及び実施学年の延長，保健教育内容や教育方法の改善，養護教諭の職務としての保健主事の担当や保健授業担当，そして新体力テストの導入等がある。

　上記の養護教諭による保健授業担当については，1998（平成10）年7月1日より，「教育職員免許法の一部を改正する法律」によって一定の条件下での養護教諭の保健授業担当が制度的に可能になった。これは生活習慣病，喫煙・飲酒・薬物乱用，心の健康などの現代社会における健康問題への対応を考慮して，今後の保健教育の推進のためには養護教諭にもその専門的能力を発揮してもらいたいという期待の現れでもある。しかし実際に多くの養護教諭が保健の授業を担当した場合，各学校の保健管理・指導の体制（機能）をいかに効率よく運用するか，また教材研究や成績処理の時間をどのように保障するかなどの大きな課題がある。さらに多方面にわたる養護教諭の活躍への期待が高まる中で，かなりの負担加重になる可能性もある。

　また，生活習慣病対策及び児童生徒の食生活（食習慣等）の改善のための一方策として，2005（平成17）年度より栄養教諭制度が制定された。これは従来の学校栄養職員の職務範囲を拡大して，学校における食に関する教育・指導について専門的立場から関与しようとするものである。

　2009（平成21）年度からは，学校保健及び学校安全の一層の連携並びに充実を企図して，従来の学校保健法を改正して，学校保健安全法が施行されている。

　2015（平成27）年10月1日には文部科学省の外局としてスポーツ庁が設置されたが，特に学校体育との関連で学校保健に関する内容の所掌について，新たな体制となると同時に課題も生じている。

　今日及び今後の健康対策は，WHOの提唱するヘルスプロモーションの理念の下に総合的・包括的活動として展開されることが望まれており，学校保健活動もその例外ではない。

■引用・参考文献
・日本学校保健会『学校保健百年史』第一法規出版，1973年
・野村良和「明治前期の学校衛生の検討－『種痘』および学校環境衛生を中心として－」『筑波大学体育科学系紀要』第9巻，pp.275-281，1986年
・野村良和「『帝国学校衛生会』の設立経緯に関する研究」『筑波大学体育科学系紀要』第17巻，pp.217-223，1994年

[野村　良和]

第1章　全ての教職員が関わる学校保健

2　歴史から見える2つの学校保健の課題

(1)　学校保健委員会の構想と実態

　学校保健委員会の原形は，1930年代に隆盛した学校健康教育運動における各学校の取組に見られる[1]。戦後学校保健委員会の原案については，戦後教育改革期においてGHQ/SCAP,CIE（連合国軍最高司令官総司令部民間情報教育局）と文部省が折衝しながら練り上げられ，1949（昭和24）年に文部省が発表した「中等学校保健計画実施要領（試案）」の中で，学校保健委員会（School Health Committee）の考え方が示された。これ以降，埼玉県川口市立青木中学校等のモデルケースを紹介しながら各地への普及が試みられたが，今日に至っても当時の行政官たちが意図したような活動にまでは至っていない。

　近年では，これと同様の着想によりHealth Promoting SchoolやHealthy Schoolといった取組が活発化している。学校保健委員会をデザインした当時の文部省関係者たちは，半世紀以上前に，世界でもより先進的な考え方を導入していた。しかしながら，終戦直後の経済状況や山積した課題の中で学校保健委員会への着想は先進的ではあったが，同時代的には本来的な意味において理解されることはなかった。また，その普及方法として「試案」と明記しながらも，学校現場では強制的なモデルの普及として受け止められた点において反省を残す結果となった（「運動」（ムーブメント）ではなく「ネットワーク」としての理解が必要であった）。

　このように歴史から見えてくる学校保健委員会の活性化の課題は，決して過去のことではなく，問題の本質が現在の課題へと接続していることが指摘される。

(2)　教員養成における「学校保健」の教職必修化

　1958（昭和33）年に制定された学校保健法が2009（平成21）年に学校保健安全法として約50年ぶりに全部改正された。この改正の重要なポイントとして，国・地方公共団体及び学校の設置者の責務が明確化されたこと，また，養護教諭のみならず全ての教職員が保健指導等に関わることが明示されたことなど，組織的な体制の強化が図られたことが挙げられる。すなわち，学校保健安全活動を学校全体で進めていくための法的な基盤が整備されたと言える。

　学校保健安全法に基づいて，学校現場においては，今後一層，全ての教職員の共通理解のもとで，組織的に学校保健安全活動を推進していくことが求められる。しかしながら，現行の教員養成制度においては，教育職員免許法施行規則により，学校保健について学ぶ機会が保障されているのは，保健体育科教諭及び養護教諭の教員免許状取得者に限られている。こうした状況は，学校全体で学校保健安全活動が進められる状況が十分には整備されていないことを示している。

　全ての教員免許状取得者に対して学校保健が体系的に学習されるためには，教員養成において「学校保健」を教職必修科目として位置付け，学習機会を保障する必要がある。「学

校保健」の教職必修化についての議論は，戦後より度々交わされてきたが，最近の学会等の課題においても再燃しつつある[2]。

■引用・参考文献
1 ）七木田文彦『健康教育教科「保健科」成立の政策形成：均質的健康空間の生成』学術出版会，2010 年
2 ）七木田文彦「教職必修科目としての『学校保健』構想（教育保健）とその制度化」『日本教育保健学会年報』第 21 号，pp.65-71，2014 年，及び七木田文彦「『教育保健学』の系譜とカリキュラムデザイン—臨床からの体系化・構成試案—」『日本教育保健学会年報』第 24 号，pp.3-12，2016 年

〔七木田　文彦〕

第1章　全ての教職員が関わる学校保健

| Master Course ③ | 諸外国の学校保健 |

1　諸外国における Health Promoting Schools（ヘルスプロモーティングスクール）の普及

　学校を中核として地域社会や家庭において包括的な健康づくりを進めていく，ヘルスプロモーティングスクールのアプローチは，WHO によって提唱された[1]。このアプローチは，1980 年代に発展し，1991（平成 3）年には，ヨーロッパネットワークが設立された。その後，1994（平成 6）年に提唱された Global School Health Initiative の中では，学校が地域の中で健康関連の活動を促進する場として機能するような場所となることが強調され，そのような機能を持った学校の数を増やしていく必要があることが明記された[2]。また，2002（平成 14）年には，10 年間にわたるヨーロッパの実践を基に，ヨーロッパにおけるヘルスプロモーティングスクールのモデルが発表された。アジアでは，1995（平成 7）年以降，中国香港特別行政区でその普及が開始され，タイ及びシンガポールでは 1998（平成 10）年頃より，台湾では 2002（平成 14）年頃から国家事業として導入されている[3]。

2　開発途上国における学校保健とその課題

(1)　FRESH の推進とミレニアム開発目標

　ヘルスプロモーティングスクールの普及とともに，1999（平成 11）年には，UNICEF が Child Friendly School を提唱し，子供の権利の保護を基本とした健康増進活動を進めた[4]。その後，2000（平成 12）年に WHO，UNICEF，UNESCO，世界銀行等が，今までの活動経験を集約し，効果的に学校保健を進めていくための指針を明示した Focusing Resources on Effective School Health（FRESH）を提唱した。

　FRESH では，子供の健康状態の改善策としての学校での保健活動の有効性を再確認し，子供の健康と栄養状態を改善することにより，学習成果を高めることがめざされた。また，全ての子供たちに就学の機会を提供するための世界規模の取組である Education for All（EFA）を達成するために，国家計画と学校保健活動を連動させる必要性を明記した。FRESH では，具体的な指針として，①保健衛生に関するスキルの獲得を中心とした健康教育と保健サービスの提供を含む保健政策を学校で実施すること，②学校に衛生的な設備と安全な水を供給することにより，学校が保健衛生に関する行動の手本となること，③保健衛生に関する知識や態度，価値観，技術の習得に基づく健康教育の実施により，望ましい保健衛生行動や意思決定ができるようにすること，④学校で健康と栄養サービスを提供することが示された[5]。

　同時期に提唱されたミレニアム開発目標では，2015（平成 27）年までに達成すべき国

際社会の共通目標として8つの目標が掲げられた。学校保健は，そのうちの初等教育の完全普及の達成，ジェンダー平等推進と女性の地位向上，幼児死亡率の削減，妊産婦の健康の改善，HIV/AIDS，マラリアその他疾病の蔓延防止といった，教育と保健の双方に関連する5つの目標の達成に寄与する活動として注目されている[6]。

(2) 開発途上国における学校保健活動の重要性

開発途上国で，学校保健活動の重要性が認められるようになった理由として，以下の4つがある。1つ目は，学童期の子供の健康状態の改善及び健全な成長発達が，国家の重要課題として認識されるようになったからである。開発途上諸国では，学齢期の子供の多くが寄生虫症や住血吸虫症に罹患し，発育不全，貧血症，認識障害等の影響を受けている。さらに，日常的にマラリアや下痢症に罹患している[7]。このように，子供たちが長期的に健康不良の状態にさらされることで，集中して授業を受けることができなくなる。次に，2つ目は，子供の健康状態を改善するために，学校という場所を活用するアプローチが，極めて効率がよいためである。開発途上国の多くでは，EFA の提唱以降，基礎教育の拡充をめざした大規模な学校建設が進められ，急速に学校の数が増え就学率も向上した。また，学校は，アクセスのよい場所に建設されるため，地域住民にとってより身近な存在となった。さらに，学校での活動は，文字の読み書きのできる教員の支援を受けやすく，そのサービスの効率のよさが注目されるようになった。特に，駆虫による集団治療は安価で実施できる上に，学習や成長発達状況の改善が期待される活動であり，保健と教育の双方の政策において，費用対効果が高く，重要なアプローチであると評価されている。3つ目は，世界銀行等の調査で，子供の教育と健康の問題に密接な関係があることが明らかにされたからである。特に，栄養失調と就学率，学習の質，トイレ等の衛生施設と女子の就学率，女子の教育と乳児死亡率等には強い相関があることが報告されている[8]。4つ目は，学校において，子供が健康教育を受け，ライフスキルを獲得することは，学校内だけでなく社会全体へ裨益することが期待されているからである。また，国際社会が抱える HIV/AIDS の蔓延，女子の早期妊娠，タバコや麻薬の常用等の教育・保健双方の分野における共通課題の解決につながることが期待されている。

3 国家プログラムとしての学校保健の普及と国際支援機関による学校保健支援

1998（平成10）年に，橋本イニシアティブが提唱され，寄生虫対策への国際的な取組の必要性が提起された。これを受けて，2000（平成12）年以降，国際協力機構（JICA）の支援により，タイ，ケニア及びガーナに，国際寄生虫対策センター（CIPACs）が設置され，国際機関等と連携し，教育省や保健省において学校保健を担当する行政官を対象とした研修が行われた。また，JICA の支援により，ケニア，ニジェール，ネパール，ラオス及びエジプトにおいて，学校保健政策及びその実施ガイドラインが作成され，学校保健活

第1章 全ての教職員が関わる学校保健

動を促進させるための自己評価チェックリストが普及した。

近年は，子供の健康状態及び就学率を向上させる方策として，イギリスの Partner for Child Development（PCD）などにより，地域の食材や人材を活用して学校給食を普及する活動が進められている。さらに，フィリピン，ラオス及びカンボジアでは，ドイツの開発援助団体（GIZ）の支援により，学校内で手洗いや歯磨きを日常的に行うことで，子供の衛生習慣の獲得と定着をめざす活動が進められている。2010（平成22）年には，学校保健分野での国際支援の経験の蓄積を基に国際学校保健コンソーシアム（Japan Consortium for Global School Health Research（JC-GSHR））が設立され，開発途上国を中心として，学校保健分野の研究，調査，実践活動の支援等が行われている。JC-GSHR は，PCD 及び CIPACs と連携し，開発途上国の学校保健行政のよりよい実施，健康教育や栄養教育の強化をめざした研修も実施している[9]。

4 FRESH 提唱以降の学校保健の成果と，今後の開発途上国における学校保健の課題

2015（平成27）年にバンコクにおいて，7 年ぶりとなる WHO 主催の学校保健専門家会議が開催された。会議には，アジア，アフリカ，ヨーロッパ，そして日本から，学校保健行政の関係者，研究者，NGO の職員等が 60 人以上参加した。会議の目的は，2000 年に FRESH が提唱されて以降に各国及び地域で実施されてきた学校保健活動の成果と課題を共有することである。また，今後，特に人的，経済的資源に恵まれない開発途上諸国で，モデル的な学校保健活動を全国的に展開し，学校保健活動を通して，子供たちの健康状態の改善とそれによる教育成果の向上をめざすために必要となる組織的な実施体制を検討すること，またそのために必要な各国政府の役割及び国際的支援の在り方を再確認することであった。

本会議の具体的な成果としては，参加者間での学校保健活動の優良事例の共有により，人的，経済的資源に恵まれない国々においては，投薬による寄生虫の駆除，学校給食，予防接種，身長や体重測定による健康状態のスクリーニング，水や衛生施設の供給等が有効であること，一方，比較的資源に恵まれた国々では，非感染性の疾患（生活習慣病など）の予防のための身体活動，野菜や果物等の摂取，砂糖や脂肪の摂取制限といった健康的な食物摂取の推奨，口腔保健活動，そして喫煙防止対策及び教育等が有効であることが確認された。さらに，学校保健活動の実施を推進する要因として，政府の自助努力，学校保健政策が制定されていること，学校保健活動に対して優先順位が置かれていること，学校保健活動の実施に関わる保健省・教育省・農業省・財務省や地方行政を管轄する省庁等の巻き込み，外部支援団体による財政的・技術的支援，子供や親を含む地域住民の活動への参加，適切な予算の配置，学校長や教師による自助努力，学校保健活動が学校での正式な教育活動として計画されること，担当教員の配置や教員への研修の提供，教員養成機関のカ

リキュラムに健康教育が含まれること，文化に合った適切な学校給食メニューが提供され，地域で入手可能な食材が使用されていること，などが確認された。一方，学校保健活動の実施を妨げる要因としては，学校保健政策，ガイドライン，活動の実施や全国展開のための計画の欠如，ロビー活動やアドボカシー（市民社会や政府への働きかけ）の不足，政治的・法的支援の不足，不十分な活動予算の配置と予算使用のスケジュール，関係省庁や関係者（例えば，国際機関，NGO そして，学術機関等）の調整の欠如，人的資源の技術的な能力とその研修能力の欠如，量的・質的な資源の欠如，モニタリング評価，同様に学校保健活動の推進のためのデータや根拠が不十分であること，そして特に性教育や家族計画等に関する活動の実施における文化的障害等が確認された。

　会議の結論として，人的，経済的資源の乏しい国々において，学校保健活動を実施していくための重要な要素として，1）よりよい学校保健に関するデータの収集，活動のモニタリング，活動報告等のシステムの構築，そして，それらによる根拠の提供と政策策定や活動実施計画策定のための根拠の活用，2）国家及び地方行政における省庁間及び省庁内の連携の強化，3）国家及び地方行政，そして学校において政策を実行に移すための学校レベルにおけるアドボカシーの強化，4）持続的な財源の確保，よりよい費用見積もり，長期的な資金計画と適切な使用手続き，5）全ての強化の基盤として，健康教育カリキュラムを設計すること，6）教員養成や現職教員養成，学校保健に関わる医療従事者及び政府職員の養成等を含む組織的な人的資源の養成，7）FRESH の 4 つの柱をカバーするような包括的なアプローチを推進すること，8）国家及び地方行政，そして学校の全てのレベルにおける民間セクターを含む多様な関係者間の協力，親や子供そして，教師の積極的な参加の促進が必要であることが再確認された。

■引用・参考文献
1 ）WHO, Health Promoting Schools, 1998
2 ）WHO, Promoting Health through Schools The World Health Organization's Global School Health Initiative, 1996
3 ）岡田加奈子「アジアにおけるヘルス・プロモーティング・スクールの動向」『日本健康教育学会誌』第 20 巻 3 号，pp.254-256，2012 年
4 ）Child Friendly School：http://www.unicef.org/lifeskills/index_7260.html（2018 年 11 月最終アクセス）
5 ）FRESH：http://unesdoc.unesco.org/images/0012/001255/125537e.pdf（2018 年 11 月最終アクセス）
6 ）MDGs：http://www.un.org/millenniumgoals/（2018 年 11 月最終アクセス）
7 ）UNICEF『世界子供報告書 1999』1999 年
8 ）世界銀行『世界開発報告書 1993』1993 年
9 ）日本国際保健医療学会『国際保健医療学（第 3 版）』杏林書院，2013 年
・Global School Health Initiatives: Achieving Health and Education Outcomes
　http://apps.who.int/iris/bitstream/handle/10665/259813/WHO-NMH-PND-17.7-eng.pdf;jsessionid=F391B5E4E6ADDB6393F3BEA68BEC8B48?sequence=1（2018 年 11 月最終アクセス）

［友川　幸］

第 2 章

教科「体育科」及び「保健体育科」での保健の指導

学 習のポイント

1. 学習指導要領（平成 29，30 年）改訂の考え方においては，育成をめざす資質・能力の明確化，「主体的・対話的で深い学び」の実現に向けた授業改善，カリキュラム・マネジメントによる教育活動の質の向上などが重視された。
2. 保健の学習については，小学校では身近な生活における基礎的な内容をより実践的に，中学校では個人生活における内容をより科学的に，高等学校では個人及び社会生活における内容をより総合的に，それぞれ理解させるように指導することが重要である。
3. 保健の学習は，年間指導計画を作成し，それに基づいて 1 年間を通して計画的に効果的に進める必要がある。
4. 授業づくりに際しては，学習のねらいや内容に基づいて，教材や指導方法を工夫する必要がある。
5. 保健の学習では，「知識・技能」「思考・判断・表現」「主体的に学習に取り組む態度」の 3 観点で観点別学習状況の評価を行う。
6. 保健を担当する教師にとって，保健授業の遂行能力とその技術は極めて重要である。

演 習 課 題

A. 具体的なテーマを取り上げて，「小学校体育編」「中学校保健体育編」「高等学校保健体育編・体育編」の学習指導要領解説における内容の示し方を比較してみよう。
B. 保健体育科学習指導案の例（82 ～ 83 頁）を見て，学習指導案の作成におけるポイントを挙げなさい。

第2章　教科「体育科」及び「保健体育科」での保健の指導

第1節　育成すべき保健の学力

　「小学校体育科保健領域」「中学校保健体育科保健分野」及び「高等学校保健体育科科目保健」の指導では，児童生徒が生涯を通して様々な健康課題に適切に対応できる資質や能力を育成することが求められている。すなわち保健の学力として，保健に関する基本的な知識や技能，思考力・判断力・表現力等，及び学習意欲を基盤とする「健康の保持増進のための実践力」の育成が重視されている。

1　児童生徒における保健の学力の現状と課題

　児童生徒の保健の学力については，平成16年，平成22年及び平成27年の3度にわたって日本学校保健会が実施した全国調査から，その実態の一部が明らかにされている[1)2)3)4)]。

　それらの調査結果を概観すると，最近になるほど良好な状況が示されており，保健の学習指導の改善，充実などにより児童生徒の保健の学力の向上が図られつつあると言える。しかしながら，テスト問題によって把握された知識の習得状況及び思考力・判断力の状況は，小学校での学習内容についてはおおむね良好であるが，中学校及び高校での学習内容については必ずしも十分でないことが示されている。特に，中学校では概念や原理等の抽象的な知識とともに予防や防止に関する具体的な知識の定着を図る必要があること，高校ではヘルスプロモーションの考え方に基づく社会的対策の理解や健康な生活を送るための課題解決に向けた思考・判断を促すような指導が一層求められることなどが指摘されている。また保健の学習意欲についても，例えば平成27年調査における「保健の学習は好きだ」と回答した者の割合は小学校5年生65.9%，中学校1年生50.9%，高校1年生51.3%，高校3年生47.9%にとどまっているなど，いまだ十分でない状況が見られる。

2　実践する力につながる保健の知識の習得

　「健康の保持増進のための実践力」の育成の充実に向けては様々のことが考えられるが，教科教育としての保健の指導ではまず習得する知識の内容が重要であると言える。野津[5]は，そうした知識が実践する力となり得るように，知識の中身に注目し，「実践する力となる保健知識の構造」を提案している。具体的には，まずは①事実的・現象的知識を知り，加えて②説明的・解釈的知識の理解を通して，③概念的・原則的知識の理解を深めることが求められる。そして，これらの事実認識の過程があってはじめて，④対策的・方法的知識，及び⑤評価的・価値的・規範的知識を習得する意味が成り立つものと考えられる。

　このように知識を構造的にとらえ，その習得過程に注目して保健の授業を見ると，反省すべき点が浮かんでくる。例えば，実践力の育成を早計に求めた授業では，事実認識の過程は軽視されて，④対策的・方法的知識がハウツーとして一方的に伝えられたり，あるい

・　54　・

は「〜が大切です」「〜はすべきではありません」といった⑤評価的・価値的・規範的知識が強調されるだけになったりしていることが明白に見えてくる。事実認識が基盤にない表層的な知識は，どれほど知っていても実践する力にはつながっていかないものである。児童生徒に実践や行動を直接的に促すような授業ではなく，児童生徒が学習の意味を理解して見通しをもって学ぶ中で，それぞれの知識を丁寧に積み上げていく学習の展開が重要である[5]。

3　これからの子供たちに一層求められる保健の学力

　我が国では，少子高齢化をはじめとした大きな転換期を迎え，人々の健康課題はますます複雑化，多様化し，生涯を通じて予測困難な課題に直面することも少なくないと考えられる（表1）。そのため，これからの子供たちには，健康の価値観を土台として，保健の基礎的・基本的な知識を確実に習得するとともに，新しい知識を習得しようとする態度や，身に付けた知識を基にして思考・判断し，行動に結び付ける能力が一層求められている[6]。こうした能力は，「健康リテラシー」とも言える国民一人一人が最低限持つべき健康に関する教養として身に付けることが期待される。

　なお，こうした保健の学力の向上を保障していくには，保健の授業において児童生徒自身が主体的に知識を習得し，理解できるようにする教師の学習指導の工夫が重要となる。授業の中で新しい知識を解釈し意味付ける学習活動や，知識を具体的な生活場面に適用・応用して考える学習活動を積極的に取り入れていくことは少なくとも必要となろう。

表1　社会的背景から見る保健の学力向上の必要性

> ①　知識基盤社会を踏まえて，国民一人一人が健康的な生活を実現するために必要な正しい知識を習得する重要性が増大している。
> ②　健康に関する知識は，健康科学，医学等の進展により変化しており，不断にその知識を吟味し思考・判断する能力を持つ必要性が増大している。
> ③　医療においても，患者の自己決定権が重視される社会において，患者本人および家族としてのインフォームドコンセント等への対処能力の要請が高まっている。
> ④　社会の健康づくり活動においても，人々の共通理解と能力開発が一層求められている。

（（公財）日本学校保健会保健学習授業推進委員会，2013 年 5 月）

■引用・参考文献

1）野津有司，和唐正勝，渡邉正樹ほか「全国調査による保健学習の実態と課題—児童生徒の学習状況と保護者の期待について—」『学校保健研究』第 49 巻第 4 号，pp.280-295，2007 年
2）財団法人日本学校保健会「平成 16 年度保健学習推進委員会報告書−保健学習推進上の課題を明らかにするための実態調査−」，2005 年
3）財団法人日本学校保健会「平成 22 年度保健学習推進委員会報告書−第 2 回全国調査の結果−」2012 年
4）公益財団法人日本学校保健会「平成 27 年度保健学習推進委員会報告書−第 3 回全国調査の結果−」2017 年
5）野津有司「保健における『知』の教育のこれまでとこれから」『体育科教育』第 55 巻第 8 号，pp.14-18，2007 年
6）公益財団法人日本学校保健会保健学習授業推進委員会（委員長：野津有司）「中学校の保健学習を着実に推進するために」（平成 25 年度報告書），2013 年 9 月
　http://www.gakkohoken.jp/book/ebook/ebook_H250010/H250010.pdf（最終アクセス 2014 年 8 月）
・文部科学省「『生きる力』を育む小学校保健教育の手引き」2013 年 3 月
・文部科学省「『生きる力』を育む中学校保健教育の手引き」2014 年 3 月

［野津　有司］

第2章 教科「体育科」及び「保健体育科」での保健の指導

第2節　学習指導要領に基づく保健の指導

1　学習指導要領にみる保健の変遷

(1)　保健の位置付け

　学習指導要領は教育課程の基準であり，総則及び各教科の目標や内容等について大綱的に示したものである。1947（昭和22）年に初めて編成され，第3次以降はほぼ10年ごとに，その時々の社会的要請を反映させながら改訂されてきている（**表1**）。

　学習指導要領の第1次から第8次までの改訂における保健の変遷をみると，以下の4期に分けることができる。

　第1期は，学校体育指導要綱により指導されようとした時期（第1次前半）である。第1次の学習指導要領（試案）が刊行された際には，保健の指導基準は「学校体育指導要綱（試案）」に示された。終戦後の新しい教育において心身ともに健康な国民を育成するという教育の目的を達成するためには，保健の指導の充実が必要との立場から，この要綱によって，小学校から大学までそれぞれ体育科において「運動」とともに「衛生」を指導することが明示された。「衛生」の目標には，①健康生活に必要な習慣を養うこと，②健康生活に必要な知識を授けること，③学校生活に対する正しい態度を養うことが掲げられた。内容については，身体の清潔，衣食住の衛生，休養・睡眠，皮膚の摩擦，姿勢，身体の測定，病気の予防，傷害の防止，救急処置，さらに社会生活の衛生，精神衛生，性教育であった。健康的な生活の実践力の育成を重視する「衛生」の内容は示されたが，担うべき教科や時間配当などの制度的裏付けが示されなかった。生活指導的な要素を多分に含んでいたが，保健が教科としての歩みを始めたと言える。

　第2期は，小学校では小学校保健計画実施要領（試案），中学校及び高等学校では中等学校保健計画実施要領（試案）により指導されようとした（第1次後半）時期である。第1期における制度上の課題は，1949（昭和24）年5月と6月に出された通達によって，高等学校及び中学校における体育科を保健体育科に改称し，計画的に保健（中学校70時間，高校2単位）を履修するようになった。中学校と高等学校における保健の指導が教育課程に位置付けられ，保健体育科で実施することになった。目標・内容については，その年の11月に発行された中等学校保健計画実施要領の第5章「健康教育」に準拠することとされた。その目標は，①健康実践の根拠として，適当な解剖及び生理学上の知識の習得，②生命的危険をもたらすもの及びその予防法の理解，予防接種などの価値の認識とその利用，③完全な家庭及び社会生活をするために必要なよい習慣及び態度の育成，④自己の健康の理解，⑤保健衛生的事業施設の認識と利用の5項目であった。内容は，①健康とその重要性，②〜⑦人体の構造・機能とその衛生関連，⑧食物と健康，⑨容姿と健康，⑩成熟期

• 56 •

第2節　学習指導要領に基づく保健の指導

表1　学習指導要領における保健学習の変遷

期	次	年度	学校段階	内容
第1期	第1次	1947(昭和22)年	小中	・学習指導要領一般編(試案)
			小中	・学校体育指導要綱
		1949(昭和24)年	小	・学習指導要領小学校体育編(試案)
第2期		1950(昭和25)年	中高	・中等学校保健計画実施要領
			小	・小学校保健計画実施要領
	第2次	1951(昭和26)年	小中高	・学習指導要領一般編(試案)改訂版
			中高	・中学校高等学校学習指導要領保健体育科編(試案)
		1953(昭和28)年	小	・小学校学習指導要領体育科編(試案)改訂版
第3期		1956(昭和31)年	高	・高等学校学習指導要領一般編改訂版
			中	・通達「中学校保健体育科のうち保健の指導について」
			高	・高等学校学習指導要領保健体育編改訂版
第4期	第3次	1958(昭和33)年	小	・小学校学習指導要領(昭和33年10月1日施行)
			中	・中学校学習指導要領(昭和33年10月1日施行)
			高	・高等学校学習指導要領一般編改訂版(昭和33年4月再訂版)
		1960(昭和35)年	高	・高等学校学習指導要領(昭和35年10月施行)
	第4次	1968(昭和43)年	小	・小学校学習指導要領(昭和46年4月施行)
		1969(昭和44)年	中	・中学校学習指導要領(昭和47年4月施行)
		1970(昭和45)年	高	・高等学校学習指導要領(昭和48年4月施行)
	第5次	1977(昭和52)年	小	・小学校学習指導要領(昭和55年4月施行)
			中	・中学校学習指導要領(昭和56年4月施行)
		1978(昭和53)年	高	・高等学校学習指導要領(昭和57年4月施行)
	第6次	1989(平成元)年	小	・小学校学習指導要領(平成4年4月施行)
			中	・中学校学習指導要領(平成5年4月施行)
			高	・高等学校学習指導要領(平成6年4月施行)
	第7次	1998(平成10)年	小	・小学校学習指導要領(平成14年4月施行)
			中	・中学校学習指導要領(平成14年4月施行)
		1999(平成11)年	高	・高等学校学習指導要領(平成15年4月施行)
	第8次	2008(平成20)年	小	・小学校学習指導要領(平成23年4月施行)
			中	・中学校学習指導要領(平成24年4月施行)
		2009(平成21)年	高	・高等学校学習指導要領(平成25年4月施行)

第2章　教科「体育科」及び「保健体育科」での保健の指導

への到達，⑪救急処置と安全，⑫健康と社会，⑬健康と職業の13項目であり，解剖，生理，衛生の内容が大半を占めた。健康のための必要項目を網羅し，個々人の習慣形成などの生活指導に傾斜した行動化・習慣化の色合いが濃いものであった。しかも，中学校と高等学校との特質が明らかにされていないことや，理科，社会科，家庭科など，その他の教科や教科外活動と重複する内容であったこと，学校教育全般で担う方針であったことなど，教科の独自性が鮮明にされていなかった。教科としての保健の確立が遅れる結果を招いたと言える。

　小学校については中等学校の1年後に発行された小学校保健計画実施要領（試案）に示されたが，教科における保健の指導と保健管理や教科以外での保健の指導との区別が明確にされていないなど，上記と同様の課題を持っていた。ただし，内容は中等学校と同じく13項目で構成されていたが，中等学校の内容を踏まえて整理されており，医学の簡易版的な断片を持つ第3期以降に示される学習指導要領に近い内容構成であった。

　第3期は，1956（昭和31）年の高等学校学習指導要領保健体育科編並びに初等中等教育局長通達より指導された（第2次）時期である。第2期における教科の独自性についての課題を解消するのは，6年後の1956（昭和31）年1月であり，保健の初めての学習指導要領である高等学校学習指導要領の改訂版であった。保健体育科編に高等学校の保健の目標・内容が示され，連続する2年間で各1単位を履修させることとされた。中学校は同年3月に出された通達「中学校保健体育科のうち保健の学習指導について」において示された。この時点で，中学校と高等学校の保健の目標と内容がそれぞれ明確に区分けされたと言える。

　高等学校の目標には，保健問題を解決する，集団の健康を推進する，自己の健康を処理する，健康生活を自主的に計画し実践し推進する，という4項目が掲げられ，主に「健康生活を推進できる能力や態度を育てる」ことであった。その内容は，生活並びに健康障害，精神衛生，疾病の予防，生活行動，公衆衛生，労働，国民保健，健康の本質の9項目であったが，「高等学校生徒の」という記述に見られるように，高校生の日常生活に直結した内容も含まれていた。つまり，系統的知識の学習と現実生活に即活用しようとする生活学習との折衷案的な内容構成であった。中学校の目標・内容はそれぞれ6項目，8項目が挙げられており，高等学校に類似したものであったが，高等学校よりも生活経験主義的な傾向が強く見られた。他の教科が系統主義の編成原理で内容を構成していた中で，保健は行動化・習慣化を重視する生活経験主義の性格を引きずっていたと言える。

　第4期は，1958（昭和33）年の学習指導要領改訂以降であり，学習指導要領により指導され今日に至る時期（第3次以降）である。小学校では，1958（昭和33）年の学習指導要領改訂で，保健の内容が「体育や保健に関する知識」として示された。時間枠も「体育科の10％を保健に充てる」と明記され，第5，6学年で年間それぞれ10時間程度の保健を指導することとされた。前述したように，それまでは小学校保健計画実施要領によって，学校生活全般を通じて健康教育を実施するとされていたが，小学校の保健が教育課程

第2節　学習指導要領に基づく保健の指導

に明確に位置付けられた。中学校と高等学校に約10年遅れたことになる。第3次の改訂において小学校，中学校，高等学校における保健の目標，内容，実施時間数等の形式が整えられたと言える。そして，次項で示すように，それ以降，内容的には教科としての系統化を志向しながら，今日に至っていると言えよう。

(2)　第4期（第3次〜第8次改訂）における保健の目標と内容

第4期の各改訂における保健の目標を**表2**に示した。小学校の目標を見ると，第3次では，健康や安全についての初歩的な理解と「できる」ことを重視した生活化に重点が置かれている。第4次，第5次においても基本的には大きく変わっていない。第6次では，実践に結び付く理解を強調し，児童の特性に応じた多様な活動ができるよう5・6学年の目標が一括して示された。また，第7次では，児童の発育・発達の早期化や生活環境の乱れに対応するため，必要な基礎事項を早い時期から指導するというねらいから，中学年での実施に伴い目標が設定された。中学校は，第3次では「個人生活や社会生活における健康安全について」の理解と「心身ともに健康な生活を営む態度や能力を養う」とされ，内容ごとに目標も設定された。他教科との足並みをそろえ科学的知識の系統性を重視したが，生活化や行動化が強調されていたと言える。そして，第4次には，学問的論理に従った系統的な教育課程，いわゆる教育課程の現代化を反映して，目標が再編統合されたが基本的には大きな変化は見られない。高等学校では，第3次から科学的認識の発達や系統性を強調した目標を掲げたが，第4次では「科学的な理解」や「系統的な理解」という記述がなくなり，生活課題との結び付きを重視した示し方になり，第5次以降は一括して目標が示されている。

第5次改訂以降は，各学校段階の目標の示し方に一貫性が見られ，健康・安全についての理解を踏まえて，健康の保持増進に寄与する能力や態度を育てるという目標が掲げられてきた。そして，第7次以降では，「〜能力や態度を育てる」から「〜資質や能力を育てる」に変更され，資質（生まれつきの性質や才能）や能力（物事をなしえる力）を育てることが目標となって，第8次においても継承されている。

第4期における保健の内容項目の一覧を**表3〜5**に示した。総じて，保健の内容は，生活経験主義的な内容を精選し，系統的な内容構成をめざし統合・再編され，かつ，社会の変化や児童生徒の発育・発達の早期化に対応して新たな内容を組み入れながら編成を繰り返してきたと言える。

■引用・参考文献
・森昭三ほか『新版　保健の授業づくり入門』大修館書店，2002年
・国立教育研究所内戦後教育改革資料研究会編『文部省学習指導要領13　保健体育科編（1）』『文部省学習指導要領14　保健体育科編（2）』日本図書センター，1980年
・水原克敏『現代日本の教育課程改革』風間書房，1992年

［野津　有司］

第2章 教科「体育科」及び「保健体育科」での保健の指導

表2 学習指導要領における保健の目標（第3次改訂以降）

小学校　第3次　1958（昭和33）年	第4次　1968（昭和43）年	第5次　1977（昭和52）年
〈第5学年〉 (5) 自己のからだの発達や健康状態について関心をもたせるとともに，身近な日常生活における健康・安全についての初歩的な理解をもたせる。	〈第5学年〉 (5) 自己の心身の状況や健康な生活についての基礎的事項を理解させ，健康の保持増進と生活の能率化を図ることができるようにする。	〈第5学年〉 (3) 体の発育及びけがの防止について理解させ，健康の増進及び安全な生活ができる能力と態度を育てる。
〈第6学年〉 (6) 日常かかりやすい病気やけがの予防，簡単な処置について理解させ，健康・安全な生活ができる態度を養う。	〈第6学年〉 (5) 身近な日常生活における病気やけがの予防と学校や社会における健康の問題について，初歩的事項を理解させ，健康・安全な生活ができるようにする。	〈第6学年〉 (3) 病気の予防及び健康な生活の仕方について理解させ，健康を保持増進することができる能力と態度を育てる。

中学校　第3次　1958（昭和33）年	第4次　1969（昭和44）年	第5次　1977（昭和52）年
〈第2学年〉 (6) 傷害とその防止について理解させ，傷害の防止や救急処置に必要な態度，能力および技能を養う。 (7) 環境の衛生について理解させ，これに基づいて適切な環境の衛生的な処置を行う態度，能力および技能を養う。 (8) 心身の発達の状態を正しく理解させ，これに基づいて心身の健全な発達を図ろうとする態度や能力を養う。 (9) 栄養について理解させ，望ましい食生活を営む態度や能力を養う。 (10) 疲労と学習や仕事の能率との関係について理解させ，これに基づいて学習や仕事を健康的に行う態度や能力を養う。 〈第3学年〉 (6) 病気とその予防について理解させ，病気の予防に必要な態度や能力を養う。 (7) 精神の健康について理解させ，これに基づいて生活を楽しく営む習慣や態度を養う。 (8) 集団の健康について理解させ，進んでその健康を高めることに協力する態度を養う。 (9) 個人の健康成立の条件や健康の考え方について理解させ，これに基づいて心身ともに健康な生活を営む態度や能力を養う。	(1) 心身の発達や環境の衛生および健康な生活の設計について理解させ，健康な生活を営むための能力や態度を養う。 (2) 事故災害の防止や病気の予防について理解させるとともに，救急処置の技能を習得させ，これらを実践する能力や態度を養う。 (3) 国民生活における健康についての基礎的知識を習得させ，国民の健康を高めるために協力しようとする態度を育てる。	(1) 心身の機能の発達と健康な生活について理解させ，合理的に健康を保持増進する態度を育てる。 (2) 健康と環境とのかかわりについて理解させ，健康に適した環境の維持や改善を図ることができる能力と態度を育てる。 (3) 傷害の防止と疾病の予防について理解を深めさせるとともに，応急処置の基礎的技能を習得させ，これらを実践できる能力と態度を育てる。

高等学校　第3次　1960（昭和35）年	第4次　1970（昭和45）年	第5次　1978（昭和53）年
(1) 健康な身体・精神と健康障害の基礎的な事項について科学的な理解を深め，これに基づいて，みずから進んで健康の保持増進に関する問題を解決する能力と態度を養う。 (2) 労働について保健の立場から理解させ，これに基づいて健康生活を計画し実践する能力と態度を養う。 (3) 公衆衛生について系統的に理解させ，集団の健康を増進し，国民保健の発展に寄与する態度と能力を養う。	(1) 健康な心身と疾病や事故災害の基礎的なことがらについて理解を深め，みずから進んで健康を保持増進し，安全を確保することのできる能力や態度を養う。 (2) 家庭，職場および地域の生活における健康・安全に関することがらについて理解させ，健康で安全な生活を実践することのできる能力や態度を養う。 (3) 国民の健康を守るしくみについて理解させ，国民の健康を高めることに寄与する能力や態度を養う。	心身の機能，健康と環境，集団の生活における健康について理解を深めさせ，健康の保持増進を図り，集団の健康を高めることに寄与する能力と態度を育てる。

第2節 学習指導要領に基づく保健の指導

第6次 1989(平成元)年	第7次 1998(平成10)年	第8次 2008(平成20)年
	〈第3学年及び第4学年〉 (3) 健康な生活及び体の発育・発達について理解できるようにし，身近な生活において健康で安全な生活を営む資質や能力を育てる。	〈第3学年及び第4学年〉 (3) 健康な生活及び体の発育・発達について理解できるようにし，身近な生活において健康で安全な生活を営む資質や能力を育てる。
〈第5学年及び第6学年〉 (3) 体の発育と心の発達，けがの防止，病気の予防及び健康な生活について理解できるようにし，健康で安全な生活を営む能力と態度を育てる。	〈第5学年及び第6学年〉 (3) けがの防止，心の健康及び病気の予防について理解できるようにし，健康で安全な生活を営む資質や能力を育てる。	〈第5学年及び第6学年〉 (3) 心の健康，けがの防止及び病気の予防について理解できるようにし，健康で安全な生活を営む資質や能力を育てる。

第6次 1989(平成元)年	第7次 1998(平成10)年	第8次 2008(平成20)年
(1) 心身の発達や心の健康及び健康と生活について理解させ，合理的に健康を保持増進することができる能力と態度を育てる。 (2) 健康と環境とのかかわりについて理解させ，健康に適した環境の維持や改善を図ることができる能力と態度を育てる。 (3) 傷害の防止と疾病の予防について理解を深めさせるとともに，応急処置の基礎的機能を習得させ，これらを実践できる能力と態度を育てる。	個人生活における健康・安全に関する理解を通して，生涯を通じて自らの健康を適切に管理し，改善していく資質や能力を育てる。	個人生活における健康・安全に関する理解を通して，生涯を通じて自らの健康を適切に管理し，改善していく資質や能力を育てる。

第6次 1989(平成元)年	第7次 1999(平成11)年	第8次 2009(平成21)年
個人及び集団の生活における健康・安全について理解を深めさせ，個人及び集団の健康を高める能力と態度を育てる。	個人及び社会生活における健康・安全について理解を深めるようにし，生涯を通じて自らの健康を適切に管理し，改善していく資質や能力を育てる。	個人及び社会生活における健康・安全について理解を深めるようにし，生涯を通じて自らの健康を適切に管理し，改善していく資質や能力を育てる。

表3　小学校における保健の内容の変遷（昭和33年〜平成20年改訂）

第3次　1958（昭和33）年	第4次　1968（昭和43）年	第5次　1977（昭和52）年	第6次　1989（平成元）年	第7次　1998（平成10）年	第8次　2008（平成20）年
体育科　体育や保健に関する知識 第5学年 (1) 健康な生活 　ア からだや身のまわりの清潔 　イ よい姿勢とわるい姿勢 　ウ 休養と睡眠 　エ 運動と健康 (2) 身体の発達状態や健康状態 　ア 身体の形態的発達 　イ 疲労、休養、睡眠 　ウ 肺活量・背筋力・握力・基礎運動能力の発達 　エ 健康異常と体温、脈拍、呼吸 第6学年 (1) 病気の予防 　ア かぜの予防 　イ インフルエンザの予防 　ウ 回虫や十二指腸虫病の予防 　エ はくせん・かいせんの予防 　オ トラホームの予防 　カ 食中毒の予防 　キ 赤痢の予防 　ク 結核の予防 　ケ 齲歯の予防 (2) 傷害の防止 　ア 交通事故とその防止 　イ やけどの原因と予防 　ウ けがの手当 　エ 簡単な救急処置 (3) 学校生活における健康 　イ 学校や社会における健康を守るためのしくみとその活用	保健の領域 第5学年 (1) 自分の身体や心 　ア 身体や心の健康 　イ 身体の発育 　ウ 身体のはたらきと発達 　エ 心のはたらきとその発達 (2) 健康な生活の設計 　ア 運動や睡眠の必要性 　イ 空気、日光、飲料水と健康 　ウ 食べ物の選び方と健康障害 　エ 目・耳・歯などの障害と予防の立て方 (3) 　ア 視力や色覚と眼疾の予防 　イ 聴力とこどもに多い耳鼻疾患の予防 　ウ う歯の予防 第6学年 (1) 　ア かかりやすい病気とその予防 　イ こどもに多い病気とその際の心得や予防のしかた 　ウ 結核、インフルエンザなどの伝染病とその予防 　エ 赤痢や寄生虫病とその防止 　オ けがの種類とその防止 (2) けがの予防とその防止 　ア 交通事故の現状、原因とその防止 　イ 学校、家庭、野外での遊びにおける事故の現状、原因およびその防止 　ウ 自然災害や火災と安全 　エ けがの手当 　オ 簡単な救急処置 (3) 学校生活における健康 　イ 学校における保健活動	体育科　保健の領域 第5学年 (1) 体の発育 　ア 年齢による体の変化と発育の男女差、個人差 　イ 思春期に起こる体の変化 　ウ 食事、運動による発育・発達 (2) けがの防止 　ア けがの起こり方 　イ 安全な行動とけがの防止 　ウ 安全な環境とけがの防止 第6学年 (1) 病気の予防 　ア 病気の起こり方 　イ 病原体がもとになって起こる病気の予防 　ウ 環境や生活行動がかかわって起こる病気の予防 (2) 健康な生活 　ア 運動、食事、休養、睡眠と健康 　イ 水、空気、日光と健康 　ウ 学校、家庭などの生活と健康	体育科　保健領域 第5学年 (1) 体の発育と心の発達 　ア 年齢による体の変化と発育の男女差、個人差 　イ 思春期に起こる体の変化 　ウ 心の発達 (2) けがの防止 　ア けがの起こり方 　イ 安全な行動とけがの防止 　ウ 安全な環境とけがの防止 (3) 病気の予防 　ア 病気の起こり方 　イ 病原体がもとになって起こる病気の予防 　ウ 生活行動や環境がかかわって起こる病気の予防 (4) 健康な生活 　ア 運動、食事、休養、睡眠及び食事と健康 　イ 水、空気、日光と健康 　ウ 学校、家庭などの生活と健康	体育科　保健領域 第3学年 (1) 毎日の生活と健康 　ア 1日の生活の仕方 　イ 身のまわりの環境 第4学年 (2) 育ちゆく体とわたし 　ア 体の発育・発達 　イ 思春期の体の変化 第5学年 (1) けがの防止 　ア 交通事故や学校生活の事故などの原因とその防止 　イ けがの手当 (2) 心の健康 　ア 心の発達 　イ 心と体の相互の影響 　ウ 不安や悩みへの対処 第6学年 (3) 病気の予防 　ア 病気の起こり方 　イ 病原体がもとになって起こる病気の予防 　ウ 生活行動がもとになって起こる病気の予防	体育科　保健領域 第3学年 (1) 毎日の生活と健康 　ア 1日の生活の仕方 　イ 身のまわりの清潔や生活 　ウ 身のまわりの環境 第4学年 (2) 育ちゆく体とわたし 　ア 体の発育・発達 　イ 思春期の体の変化 　ウ 体をよりよく発育・発達させるための生活 第5学年 (1) 心の健康 　ア 心の発達 　イ 心と体の相互の影響 　ウ 不安や悩みへの対処 (2) けがの防止 　ア 交通事故や身の回りの生活の危険が原因となって起こるけがとその防止 　イ けがの手当て 第6学年 (3) 病気の予防 　ア 病気の予防 　イ 病原体がもとになって起こる病気の予防 　ウ 生活行動がもとになって起こる病気の予防 　エ 喫煙、飲酒、薬物乱用と健康 　オ 地域の様々な保健活動の取組
第5・6学年の各105単位時間の10%	第5・6学年の各105単位時間の10%	第5・6学年の各105単位時間の10%	第5・6学年の各105単位時間の10%	第3・4学年の2学年間で8単位時間程度、第5・6学年の2学年間で16単位時間程度	第3・4学年の2学年間で8単位時間程度、第5・6学年の2学年間で16単位時間程度

第2節　学習指導要領に基づく保健の指導

表4　中学校における保健の内容の変遷（昭和33年〜平成20年改訂）

第3次　1958（昭和33）年	第4次　1969（昭和44）年	第5次　1977（昭和52）年	第6次　1989（平成元）年	第7次　1998（平成10）年	第8次　2008（平成20）年
保健分野 第2学年 (1) 傷害の防止 　ア 傷害とその防止 　イ 事故災害とその防止 　ウ 救急処置 (2) 環境の衛生 　ア 環境と心身の関係 　イ 環境の衛生的な処理 　ウ 飲料水と水の浄化法 (3) 心身の発達と栄養 　ア 中学校生徒の心身の発達の特徴 　イ 心身の発達に影響する条件 　ウ 栄養の基準と食品の栄養価 (4) 疲労と作業の能率 　ア 疲労と学習や仕事の能率 　イ 疲労の回復 　ウ 学習や仕事の能率と生活の調和 第3学年 (1) 病気の予防 　ア 伝染病および寄生虫病とその予防 　イ 循環器系の疾患とその予防 　ウ 呼吸器系の疾患とその予防 　エ 消化器系の疾患とその予防 　オ その他の病気とその予防 　カ 病気の処置と病後の注意 (2) 青少年のかかりやすい病気 　ア 成人に多い病気 　イ 職業病と地方病 　ウ 病人の看護 (3) 精神の健康 　ア 精神の発達 　イ 精神の健康 　ウ 健康とその重要性ならびに社会との関係 　エ 健康を守るための生活 (4) 国民の健康 　ア 国民の健康状態 　イ 国民の寿命 　ウ 国民の保健制度 　エ 保健医療に関する社会保障 　オ 公衆衛生の進歩	保健体育科　保健分野 第1学年 (1) 健康と身体の発達 　ア 健康のなりたち 　イ 身体の発育 　ウ 身体の機能的発達 (2) 環境の衛生 　ア 環境と心身の関係 　イ 環境の衛生的処理 　ウ 汚物・有害昆虫などとその処理 　エ 公害と健康 第2学年 (3) 生活の安全 　ア 事故災害とその防止 　イ 交通事故とその防止 　ウ 外傷や急病とその防止 　エ 救急処置 (4) 疲労と作業の能率 　ア 疲労と学習や仕事の能率 　イ 疲労の回復 (5) 健康な生活の設計と栄養価 　ア 栄養障害と食中毒 　イ 薬品・嗜好品と健康 　ウ 疲労とその回復 　エ 健康な生活の設計 第3学年 (5) 病気とその予防 　ア 病気とその予防 　イ 青少年のかかりやすい病気 　ウ 成人に多い病気 　エ 職業病と地方病 　オ 病人の看護 (6) 精神の健康 　ア 精神の発達 　イ 精神の健康 　ウ 健康な精神生活と心身相関 (7) 国民の健康 　ア 国民の健康 　イ 国民の寿命 　ウ 国民の保健制度 　エ 保健医療に関する社会保障 　オ 公衆衛生の進歩	保健体育科　保健分野 第1学年 (1) 心身の発達 　ア 呼吸・循環機能の発達 　イ 第二次性徴の発現 　ウ 運動能力の発達 　エ 知能・情動・社会性の発達 　オ 欲求と行動 第2学年 (2) 健康と環境 　ア 身体の自然環境に対する適応能力 　イ 室内の温熱条件と照度の基準 　ウ 室内の空気条件 　エ 日光の利用 　オ 水の利用と確保 　カ 生活・産業活動の廃棄物の処理 第3学年 (3) 傷害の防止と疾病の予防 　ア 傷害の防止とその応急処置 　イ 急病や傷病の発生要因とその予防 　ウ 疾病の発生要因とその予防 　エ 疾病の早期発見と早期治療 (4) 健康な生活 　ア 健康の増進と適切な運動 　イ 学習、運動、作業と身体 　ウ 身体エネルギーの消費 　エ 調和のある栄養の摂取 　オ 疲労の発生とその回復 (5) 個人の健康とその所属する集団の健康	保健体育科　保健分野 第1学年 (1) 心身の機能の発達と心の健康、二次性 　ア 身体機能の発達、二次性徴 　イ 知的機能、情意機能、社会性の発達 　ウ 心の発達と自己の形成 第2学年 (2) 健康と環境 　ア 身体の環境に対する適応能力 　イ 環境の至適範囲と許容範囲 　ウ 水の利用と確保 　エ 生活に伴う廃棄物の処理 第3学年 (3) 傷害の防止 　ア 傷害の発生要因とその防止 　イ 交通事故の発生要因とその防止 　ウ 傷害の応急処置 (4) 疾病の予防 　ア 疾病の発生要因とその予防 　イ 喫煙、飲酒、薬物乱用と健康 　ウ 疾病の応急処置 (5) 生活と健康 　ア 適切な運動などの身体活動と健康の増進 　イ 食事と健康の増進 　ウ 疲労の発生とその回復 　エ 個人の健康と集団の健康	保健体育科　保健分野 第1学年 (1) 心身の機能の発達と心の健康 　ア 身体機能の発達 　イ 生殖にかかわる機能の成熟 　ウ 精神機能の発達と自己形成 　エ 欲求やストレスへの対処と心の健康 第2学年 (2) 健康と環境 　ア 身体の環境に対する適応能力・至適範囲 　イ 空気や飲料水の衛生的管理 　ウ 生活に伴う廃棄物の衛生的管理 (3) 傷害の防止 　ア 自然災害や交通事故などによる傷害の防止 　イ 応急手当 第3学年 (4) 健康な生活と疾病の予防 　ア 生活行動・生活習慣と健康 　イ 喫煙、飲酒、薬物乱用と健康 　ウ 感染症の予防 　エ 個人の健康と集団の健康	保健体育科　保健分野 第1学年 (1) 心身の機能の発達と心の健康 　ア 身体機能の発達 　イ 生殖にかかわる機能の成熟 　ウ 精神機能の発達と自己形成 　エ 欲求やストレスへの対処と心の健康 第2学年 (2) 健康と環境 　ア 身体の環境に対する適応能力・至適範囲 　イ 飲料水や空気の衛生的管理 　ウ 生活に伴う廃棄物の衛生的管理 (3) 傷害の防止 　ア 交通事故や自然災害などによる傷害の発生要因 　イ 交通事故などによる傷害の防止 　ウ 自然災害による傷害の防止 　エ 応急手当 第3学年 (4) 健康な生活と疾病の予防 　ア 健康な生活と疾病の予防 　イ 生活習慣病などの予防 　ウ 喫煙、飲酒、薬物乱用と健康 　エ 感染症の予防 　オ 保健・医療機関や医薬品の有効利用 　カ 個人の健康を守る社会の取組
第2学年：35単位時間、第3学年：35単位時間	3学年を通じて70単位時間とし、各学年においておよそ等しく配当	3学年を通じて55単位時間	3学年を通じて55単位時間	3学年間で48単位時間程度	3学年間で48単位時間程度

第2章 教科「体育科」及び「保健体育科」での保健の指導

表5 高等学校における保健の内容の変遷（昭和35年〜平成21年改訂）

第3次 1960（昭和35）年	第4次 1970（昭和45）年	第5次 1978（昭和53）年	第6次 1989（平成元）年	第7次 1999（平成11）年	第8次 2009（平成21）年
保健体育科　科目「保健」 (1) 人体の生理 　ア　恒常性とその維持 　イ　適応作用 　ウ　余裕と物質貯蔵 　エ　年令等による身体の変化 　オ　全体性とその維持 (2) 人体の病理 　ア　疾病の原因 　イ　疾病による身体の変化 　ウ　疾病の転帰・治療 (3) 精神衛生 　ア　精神と身体の関連 　イ　欲求と行動 　ウ　個人差と適応 　エ　適応異常と精神障害 　オ　労働者の生活と健康 (4) 労働生理 　ア　労働生理 　イ　労働疾病 　ウ　労働衛生 　エ　労働災害 　オ　労働者の生活と健康 (5) 公衆衛生 　ア　公衆衛生の基礎的活動 　イ　公衆衛生の内容と機構 　ウ　公衆衛生と健康の本質	保健体育科　科目「保健」 (1) 健康と身体の機能 　ア　健康の意義と成立条件 　イ　身体の年齢的変化 　ウ　身体の環境適応の生理 　エ　身体活動の生理 (2) 大脳と精神機能 　ア　欲求と適応 　イ　精神障害と健康な精神 　ウ　疾病とその予防 (3) 疾病の要因 　ア　疾病の経過 　イ　疾病の予防 (4) 事故災害とその防止 　ア　事故災害発生の要因 　イ　交通災害 　ウ　労働災害 　エ　救急処置 (5) 生活と健康 　ア　家庭生活と健康 　イ　職業生活と健康 　ウ　地域生活と健康 (6) 国民の健康 　ア　国民保健の現状 　イ　公衆衛生活動と保健・医療制度 　ウ　公衆衛生の進歩と健康な社会づくり	保健体育科　科目「保健」 (1) 心身の機能 　ア　身体の各器官の機能と統合性 　イ　大脳と精神機能 　ウ　欲求と適応行動 　エ　心身の相関 (2) 健康と環境 　ア　文明社会と健康 　イ　自然環境の汚染による健康障害とその防止 　ウ　健康と自然環境の調和 (3) 職業と健康 　ア　職業病と労働災害 　イ　職場の安全・衛生管理と健康増進 　ウ　リハビリテーション (4) 集団の健康 　ア　生活と健康 　イ　国民の健康水準 　ウ　家庭生活と健康 　エ　公衆衛生活動と保険・医療制度	保健体育科　科目「保健」 (1) 現代社会と健康 　ア　健康の考え方 　イ　生活行動と健康 　ウ　精神の健康 　エ　交通安全 　オ　応急処置 (2) 環境と健康 　ア　環境の汚染と健康 　イ　環境の調和と健康 　ウ　生涯を通じる健康 (3) 家庭生活と健康 (4) 集団の健康 　ア　疾病の予防活動 　イ　環境衛生活動と食品衛生活動 　ウ　保健・医療の制度	保健体育科　科目「保健」 (1) 現代社会と健康 　ア　健康の考え方 　イ　健康の保持増進と疾病の予防 　ウ　精神の健康 　エ　交通安全 　オ　応急手当 (2) 生涯を通じる健康 　ア　生涯の各段階における健康 　イ　保健・医療制度及び地域の保健・医療機関 (3) 社会生活と健康 　ア　環境と健康 　イ　環境と食品の保健 　ウ　労働と健康	保健体育科　科目「保健」 (1) 現代社会と健康 　ア　健康の考え方 　イ　健康の保持増進と疾病の予防 　ウ　精神の健康 　エ　交通安全 　オ　応急手当 (2) 生涯を通じる健康 　ア　生涯の各段階における健康 　イ　保健・医療制度及び地域の保健・医療機関 　ウ　様々な保健活動や対策 (3) 社会生活と健康 　ア　環境と健康 　イ　環境と食品の保健 　ウ　労働と健康
第2学年及び第3学年で各1単位履修	第1学年及び第2学年での各1単位履修	第1学年及び第2学年において履修させることが望ましい	第1学年及び第2学年において、各1単位ずつ履修させるよう指導計画を作成することが望ましい	原則として入学年次及びその次の年次の2か年にわたり履修させるものとする	原則として入学年次及びその次の年次の2か年にわたり履修させるものとする

2　学習指導要領（平成29，30年）改訂の考え方

(1)　三つの柱で整理された資質・能力の育成をめざすこと

　中央教育審議会の答申[1]（2016（平成28）年，以下「答申」）において，まず教育課程全体を通して育成をめざす資質・能力について，次の三つの柱で整理された。すなわち，ア「何を理解しているか，何ができるか（生きて働く『知識・技能』の習得）」，イ「理解していること・できることをどう使うか（未知の状況にも対応できる『思考力・判断力・表現力等』の育成）」，ウ「どのように社会・世界と関わり，よりよい人生を送るか（学びを人生や社会に生かそうとする『学びに向かう力・人間性等』の涵養）」である。これは，学校教育で長年その育成をめざしてきた「生きる力」を新しい時代に求められる力として改めてとらえ直し，具体化したものであり，学校教育を通して何ができるようになり，どうよりよく生きていけるようになるかという視点が重視されたものと言える。そして，各教科等の目標や内容についても，この三つの柱に基づく再整理を図るよう求められている。

　教科「体育科」及び「保健体育科」での保健の指導においても，これらの資質・能力の育成をめざすことになる。その際，現行の学習指導要領における保健の指導の課題として「健康課題を発見し，主体的に課題解決に取り組む学習が不十分であり，社会の変化に伴う新たな健康課題に対応した教育が必要との指摘がある」（「答申」）ことを踏まえ，身に付ける資質・能力の具体を，三つの柱に基づいて明確にする必要がある。

(2)　「主体的・対話的で深い学び」の実現に向けて授業改善を図ること

　児童生徒が学習内容を深く理解し，これからの時代に求められる資質・能力を身に付けるようにするためには，学習の質を一層高める授業改善の取組を活性化していく必要がある。そして，学びの質や深まりは，「何を学ぶか」という学習内容はもとより，その内容を「どのように学ぶか」が大きな影響を与えると考えられることから，学習の在り方として「主体的・対話的で深い学び」を実現することが強く求められている。これは，全ての教科等に共通するものであり，求められる資質・能力を育成するために学びの過程を重視したものである。

　また，「主体的・対話的で深い学び」の実現に向けた授業改善のための留意事項の１つとして，各教科等の「見方・考え方」を働かせることが重要であることが示された。「見方・考え方」とは，「どのような視点で物事をとらえ，どのような考え方で思考していくのか」というその教科等ならではの物事をとらえる視点や考え方であり，各教科等を学ぶ本質的な意義の中核をなすものであると言える。

　保健の見方・考え方については，「答申」の中で「個人及び社会生活における課題や情報を，健康や安全に関する原則や概念に着目して捉え，疾病等のリスクの軽減や生活の質の向上，健康を支える環境づくりと関連付けること」と示された。児童生徒が学習の場や人生において，こうした保健の見方・考え方を自在に働かせることができるようにするた

第2章 教科「体育科」及び「保健体育科」での保健の指導

めに，具体的な授業を機能的に改善していくことが期待されている。

(3) カリキュラム・マネジメントにより教育活動の質の向上を図ること

カリキュラム・マネジメントとは，「（児童）生徒や学校，地域の実態を適切に把握し，教育の目的や目標の実現に必要な教育の内容等を教科等横断的な視点で組み立てていくこと，教育課程の実施状況を評価してその改善を図っていくこと，教育課程の実施に必要な人的又は物的な体制を確保するとともにその改善を図っていくことなどを通して，教育課程に基づき組織的かつ計画的に各学校の教育活動の質の向上を図っていくこと」とし，それに「努める」ことが学習指導要領の総則において新たに示された。このカリキュラム・マネジメントの重視は，様々な分野で社会へのアカウンタビリティが求められる中で，学校においても「社会に開かれた教育課程」の実現が必要であること，また各教科等の目標や内容等に基づいて育成された資質・能力を，当該教科等の文脈以外の実社会の様々な場面で活用できる汎用的な能力に育てていく必要性があることなどから示されたものと考えられる。

体育・健康に関する指導は，従前と同様に総則に位置付けられ，「学校の教育活動全体を通じて適切に行うこと」としているが，今改訂ではそのカリキュラム・マネジメントが一層重要になると思われる。すなわち，体育科及び保健体育科を中核として，各教科・科目，特別活動及び総合的な学習の時間，さらに個別指導も含めて，それぞれの特質に応じて体育・健康に関する指導を適切に行う必要がある。そのため，各学校において校長等の管理職はもちろん，全ての教職員が教育目標及び育成をめざす資質・能力を踏まえ，この指導の意義や果たす役割について十分に共通理解し，取り組んでいくことが求められる。

■引用・参考文献
1）中央教育審議会「幼稚園，小学校，中学校，高等学校及び特別支援学校の学習指導要領等の改善及び必要な方策等について（答申）」2016年12月21日

［野津 有司］

3 小学校学習指導要領（平成29年）のポイント

(1) 目 標

小学校の体育科の目標は下の枠内に示す通りであり，下線が教科「体育科」における保健の指導（保健領域）の内容である。

体育や**保健の見方・考え方**を働かせ，課題を見付け，その解決に向けた学習過程を通して，心と体を一体として捉え，生涯にわたって心身の健康を保持増進し豊かなスポーツライフを実現するための**資質・能力**を次のとおり育成することを目指す。

(1) その特性に応じた各種の運動の行い方及び身近な生活における健康・安全について理解するとともに，基本的な動きや技能を身に付けるようにする。

(2) 運動や健康についての自己の課題を見付け，その解決に向けて思考し判断するとともに，他

> 者に伝える力を養う。
> (3) 運動に親しむとともに健康の保持増進と体力の向上を目指し，楽しく明るい生活を営む態度を養う。

　保健の見方・考え方とは「個人及び社会生活における課題や情報を，健康や安全に関する原則や概念に着目して捉え，疾病等のリスクの軽減や生活の質の向上，健康を支える環境づくりと関連付けること」である。このうち，「疾病等のリスクの軽減や生活の質の向上，健康を支える環境づくり」とは，ヘルスプロモーションの戦略を意味していると考えられ，保健領域では主体（生活者）づくりと環境づくりの視点から授業を展開し，最終的には学習者の生活の質の向上をめざす必要がある。また，資質・能力とは，(1) が知識・技能，(2) が思考力・判断力・表現力等，(3) が学びに向かう力・人間性等（主体的に学習に取り組む態度）を指しており，これらの観点を踏まえた目標の設定となっている。

　さらに教科の目標に加えて，学年ごとに目標が設定されている。資質・能力の3観点から目標が設定されており，第3学年及び第4学年，第5学年及び第6学年の目標は以下の枠内に示す通りである。このうち，下線が保健領域の内容で，ゴシック体が第3学年及び第4学年と第5学年及び第6学年の違いである。

> **第3学年及び第4学年**
> (1) 各種の運動の楽しさや喜びに触れ，その行い方及び**健康で安全な生活や体の発育・発達**について理解するとともに，基本的な動きや技能を身に付けるようにする。
> (2) 自己の運動や身近な生活における健康の課題を見付け，その解決のための方法や活動を工夫するとともに，考えたことを他者に伝える力を養う。
> (3) 各種の運動に進んで取り組み，きまりを守り誰とでも仲よく運動をしたり，友達の考えを認めたり，場や用具の安全に留意したりし，最後まで努力して運動をする態度を養う。また，健康の大切さに気付き，自己の健康の保持増進に進んで取り組む態度を養う。

> **第5学年及び第6学年**
> (1) 各種の運動の楽しさや喜びを味わい，その行い方及び**心の健康やけがの防止，病気の予防**について理解するとともに，各種の運動の特性に応じた基本的な技能及び**健康で安全な生活を営むための技能**を身に付けるようにする。
> (2) 自己やグループの運動の課題や身近な**健康に関わる**課題を見付け，その解決のための方法や活動を工夫するとともに，**自己や仲間の考えたことを**他者に伝える力を養う。
> (3) 各種の運動に積極的に取り組み，約束を守り助け合って運動をしたり，仲間の考えや取組を認めたり，場や用具の安全に留意したりし，自己の最善を尽くして運動をする態度を養う。また，健康・**安全**の大切さに気付き，自己の健康の保持増進や**回復**に進んで取り組む態度を養う。

　(1)の知識・技能については，第3学年及び第4学年の指導内容として「健康で安全な生活」や「体の発育・発達」が，第5学年及び第6学年では「心の健康」や「けがの防止」「病気の予防」が挙げられている。さらに第5学年及び第6学年では，内容によって知識

第2章　教科「体育科」及び「保健体育科」での保健の指導

に加えて技能の習得をめざしており，「健康で安全な生活を営むための技能を身に付ける」といった文言が加えられている。(2)の思考力・判断力・表現力等については，第3学年及び第4学年で「身近な生活における健康の課題」，第5学年及び第6学年では「身近な健康に関わる課題」となっており，生活から健康概念全般へと内容の広がりを見せている。また，「自己や仲間の考えたことを他者に伝える」と表現がより具体的になっている。(3)の学びに向かう力・人間性等については，第5学年及び第6学年で「健康・安全の大切さに気付き」と「安全」が追記され，さらには「健康の保持増進や回復」といった病気からの「回復」についても触れることが追記されている。

(2) 内 容

　これまでの学習指導要領では知識の観点のみからの記載であったが，今改訂では，目標に合わせて，身近な生活における健康・安全についての基礎的・基本的な「知識・技能」「思考力・判断力・表現力等」の育成を重視する観点から内容が示されている。

① 第3学年「健康な生活」，第4学年「体の発育・発達」のポイント

　今改訂においては，内容のまとまりの名称が若干変更され，「毎日の生活と健康」が「健康な生活」に，「育ちゆく体とわたし」が「体の発育・発達」となった。

　「ア　知識」の内容について見ると，「健康な生活」では，心身の健康状態は主体の要因や周囲の環境の要因が関わっていること，毎日を健康に過ごすには運動，食事，休養及び睡眠の調和の取れた生活を続けたり，体の清潔を保ったり，明るさや換気などの生活環境を整えたりすることが必要であることなどを理解することが示されている。「体の発育・発達」では，体は年齢に伴って変化するものであり個人差があること，思春期になると体つきが変わったり，初経，精通などが起こったり，異性への関心が芽生えたりすること，体をよりよく発育・発達させるには適切な運動，食事，休養及び睡眠が必要であることなどを理解することが示されている。なお，指導に当たっては，発達の段階を踏まえること，学校全体で共通理解を図ること，保護者の理解を得ることなどに配慮することも示されている。

　「イ　思考力・判断力・表現力等」について，「健康な生活」では，「健康な生活に関わる事象から課題を見付け，健康な生活を目指す視点から，解決の方法を考え，それを伝えることができるようにする」，「体の発育・発達」では，「体の発育・発達に関わる事象から課題を見付け，体のよりよい発育・発達を目指す視点から，適切な方法を考え，それを伝えることができるようにする」と明記され，その実現に向けた［例示］も示された。例えば「1日の生活の仕方などの主体の要因や身の回りの環境の要因から健康に関わる課題を見付けること」「思春期の体の変化について，学習したことを，自己の体の発育・発達と結び付けて考えること」などである。

　これらの内容の取扱いとしては，運動と健康が密接に関連していることに考えを持てる

• **68** •

よう，例えば保健領域の単元「体の発育・発達」で「運動をすることで生涯を通じて骨や筋肉などを丈夫にする効果が期待される」などといった習得した知識と，運動領域の「体つくり運動」の「跳ぶ，はねるなどの動きで構成される運動」との関連について具体的な考えを持てるように指導することが示された。

② 第5学年「心の健康」「けがの防止」，第6学年「病気の予防」のポイント

「ア　知識及び技能」もしくは「ア　知識」として示された内容について見ると，「心の健康」では，心は生活経験を通して年齢に伴って発達すること，心と体には密接な関係があることを理解することが示されている。また，不安や悩みへの対処には，大人や友達に相談する，仲間と遊ぶ，運動するなどの方法があることを理解した上で，技能として，体ほぐしの運動や深呼吸を取り入れた呼吸法などを行うことができるようにすることが示されている。「けがの防止」では，交通事故や身の回りの生活の危険が原因となって起こるけがの防止には，周囲の危険に気付くこと，的確な判断の下に安全に行動すること，環境を安全に整える必要があることを理解することが示されている。また，けがなどの手当は速やかに行う必要があることを理解した上で，技能として，傷口を清潔にする，圧迫して出血を止める，患部を冷やすなどの自らできる簡単な手当ができるようにすることが示されている。「病気の予防」では，病気は病原体，体の抵抗力，生活行動，環境が関わり合って起こること，病原体が主な原因となって起こる病気や生活習慣病など生活行動が主な原因となって起こる病気の予防方法について理解することが示されている。また，喫煙，飲酒，薬物乱用などは健康を損なう原因となること，地域では保健に関わる様々な活動が行われていることなどを理解することも示されている。

「イ　思考力・判断力・表現力等」について，「心の健康」では，「心の健康に関わる事象から課題を見付け，心をよりよく発達させたり不安や悩みに対処したりする視点から，解決の方法を考え，適切なものを選び，それらを説明することができるようにする」，「けがの防止」では，「けがの防止に関わる事象から課題を見付け，危険の予測や回避をしたり，けがを手当したりする方法を考え，それらを伝えることができるようにする」，「病気の予防」では，「病気の予防に関わる事象から課題を見付け，病気を予防する視点から解決の方法を考え，適切な方法を選び，それらを説明することができるようにする」と明記され，その実現のための［例示］も示された。例えば「心の発達に関する事柄や，不安や悩みの経験から，心の健康に関わる課題を見付けること」「自分のけがに関わる経験を振り返ったり，学習したことを活用したりして，危険の予測や回避の方法，けがなどの適切な手当の方法を考えたり，選んだりすること」「病気の予防について，病気の予防や回復のために考えたり，選んだりした方法がなぜ適切であるか，理由をあげて学習カードなどに書いたり，友達に説明したりすること」などである。

これらの内容の取扱いとしては，「けがの防止や病気の予防だけでなく，けがの手当や病原体に対する体の抵抗力や早期の治療の効果などを取り上げ，けがや病気からの回復に

第2章　教科「体育科」及び「保健体育科」での保健の指導

ついても触れるようにすること」が示されている。ここでも「体つくり運動」をはじめ各運動領域の内容と，心の健康と運動，病気の予防の運動の効果などの保健領域の内容とを関連して指導することが強調され，具体的には「児童が保健領域の病気の予防について，全身を使った運動を日常的に行うことが，現在のみならず大人になってからの病気の予防の方法としても重要であることを理解することと，各運動領域において学習したことを基に日常的に運動に親しむことを関連付けるなど，運動と健康との関連について具体的な考えをもてるよう配慮することが大切である」といった記述がなされた。

(3)　指導方法の工夫

「指導計画の作成と内容の取扱い」においては，保健の内容に関心を持てるようにするとともに，健康に関する課題を解決する学習活動を積極的に行うことにより，資質・能力の三つの柱をバランスよく育成していくための多様な指導方法の工夫についても言及されている。例えば，身近な日常生活の体験や事例などを題材にした話合い，思考が深まる発問の工夫や思考を促す資料の提示，課題の解決的な活動や発表，ブレインストーミング，けがの手当などの実習，実験などを取り入れること，また，必要に応じて地域の人材の活用や養護教諭，栄養教諭，学校栄養職員などとの連携・協力を推進することが示されている。これまでの学習指導要領でも上記のような指導方法の工夫は記述されていたものの，今改訂でより充実が図られた記述となっていることから，授業場面において一層重要視することが求められていると言える。

［山田　浩平］

4　中学校学習指導要領（平成29年）のポイント

(1)　保健分野の目標

中学校保健体育科保健分野では，生徒が保健の見方・考え方を働かせて，課題を発見し，その解決を図る主体的・協働的な学習過程を通して，心と体を一体としてとらえ，生涯を通じて心身の健康を保持増進するための資質・能力の育成がめざされている。そして今改訂では，(1) 知識及び技能，(2) 思考力，判断力，表現力等，(3) 学びに向かう力，人間性等の資質・能力の三つの柱で目標が設定されている。

---

(1)　個人生活における健康や安全について理解するとともに，基本的な技能を身に付けるようにする。
(2)　健康について自他の課題を発見し，よりよい解決に向けて思考し判断するとともに，他者に伝える力を養う。
(3)　生涯を通じて心身の健康の保持増進を目指し，明るく豊かな生活を営む態度を養う。

これら三つの柱で整理された目標の実現に向けては，「課題を発見し，合理的な解決に向けた学習過程を通して」相互に関連させながら学ばせることが必要とされている。具体

第2節　学習指導要領に基づく保健の指導

的に（1）は，保健の知識及び技能に関する資質・能力の育成についての目標で，個人生活を中心として保健の知識が科学的に理解できることと，それらの内容に関わる基本的な技能が身に付くことが期待されている。（2）は，保健の思考力，判断力，表現力等に関する資質・能力の育成についての目標で，健康に関わる事象や健康情報などから自他の課題を発見し，よりよい解決に向けて思考したり，様々な解決方法の中から適切な方法を選択するなどの判断をしたりするとともに，それらを他者に表現することができるようにすることが期待されている。（3）は，保健の学びに向かう力，人間性等に関する資質・能力の育成についての目標で，生徒が自他の健康に関心を持ち，生涯を通じて健康の保持増進や回復をめざす実践力の基礎を育てることが期待されている。

（2）　各内容のまとまりにおけるポイント

　中学校保健体育科保健分野では，内容のまとまりとして「健康な生活と疾病の予防」（第1学年〜第3学年の各学年），「心身の機能の発達と心の健康」（第1学年），「傷害の防止」（第2学年），「健康と環境」（第3学年）の4つが位置付けられている。

①　健康な生活と疾病の予防

　第1学年で扱われる「(ア)　健康の成り立ちと疾病の発生要因」では，健康が主体と環境を良好に保つことにより成立すること，健康が阻害された状態の1つが疾病であり，主体要因と環境要因の相互作用により発生することなどが示されている。「(イ)　生活習慣と健康」では，運動，食生活，休養及び睡眠が健康の保持増進に果たす役割や，それらの調和のとれた生活を続けることの必要性などについて示されている。

　第2学年で扱われる「(ウ)　生活習慣病などの予防」では，生活習慣病が日常の生活習慣が要因となって起こる疾病であることを，心臓病，脳血管疾患，歯周病などを取り上げて理解できるようにすること，その予防のためには，適度な運動の実施，食事の量や頻度・栄養バランスを整えること，口腔の衛生を保つなどの生活習慣を身に付けることが有効であることなどが示されている。また，今改訂で新たにがんの予防も扱われることになり，がんが異常な細胞の増殖による疾病であり，不適切な生活習慣をはじめ様々な要因あること，その予防には適切な生活習慣を身に付けることなどが有効であることを理解することが示された。さらに，健康診断やがん検診などの早期発見や疾病の回復についても触れることとなった。「(エ)　喫煙，飲酒，薬物乱用と健康」では，それらの行為が心身に様々な影響を与え，健康を損なう原因となること，その背景には好奇心，ストレスなどの心理状態や断りにくい人間関係，入手しやすい社会環境などの要因があり，それらに適切に対処する必要があることなどが示されている。

　第3学年で扱われる「(オ)　感染症の予防」では，感染症は病原体が主な要因となって発生することを，結核，コレラ，ノロウイルスによる感染性胃腸炎などを取り上げて理解すること，その予防に当たって，発生源をなくしたり，感染経路を遮断したり，主体の抵抗力を高めたりすることが有効であることなどが示されている。また，感染症にかかった場

71

第2章　教科「体育科」及び「保健体育科」での保健の指導

合は周囲に感染を広げないためにも早期の治療を受けることが重要であることも示されている。さらに，エイズ及び性感染症について，その疾病概念や感染経路について理解した上で，感染のリスクを軽減する効果的な予防方法を身に付ける必要性が示されている。なお，指導に当たっては，発達段階を踏まえること，学校全体で共通理解を図ること，保護者の理解を得ることなどに配慮することも示されている。「(カ)　健康を守る社会の取組」では，健康の保持増進や疾病予防には地域の保健所や保健センターなどの社会の取組と，各機関が持つ機能を有効に利用するなどの個人の取組があることを理解することとなっている。

②　心身の機能の発達と心の健康

「(ア)　身体機能の発達」では，骨や筋肉，肺や心臓などの器官が急速に発育し，呼吸器系や循環器系などの機能が発達する時期があり，その時期や程度には個人差があることなどが示されている。「(イ)　生殖に関わる機能の成熟」では，内分泌の働きによって生殖に関わる機能の発達が扱われるとともに，性衝動や異性への関心が高まることから，異性の尊重，性情報への対処など適切な態度や行動の選択が必要なことについて示されている。なお，この内容においても，発達段階の考慮，学校全体での共通理解，保護者の理解を得るなどの配慮の必要性が示されている。「(ウ)　精神機能の発達と自己形成」では，心は，知的機能，情意機能，社会性等の総体としてとらえられ，生活経験や学習などにより発達することを理解すること，また，思春期においては，自己を認識し自分なりの価値観を持てるようになるなど自己の形成がなされることを理解することなどが示されている。「(エ)欲求やストレスへの対処と心の健康」は，近年の心の健康問題の多様化や深刻化などの社会的状況を受け，今改訂において内容の充実が図られた。具体的には，精神と身体が相互に影響を与え，関わっていること，ストレスの影響は原因の大きさとそれを受ける人の状況により異なること，過度なストレスは心身の健康や生命に深刻な影響を与える場合があることなどが示されている。また，欲求やストレスに適切に対処するための技能が新たに位置付けられ，リラクセーションの方法等が取り上げられた。

③　傷害の防止

「(ア)　交通事故や自然災害などによる傷害の発生要因」では，傷害が人的要因，環境要因及びそれらの相互作用に関わって発生することなどが示されている。なお，運動による傷害の発生要因について適宜取り上げることも示されている。「(イ)　交通事故などによる傷害の防止」では，傷害の防止のために，安全な行動，交通環境の整備や改善が必要であることを理解することなどが示されており，本改訂で新たに自転車事故による「加害者責任」について触れることも示された。「(ウ)　自然災害による傷害の防止」では，傷害が災害発生時だけでなく，二次災害によっても生じること，それらの傷害の多くは，日頃からの災害の備えや「緊急地震速報を含む災害情報」などを踏まえた安全な避難によって防止できることなどが示されている。「(エ)　応急手当の意義と実際」では，応急手当を行うことによって傷害の悪化を防止できることや，応急手当の方法としての止血法や固定法，心

肺蘇生法の手順などについて，理解することとされている。また，今改訂で新たに，胸骨圧迫とAED（自動体外式除細動器）を使用した心肺蘇生法，包帯法，止血法としての直接圧迫法などの技能が位置付けられ，実習を通してできるようにすることが示された。

④ 健康と環境

「(ア)　身体の環境に対する適応能力・至適範囲」では，身体には環境に対する一定の適応能力があるが，その適応能力を超えた環境では，熱中症や低体温症などの重大な健康影響が見られること，それらの防止のためには気象情報の適切な利用が有効であることなどが示されている。あわせて，人間が学習や作業，スポーツ等の活動をしやすい温度，湿度，気流の温熱条件や明るさの至適範囲があることも示されている。「(イ)　飲料水や空気の衛生的管理」では，飲料水や空気は人間の生命や健康と密接な関わりがあり，健康のための基準に適合させて衛生的に管理されていることを理解できるようにすることが示されている。また，今改訂では，これらの内容と関わらせて，放射線と健康についても触れることが新たに示された。「(ウ)　生活に伴う廃棄物の衛生的管理」では，人間の生活によって生じたし尿やごみなどの廃棄物の衛生的な処理の必要性などが示されている。また，今改訂において新たに，災害による衛生環境の悪化に関わって，公共機関の情報を活用した取組が，自他の健康のための衛生管理につながることについても適宜触れることが示された。

　今改訂では，上記①〜④で示した内容の知識や技能に加え，思考力，判断力，表現力等についても新たに明記され，この点を重視した授業の改善が一層求められる。具体的には，各内容に関する事象や情報から課題を発見して，疾病等のリスクを軽減したり，生活の質を高めたり，生活に適応させたり，危険を回避したりすることなどと関連付けて解決方法を考え，適切な方法を選択し，それらを伝え合うことができるようにすることが示されている。また，授業場面においてそれらの実現をめざす上での［例示］として，各内容に関わって「課題を発見すること」「適切な方法を選択すること」「他者と話し合ったり，ノートに記述したりして筋道を立てて伝え合うこと」なども示されている。

(3)　指導方法の工夫

　保健分野全体に関わる「内容の取扱い」では，上記の内容を指導するに当たっての指導方法の工夫についても言及されている。例えば，生徒の興味・関心を高めたりする発問の工夫，自他の日常生活に関連が深い教材・教具の活用，事例などを用いたディスカッション，ブレインストーミング，心肺蘇生法などの実習，実験，課題学習などを取り入れること，また，必要に応じてコンピュータ等を活用すること，学校や地域の実情に応じて，保健・医療機関等の参画を推進すること，必要に応じて養護教諭や栄養教諭などとの連携・協力を推進することが示されている。こうした指導方法の工夫を積極的に行うことによって，保健分野で扱われる知識や技能の確実な習得を促したり，それらを活用して思考力，判断力，表現力等を育成したり，自他の健康への関心を高めたりしていくことが求められる。

［岡崎　勝博］

第2章 教科「体育科」及び「保健体育科」での保健の指導

5 高等学校学習指導要領（平成30年）のポイント

(1) 本改訂の基本方針と全体構成

本改訂では，教育課程を通して育成をめざす資質・能力が明確化された。資質・能力は三つの柱として示されており，科目保健では，個人及び社会生活における健康・安全についての総合的な「知識及び技能」「思考力，判断力，表現力等」「学びに向かう力，人間性等」の育成を重視する観点に基づき，目標や構成が整理され，内容の改善が図られた。

全体構成については，従前は3項目（「現代社会と健康」「生涯を通じる健康」「社会生活と健康」）で内容のまとまりが示されていたが，本改訂では個人及び社会生活における健康課題を解決することを重視する観点から「現代社会と健康」「安全な社会生活」「生涯を通じる健康」「健康を支える環境づくり」の4項目に再構成された。

(2) 科目保健の目標

保健の見方・考え方を働かせ，合理的，計画的な解決に向けた学習過程を通して，生涯を通じて人々が自らの健康や環境を適切に管理し，改善していくための資質・能力を次のとおり育成する。
  (1) 個人及び社会生活における健康・安全について理解を深めるとともに，技能を身に付けるようにする。
  (2) 健康についての自他や社会の課題を発見し，合理的，計画的な解決に向けて思考し判断するとともに，目的や状況に応じて他者に伝える力を養う。
  (3) 生涯を通じて自他の健康の保持増進やそれを支える環境づくりを目指し，明るく豊かで活力ある生活を営む態度を養う。

科目保健の目標は，従前は一文で示されていたが，本改訂では柱書と資質・能力の三つの柱の枠組みでの示し方に変更された。目標の（1）は健康・安全に関する「知識・技能」，（2）は健康課題の発見及び解決のために向けた「思考力，判断力，表現力等」，（3）は健康の保持増進や回復，健康を支える環境づくりに主体的に取り組む態度等である「学びに向かう力，人間性等」に対応した記載となっている。学習した知識や技能を活用して考えたり，他者へ伝えたりする力を育成するとともに，「学びに向かう力，人間性等」に関する指導を充実させるなど，三つの資質・能力をいかにバランスよく指導していくか，指導方法の工夫が求められる。

(3) 内 容

従前は知識のみの記載であったが，今改訂では，前文及び「知識及び技能」「思考力，判断力，表現力等」という構成に変更されている。学習指導要領解説（以下，「解説」）も，目標に対応させて前文，「ア　知識」あるいは「ア　知識及び技能」（「安全な社会生活」の項目のみ）及び「イ　思考力，判断力，表現力等」という構成で示されている。「イ　思考力，判断力，表現力等」に関しては，課題を発見し，その解決に向けて思考し判断するとともに，それらを表現するための具体的な学習活動について，［例示］として明記され

• 74 •

たことから，この点を踏まえた授業実践が求められていると言える。学習指導要領の内容のまとまり（4項目）については，次の通りである（以下，内容を略して示す）。

① 「現代社会と健康」

> (1) 現代社会と健康について，自他や社会の課題を発見し，その解決を目指した活動を通して，次の事項を身に付けることができるよう指導する。
>   ア　現代社会と健康について理解を深めること。
>   (ア) 健康の考え方
>   ⑦国民の健康課題　④健康の考え方と成り立ち
>   ⑦健康の保持増進のための適切な意思決定や行動選択と環境づくり
>   (イ) 現代の感染症とその予防
>   (ウ) 生活習慣病などの予防と回復
>   (エ) 喫煙，飲酒，薬物乱用と健康
>   ⑦喫煙，飲酒と健康　④薬物乱用と健康
>   (オ) 精神疾患の予防と回復
>   ⑦精神疾患の特徴　④精神疾患への対処
>   イ　現代社会と健康について，課題を発見し，健康や安全に関する原則や概念に着目して解決の方法を思考し判断するとともに，それらを表現すること。

　「現代社会と健康」では，現代における様々な健康課題の予防と対策に関する内容の改善が図られている。特に疾病の「回復」の視点が加わったことは，本改訂における特徴の1つと言える。例えば，従前は一次予防の内容が中心であった生活習慣病については，「(ウ)生活習慣病などの予防と回復」において，「健康の保持増進と生活習慣病などの予防と回復には，運動，食事，休養及び睡眠の調和のとれた生活の実践や疾病の早期発見，及び社会的な対策が必要であること」と内容の充実が図られている。解説においては，がんを新たに取り上げ，がんの種類，原因，がん検診の受診や普及，正しい情報発信等の社会的対策の必要性等についての詳細な記述がなされており，内容の充実が図られている。また，科目体育と一層の関連を図る観点での工夫例として，「日常生活にスポーツを計画的に取り入れることは生活習慣病などの予防と回復に有効であること，また，運動や食事について性差による将来の健康課題があることについて取り上げるよう配慮する」と明記された。
　「(オ)　精神疾患の予防と回復」については新設された内容であり，「精神疾患の予防と回復には，運動，食事，休養及び睡眠の調和のとれた生活を実践するとともに，心身の不調に気付くことが重要であること。また，疾病の早期発見及び社会的な対策が必要であること」という記述がなされている。解説ではうつ病，統合失調症，不安症，摂食障害などが精神疾患として例示されており，疾患の特徴や回復可能性，適切な援助希求，早期発見・治療が有効であることが明示された。前述したように，疾病予防に関する内容はこれまで一次予防が中心であったが，本改訂では精神疾患やがんを含めた生活習慣病における回復の視点が新しく加わり，二次予防や三次予防に関する内容の充実が図られている。

第2章　教科「体育科」及び「保健体育科」での保健の指導

②　「安全な社会生活」

(2)　安全な社会生活について，自他や社会の課題を発見し，その解決を目指した活動を通して，次の事項を身に付けることができるよう指導する。
　　ア　安全な社会生活について理解を深めるとともに，応急手当を適切にすること。
　　　(ア)　安全な社会づくり
　　　　㋐事故の現状と発生要因　㋑安全な社会の形成　㋒交通安全
　　　(イ)　応急手当
　　　　㋐応急手当の意義　㋑日常的な応急手当　㋒心肺蘇生法
　　イ　安全な社会生活について，安全に関する原則や概念に着目して危険の予測やその回避の方法を考え，それらを表現すること。

　本改訂では，従前「現代社会と健康」で示されていた交通安全と応急手当に関する内容を統合し，「安全な社会生活」という独立した項目として新設されている。

　「(イ)　応急手当」については，「心肺蘇生法などの応急手当を適切に行うこと」との記述が新しく加わった。心肺蘇生法の方法などについては，従前の解説では「実習を通して理解できるよう配慮するものとする」という位置付けであったが，本改訂では心肺蘇生法を含む応急手当が技能として取り上げられ，実習を通して理解し，できるようにすることが解説に明記された。実習に際しては，学習対象である応急手当の原則や概念についても理解できるようにすることに留意し，形式的な技能練習とならないように授業展開の工夫が必要であろう。

③　「生涯を通じる健康」

(3)　生涯を通じる健康について，自他や社会の課題を発見し，その解決を目指した活動を通して，次の事項を身に付けることができるよう指導する。
　　ア　生涯を通じる健康について理解を深めること。
　　　(ア)　生涯の各段階における健康
　　　　㋐思春期と健康　㋑結婚生活と健康　㋒加齢と健康
　　　(イ)　労働と健康
　　　　㋐労働災害と健康　㋑働く人の健康の保持増進
　　イ　生涯を通じる健康に関する情報から課題を発見し，健康に関する原則や概念に着目して解決の方法を思考し判断するとともに，それらを表現すること。

　「生涯を通じる健康」では，生涯の各段階との関連を踏まえ，従前「社会生活と健康」で示されていた労働と健康に関する内容を統合して再構成されている。

　解説「(ア)　生涯の各段階における健康　㋒加齢と健康」では，高齢社会における認知症を含む疾病への対応や高齢期における健康課題など，加齢に伴い見られる様々な課題や特徴について明記された。「(イ)　労働と健康　㋐労働災害と健康　㋑働く人の健康の保持増進」では，労働に関わるストレスに着目した内容が加筆され，例えば，労働災害には仕事のストレスによる精神疾患が含まれていること，働く人の健康の保持増進においてストレスチェック制度などの予防対策が重要であることが示された。

・　76　・

④ 「健康を支える環境づくり」

> (4) 健康を支える環境づくりについて，自他や社会の課題を発見し，その解決を目指した活動を通して，次の事項を身に付けることができるよう指導する。
> ア 健康を支える環境づくりについて理解を深めること。
> 　(ア) 環境と健康
> 　　⑦環境の汚染と健康　①環境と健康に関わる対策　⑦環境衛生に関わる活動
> 　(イ) 食品と健康
> 　　⑦食品の安全性　①食品衛生に関わる活動
> 　(ウ) 保健・医療制度及び地域の保健・医療機関
> 　　⑦我が国の保健・医療制度　①地域の保健・医療機関の活用
> 　　⑦医薬品の制度とその活用
> 　(エ) 様々な保健活動や社会的対策
> 　(オ) 健康に関する環境づくりと社会参加
> イ 健康を支える環境づくりに関する情報から課題を発見し，健康に関する原則や概念に着目して解決の方法を思考し判断するとともに，それらを表現すること。

　「健康を支える環境づくり」では，従前「社会生活と健康」に示されていた環境と健康及び食品と健康に関する内容と，「生涯を通じる健康」で示されていた保健・医療制度及び地域の保健・医療機関，様々な保健活動や対策に関する内容を統合するとともに，健康に関する環境づくりと社会参加に関する内容を新たに加え再構成され，内容の充実が図られた（内容のまとまりも新たに「健康を支える環境づくり」へ変更された）。環境づくりや社会環境の活用の推進が必要であるという観点を踏まえ，自然環境及び社会環境と健康に関する内容が同じ枠組みで整理されたことより，相互の関連についてより理解しやすくなり改善が図られている。また，「(オ) 健康に関する環境づくりと社会参加」の項目が新設され，自他の健康を保持増進するには，ヘルスプロモーションの考え方を生かした健康に関する環境づくりが重要であり，それに積極的に参加していくことが必要であること，また，それらを実現するには，適切な健康情報の活用が有効であることが示されている。小・中・高での系統的な保健の学習を通じて育成がめざされる究極的な保健の資質・能力とも言える内容が，高等学校の保健の学習内容の最終段階に位置付けられた点は注目に値する。

(4) 指導方法の工夫

　小・中学校と同様に，「内容の取扱い」では指導方法の工夫についても言及されている。例えば，内容への興味・関心を高めたり思考を深めたりする発問の工夫，自他の健康やそれを支える環境づくりと日常生活との関連が深い教材・教具の活用，ディスカッション，ブレインストーミング，ロールプレイング，心肺蘇生法等の実習，実験，課題学習，学校や地域の実情に応じた保健・医療機関等の参画の推進，養護教諭や栄養教諭との連携・協力の推進等，多様な指導方法の工夫を行うよう配慮することが示されている。高等学校の保健の授業での「主体的・対話的で深い学び」の実現に向けた授業改善に当たっては，こうした指導方法を積極的に活用していくことが求められる。　　　　　　　　　　［青栁　直子］

第2章　教科「体育科」及び「保健体育科」での保健の指導

| 第3節 | 保健の指導と評価 |

1　年間指導計画の立案

(1)　年間指導計画とは

　年間指導計画とは，各学校が主体的に編成する教育課程のもと，卒業までの見通しをもちながら，各教科等での学習を効果的に進めるための単元の配置，学習活動，配当時間等を1年間の流れの中に位置付けたものである。単元計画や単位時間の学習指導案を工夫することも，十分に検討された年間指導計画に基づいて進められることで，より効果的なものとなることが期待される。

(2)　年間指導計画の立案に当たっての配慮事項

　年間指導計画を作成するに当たっては，学習指導要領及び同解説において「指導計画の作成」に当たっての配慮事項が示されている。校種によって少し記述内容に違いがあるものの，およそ次のような項目にまとめることができる。

①　指導時数の配当に関すること

　小学校学習指導要領体育科保健領域では，第3学年で「健康な生活」，第4学年で「体の発育・発達」を取り扱い，配当する授業時間数は2学年間で8単位時間程度とされている。また，第5学年で「心の健康」と「けがの防止」，第6学年で「病気の予防」をそれぞれ取り扱い，配当する授業時間数は2学年間で16単位時間程度とされている。これを踏まえて，一般的には，第3，4学年の内容はそれぞれ4時間，第5学年では「心の健康」を3時間，「けがの防止」を5時間，第6学年の内容は8時間を配当することが考えられよう。

　中学校学習指導要領保健体育科保健分野では，第1学年から第3学年の各学年で「健康な生活と疾病の予防」，第1学年で「心身の機能の発達と心の健康」，第2学年で「傷害の防止」，第3学年で「健康と環境」をそれぞれ取り扱うこと，そして，3学年間で48単位時間程度を配当することとされている。今回の改訂によって，「健康な生活と疾病の予防」が3年間を通して扱われることになったので，各学年におおよそ均等な時間（16単位時間）を配当できるようになった。一般的には，第1学年で「健康な生活と疾病の予防」に4単位時間，「心身の機能の発達と心の健康」に12単位時間，第2学年で「健康な生活と疾病の予防」に8単位時間，「傷害の防止」に8単位時間，第3学年で「健康な生活と疾病の予防」に8単位時間，「健康と環境」に8単位時間を配当することが考えられよう。

　高等学校学習指導要領保健体育科科目保健においては「原則として入学年次及びその次の年次の2か年にわたり履修させる」とされている。また，高等学校学習指導要領の総則において，「標準としては，1単位時間を50分とし，35単位時間行われた授業を1単

位と計算すること」とされている。これらを踏まえ，一般的には，「入学年次」に35単位時間，「入学年次の次の年次」に35単位時間という取扱い方が考えられよう。

②　効果的な学習が行われるよう適切な時期に，ある程度まとまった時間を配当すること

　これは，児童生徒の興味・関心や意欲などを高めながら効果的に学習を進めるためには，学習時間を継続的又は集中的に設定することが望ましいことについて示されているものである。ただし，課題学習を取り入れた指導などの場合，課題追究あるいは調べる活動の時間を十分確保するために，次の授業時間との間にゆとりを持たせるなどの工夫をすることも「主体的・対話的で深い学び」の実現に向けて効果的であると考えられる。

③　体育・健康に関する指導との関連を図ること

　学習指導要領「総則第1（各学校）教育の基本と教育課程の役割」の2の（3）として示されている，いわゆる「学校における体育・健康に関する指導」では，以下のように述べられている。

　「学校における体育・健康に関する指導を，児童（生徒）の発達段階を考慮して，学校の教育活動全体を通じて適切に行うことにより，健康で安全な生活と豊かなスポーツライフの実現を目指した教育の充実に努めること。特に，学校における食育の推進並びに体力の向上に関する指導，安全に関する指導及び心身の健康の保持増進に関する指導については，体育科（保健体育科），家庭科（技術・家庭科）及び特別活動の時間はもとより，各教科，道徳科及び総合的な学習（探究）の時間などにおいてもそれぞれの特質に応じて適切に行うよう努めること。また，それらの指導を通して，家庭や地域社会との連携を図りながら，日常生活において適切な体育・健康に関する活動の実践を促し，生涯を通じて健康・安全で活力ある生活を送るための基礎が培われるよう配慮すること。」

　ここで述べられているように，学校の教育活動全体を見渡すと「体育科」及び「保健体育科」以外においても体育・健康に関する指導は様々な機会がある。例えば，家庭科での食生活に関する学習や道徳での生命に対する畏敬の念についての学習，特別活動における健康に関する指導（詳細は本書第3章第2節を参照），健康診断や災害の発生に備えた避難訓練などの学校行事，そして，前改訂から引き続き強調されている「食育の推進」（詳細は本書第6章を参照）などが挙げられる。これらの指導の機会も考慮して，「体育科」及び「保健体育科」での保健の年間指導計画を立案することで，家庭や地域社会とも連携を図りながら，より効果的な指導が行われることが望ましい。

④　教師たちの願いが込められていること

　ここではさらに，目前の児童生徒の現状から教師たちが課題を見いだし，そこから生まれる願いが計画の前提になければならないことも付け加えたい。願いに対する評価があり，評価を児童生徒に返すとともに次年度の計画に生かすという教育活動がなければ，年間計画は形式的なものの繰り返しになってしまう。その学校，その地域の児童生徒に応じた適切な教師たちの願いが込められた年間指導計画が作成され，児童生徒の保健の学力向上に

第2章　教科「体育科」及び「保健体育科」での保健の指導

つながるような継続的な学習が展開されなければならない。

■引用・参考文献
・文部科学省『小学校学習指導要領（平成 29 年告示）解説体育編』東洋館出版社，2018 年
・文部科学省『中学校学習指導要領（平成 29 年告示）解説保健体育編』東山書房，2018 年
・文部科学省『高等学校学習指導要領（平成 30 年告示）解説保健体育編 体育編』東山書房，2019 年
・日本保健科教育学会編『保健科教育法入門』大修館書店，2017 年

［菅沼　德夫］

2　学習指導案の考え方と立て方

(1)　学習指導要領に準拠した保健教科書を授業づくりに役立てる

　保健の授業を行う際の手がかりとして，文部科学省の検定を経た保健教科書（文部科学省検定済教科書）がある。教科書は，「小学校，中学校，義務教育学校，高等学校，中等教育学校及びこれらに準ずる学校において，教科課程の構成に応じて組織配列（法の原文では「排列」）された教科の主たる教材として，教授の用に供せられる児童又は生徒用図書」と定められている（教科書の発行に関する臨時措置法（昭和 23 年））。さらに学校教育法第34 条には，「小学校においては，文部科学大臣の検定を経た教科用図書又は文部科学省が著作の名義を有する教科用図書を使用しなければならない。」と定められており，この規定は，中学校，高等学校，中等教育学校等にも準用されている。つまり，全ての児童生徒は，教科書を用いて学習する必要がある。

　ただし，保健教科書の記述通りに授業を進めなければならない，ということではなく，保健教科書の本文の文章を児童生徒の理解を確認するために用いたり，掲載されている図表から児童生徒の思考を促すような問いかけを行ったり，場合によっては教科書の文章をさらに具体化した補助教材・資料を補充したりして，授業を構想していくときの手がかりとして，大いに活用したいものである。逆に，保健教科書には「児童生徒の興味を引くこぼれ話」や「新聞記事」等の資料が挿入されていることもあるが，これらの「補足資料」を取り扱う時間ばかりが多くなり，本時で習得すべき学習内容のための時間が不十分になってしまっては本末転倒である。事前に学習指導要領を確認し，本時で押さえるべき学習内容をしっかりと把握しておかなければならない。

(2)　学習指導案の主な項目と作成時に留意すべきこと

　学習指導案とは，教科の授業の指導手順を事前に構想した授業計画のことである。これは学校において公開授業研究を行う場合，あるいは教育実習の際などに授業の意図と展開計画を他者（参観者，指導教員）に理解してもらうために作成する。また，学習指導案を書くことで，自分の授業構想を明確化することができる。実際には，毎回学習指導案を書いて授業に臨む教師もいれば，年間の授業計画や週案（1 週間の授業計画）を念頭に置いて，毎回の授業では「一片のメモ」や「頭の中のイメージ」で授業に臨む教師もいる。とはい

え，初めて「授業」に臨む学生や初任教員は，学習指導案を書くことをトレーニングととらえて，取り組むことが望ましいであろう（近年は，教員採用試験の科目として，指導案作成が求められる例もある）。

　82〜83頁に示したように，学習指導案を構成する主な項目には，授業日時，学級，授業者，単元名，単元の目標，単元（教材）設定の理由，評価規準，指導計画，本時の学習（題目，ねらい，準備，学習の展開）などがある（また，92〜93頁には，評価を重視した学習指導案も示しているが，学習指導案の形式は地域によっても様々である）。学習指導案には，一般的に本案あるいは細案と呼ばれるより詳細なものと，主に本時の学習について簡素に記述された略案と呼ばれるものがある。本案（細案）では，本時の学習に先立って，単元全体の計画での本時の設定の理由，教材や学級の様子に合わせた指導の工夫，さらには評価規準に関わる記述も含めて作成される。

　「単元」とは，体育科・保健体育科の場合，学習指導要領の各領域の名称を示すことが多く，中学校の保健分野では，「傷害の防止」や「健康と環境」等と示される。しかし，高校の科目保健では内容のまとまりが大きいために，「現代社会と健康」が単元名となることは少なく，さらに小さなまとまりの「健康の考え方」や「生活習慣病などの予防と回復」等が単元名となることが多い。また「指導計画」では，本時の位置付けを示すために，単元全体の指導時間数と単元構成を示すこともある。例えば「健康と環境（全8時間）」のうちの「本時は3時間目」のように書かれる。少なくとも，本時の前時と，本時の次の時間に取り扱う内容に重複があったり，指導し忘れがあったりしないようにしなければならない。

　「単元（教材）設定の理由」では，（82頁のように「指導観，教材観，生徒観」等に書き分けられる場合もあるが）取り上げる健康問題の社会的背景，取り上げる題材についての専門科学的解釈，対象となる学年の発達段階でのねらい，教材の具体的工夫等について書くようにする。また，対象となる児童生徒や学級の様子についても「活発に意見を言う学級である」や「話合い活動では積極性が乏しい」などと具体的に記述し，そのような学級で授業をする上での指導の工夫について，あらかじめ示しておくと授業者の意図が他者に伝わりやすい。

(3) 「本時の学習」の作成時に留意すべきこと

　「題目」では，本時で取り扱うテーマを示す。当然，単元で示されたテーマよりも狭い表現となる場合が多く，実際に取り上げる教材などからテーマが示されることもある。例えば，単元名が「健康な生活と疾病の予防」で，題名が「喫煙を開始するきっかけを知ろう！」などとなる。

　「ねらい」では，単元全体での方向目標を念頭に置きつつ，1時間での到達目標を書くようにする。その際，授業で取り扱う内容との対応を明確にするように心がけるとよい。例えば「心肺蘇生法について理解させる」とした場合に，何をどこまで達成させるかを明

第2章　教科「体育科」及び「保健体育科」での保健の指導

保健体育科学習指導案の例

第○学年○組　保健体育科学習指導案

　　　　　日　時：平成　　年　　月　　日　（　）第　限
　　　　　授業者：
　　　　　場　所：○学年○組　教室

1　単元名　健康と環境

2　単元の目標

> 単元の目標は3つ
> の観点から示す。

・健康と環境について関心を持ち，学習活動に意欲的に取り組もうとしている。
・健康と環境について，課題の解決を目指して，知識を活用した学習活動などにより，科学的に考え，判断し，それらを表している。
・環境に対する身体の適応能力や至適範囲，飲料水や空気の衛生的管理，生活に伴う廃棄物の衛生的管理について，課題の解決に役立つ基礎的な知識を理解している。

> 「指導観，教材観，生徒観」等の見出しの他に，「教
> 材について，生徒について」等と書かれることもある。

3　単元（教材）設定の理由

・【指導観】日本では，飲料水が安全であることは当然とされている。時に水系感染等が起こり注目されることもあるが，飲料水の健康影響について意識することはあまりないと考えられる。しかし，発展途上国や過去の日本の衛生状態を振り返れば分かるように，不衛生な飲料水は健康に大きな影響を与える。もっとも，飲料水の衛生的管理には何が必要であるのか，改めて問われると，案外答えられないものである。本時では，安全な飲料水を得るために，科学的な方法による管理が継続的かつ定期的に続けられていることを理解させたい。

・【教材観】飲料水には，味，香り，成分など様々な条件が求められるが，最優先すべきものは安全性であり，飲料水による健康被害を未然に防止する必要がある。また，飲料水には大量に供給することが求められる。大量の飲料水の安全性を保つには，供給元のみならず供給先においても，定期的にかつ科学的に，検査（確認）することが求められる。この場合の「科学的」とは，検査方法や基準が定められ，検査が定期的に行われること，及び主観的でないことと捉える必要がある。これは，人間の主観による判断では，飲料水の管理は不可能だからである。

・【生徒観】生徒の環境に関する興味関心を探るためアンケートを行ったところ，環境問題に興味がない生徒が35％となった。具体的には，様々な環境問題に関心はあるものの，飲料水への関心は低かった。一方，本時の学習内容である飲料水の衛生的管理に関わる事柄は少なく，学習の必要が明らかになった。

> 「生徒観」では，生徒の実態調査の結果を示
> しながら，教材設定の理由を書く場合もある。

4　評価規準

	ア　健康・安全へ主体的に取り組む態度	イ　健康・安全への思考力・判断力・表現力	ウ　健康・安全についての知識・技能
単元の評価規準	身体の環境に対する適応能力，飲料水・空気の衛生的管理や廃棄物の適切な処理と人間の健康について関心を持ち，仲間と協力して資料を集めたり，意見を交換したりしながら課題を探し，意欲的に学習しようとしている。	身体の環境に対する適応能力，飲料水・空気の衛生的管理や廃棄物の適切な処理と人間の健康について，自分の知識や経験，資料，仲間の意見や考えなどをもとに課題を設定し，適切な課題解決の方法を考え，判断している。	人間の健康は環境と深くかかわって成立しており，身体には環境に対する適応能力があること，飲料水・空気の衛生的管理や廃棄物の適切な処理が必要であることを科学的に理解し，知識を身に付けている。
学習活動に則した評価規準（省略）			

● 82 ●

第3節　保健の指導と評価

5　指導と評価の計画　（省略）

> ＊評価規準については，90頁からの第2章第3節4「保健学習の評価の考え方と進め方」を参照のこと。

6　本時の学習

(1)　題目　飲料水の衛生的な管理

> 本時の学習でのねらいは，1時間の授業の中で達成可能な表現を工夫する。また，ねらいは2つ設定し，2観点から評価できるようにする。

(2)　ねらい

・飲料水は，科学的方法によって管理されていることについて，身の回りの水と管理されている水の違いを指摘することができる。　　　　　　　　　　　　　　　（思考・判断・表現）

・飲料水は，科学的方法により管理されていることについて，具体例やその理由を言ったり書いたりすることができる。　　　　　　　　　　　　　　　　　　　　　　（知識・技能）

(3)　準備　異なる4種類の水（ペットボトル），学習カード各　　枚，試薬　←生徒数分か，班の数か？

(4)　学習の展開

時間	学習活動及び学習内容	教師の働きかけ・配慮事項及び評価	資　料
導入 5分	1．異なる4種類の水を確認する。 無色無臭，無色有臭，濁り有無臭，ゴミ有無臭 飲んでよい水と飲まない方がよい水は，それぞれどれでしょうか？ 飲料水に適している水であることが分かるようにするには，どうしたらよいでしょうか。	A〜Dのペットボトルには，水が入っていることを告げる。各班に4種のペットボトルと試験管を渡す。	異なる4種類の水（ペットボトル） *学習課題（主要な発問）をぶち抜きで書く場合もある。*
展開 15分	2．個人及び班で，飲料水の条件について考える。 *「学習活動及び学習内容」欄は，生徒の活動を大きなまとまりごとに数字で見出しを付けて書く。*	・まず，個人で予想させる。フタをしめたままのペットボトルの水について，飲める水と飲めない水を予想させ，回答分布状況を板書する。また，予想の理由を挙げさせる。 ・次に，各班に試験管を渡して，「飲料水に適しているものを調べるための方法」について話し合わせる。（思・判・表，観察，学習カード）	学習カード 試験管
10分	3．水質検査を通して，衛生的な飲料水が科学的に検査，管理されていることを理解する。	・水道施設の様子を示し，健康を管理するための水の衛生的管理の方法などについて説明する。 ・飲料水の検査項目には「色度」「濁度」「臭気」「味」など50項目もあることに触れる。 ・飲料水は，科学的な方法により管理されていることについて，その具体例や理由を言ったり書いたりしているか。（知・技，観察，学習カード）	水の経路図 浄水場の写真
10分	4．本校の水道水をサンプルに，水質検査を観察する。	・遊離残留塩素の測定の様子を示す。 ・飲料水は，国が定めた基準により衛生的に管理されることで私たちの健康は守られていることを伝える。	水質検査セット(DPD法) 検査の様子の写真
5分	5．衛生管理されていない水による健康被害を理解する。	・どんな健康被害が発生するか予想させる。 ・飲料水の安全性は，見た目(主観)では分からないことをおさえる。	
まとめ 5分	6．生命の維持や健康，生活における水の重要な役割について，まとめる。	・水は血液循環や体温調節(熱中症予防)等の生命維持や生活（食事，トイレ，風呂等）に欠かせないため，重要な役割があることをおさえる。	学習カード

※この学習指導案の例は，次の文献を参考に作成した。

・㈶日本学校保健会『中学校保健学習の指導と評価』2004年

・㈶日本学校保健会『新学習指導要領に基づくこれからの中学校保健学習』2009年

・83・

第2章 教科「体育科」及び「保健体育科」での保健の指導

確にして，目標と内容を検討する。また，体育科・保健体育科の評価の観点である「知識・技能」「思考力・判断力・表現力等」「学びに向かう力・人間性」別にねらいを示す。その際，評価可能な目標表現を心がけるとよい。例えば，「けがの防止のための環境安全について考えることができる」という表現よりも，「けがの防止と安全な環境について，人的要因と環境要因との関わりについて配布資料を手がかりにしながら，自分の考えを述べることができるようになる」というように，児童生徒の具体的な姿や様子を表現する。

「準備」では，教科書や学習ノート，掲示資料，配付物，磁石など必要なものを全て書き出しておくと安心である。できれば，学級数やグループの数に合わせて「資料38枚」「グループワーク用模造紙6枚」などと書いておくとよい。

「学習の展開」は，いくつかの列で構成されており，その構成要素が地域によって様々であるものの，およそ「学習活動及び内容」「教師の働きかけ・配慮事項及び評価」「資料」「時間」などで構成される。

「学習活動及び学習内容」欄は，より簡潔に児童生徒の活動を書き込んでいく。大きなまとまりごとに数字で見出しを付けて，各まとまりの中での細かな活動についても書いておくようにする。このとき，学習活動を行う主体は児童生徒であるために，「～を理解させる」のように教師の立場から書かず，「～について考える」などのように児童生徒の立場から書くようにする。

「教師の働きかけ・配慮事項及び評価」欄は，それぞれの学習活動場面で教師が配慮すべき視点や評価の観点及び方法などを書き出しておく。ここでの表現は，教師の立場から書かれるので「教科書○○ページを読ませて，△△について説明する」などと示すようにする。さらには，予想される児童生徒の反応を例示したり，取組の乏しい児童生徒への具体的な支援の例なども書き込んだりする習慣をつけておくと，授業の流れをイメージすることに役立つであろう。

「資料」には，当該の学習活動場面で用いる教科書，配付資料，ワークシート，教具など実際に使うものを，学習の展開に合わせて書き込んでおく。

「時間（「配時」と呼ぶ場合もある）」は，合計が単位時間（小学校45分，中学校，高等学校50分）になるようにし，「学習活動及び学習内容」に応じてその場面にかける時間を示していく。教育実習生などの場合は，累積時間や具体的な時刻を書き加えておくこともよいかもしれない。なお，「時間」はあまり細かく分け過ぎると分かりにくいので，大まかには「導入」「展開」「まとめ」で分け，必要に応じて「展開」をさらに2～3つに小分けにするとよい。

（4） 学習指導案に伴う板書計画やワークシートの準備

略案の学習指導案の場合は，板書計画（つまり黒板に何をどのように書いていくのかという計画案）やワークシートを含まない場合も多いが，教育実習生のように授業経験の浅い者はあわせて用意しておくべきと言える。

第3節 保健の指導と評価

　板書計画では，対象学年に合わせた文字の大きさを想定しながら，どこに何をどう書くのか，強調する場合に文字の色を変えたり，下線や四角囲みを用いたり，掲示資料を貼るスペースや児童生徒の意見を箇条書きにする場所の確保などを事前に行っておくと，実際の場面で慌てることが少なくなる。

　ワークシートには，教師の発問や指示を書き込んでおくことができる利点がある。また，ワークシートに児童生徒が自分の意見を書き込んだり，授業のまとめや評価として教師が活用したりすることができるとともに，学習活動にかかる時間を予想することも容易になることが考えられる。

■引用・参考文献
・恒吉宏典，深澤広明編集『授業研究　重要用語300の基礎知識』明治図書，1999年
・二杉孝司，藤川大祐，上条晴夫編著『授業分析の基礎技術：21世紀の授業』学事出版，2002年
・家田重晴著『改訂第2版　保健科教育』杏林書院，2000年
・高橋浩之著『健康教育への招待：保健体育教師，養護教諭，学級担任のために』大修館書店，1996年
・財団法人日本学校保健会編『実践力を育てる中学校保健学習のプラン』2001年

［岩田　英樹］

3　教材と指導方法の工夫

　2017（平成29）年，2018（平成30）年に改訂された学習指導要領においては，児童生徒の主体的・対話的で深い学びの実現に向けた授業改善を行うことが求められている。そこでは，教員自身が習得・活用・探究といった学習過程全体を見渡して，個々の内容事項を指導することによって育まれる思考力，判断力，表現力等を自覚的に認識しながら，児童生徒の変化等を踏まえつつ自ら指導方法を不断に見直し，改善していくことが示されている。ここでは，そうした主体的・対話的で深い学びの実現に向けた授業改善を踏まえて，教材や指導方法の工夫について述べる。

(1)　個々の内容事項の明確化

　教材や指導方法を工夫するに当たり，まずは，個々の内容事項を明確にしておく必要がある。児童生徒に指導すべき内容事項は，教育課程の基準となる学習指導要領及びその解説に示されており，その授業時間内に割り当てられたものを確実に習得できるようにしなければならない。仮に，児童生徒が分かりやすくて楽しい時間を過ごしたとしても，そうした内容事項が抜け落ちていては，限られた授業時間を費やす価値が乏しいからである。保健において，内容事項を明確にする際には，保健の教科書だけで判断するのではなく，学習指導要領及びその解説に基づいて整理する必要がある。通常，保健の教科書には，学習指導要領及びその解説に基づいた内容事項以外にも，より充実した授業のために発展的な情報が加えられていることも少なくない。そのため，保健の教科書だけで判断すると，教育課程の基準として示された内容事項がどの部分に当たるのかが不明確となり，結果として，保健の教科書を教えること自体が授業の目標になってしまうこともある。保健の教

第2章 教科「体育科」及び「保健体育科」での保健の指導

科書も学習指導要領及びその解説に基づいて作成されており，重要な教材の１つであることに変わりはないが，教科書に示された内容とそうした内容事項との関係をしっかりと吟味することが大切である。

(2) 主体的な学びを重視した工夫

　明確化された内容事項に基づいて主体的な学びを実現するためには，学ぶことに興味や関心を持ち，自己のキャリア形成の方向性と関連付けながら，見通しを持って粘り強く取り組み，自己の学習活動を振り返って次につなげることができるようにすることが重要である。こうした学ぶことに興味や関心を持ったり，自己のキャリア形成の方向性と関連付けたりする工夫として，ケラー（Keller, J.M.）の「ARCS 動機づけモデル」の活用が挙げられる[1]。このモデルは，学習への意欲に関する様々な分野での研究成果をまとめたもので，ARCS とは，Attention：注意，Relevance：関連性，Confidence：自信，Satisfaction：満足感のそれぞれ頭文字をとっている。保健の学習場面に当てはめてみると，注意の側面については，タイトルやイラストを工夫したり，健康に関わる素朴な疑問や先入観に焦点を当てたりすることによって，「面白そうだなあ」と感じられることである。関連性の側面については，日常生活の中の身近な例を用いたり，課題を達成することと健康との関わりを明確にしたりすることによって，「やりがいがありそうだなあ」と感じられることである。自信の側面については，課題の難度を易しいものから難しいものへといくつかに分けたり，少し頑張ればできそうだと思える課題にしたりすることによって，「やればできそうだなあ」と感じられることである。満足感の側面については，そこで学んだ知識等と健康の関わりを再確認したり，学んだ知識等を活用できる場面を設定したりすることによって，「やってよかったなあ」と感じられることである。もちろん，これらのことは，保健に限ったものではないが，児童生徒に学ぶことに対する興味や関心を持たせることができるのか，あるいは児童生徒のキャリア形成の方向性と関連付けることができるのか等を考えたり，評価したりする際に有効と言える。

(3) 深い学びを重視した工夫

　様々な情報を精査して考えを形成したり，問題を見いだして解決策を考えたりする等，深い学びを実現するためには，児童生徒の思考力，判断力等を育てることが重要であり，その工夫の一つとしては，発問の工夫が挙げられる。発問の工夫は，小学校学習指導要領（平成 29 年告示）解説体育編，中学校学習指導要領（平成 29 年告示）解説保健体育編において，保健の指導方法の工夫例の１つにもなっている。発問は，児童生徒の反応があらかじめ予想され，彼らが答えを考えていく過程で固定観念が揺さぶられることによって，児童生徒の思考力，判断力等を育むことが意図されているものである。発問の形式にも様々なものがあるが，「なぜ」あるいは「どうして」で始まるような形式は，児童生徒がどのような方向で考えればよいのかが分かりにくく，彼らの思考活動を活性化させることが難しいと思われる。思考活動を活性化させるために有効と思われる発問形式には，違いを指

摘したり，比較したり，分類したりするものがある。事前に明確にされた内容事項が否定される，あるいは存在しない現象を対比的にとらえられるような発問を用いることによって，内容事項がより焦点化され，効果的な授業展開が可能となる。比較や分類等の思考活動は，我々が日常的に行っているものであり，発達の段階を問わず広く活用することができる。こうした発問を評価する際に，藤岡[2]はいくつかの基準を示している。まずは，具体性と呼ばれるもので，発問を構成する要素が日常生活での児童生徒の経験と結び付いており，発問に対する答えを導き出す手がかりが，日常生活の中に具体的に存在しているということである。毎日の生活習慣には健康と関わりが深いものも多く，日常の経験を材料とすることは保健の学習にとって有効であると考えられる。次に，検証可能性と呼ばれるもので，授業の中で明らかになった正解について，児童生徒が日常生活の中でその正解を実際に確かめる手立てがあるということである。そうした機会が実現できれば，自分の学習成果を見直すことを通じて，保健の学習で得た知識等を定着させるよい機会となるだろう。さらに，意外性と呼ばれるもので，児童生徒が考えるであろう答えと正解の間にズレが生じて思いも寄らない結論になるということである。児童生徒が持つ健康に関する知識は，発達の段階に応じて友人やメディア等の様々なものから影響を受けており，誤解や思い込みが生じることも少なくない。誤解や思い込みは，児童生徒の思考活動を活性化させるためのよい素材となるため，発問の中へ積極的に組み入れていくべきである。

　児童生徒の思考力，判断力等を育む工夫としては，ケーススタディも有効である。ケーススタディとは，日常生活で起こりそうな架空の物語で場面を設定し，学習者が主人公の立場に立ち，登場人物の気持ちや考えを予想したり，主人公がどのような態度や行動をとるべきかを考えたりする方法である[3][4]。例えば，自分の意思に反して，健康を損なう行動を友人から迫られる等の場面を設定し，そのときの気持ちや健康を損なう行動を避けるための望ましい意思決定や行動選択について考えさせるものである。これにより，健康に望ましい行動の選択肢を増やし，実行していくために必要な思考力，判断力等を育てることをめざしている。こうした場面を作成する際には，架空と現実の混同を避けるため，実在する店名や生徒の氏名といった固有名詞は使用しないほうがよい。

（4）　対話的な学びを重視した工夫

　対話的な学びを実現するためには，子供同士の協働，教職員や地域の人との対話，先哲の考え方を手がかりに考えること等を通じ，自己の考えを広げ深めることができるようにすることが大切である。こうした子供同士で協働する工夫としては，グループワークが有効である。グループワークは，グループの中でお互いに協力し合いながら，各個人が持つ多様な考え方を知ることができる方法である。この方法は，活動を伴う場面も多く，児童生徒が受動的になる可能性が少ない。また，グループのメンバーが課題解決に向けて協力し合い，課題解決へ貢献する機会をメンバー全員に対して提供することができる。しかしながら，グループによっては，本来行うべき活動や趣旨とは異なる方向へ活動が進む場合

第2章　教科「体育科」及び「保健体育科」での保健の指導

もあるため，教員は各グループの進行状況を随時把握しておく必要がある。グループワークを効果的に行うためには，グループ編成が1つの鍵となる。グループ編成は，クラスの状況によって望ましいやり方が異なるため，一律のルールをつくることは難しいが，いくつか留意すべきことがある。1グループ当たりの人数については，少なすぎる場合では自分の意見を出すことをお互いに躊躇してしまったり，多すぎる場合ではグループの中でさらにグループに分かれてしまったりすることがある。メンバー構成については，自己主張が強いメンバーがいるグループでは，他のメンバーが異なる意見を出しづらくなったり，メンバー全員が発言に対して消極的なグループでは，話合い自体がうまく進まなくなったりすることがある。性に関わる課題を扱う場合については，男女混成のグループ編成をすることによって異性の考えを聞くよい機会を提供できる反面，異性の目を気にして自分の考えを率直に話せないことがある。

　こうしたグループワークの中でも，ブレインストーミングは，有効な方法の1つである[5]。ブレインストーミングは，小学校学習指導要領（平成29年告示）解説体育編，中学校学習指導要領（平成29年告示）解説保健体育編においても，保健の指導方法の工夫例の1つとして示されている。ブレインストーミングは，グループ全員で協力しながら，ある課題に対してできるだけ多くのアイデアや意見を出す方法である。ブレインストーミングの進め方には，口頭でどんどん発表することにより，アイデアや意見を増やしていくものがある。しかし，我が国の児童生徒においては，同級生を前にして，自分のアイデアや意見を口頭で発表することに抵抗感を感じる者も少なくないと思われる。そうした点を考慮して，小さな短冊や付箋紙等を活用して，その紙に自分のペースでアイデアや意見を書き出していく進め方もある。はじめは，ブレインストーミングのやり方自体に慣れておらず，児童生徒が戸惑うこともあるため，簡単な課題によって，やり方を覚えてもらうとよい。また，アイデアや意見を出すための作業時間は，課題の難しさを考慮して設定されるが，アイデアや意見が出すぎてしまうと，その後の整理等に時間がかかるために注意しなければならない。

(5)　情報活用能力の育成をめざした工夫

　各学校においては，教科等の目標や内容を見通し，教科等横断的な学習を充実することにより，学習の基盤となる資質・能力を育成することが大切である。そうした学習の基盤の1つとして，情報活用能力がある。情報活用能力は，学習活動において必要に応じてコンピュータ等の情報手段を適切に用いて情報を得たり，情報を整理・比較したり，得られた情報を分かりやすく発信・伝達したり，必要に応じて保存・共有したりといったことができる力であると言われている。保健の見方・考え方においても，個人及び社会生活における情報を健康や安全に関する原則や概念に着目して捉えることが求められており，そうした情報活用能力を発揮させることにより，主体的・対話的で深い学びへとつながっていくことが一層期待されている。情報機器の活用をはじめとしたICTの特性・強みとして

は，①多様で大量の情報を収集，整理・分析，まとめ表現することなどができ，編集・再利用が容易であること，②時間や空間を問わずに，音声・画像・データ等を蓄積・送受信できるという時間的・空間的制約を超えること，③距離に関わりなく相互に情報の発信・受信のやりとりができるという，双方向性を有することが挙げられる[6]。保健の学習においても，コンピュータや情報通信ネットワーク等の情報手段を積極的に活用して学習活動を行うよう工夫することができる。例えば，発達の段階に応じながら，健康情報の収集，健康課題の発見や解決方法の選択場面において，情報通信ネットワーク等を活用したり，情報機器の使用と健康との関わりについて取り扱ったりすることができる。その際，情報には誤ったものや危険なものがあることを考えさせたり，健康を害するような行動について考えさせたりする活動等を通じて，児童生徒に情報モラルを確実に身に付けさせるように留意する必要がある。

(6) 教材や指導方法の効果的な活用

　これまでに，数多くの教育実践が積み重ねられてきており，同時に，様々な教材や指導方法が存在している[7][8][9]。児童生徒において，主体的・対話的で深い学びを実現するために，これまでと全く異なる教材や指導方法を用いなければならないというわけではない。先に示したいくつかの工夫例についても，従来の教育実践の積み重ねの上に立っているものである。大切なことは，教材や指導方法を効果的に活用することである。例えば，指導方法にも様々なものがあるが，そうした方法を選択する際に，個人的なやり易さや好みを優先してしまうと，それぞれの指導方法が持つ特徴を有効に活用できなくなることもある。より効果的な保健の学習をめざすためには，学習者の状況や指導すべき内容事項を吟味し，各指導方法が持つ特徴を踏まえて，目標を達成するために適切な指導方法を選択し工夫する必要がある。また，一単位時間の授業では，学習者の興味や関心を持続させたり，学習者の多様な好みに対応したりするために，いくつかの指導方法を組み合わせて構成するとよいと思われる。このように，教材や指導方法の特性を活かしながら，授業を工夫・改善していくことが重要である。

■引用・参考文献
1 ）鈴木克明『教材設計マニュアル：独学を支援するために』北大路書房，pp.176-179，2002 年
2 ）藤岡信勝「問題（発問）と文章教材」『教材づくりの発想』日本書籍，pp.43-55，1991 年
3 ）野津有司「21 世紀に向けた学校における性・エイズ教育の在り方」『スポーツと健康』第一法規，第 30 巻第 12 号，pp.31-34，1998 年
4 ）野津有司「青少年の健康課題に対応できる能力を育てる保健学習」『中等教育資料』大日本図書，第 48 巻第 20 号，pp.20-25，1999 年
5 ）野津有司「学校教育全体で取り組む健康教育の充実と推進」『初等教育資料』東洋館出版社，pp.6-11，2015 年
6 ）学校における ICT 環境整備の在り方に関する有識者会議「学校における ICT 環境整備の在り方に関する有識者会議最終まとめ」2017 年
7 ）文部科学省『小学校保健教育参考資料「生きる力」を育む小学校保健教育の手引き』2013 年
8 ）文部科学省『中学校保健教育参考資料「生きる力」を育む中学校保健教育の手引き』2014 年
9 ）文部科学省『高等学校保健教育参考資料「生きる力」を育む高等学校保健教育の手引き』2015 年

[渡部　基]

第2章　教科「体育科」及び「保健体育科」での保健の指導

4　保健の学習評価の考え方と進め方

(1)　学習評価とは

　学習評価とは，学校における教育活動に関して子供たちの学習状況を評価することであり，子供たち一人一人に学習指導要領の内容が確実に定着するよう学習指導の改善につなげるために行うものである。また，各教科において学習指導要領に定める目標に準拠した評価として，学習状況を分析的にとらえる「観点別学習状況の評価」と総括的にとらえる「評定」について実施するようになっている。

　子供たちの学習の成果を的確にとらえ，教員が指導の改善を図るとともに，子供たち自身が自らの学びを振り返って次の学びに向かうことができるようにするためには，学習評価の在り方が極めて重要である。

(2)　学習指導要領（平成 29，30 年）における観点別学習状況の評価

　平成 29 年，30 年の学習指導要領改訂では，各教科等の目標や内容が「知識及び技能」「思考力・判断力・表現力等」「学びに向かう力・人間性等」という三つの柱によって再整理された。また，これまでの教科等の学習内容（コンテンツ）を中心にした考え方から資質・能力（コンピテンシー）を基盤にした考え方へのパラダイムシフトが行われた。すなわち，児童生徒が何を学ぶのかだけでなく，学習の結果として児童生徒にどのような資質・能力が身に付いたのかが問われるようになったのである。この考え方に対応するように，全ての教科等で観点別学習状況調査を「知識・技能」「思考・判断・表現」「主体的に学習に取り組む態度」の３観点で評価することになった。この「知識・技能」「思考・判断・表現」「主体的に学習に取り組む態度」の評価に際しては，学習指導要領の規定にそって評価規準を作成し，各教科等の特質を踏まえて適切に評価方法を工夫する必要がある。ここでは文献 [1] を手がかりに評価の在り方を考えてみたい。

　「知識・技能」の評価は，各教科等における学習の課程を通した知識及び技能の習得状況について評価を行うとともに，それらを既有知識及び技能と関連付けたり活用したりする中で，他の学習や生活の場面でも活用できる程度に概念などを理解したり，技能を習得したりしているかについて評価するものである。その実施に際しては，教科等の特質に応じた評価方法の工夫改善を進めることが重要である。すなわち，事実的な知識とその概念的な理解とをバランスよく問うようなペーパーテストの工夫改善を図るとともに，児童生徒に文章による説明をさせたり，実際に技能を活用させたりする場面を設けるなど，多面的・多角的な評価の実施に留意する必要がある。

　新学習指導要領では，保健においても技能を評価するようになる。これに関して，例えば，小学校体育科保健領域の「心の健康」における不安や悩みへの対処としての呼吸法等，「けがの防止」におけるけがの手当てとしての止血法等，中学校保健体育科保健分野の「心身の機能の発達と心の健康」における欲求やストレスの対処としてのリラクセーションの

● **90** ●

第3節 保健の指導と評価

方法等，「傷害の防止」における応急手当の実際としての心肺蘇生法等の場面で，技能を評価することになろう。

「思考・判断・表現」の評価は，それぞれの教科等の知識及び技能を活用して課題を解決するために必要な思考力，判断力，表現力等を身に付けているかを評価するものである。新学習指導要領に示された各教科等における思考力，判断力，表現力等に関わる目標や内容の規定を踏まえ，各教科等の特質に応じた評価方法の工夫改善を進めることが重要である。具体的な評価方法としては，ペーパーテストのみならず，論述やレポートの作成，発表，グループでの話合い，作品の制作などといった多様な活動に取り組ませるパフォーマンス評価などを取り入れながら多面的・多角的に行うことが考えられる。

「主体的に学習に取り組む態度」は，子供たちが自ら学習の目標を持ち，進め方を見直しながら学習を進め，その過程を評価して新たな学習につなげるといった学習に関する自己調整を行いながら粘り強く知識・技能を獲得したり，思考・判断・表現しようとしたりしているかどうかという意思的な側面を評価するものである。これには，①知識及び技能を獲得したり，思考力，判断力，表現力等を身に付けたりすることに向けて粘り強い取組を行うとしている側面と，②上記の粘り強い取組が，自らの学習の調整を行いながらよりよく学ぼうとするために行われているかという側面の両面を含んでいる。もちろん，この「主体的に学習に取り組む態度」は，資質・能力の柱である「学びに向かう力・人間性」と関係する。「学びに向かう力・人間性」には，主体的に学習に取り組む態度として観点別評価を通して見取ることができる部分と個人内評価を通じて見取る部分（例えば，個人のよい点や可能性，進歩の状況など）があることに留意する必要がある。

以上の3つの観点のそれぞれについて評価する際には，授業における児童生徒の学習の姿について，次のように具体的に見取るようにするとよい。

「知識・技能」における知識については，児童生徒が学習内容を理解している具体的な様子を想起する必要がある。例えば，学習内容について理解した事項を「発言している」「記述している」「挙げている」などが考えられる。また，技能については，「〜できる」「方法を身に付けている」「正確に，〜している」などが挙げられる。

「思考・判断・表現」については，児童生徒が頭の中で考えたり判断したりしている状況は，そのままでは教師に見取れないことから，児童生徒が思考し，判断した結果をどのように表現しているかを含めて評価する必要がある。具体的な行動例として，「課題を見付けている」「分類している」「整理している」「予測している」「予想している」「選んでいる」「事例と比較している」「解決方法をまとめている」「生活に当てはめている」などが挙げられる。

例えば，資料：学習指導案の「地域に保健・医療機関がなかったらどうなるだろうか」の学習活動では，生徒がグループの考えを自分たちの生活や事例などと比較したり，関係を見付けたりしながら，自らの考えを深めている様子を観察やワークシートの記載状況か

91

第2章 教科「体育科」及び「保健体育科」での保健の指導

資料：学習指導案

> 保健体育科（保健分野）単元名　健康を守る社会の取組
> 第3学年

1　単元の目標

（1）健康を守る社会の取組について関心を持ち，学習した知識を活用しながら学習活動に意欲的に取り組もうとすることができるようにする。

（2）健康を守る社会の取組について，課題の解決を目指して，知識を活用した学習活動などにより，科学的に考え，判断し，それらを表すことができるようにする。

（3）健康を守る社会の取組について，課題の解決に役立つ基礎的な事項及びそれらと生活の関わりを理解することができるようにする。

2　単元の評価規準

> 学習指導要領を踏まえ，文献2）3）4）の「評価規準に盛り込むべき事項」を参考に作成

	ア 健康・安全への主体的に取り組む態度	イ 健康・安全への思考力・判断力・表現力	ウ 健康・安全についての知識・技能
単元の評価規準	健康を守る社会の取組について関心を持ち，学習活動に意欲的に取り組もうとしている。	健康を守る社会の取組について，課題の解決を目指して，知識を活用した学習活動等により，科学的に考え，判断し，それらを表している。	健康を守る社会の取組について，課題の解決に役立つ基礎的な事項及びそれらと生活の関わりを理解している。
学習活動に即した評価規準	①健康を守る社会の取組について，健康に関する資料を見たり，自分たちの生活を振り返ったりするなどの学習活動に学習した知識を活用して意欲的に取り組もうとしている。 ②健康を守る社会の取組について，課題の解決に向けての話し合いや意見交換などの学習活動に考えたことを活用して意欲的に取り組もうとしている。	①健康を守る社会の取組について，学習したことを自分たちの生活や事例などと比較したり，関係を見付けたりするなどして，筋道を立ててそれらを説明している。	①地域には，人々の健康の保持増進や疾病予防の役割を担っている保健所，保健センター，医療機関などがあることについて，言ったり，書き出したりしている。 ②健康の保持増進と疾病の予防には，各機関が持つ機能を有効に利用する必要があることについて書き出している。 ③医薬品には，主作用と副作用があること，使用回数，使用時間，使用量などの使用法があり，正しく使用する必要があることについて，書き出している。

> 学習指導要領を踏まえ，文献2）3）4）の「評価規準の設定例」を参考に具体的な授業をイメージして作成

3　指導と評価の計画（3時間）

> 1単位時間当たり1〜2回の回数となるように設定

時間	主な学習活動	評価規準 主体的態度	評価規準 思考判断表現	評価規準 知識技能	評価方法
1	（ねらい）健康を守る社会の取組について，健康に関する資料を見たり，自分たちの生活を振り返ったりするなどの学習活動に意欲的に取り組み，地域には，人々の健康の保持増進や疾病予防の役割を担っている保健所，保健センター，医療機関などがあることについて理解することができるようにする。 1 健康カレンダーを読み，保健・医療機関について話し合う。 2 地域の保健センターの役割について，話し合いで意識したり，興味を持ったりしたことを基に，自分たちの生活を振り返る。 3 保健所，保健センター，医療機関の機能と役割について説明を聞く。 4 本時を振り返り，地域には，健康の保持増進や疾病予防の役割を担っている保健・医療機関があることを知る。	①	学習活動に対応した評価の設定	①	〈主体的に取り組む態度−①〉〈学習活動1，2〉 保健・医療機関について，健康に関する資料を見たり，自分たちの生活を振り返ったりするなど学習した知識を活用して学習活動に意欲的に取り組もうとしている状況を【観察】で捉える。 〈知・技−①〉〈学習活動4〉 地域には，人々の健康の保持増進や疾病予防の役割を担っている保健所，保健センター，医療機関などがあることについて，言ったり，書き出したりしている状況を【観察・ワークシート】で捉える。
2	（ねらい）健康を守る社会の取組について，学習したことを自分たちの生活や事例などと比較したり，関係を見付けたりするなどして，筋道を立ててそれらを説明すること，また，健康の保持増進と疾病の予防には，各機関が持つ機能を有効に利用する必要があることについて理解することができるようにする。 1 健康の保持増進や疾病の予防に関する事例について，前時の学習や自分の知識，経験を基に，どの機関を利用すればよいかを書き出し，友達の発表や教師の説明を聞きながら確かめる。 2 事例について誰のために行うのかを考えたり，課題についてグループで考えたりしたことを発表する。 3 地域の保健・医療機関がなかったらどうなるかについて予想したり，筋道を立てて説明したりする。 4 本時を振り返り，地域の保健・医療機関の有効利用について知る。		①	②	〈思・判・表−①〉〈学習活動2，3〉 健康を守る社会の取組について，学習したことを自分たちの生活や事例などと比較したり，関係を見付けたりするなどして，筋道を立ててそれらを説明している状況を【観察・ワークシート】で捉える。 〈知・技−②〉〈学習活動4〉 健康の保持増進と疾病の予防には，各機関が持つ機能を有効に利用する必要があることについて，書き出したことを【ワークシート】で捉える。
3	＜　　省　　略　　＞				

第3節 保健の指導と評価

4 本時の指導案（2／3時間）

（1）本時の目標

○ 健康を守る社会の取組について，学習したことを自分たちの生活や事例などと比較したり，関係を見付けたりするなどして，筋道を立ててそれらを説明することができるようにする。

○ 健康の保持増進と疾病の予防には，各機関が持つ機能を有効に利用する必要があることについて，言ったり，書き出したりすることができるようにする。

（2）展　開

段階	学習内容と学習活動	学習形態	教師の指導・支援	評価規準と方法
はじめ5分	1 友達の発表やワークシートで，前時に学習した内容について確認をする。 2 教師の説明により，本時の学習内容について確認をする。	一斉	・健康の成り立ちを踏まえながら前時の学習内容を押える。 ・前時の振り返りをし，本時の学習内容を提示する。	
なか40分	【学習内容】健康の保持増進や疾病の予防には，保健所，保健センター，医療機関が持つ機能を有効に利用する必要があること。			
	発問1　健康の保持増進や疾病の予防に関する次の3つの事例では，それぞれどの機関(保健所，保健センター，診療所，病院)を利用すればよいだろうか。			
	事例1：受験生Aさん「インフルエンザの予防接種を受けたい」 事例2：3か月の赤ちゃんがいるBさん「赤ちゃんに検診を受けさせたい」 事例3：文化祭で食堂係のC先生「腸内細菌検査を受けたい」			
	3 前時の学習や自分の知識，経験を基にしながらワークシートに書き出す。 4 ワークシートに書き出した内容について，友達の発表や教師の説明を聞きながら確かめる。	個人 一斉	・前時の学習や資料を参考にし，理由を考えながら選ぶように促す。 ・自分の考えと比較したり，関係を見付けたりして確かめるよう助言する。	
	発問2　事例1の予防接種，事例2の検診，事例3の検査は誰のために行うのだろうか。			
	5 前時の学習を生かして，3つの事例について考える。	一斉	・前時の資料について活用を促す。 ・前時の学習を振り返りながら補足説明する。	
	発問3　地域に保健・医療機関がなかったらどうなるだろうか。			
	6 グループに与えられた事例について考える。 7 起こりうることを予想し，自分の考えを付箋に書き出し説明する。 8 書き出したグループの考えを自分たちの生活や事例などと比較したり，関係を見付けたりするなどして，自分の考えを深める。	グループ グループ 個人	「指導と評価の計画」に配列した評価規準と【評価方法】を，該当する学習活動に対応した欄に記載	＜思・判・表－①＞ 保健・医療機関について，学習したことを自分たちの生活や事例などと比較したり，関係を見付けたりするなどして，筋道を立ててそれらを説明している。【観察・ワークシート】
おわり5分	9 保健・医療機関について，教師の説明を聞き，本時の振り返りをワークシートにまとめるとともに，有効に利用する必要性を理解する。	個人	・自己評価カードに記入することにより本時の学習を振り返るように促す。	＜知・技－②＞ 健康の保持増進と疾病の予防には，各機関が持つ機能を有効に利用する必要があることについて書き出している。【ワークシート】

国立教育政策研究所『評価規準の作成，評価方法等の工夫改善のための参考資料(中学校　保健体育)』2011年を基に一部省略・改変して作成した。

93

第2章　教科「体育科」及び「保健体育科」での保健の指導

ら評価するようになる。

　「主体的に学習に取り組む態度」は，挙手の回数やノートの取り方などの形式的な活動ではなく，前述のように知識・技能や思考力・判断力・表現力等と関連させて，よりよく学ぼうとしている姿を見取る必要がある。したがって，「知識と関連付けて，〜しようとしている」「考えたことと関連付けて，〜しようとしている」などの姿が挙げられる。

(3)　評価規準の作成と評価の工夫

　目標に準拠した評価を確実に実施するためには，各教科の目標に加えて学習指導要領の内容項目レベルにおける学習指導のねらいを明確に設定しておくとともに，そうした学習指導のねらいが児童生徒の学習状況として実現された状況とは，どのような状態であるかについて，具体的に想定されていることが必要である。このように，学習指導のねらいが実現された状況を具体的に示したものを「評価規準」といい，各学校において設定するものである。評価規準を設定することによって，児童生徒の学習状況を判断する際の目安が明らかとなり，学習指導と学習評価を一体として実施することにつながる。なお，各学校において保健の学習における評価規準を設定する際には，国立教育政策研究所による「評価規準の作成，評価方法等の工夫改善のための参考資料」が参考となる。

　学習評価は，評価の観点のそれぞれについて，評価規準に照らして児童生徒の学習状況を「十分満足できる」状況（A），「おおむね満足できる」状況（B），「努力を要する」状況（C）の３段階で行われる。評価規準を満たしている児童生徒の状況は，「おおむね満足できる」状況として評価される。したがって，評価規準は，児童生徒の学習状況の「おおむね満足できる」状況として設定されることとなる。また，「努力を要する」状況にある児童生徒の把握に努め，必要に応じて学習を振り返らせたり，個別に指導・助言したりするなどの手立てを考えておくことが望まれる。この際，「主体的に学習に取り組む態度」については，「知識・技能」や「思考・判断・表現」の習得と深く関わることから，「主体的に学習に取り組む態度」がAで，「知識・技能」「思考・判断・表現」がC，またはその逆とはならないはずである。

　評価する際には，特定の方法によって偏った評価とならないように，ノートやレポート，ペーパーテスト，学習カード，ワークシートなど授業後に教師が確認しながら評価する方法と授業中の児童生徒の行動や発話などの観察から学習状況を見取る方法とを適切に組み合わせるなどして，一人一人の学習状況を多面的に評価することが重要である。なお，児童生徒の自己評価や相互評価を取り入れるなどの工夫も考えられる。その際，評価が主観的にならないように，あらかじめ採点の規準を作成しておく等の工夫が必要となる。

(4)　評価の総括と評定に当たって

　教師は，観点別学習状況について，それぞれの評価規準に照らして児童生徒の学習の実現状況を評価し，得られた評価結果を基に，単元全体の到達状況をまとめ，さらに学期や学年という単位で学習状況をまとめる必要がある。単元における観点ごとの評価の総括は，

（ア）評価結果の A，B，C の数による方法と（イ）評価結果の A，B，C を数値に表す方法が考えられる。

　　（ア）の方法は，A，B，C のうち数の多い記号がその観点の学習の実現状況をもっともよく表しているという考え方に立つ方法である。例えば，3回評価を行い「BAB」であれば B と評価する。ただし，同数の場合（AABB など）や3つの記号が混在する（CABB など）場合の総括の仕方をあらかじめ決めておく必要がある。

　　（イ）の場合は，A＝3，B＝2，C＝1のように数値に変換して合計したり，平均したりして総括する方法である。例えば，総括の結果を B とする判断の規準を $1.5 \leqq$ 平均値 $\leqq 2.5$ とすると，ABB の平均値は，約2.3 となるので総括は B となる。

　さらに，学期ごとまたは，学年ごとに評定をつける必要があり，小学校では 3，2，1 の3段階，中学校及び高等学校では 5，4，3，2，1 の5段階で数値化する。

■引用・参考文献
1）中央教育審議会「幼稚園，小学校，中学校，高等学校及び特別支援学校の学習指導要領等の改善及び必要な方策等について（答申）」2016 年 12 月 21 日
2）国立教育政策研究所『評価規準の作成，評価方法等の工夫改善のための参考資料(小学校 体育)』2011 年
3）国立教育政策研究所『評価規準の作成，評価方法等の工夫改善のための参考資料(中学校 保健体育)』2011 年
4）国立教育政策研究所『評価規準の作成，評価方法等の工夫改善のための参考資料(高等学校 保健体育)』2012 年

［物部　博文］

第2章　教科「体育科」及び「保健体育科」での保健の指導

第4節　保健の担当教員として求められる力量形成のために

1　教師としての力量の重要性

　学校教育の改善は，世の人々の常なる関心事であり，その制度や教育課程の在り方についても，これまで多くの議論がなされてきている。しかし，結局のところ，そうした改革を成功に導くのは，直接的には教師にほかならない。いくら教育制度やカリキュラムをいじったところで，肝心の教師の力量が欠けていれば，それらは絵に描いた餅であり，児童生徒（子供）の健やかな発育発達には到底つながらない。

　では，そもそも教師に必要な力量とは何であろうか。柴田は一般的に期待されるものとして，「高い教養，優れた人格，教育技術」の３つを挙げている[1]。この３つは，保健の担当教員である以前に，全ての教師にとって必要とされるものであろう。とりわけ'高い教養'や'優れた人格'は，他の職業人にとっても重要である。したがって，この項で取り上げるべきものは，'教育技術'ということになる。特にその中核をなすのは，「授業の遂行能力・技術」であると言ってよい。

　もっとも前述したように，これについての論考も保健の担当教員に限定されるものではない。優れた教員に求められる授業に関する力量の多くは，教科のいかんを問うものではなく，相当程度に共通的である。

　以下，主に授業遂行能力の構造と中身，及びその力量形成の在り方について論ずることになるが，それに先立って，授業の見方，いわば「授業観」について触れておく。どのような授業をよしとするのか，そこにズレがあっては，論ずべき授業遂行能力にも違いが生じかねないからである。

2　よい授業とは何か

　単位時間当たりに，できるだけ沢山の知識を教える（伝達する）のがよい授業だ，という授業観を持つ教師は，決して少なくないのではないだろうか。与えた知識がしっかりと子供に伝わり定着し，それが新たな認識を形成するのに有益であるのならば問題はない。しかし実際にはそうはなりにくい。多くの場合，ただ単に断片的知識，より正確に言うならば'文言'が伝達され，子供はそれらを試験のときまで暗記をして，終わればすっかり忘却してしまうのである。短期記憶にとどまり，長期記憶に至ることはほとんどない。

　「知識ばかり教えていても，実践できなければ無意味だ」といった主張も，保健教育の世界でしばしば聞こえてくる。ここでも同様に，'知識'の伝え方と中身が問われる。このときの'知識'もまた，単なる意味のない'文言'（＝言語的記号）にしかすぎず，かつ，実は子供に伝わってさえいないことも多い。すなわち現実には，'知識ばかり教えて'い

• **96** •

ることにすらなっておらず，したがって'実践できない'のも自明の理である。

　'実践力'に関していえば，その形成のみを急ぐべきではないだろう。功を焦れば，子供たちにある種の行動を強制・強要したりすることになりがちである。あるいは洗脳や催眠術などの手段を用いる誘惑にもかられかねない。実践力の形成や'行動化'は，教育においては，あくまでも，対象者の認識を通してなされる必要がある。

　要するに，断片的知識を「覚えさせる」授業とは，早々に決別したほうがよい。子供たちが新たな認識を形成できるように，「分からせる」授業を旨としたい。なるほどと納得して分かり，彼らに新しい認識を形成・獲得させた上で，'実践力'や'行動化'は構想されるべきものと言える。

3　内容と教材と素材

　「授業遂行能力の構造」についての論述の前に，さらにもう1つ明確にしておきたいことがある。それは，内容，教材，素材の各概念，ないしはその関係性である。

　柴田らによれば，「教科内容というのは，各教科において教授－学習の目標とされ，生徒が身につけるべき知識（概念・原理・法則など）や技能をさす」と規定されている[2]。またその記述に続けて，教材については，「そのような教科内容の習得のために授業において使用され，教授－学習活動の直接の対象となるものが教材である」と説明されている。的確な定義付けではあるが，これでは今ひとつ分かりにくい。そこで，こうした関係を料理になぞらえて説明してみよう。

　すなわち，子供に身に付けてほしい何らかの知識（概念・原理・法則など）や技能があるとすると，それが「内容」であり，限りなく教師の「ねらい」やあるいは「願い」に近い。その「ねらい」や「願い」つまり「内容」を子供に習得させるために提供する具体的なものが「教材」である。また「素材」とは，「教材」＝'料理の品々'を作るときの材料となるものである。さらに，「素材」から「教材」にしていく過程・プロセスを「教材化」と呼ぶ。料理に置き換えれば，「下ごしらえ」や「調理」に当たる部分である。

◎　外国からお客さんが来る。	＝子供
・そこで	
◎　料理人となってもてなす。	＝教師
・そのときに	
◎　和食の良さを分かってほしい，と願う。	＝内容
・そのために	
◎　てんぷらを揚げ，すしを握る。	＝教材
・その材料として	
◎　例えば，海老や穴子を選ぶ。	＝素材
・そのプロセスとして	
◎　衣を付け，あるいは蒸す。	＝教材化

第2章 教科「体育科」及び「保健体育科」での保健の指導

ところで教科書は，果たして「内容」なのだろうか，あるいは「教材」なのだろうか。「教科書の発行に関する臨時措置法」の第2条には，「(前略)……，教科課程の構成に応じて組織排列された教科の主たる教材……(後略)」と記載されている。すなわち法律的には，「教材」ということになる。

実際の保健の教科書を見てみると，確かに掲載されているグラフや表，イラストなどは教材と言える。しかしながら，少なくとも文章(本文)においては，森も指摘するように，子供が身に付けるべき知識(概念・原理・法則など)が抽象的・概括的に記述されているだけである[3]。すなわち，先の柴田らの規定によれば，「内容」により近いと言える。

現行の保健教科書は，限られたスペースの中で，『学習指導要領解説』に盛られた中身を非常に手際よくまとめてある。ここで問題にすべきは，その使い方である。教科書を教師自らが読んだり，あるいは子供に読ませ，簡単な補足説明をし，質問を受け付け，重要な語句にアンダーラインを引かせて終わる保健の授業が，相変わらず横行しているようだ。記述されている文章(本文)はほぼ「内容」そのものであり，そうした文章や文言をいくら暗記してみたところで，「分かった」状態にはならず，すぐに忘れてしまうのが落ちである。

結局，「内容」とは，授業を通して子供に習得・獲得されるべき知識(概念・原理・法則など)の総体(＝意味内容)なのであり，その習得・獲得を可能ならしめるためには，教科書だけでは不十分であり，具体的な'料理の品々'とも言うべき「教材」が必要不可欠なのである。

4 授業遂行能力の構造

これまでの論考を踏まえ，'授業遂行能力'の構造を整理してみよう。図1は，内容・教材・素材の関係性と，'授業遂行能力'の構造を模式図にしたものである。

図1　内容・教材・素材の概念とその関係性，及び授業遂行能力の構造[4]

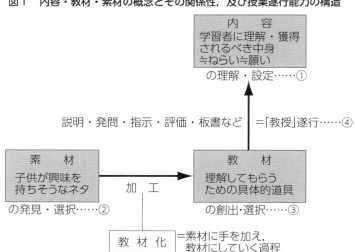

第4節 保健の担当教員として求められる力量形成のために

① 「内容」を理解したり，自分なりに設定できる力

各1回ずつの授業又はいくつかの授業を通じて，子供たちに理解・獲得・認識させたい，あるいはさせるべき中身は何なのか，ということを明確にできる力のことである。学習指導要領や学習指導要領解説などに，それが書かれているときには，その文言を正しく理解する力量であり，また，自らが独自に新たな授業を創造しようとした場合には，その内容を明確に設定できる力を意味する。実際の保健授業を観察してみると，「果たしてこの授業で，教師は一体何を言いたかったのだろうか」と，思わず首をかしげたくなるようなことは，案外多いのである。一般的に‘内容≒ねらい≒願い’は，「‘〜は，〜である’ことを理解させる」といったように，‘概念’の形式で表現すると分かりやすい。

② 「素材」を発見したり，選択できる力

子供たちにとって興味のありそうな，いわゆるネタを，文化フィールド＝市場から見つけてきたり，選んできたりできる力である。例えば，「感染症は，個人の努力によって予防が可能なこともある」という内容を理解させようとしたときに，高校生に対してなら，「エイズ」を素材として，その内容を分からせることは適切と言える。だがもし，授業対象者が小学生であった場合，素材はむしろ，「インフルエンザ」のほうが適当かもしれない。

このように，どのような対象者にどのような内容を教えるのかという事柄に関わって，その時々で最もふさわしい素材を新たに見つけ出してきたり，選択したりできる力量は，非常に重要と言える。この間の事情は，腕のよい料理人が市場に行って，そのときの客に合わせ一番おいしそうな素材を眼力によって選び抜くというプロセスに酷似している。

③ 「教材」を創出したり，選択できる力

子供たちにとって，具体的な事実として認識させられるように，素材から教材を作ったり，既存の教材があれば，そこから適切なものを選ぶことのできる力である。‘教材’については，藤岡の理論[5]を援用し，次の3つの形式に分けて説明することができる。

- まず第一が「問題教材」である。これは，子供たちが思わず自分で考えてみたくなるような形式を持ったものである。子供の思考を大きく揺さぶれるとよい。
- 次に「文章教材」である。これは，子供たちが読んで印象深く感じ，考えさせられるような形式を持ったものである。子供の感性と知性に訴えかけられるとよい。
- 第三が「具体物教材」である。これは，子供たちが見たり聞いたり触れたり嗅いだり味わったりできるような形式を持ったものである。実感を伴ったリアルな理解を促せるとよい。

つまり，素材に手を加えて（＝教材化），上記の3つのいずれかの形式の教材を複数準備する（一般的には，‘教材作り’と呼ぶ）力量である。料理になぞらえれば，素材に手を加え下ごしらえをしたり，包丁でさばいたり煮たり焼いたりする，調理のプロセスの部分である。諸々の参考書などが手元にあり，既に教材がいくつか提示されている場合には，その中から，教えるべき内容及び対象者に照らして，最も適した教材を選ぶ力ということに

第2章　教科「体育科」及び「保健体育科」での保健の指導

なる。

④　「教授」を遂行する力

　準備した教材を用いて，子供たちに分かりやすく説明をしたり，興味を引くような発問をしたり，的確な指示を出したり，評価を下したり，見やすい板書をしたりすることのできる力である。いわゆる'教授行為'の力量である。今まで述べてきた①から③は，いわば授業づくりの準備過程であり，通常，子供の目にはとまらない。しかし，授業の展開過程である'教授行為'は，いやでも目に入る。授業の上手・下手というのは，実はこの'教授行為'の善し悪しで判断されることが圧倒的に多いのである。確かに，どれほど最適な素材を選び，それに上手に手を加えて素晴らしい教材を用意できたとしても，説明が分かりにくかったり，そもそも，声が聞き取りにくかったりすれば，台無しである。読みにくい板書もまた然りである。この過程は，料理で言うならば，盛り付けや接客の部分に当たる。生きのいい旬の素材を用いて，鮮やかな包丁さばきで手際よく調理された料理の品々であっても，汚ならしい皿に雑然と盛られ，全く無愛想な接客態度であったならば，客は，それをおいしく食べることができないのである。

⑤　「授業」を構想する力

　①から④まで，内容・教材・素材の各概念に関わらせる形で，教師の力量について述べてきたが，それぞれの各段階を総合的に見通せる力もまた重要である。すなわち，おそらくは授業準備過程の最初に行う，「授業」を構想する，という部分の力量である。ここには，子供の学習準備状況（レディネス）や，集団としてのクラスの状況把握等も含まれる。授業対象がどのような子供たちであり，どのような内容を，どのような素材を用いて，どのような教材で，どのような教授行為を駆使して教えていこうとするのか，という授業全体の見通しを立て，構想するものである。優秀な教師であるならば，最も心躍る過程とも言え，比較的たやすく構想できるはずだ。

5　教師の基礎・基本的な力量（自己研鑽過程）

　では果たして上述の①から⑤の力だけで，継続的によりよい授業ができるのだろうか。保健の担当教員として充分な力量が備わっていると言えるのだろうか。答えは否である。以下，基礎・基本として保持すべき2つの力量について概説する。

　1つは，現在の日本や世界の情勢を見つめ，子供たちが置かれている状況を客観的に把握する力である。時々刻々変化する社会の中にあって，現在及び将来にわたりいかなる健康課題が生起し，子供たちに何のためにどのような能力を培うべきかを考究する力は，極めて重要である。こうした基本的力量が欠けているならば，多分その時々で，適切な内容を設定することが難しくなるだろう。

　2つ目は，「素材」が貯えられている仮想空間と言うべき「文化フィールド」を充実させる力である。料理になぞらえて言えば，シェフがカレーライスという料理（教材）を作

るとき，ジャガイモやニンジンは素材であり，それらがあるのは市場である。そこには，豊かな素材が沢山揃っているほうがよい。教材作りにおいても同様である。よい教材を準備するためには，素材は豊富にあったほうが有利である。対象者や時々の状況に応じて最も望ましい素材を選び，手際よく調理して，教材とすることができるからだ。すなわち教師は，常日頃から自分自身の文化フィールドを耕し，豊潤にさせておくべきだ，ということである。換言すれば，自らの頭脳内の引き出しにいろいろなネタをきれいに沢山仕入れておき，かつ，'保健の科学'をしっかりと押さえておくべきである。そのためには，「様々なネットワークを駆使して，日々勉学あるのみ」ということになる。

6　教師の力量形成の主体者

　これまで述べてきた教師の力量に関する事柄を，順次性を踏まえて大胆にまとめるならば，**表1**のごとくになる。

表1　授業実践に当たり，教師に必要とされる力量

・自己研鑽過程……子供に対する客観的理解力，自己の文化フィールドの充実力
・授業準備過程……授業構想力，内容理解・設定力，素材発見・選択力，教材創出・選択力
・授業展開過程……教授遂行力（説明，発問，指示，評価，板書など）

　このような力量を形成すべき第一の主体者は，教員養成をする大学である。そこでは，よりよい保健授業のモデルが示されていなければならない。「こういうのがよい保健の授業であり，こうすればそのような授業ができるのだ」といった，確たる見通しを学生に持たせることのできる大学教員がいなければならない。教員免許更新制等に関わる講習においても同様である。

　もう1つの主体者は，自分自身である。子供たちのために，よりよい保健の授業を絶対に作って遂行するという強い意志に基づいて，ネットワークを広く深く保ちつつ研鑽を積み，省察的態度で力量を形成し続ける責務は，教師自身の側にある。

■引用・参考文献
1）柴田義松，滝沢武久編著『発達と学習の心理』学文社，p.143，2002年
2）柴田義松，宮坂琇子，森岡修一編著『教職基本用語辞典』学文社，p.32，2004年
3）森昭三，和唐正勝編著『新版　保健の授業づくり入門』大修館書店，p.127，2002年
4）今村修「保健認識を深める学習における教師力を考える」『体育科教育』8月号，大修館書店，p.36，2007年
5）藤岡信勝『教材づくりの発想』日本書籍，1991年
・今村修「プロフェッショナル保健教師像の輪郭」『体育科教育』4月号，大修館書店，p.41，2012年
　（※このほか，宇佐美寛氏の「授業」に関する著作は大いに参考になる。）

［今村　修］

第2章 教科「体育科」及び「保健体育科」での保健の指導

| 第5節 | 保健の模擬授業の実際 |

1 模擬授業の意義

　現在教員養成において「実践的指導力」の育成が求められている。それが指す指導力とは教科指導，生徒指導，学級経営，校務分掌などのいくつかの指導力が挙げられるが，中でも最も重要な指導力とは教科指導，すなわち授業における指導力である。そして，それらを養成段階で養うことができる機会の１つとして模擬授業がある。

　模擬授業の有効性としては，他教科も含め多く報告されているが，１つは自身で授業を実践することによって「実践的な指導技術の習得」ができることである。板書能力や人前で話す技術や，生徒を掌握する技術など実際に授業を遂行する技術は模擬授業などで実際に授業を行わないと身に付かないものであろう。２つ目としては「授業の省察力の向上」が挙げられる。模擬授業を重ねることによって，リフレクションの際により具体的な指摘と改善策を挙げられるようになることが報告されている[1]。さらに模擬授業によって授業実践の具体的イメージが持てることで「実践への意欲が向上」するとの報告[2]もある。

　その他にも当然，授業を自身で設計し，実施することで授業づくりの力も培われる。授業づくりの理論を学んだ上で，実際に自身で授業設計→実践→評価→リフレクションを行う過程で実践的指導力が身に付くのである。

2 模擬授業実施に当たっての留意点

(1) 実施方法

　模擬授業の実施に当たっては，実際の授業を想定しおおよそ40人の前で50分（小学校であれば45分）の模擬授業を行うことが望ましい。しかし，各大学での教職履修人数にもよるが，多くの大学ではそのような模擬授業の実施は時間的な制約のため極めて難しいであろう。そこで「マイクロティーチング（以下，MT）」と呼ばれる，少人数の集団で，短時間の授業を行う手法がある。限られた時間の中で多くの学生に模擬授業を実施させることが最大のメリットである。模擬授業は教職課程を学ぶ学生が初めて授業を行う場面であり，初めての授業実践を50分で実施することは相当なプレッシャーとなる。MTでは少人数を相手に短時間で授業を実施するため，その負担を軽減できるねらいもある。さらに50分の授業を実施する際には様々な授業技術が必要であるが，MTでは特定の技術に焦点化し実施することも可能である。各大学に適した実施方法を検討することが必要である。

(2) 実施環境

　模擬授業の実施には，黒板など教具・教材の準備が必要だが，MTでは授業実践者は複

数人同時に実施することが多いため，その場合それらをグループ分用意する必要がある。板書に関して，大学では模擬授業の実施時にホワイトボードを用いることが多いと思われるが，中学校や高等学校での授業を想定し，黒板を用いた板書練習を行っておくことも必要である。また ICT 機器の使用に関して，国内の整備状況[3]を見ると中学や高校で 10%以下の整備率であるが，今後整備が進むと考えられるため，プロジェクターや電子黒板，タブレット端末などの使用に関しても考慮し，それらを活用した模擬授業も積極的に行う必要がある。実施場所は MT の場合は 1 つの教室を数か所に分けて同時に実施することもできるし，または体育館や武道場などで実施してもよいだろう。

（3） 授業者

事前に学習指導案を作成し，児童生徒役の学生に配布しよう。学習指導案には略案と細案があるが，模擬授業では細案を作成するのがよいだろう。初めての実施で授業者が緊張して頭が真っ白になった場合，細案があれば対処可能である。また実施内容を振り返る際や，次の実施への省察をする場合にも細案であった方がより効果的である。模擬授業では，主に教授技術（「話術」「板書」「指示」「資料配布」「机間指導」「立ち居振る舞い」「タイムマネジメント（時間配分）」「児童生徒の掌握」など）の習得が見込まれるが，これらの全ての技術を意識することは容易でないため，特に初めての模擬授業ではいくつかポイントを絞って実施してみるとよい。

（4） 児童生徒役

児童生徒役（以下，生徒役）には，授業を履修している学生が務めることになるだろう。しかし，普段の友達の関係性のままだと練習にならないため，模擬授業を行う際はお互いが生徒役，教師役になりきることが必要である。事前説明として，想定する学年や，単元における位置付け，全時間数の何時間目なのかなどを共有する。また授業者が教育実習を行う学校が，静かな生徒たちのクラスなのか，比較的発言も多く活発な生徒のクラスなのかなど「生徒観」を共有し，演じてもらうとよいだろう。生徒役は手元に学習指導案が配布されているので次の展開や，発問の答えが分かってしまうが，実際の生徒はどのように理解するか，どのように思考するかを考えながら生徒になりきって参加することが必要である。生徒役には，他学年の学生や授業担当以外の大学教員など多くの人に参加してもらえれば様々な視点から意見を得ることができ，より有効的なものになるだろう。

（5） 模擬授業の評価

模擬授業終了後には，検討会の時間を設けよう。模擬授業へ参加してくれた協力者からその授業についての改善点，良かった点などを指摘してもらい，授業者の評価を行ってもらう。模擬授業での評価のポイントを以下に示す。これらのポイントを押さえ評価シートを作成し，いくつかのポイントを 3 段階や 4 段階で評価したり，自由記述にて改善点や良い点を挙げてもらう方法がある。教師行動に関しては，特に見えやすく，生徒役の学生が授業を評価するポイントは，ややもするとそこばかりに集中することもあるが，模擬授

第2章 教科「体育科」及び「保健体育科」での保健の指導

業を重ねるうちに，評価する学生も教師行動以外のポイントも評価できる能力が培われていく。加えて学習指導案が適切に作成されているかも重要なポイントであろう。生徒役にとっても，ここで行われる授業を指摘する「ツッコミ力」は自身の授業実践力にもつながるため，十分な時間を設ける必要がある。

① 教師行動：話術，板書，指示，資料配布，机間指導，立ち居振る舞い，タイムマネジメント（時間配分），生徒の掌握
② 授業内容：教育目標・内容とまとめ，授業展開・流れ，教材の工夫
③ 学習指導案：書式，誤字脱字，見やすさ，内容が過不足なく書かれているか

(6) リフレクション（省察）

　模擬授業後の討論会の時間での指摘等は，リフレクションシートを作成し集約するとよいだろう。小松崎はこの作業によって振り返りの定着を図り，再実践に役立てることが可能であると述べている[4]。授業者は謙虚な態度で協力者からの意見を参考にし，自身の授業実践を改善することが大切である。参加者からの指摘に加え，自らの実践を映像に記録し，客観的に省察することも有効的である。近年はICTが発達し大掛かりで高価な録画機器がなくても学生の持つスマートフォンやタブレット端末で十分録画可能である。録画したものを授業後の振り返りで直ちに再生しながら議論できたり，映像を授業者にその場で渡すこともできるためぜひ有効活用してほしい。模擬授業実践しただけで終わりとならないように，次回の実践につなげるためにしっかりとリフレクションを行おう。

■引用・参考文献
1）長田光司・友川幸「保健学習の指導力向上のための模擬授業の効果と課題：省察の変容に着目して」学校保健研究 58（1），pp.33-38，2016 年
2）星裕・福岡真理子，越川茂樹「共同学習と模擬授業を用いた授業が学生の授業実践力に与える効果」『北海道教育大学紀要』教育科学編 69（1），pp.415-425，2018 年
3）文部科学省「情報通信技術を活用した教育振興事業［ICTを活用した課題解決型教育の推進事業（ICTを活用した学習成果の把握・評価支援）］」調査報告経過資料，2017 年
4）小松崎敏「模擬授業の意義と効果的な進め方」高橋健夫・岡出美則・友添秀則・岩田靖編著『体育科教育学入門』大修館書店，p.268，2011 年

［藤原　昌太］

第 3 章

学校の教育活動全体を通じて行う
健康に関する指導

学 習のポイント

1. 健康に関する指導には，学校・学級を対象として行う集団指導と，健康問題を抱える児童生徒を対象として行う個別指導がある。
2. 健康に関する指導を効果的に進めていくためには，教職員がそれぞれの役割を果たしながら，教職員間で情報を共有するなど連携して取り組むことが重要である。
3. 集団を対象とした健康に関する指導の主な機会として特別活動があり，具体的には学級活動（高等学校はホームルーム活動），生徒会活動（小学校は児童会活動），学校行事等として行われる。
4. 学習指導要領解説に示された学級活動（高等学校はホームルーム活動）の内容として，保健に関するものが位置付いている。
5. 特別活動における健康に関する指導は，児童生徒の当面する健康課題を踏まえながら自主的，実践的な態度の育成を重視して，指導を工夫することが求められる。

演 習 課 題

A. 最近の児童生徒の健康課題を踏まえて，健康に関する指導の重要性について話し合ってみよう。
B. 学級活動（高等学校はホームルーム活動）における健康に関する指導の年間指導計画案を具体的に立ててみよう。

第3章　学校の教育活動全体を通じて行う健康に関する指導

| 第1節 | 学習指導要領総則に示された学校における健康に関する指導 |

1　健康的な生活を実践することのできる資質・能力を育成する教科等横断的な視点

　2017（平成29）・2018（平成30）年告示の学習指導要領（以下，新学習指導要領）では，未来の創り手となるために必要な資質・能力を育む「社会に開かれた教育課程」の実現へ向けた改訂がなされた。新学習指導要領では，「何ができるようになるか」という資質・能力の育成が重視されており，教科や特別活動で示された内容を教えることの先に，世界的な潮流である汎用的な能力を育成することが意図されたのである。実社会で発揮される汎用的な能力を育成するためには，教科や特別活動，関連する教育活動の指導が相互に関連付けられなければならない。こうした改訂の趣旨を生かし，資質・能力を教科等横断的な視点に基づき育成することができるように，教育課程の編成や実施について通則的に規定した学習指導要領の総則が大きく改善された。総則第1の2には，生きる力を育む各学校の特色ある教育活動の展開は，（1）確かな学力，（2）豊かな心，（3）健やかな体，の観点から知・徳・体のバランスのとれた育成によって，相互に関連し合いながら一体的に実現されることが示された。（3）健やかな体を育むための体育・健康に関する指導では，児童生徒の発達の段階を考慮して，学校の教育活動全体として取り組み，健康で安全な生活と豊かなスポーツライフの実現をめざした教育の充実に努めることが示されている。

　2016年（平成28）年の中央教育審議会答申[1]では，資質・能力を「教科等の枠組みを踏まえて育成を目指す資質・能力」と「教科等の枠組みを越えた資質・能力」で構成し，後者はさらに「教科等を越えた全ての学習の基盤として育まれ活用される力」と「今後の社会の在り方を踏まえて，子供たちが現代的な諸課題に対応できるようになるために必要な力」の2つに分けられている。現代的な諸課題である健康的な生活を実践することのできる資質・能力は，学校教育活動全体の機会を活用して，健康に関する知識を身に付け，必要な情報を自ら収集し，適切な意思決定や行動選択を行うことによって育成する。また，健康課題を解決するための資質・能力を育成するには，各教科の内容と学校行事等の特別活動や健康に関する指導を関連付ける教科等横断的な視点を持つことが大切になる。すなわち，健康に関する指導は，健康的な生活を実践することのできる資質・能力を育成するために，教科等横断的な視点で学校教育活動全体で行われるのである。

　学習の基盤となり，現代的な諸課題に対応して求められる資質・能力を育成するには，主体的・対話的で深い学びへ向けて児童生徒や学校，地域の実態を適切に把握し，教育の目的や目標の実現に必要な教育内容や時間の配分，人的・物的体制の確保，教育課程の実施状況に基づく改善などを通して，教育活動の質を向上させ，学習の効果の最大化を図る

第1節 学習指導要領総則に示された学校における健康に関する指導

カリキュラム・マネジメントに努めることも重要になる。

2 学校の教育活動全体を通じて行う健康に関する指導

　健康に関する指導は，先述した通り，新学習指導要領では，学校の教育活動全体を通じて適切に行うことが総則に規定され，保健体育科教諭や養護教諭だけでなく，学級担任も含めた全教職員によって，教育課程の位置付けを問わずに日常生活の中の教育活動として行われている。心身ともに健康な国民の育成（教育基本法第1条）のために不可欠な指導であって，学校保健安全法第9条には，学校の養護教諭その他の職員が相互に連携して健康に関する指導を行うことも示されている。具体的な健康に関する指導としては，インフルエンザ予防のように学校や学級を対象として集団に行われるものと健康問題を抱える児童生徒に対して個別に行われるものがある。健康に関する指導の効果を高めるには，全教職員の理解と協力の下で学校医・学校歯科医・学校薬剤師，保護者，地域の人々等，児童生徒をとりまく人々が専門性を生かして連携し，組織的に進めることが効果を高めるので，家庭や地域社会と連携を密にする教育課程を編成することが，その実現に大きな影響を及ぼすことになる。

　総則に示された体育・健康に関する指導では，健康で安全な生活と豊かなスポーツライフの実現をめざした教育の充実が求められており，具体的な健康に関する指導として食育の推進や体力の向上，安全に関する指導及び心身の健康の保持増進に関する指導も挙げられている。それらは，体育・保健体育科，家庭科及び特別活動の時間に加えて，その他の教科や道徳科，外国語活動及び総合的な学習の時間でもそれぞれの特質に応じて行われることが期待されている。健康的な生活を実践することのできる資質・能力の育成をめざす教育を質的に向上させるためには，教科や特別活動等の教育課程に顕在化する時間だけではなく，それらに付随する機会をとらえて適切に健康に関する指導を行うことが不可欠になる。朝や帰りの会，ホームルームでの学級担任の気付きを個別指導に生かしたり，行事の際に運動・食事・休養及び睡眠の調和のとれた生活を指導することも可能であろう。保健だよりや学級通信を用いて，家庭と連携を図った健康の振り返りを実施する仕組みをつくって，健康課題への解決に保護者を参画させていくことも大切である。このような教育課程には直接顕在化されない健康に関する指導が充実することによってはじめて，教育課程内に位置付けられる健康に関する指導の効果を一層高めることができる。しかしながら，心身の健康の保持増進を図っていく資質・能力の育成は，学校だけの課題ではない。家庭や地域の関係機関，専門家との連携も図りながら，日常生活においても教員以外の人々によって健康に関する指導が充実して行われ，生涯を通じて健康・安全で活力ある生活を送るための基礎が培われるようにすることが大切である。

■引用・参考文献
1）中央教育審議会「幼稚園，小学校，中学校，高等学校及び特別支援学校の学習指導要領等の改善及び必要な方策等について（答申）」2016年12月21日

[清水　将]

第3章　学校の教育活動全体を通じて行う健康に関する指導

第2節　特別活動における健康に関する指導

1　特別活動とは

　教育課程は，各教科，特別の教科である道徳，総合的な学習の時間並びに特別活動により編成することになっている（ただし，小学校，中学校の場合。高等学校においては，特別な教科である道徳はない）。以下，中学校における例を中心に解説する。中学校学習指導要領においては，特別活動の目標が下記のように示されている。

　集団や社会の形成者としての見方・考え方を働かせ，様々な集団活動に自主的，実践的に取り組み，互いのよさや可能性を発揮しながら集団や自己の生活上の課題を解決することを通して，次のとおり資質・能力を育成することを目指す。

(1)　多様な他者と協働する様々な集団活動の意義や活動を行う上で必要となることについて理解し，行動の仕方を身に付けるようにする。

(2)　集団や自己の生活，人間関係の課題を見いだし，解決するために話し合い，合意形成を図ったり，意思決定したりすることができるようにする。

(3)　自主的，実践的な集団活動を通して身に付けたことを生かして，集団や社会における生活及び人間関係をよりよく形成するとともに，人間としての生き方についての考えを深め，自己実現を図ろうとする態度を養う。

　ちなみに，特別活動の目標は，基本的には小学校，高等学校においても共通しているが，(3)については，小学校において「人間としての生き方」という部分が「自己の生き方」とされ，また，高等学校においては，「集団や社会における」の部分が「主体的に集団や社会に参画し，」とされ，「人間としての生き方」の部分が「人間としての在り方生き方」とされている。このことは，特別活動においては，小・中・高の段階を追って，周囲の環境や自分自身に関して，より広く深く扱うようになっていることを示すと考えることができる。

　特別活動は，学級活動（高等学校ではホームルーム活動），生徒会活動（小学校は児童会活動），学校行事から成り立っている。小学校ではこれらの他に「クラブ活動」が加わる。学級活動は，「学級や学校における生活づくりへの参画」などを内容として学級や学校での生活をよりよくするための課題を見いだし，解決するために話し合い，合意形成し，役割を分担して協力して実践したり，学級での話合いを生かして自己の課題の解決及び将来の生き方を描くために意思決定して実践したりすることに，自主的，実践的に取り組むものである。生徒会活動は，「生徒会の組織づくりと生徒会の計画や運営」などを内容として異年齢の生徒同士で協力し，学校生活の充実と向上を図るための諸問題の解決に向けて，計画を立て役割を分担し，協力して運営することに自主的，実践的に取り組むものである。学

• **108** •

第2節 特別活動における健康に関する指導

校行事は「儀式的行事」などを内容として，全校又は学年の生徒で協力し，よりよい学校生活を築くための体験的な活動を通して，集団への所属感や連帯感を深め，公共の精神を養うものである。それぞれの活動の中で特別活動の目標を達成することが求められている。

2 特別活動における健康に関する指導の位置付けとその特性

特別活動における健康に関する指導（過去には「保健指導」と呼ばれていたが，学校保健安全法の法的根拠に基づく「保健指導」との兼ね合いなどから呼び方が改められようとしている）は，児童生徒への指導の形態としては，同じ保健教育である体育科，保健体育科などの教科における健康に関する指導（体育，保健体育などを指し，過去には「保健学習」と呼ばれていたが，他教科等との共通性を図るなどの理由から呼び方が改められようとしている）と似ているものの，その根拠は異なっている。例えば，中学校の教科における健康に関する指導は，中学校学習指導要領「第2章　各教科　第7節　保健体育」において，目標，内容，さらには，標準的な時数なども記述されているのに対して，特別活動における健康に関する指導は，「第5章　特別活動」において記述されており，また，その記述は教科における健康に関する指導ほど細部に立ち入ったものではない。以下に，中学校学習指導要領と中学校学習指導要領解説（以下，解説）を基に整理する。

まず，特別活動における健康に関する指導の目標については，特別活動の「目標」に関しては前記の通りであり，そこには「健康」あるいは「保健」という言葉は出てこない。しかし，「自主的，実践的な集団活動を通して身に付けたことを生かして，集団や社会における生活及び人間関係をよりよく形成するとともに，人間としての生き方についての考えを深め，自己実現を図ろうとする態度を養う」という部分には，児童生徒の健康を支援する，あるいは，児童生徒の健康に生活していく力を伸ばすという健康に関する指導の目標も内包されていると考えてよいであろう。

次に，特別活動における健康に関する指導の内容については，最も直接的に関係するのは「学級活動」における「(2)　日常の生活や学習への適応と自己の成長及び健康安全」であろう。学習指導要領には下記の記述がある。

> エ　心身ともに健康で安全な生活態度や習慣の形成
> 　　節度ある生活を送るなど現在及び生涯にわたって心身の健康を保持増進することや，事件や事故，災害等から身を守り安全に行動すること。

また，解説の対応部分には下記の記述がある。

> 　この内容は，心身の機能や発達，心の健康についての理解を深め，生涯にわたって積極的に健康の保持増進を目指し，安全に生活することができるようにするものである。日常の健康や安全に関する問題を把握し，必要な情報を適切に収集し，課題解決や健康及び安全の保持増進に向けた意思決定とそれに基づく実践などの活動が中心となる。

第3章 学校の教育活動全体を通じて行う健康に関する指導

　今回の学習指導要領改訂では，各教科等の指導を通してどのような資質・能力の育成を
めざすのかを明確にしつつ，それらを育むに当たり，児童生徒がどのような学びの過程を
経るのかということ，さらにはそうした学びの過程において，各教科等の特質に応じた「見
方・考え方」を働かせながら，教育活動の充実を図ることが強調されている。それに対応
して，特別活動における健康に関する指導でも，従来あった健康に関する「指導・助言」
という表現がなくなり，「問題を把握」「情報を適切に収集」「課題解決や健康及び安全の
保持増進に向けた意思決定」などとされていることに注意が必要である。

　それに続き，心の健康や体力の向上に関すること，口腔の衛生，生活習慣病とその予防，
食事・運動・休養の効用と余暇の活用，喫煙，飲酒，薬物乱用などの害に関すること，ス
トレスへの対処と自己管理などの例が出されている。さらに，身近な視点からこれらの問
題を考え意見を交換できるような話合いや討論，実践力の育成につながるロールプレイン
グなどの方法に関する例も示され，自らの健康状態についての理解と関心を深め，望まし
い生活態度や習慣の形成を図っていくことが求められている。

　学級活動の「(2)　日常の生活や学習への適応と自己の成長及び健康安全」の項目には「ウ
　思春期の不安や悩みの解決，性的な発達への対応」「オ　食育の観点を踏まえた学校給食
と望ましい食習慣の形成」などもあり，それらに関して健康に関する指導が行われること
も考えられる。

　小学校学習指導要領においては，学級活動の内容において，「(2)　日常の生活や学習へ
の適応と自己の成長及び健康安全」の中で「ウ　心身ともに健康で安全な生活態度の形成」
という項目が挙げられている。解説においては，心身の発育・発達，心身の健康を高める
生活，健康と環境との関わり，病気の予防，心の健康などが挙げられている。また，これ
に関して「現在及び生涯にわたって心身の健康を自分のものとして保持し，健康で安全な
生活を送ることができるよう，必要な情報を児童が自ら収集し，よりよく判断し行動する
力を育むことが重要」との記述が解説になされている。

　高等学校学習指導要領においては，特別活動のホームルーム活動において，小・中とほ
ぼ同様に「(2)　日常の生活や学習への適応と自己の成長及び健康安全」という内容があ
り，その中に「オ　生命の尊重と心身ともに健康で安全な生活態度や規律ある習慣の確立」
という項目が挙げられている。解説においては，心の健康や体力の向上に関すること，口
腔の衛生，生活習慣病とその予防，食事・運動・休養の効用と余暇の活用，喫煙，飲酒，
薬物乱用などの害に関すること，性情報への対応や性の逸脱行動に関すること，エイズや
性感染症などの予防に関すること，ストレスへの対処と自己管理などが内容の具体例とし
て挙げられている。

　ここまで，学級活動やホームルーム活動を中心に記述してきた。実際，特別活動におけ
る健康に関する指導はそこが中心になると考えられるが，それ以外の場面で健康に関する
指導が行われることもある。例えば，児童会活動や生徒会活動の中の保健委員会活動では

第2節 特別活動における健康に関する指導

委員を通して一種のピアティーチングを行うケースや学校行事の中の健康安全・体育的行事では，「薬物乱用防止指導」などのように，それ自体が健康に関する指導であると見なせる行事があったり，また，旅行・集団宿泊的行事に伴って健康に関する指導が実施されたりする場合も多く見られる。

以上のように特別活動における健康に関する指導に関しては，様々な可能性がある。しかし，教材等に関しては，教科と異なり教科書がないため，資料が不足しがちであることを踏まえ，文部科学省では，健康に関する指導を行う手引などを発行している[1)2)]。

特別活動における健康に関する指導の特性は，特に教科における健康に関する指導との違いと関連させて論じられる場合が多い。これは，いずれも保健教育であるという共通点を持つため，実際に指導をする場合にどこまで教科における健康に関する指導と同じでよいのか，あるいは，どこを変えなくてはならないのかという点について多くの教師が気を配ることを受けていると考えられる。ここでも，その点から整理を試みたい。

過去においては，教科における健康に関する指導が科学的な理解を促すのに対して，特別活動等における健康に関する指導は行動化・習慣化を促すと整理されていた。文部省の教科調査官であった吉田[3)]は，教科における健康に関する指導を「健康に関する基本的な概念の習得をめざして行う」，その他の領域における健康に関する指導を「健康に関する実践的能力の発達をめざして行う」と保健教育機能の役割分担を強調している。また，保健教育研究者である小倉[4)]は，教科における健康の指導の目標は「科学的認識と判断・思考能力の発達で長期的」，それ以外の健康に関する指導の目標は「具体的問題に即した実践的能力の発達で短期的」という整理を行っている。これらの整理は分かりやすく，また，特性の一面を鋭く表している。しかし，一方で，分かりやすいがゆえに「行動を意識したものは教科ではない」「特別活動等における指導では科学的な理解は重要ではない」などの過度の差別化を促してしまった側面がある。

改めて，この2つの明らかな違いを整理してみると，当然のことながら，教科における健康に関する指導は，教科であるがゆえに教育職員免許法の規定や学習指導要領の詳細な記述があるということに行き着く。そこから，担当者が学級担任や教科担任に限定されるということが起こるであろうし，また，目標・内容も学習指導要領によって相当程度規定されるということも起こる。また，教科における健康の指導は普通小学校3年生から高校2年生までであるので，直ちに生活や行動と結び付けず，時間をかけて積み上げていくことも可能となる。

一方，特別活動等における健康に関する指導は，そのような規定がないので，比較的自由に目標や内容を考えることができる。したがって，現実に起こっている問題に対応して企画されることが多くなり，教科における健康に関する指導ほど長期的な見通しを持たず，短期的に実践力を育てようとする場面が増えることは当然である。しかし，学校によっては，特別活動における健康に関する指導についてのしっかりとしたカリキュラムを持って

第3章　学校の教育活動全体を通じて行う健康に関する指導

いるところもあり，そのような場合は，1時間の指導においてあまり実践や行動を意識する必要がないこともあり得るであろう。

　そういった意味で，両者の違いは，それぞれの学習指導要領上の根拠から表れるものであり，過度に差別化することは，実践に結び付かない教科における健康に関する指導や科学的根拠のない特別活動等における健康に関する指導を生み出す原因にもなるので好ましくない。実際，保健体育の解説においては，目標における「明るく豊かな生活を営む態度」に関わり「健康で安全な生活を営むための資質・能力としての実践力」という表現があり，教科は実践と関わらないという考え方は不適切と言ってよい。特別活動等における健康に関する指導の場合，目標や内容，あるいは担当者に関しても制約が少ないので，各学校や学級によって，指導ごとに望ましい内容や担当者，方法を考えることができる。したがって，新しい健康問題でまだ学習指導要領には取り上げられていない内容や，地域あるいはその学校に特有の課題などを取り上げることができる。また，指導の結果に関しても短期的に評価することが可能であり，また，それが必要でもあり，そうした特質を生かした実践が望まれていると言えよう。

■引用・参考文献
1）文部科学省「かけがえのない自分，かけがえのない健康（中学生用）」
　　http://www.mext.go.jp/a_menu/kenko/hoken/08111804.htm（最終アクセス 2018 年 11 月）
2）文部科学省「わたしの健康」
　　http://www.mext.go.jp/a_menu/kenko/hoken/08060506.htm（最終アクセス 2018 年 11 月）
3）吉田瑩一郎「保健学習と保健指導」『健康教室』第 34 巻第 3 号，東山書房，pp.20-30，1983 年
4）小倉学『学校保健』光生館，p.25，1983 年

［高橋　浩之］

第 4 章

学校における性教育

学 習のポイント

1. 学校における性に関する指導を行うに当たり，児童生徒における性行動の実態や性の行動的側面及び心理的側面の変化を理解しつつ，進めていくことが重要である。
2. 性同一性障害や性的指向・性自認に関わる悩みを抱える子供の孤立を防ぎ，安心して学校に通える環境を整えるために，教育現場全体での取組が重要である。
3. 学校における性に関する指導は，集団指導及び個別指導として行われ，それぞれに重要な役割がある。
4. 集団指導として行われる性に関する指導は，教育課程に基づいて進めていく必要がある。

演 習 課 題

A. 性同一性障害の子供が安心して学校に通えるような環境を整えるための取組について話し合ってみよう。
B. 特別活動や特別の教科道徳の学習指導要領の内容を調べて，体育科及び保健体育科での保健の指導における性に関する内容（118頁，表2）と比較してみよう。

第4章　学校における性教育

第1節　児童生徒の性に関する現代的課題

1　児童生徒の性行動の状況

　はじめに，日本性教育協会『青少年の性行動』第8回調査報告[1]を基に，児童生徒の性行動の状況を把握する。ここでは中学生及び高校生の性行動の実態（主要な性経験として，デート経験，キス経験，性交経験）とその変化について述べていく。

図1　デート経験率の推移

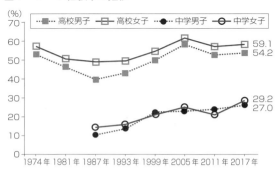

図2　キス経験率の推移

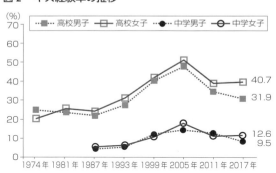

図3　性交経験率の推移

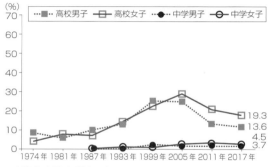

日本性教育協会「『青少年の性行動』第8回調査報告」(2018)より作成。

　デート経験率について（図1），中学生の経験率は1987（昭和62）年調査（中学生の調査開始）以降，上昇傾向が続いており，2017（平成29）年調査では，男女ともに過去最高の水準となった（中学生男子27.0％，中学生女子29.2％）。高校生は，調査開始時（1974（昭和49）年）より性差が見られ，女子のデート経験率が男子よりも高いという特徴がある。また，高校生の男女ともにピークであった2005（平成17）年調査以降，デート経験率は低下傾向にある（2017年調査　高校生男子54.2％，高校生女子59.1％）。キス経験率（図2）は，中学生及び高校生の男女ともに2005（平成17）年調査をピークに低下に転じている（2017年調査　中学生男子9.5％，中学生女子12.6％，高校生男子31.9％，高校生女子40.7％）。性交経験率（図3）について，中学生の経験率は，調査開始以来，5％未満の横ばい状態である。高校生の性交経験率は1981（昭和56）年調査から2005（平成17）年調査にかけて大きく上昇したが，2011（平成23）年及び2017（平成29）年調査では経験率の低下が見られた（2017年調査　高校生男子13.6％，高校生女子19.3％）。

第1節 児童生徒の性に関する現代的課題

この調査報告から近年の青少年の性行動の変化を見ていく。2005（平成17）年調査で主要な性経験率が上昇し，青少年の性行動の変化が大きな注目を集めたが，ここ数年の中学生・高校生のキス経験及び高校生の性交経験率は低下していることが明らかとなった。また同調査報告[1]は，性の心理的側面とする「性的なことへ関心を持った経験がある」割合について，特に中学生女子，高校生女子においてここ20年間の低下が目立ち，性差の拡大と女子に性の心理的側面の消極化が著しく進行していることを明らかにしている。このような結果を受け，青少年の性行動が活発で関心もあるグループと，関心も行動もないグループに分極化する現象が起きていることが指摘されている[2]。児童生徒の性の行動的側面及び心理的側面の変化はどのような社会的背景が関わっているのかについては，今後も多く議論されるところである。学校現場で性教育を行うに当たり，このような青少年の性の実態をとらえつつ，新たな課題を踏まえて進めていく必要がある。

2　学校における性同一性障害等への対応

教育現場では，体の性と心の性が一致しない性同一性障害の子供への対応に課題を抱えている。自分の性に違和感を抱く子供の中には，悩みを一人で抱え込み，周囲に理解されずに，不登校，自殺念慮や自傷行為に至るケースもあることから，対応策を理解しておく必要がある。ここでは性同一性障害の内容が中心となるが，それはその他の性的少数者に対する理解や対応策にもつながるものと考える。

（1）　性同一性障害とは

性同一性障害とは，生物学的な性と性別に関する自己認識（性自認）が一致しないため，社会生活に支障がある状態とされる[3]。我が国では，2003（平成15）年に「性同一性障害者の性別の取扱いの特例に関する法律」[4]が成立し，学校における性同一性障害に係る児童生徒への対応についての必要性が認識されるようになった。2014（平成26）年に文部科学省が行った調査[5]によると，性同一性障害に関する教育相談等の報告は，全国で606件あったと報告されている。その詳細は，相談等を行った戸籍上の性別は男が237件（39.1％），女が366件（60.4％），無回答3件（0.5％）であった。また，学校段階は「高等学校」が一番多く403件（66.5％），「中学校」110件（18.2％），「小学校高学年」40件（6.6％），「小学校中学年」27件（4.5％），「小学校低学年」26件（4.3％）であった。岡山大学病院ジェンダークリニックによる調査[6]では，自分の性に違和感を抱く子供の中には，悩みを一人で抱え込み，周囲に理解されずに，不登校（29.4％），自殺念慮（58.6％）や自傷・自殺未遂（28.4％）に至るケースがあることを報告している。また，自殺念慮の発生時期の第1ピークは「中学校」で37.0％となっている。その理由は，この時期は思春期に当たり，2次性徴による身体の変化による焦燥感，中学での制服の問題，恋愛の問題等が重なる時期であることが挙げられている。

115

第4章　学校における性教育

（2）　性同一性障害に係る児童生徒についての特有の支援

　文部科学省は2016（平成28）年4月に，性同一性障害や性的指向・性自認に係る児童生徒に対するきめ細かな対応等の実施について，教職員の理解を促進することを目的とした教職員向けの資料[3]を作成・公表した。その内容は，①学校における支援体制について，②医療関係者との連携について，③学校生活の各場面での支援について，④卒業証書等について，⑤当事者である児童生徒の保護者との関係について，⑥教育委員会等による支援について等となっており，それぞれの対応方法が示されているので参考にしたい。

　学校保健の大きな役割として，①性同一性障害の子供自身への支援，②在校生全体が多様な性への理解を深めるための教育，③保護者への性同一性障害に関する情報提供の3つが挙げられる[6]。性同一性障害の子供のいじめ被害の実態や，カミングアウトをめぐる困難等について，深刻な状況が報告されている[7]ことから，悩みを抱える子供たちの孤立を防ぎ，安心して学校に通える環境を整えるために，教育現場全体での取組が必要となる。悩みを抱える子供がいれば，教育的視点及び医療的視点で経過を観察し，支援の必要があれば体制を整えることが重要であり，学校医や専門医療施設と協働して対応していくことも求められている。何よりもまず，教職員が正しい知識を持ち，普段から児童生徒が相談しやすい環境を整えていくことが求められている。

■引用・参考文献

1）日本性教育協会「『青少年の性行動』第8回調査報告」2018年
2）林雄亮「青少年の性行動の低年齢化・分極化と性に関する新たな態度」日本性教育協会編『「若者の性」白書—第7回青少年の性行動全国調査報告』小学館，pp.25-41，2013年
3）文部科学省「性同一性障害や性的指向・性自認に係る，児童生徒に対するきめ細かな対応等の実施について（教職員向け）」
　http://www.mext.go.jp/b_menu/houdou/28/04/__icsFiles/afieldfile/2016/04/01/1369211_01.pdf（最終アクセス2018年12月）
4）性同一性障害者の性別の取扱いの特例に関する法律（e-Gov法令検索）
　http://elaws.e-gov.go.jp/search/elawsSearch/elaws_search/lsg0500/detail?lawId=415AC1000000111（最終アクセス2018年12月）
5）文部科学省「学校における性同一性障害に係る対応に関する状況調査について」2014年6月公表
　http://www.mext.go.jp/component/a_menu/education/micro_detail/__icsFiles/afieldfile/2016/06/02/1322368_01.pdf（最終アクセス2018年12月）
6）GID（性同一性障害）学会「自殺総合対策大綱改正に向けての要望書」
　https://jssc.ncnp.go.jp/archive/old_csp/110913_1/22.pdf（最終アクセス2018年12月）
7）いのちリスペクト。ホワイトリボン・キャンペーン「LGBTの学校生活に関する実態調査（2013）結果報告書」
　http://endomameta.com/schoolreport.pdf（最終アクセス2018年12月）

［高橋　珠実］

第2節　教育課程に基づく性に関する指導

| 第2節 | 教育課程に基づく性に関する指導 |

学校における性に関する指導は，集団指導及び個別指導として行われ，それぞれに重要な役割がある。ここでは，集団指導として行う性に関する指導に焦点を当てて，その特徴等について述べる。

1　性に関する指導のねらい

今日の学校教育では，子供たちの「生きる力」を育むことがめざされており，学校教育の一環として行われる性に関する指導においても，その目的は同じと言える。すなわち，子供たちの心身の調和的発達を重視し[1]，人格の完成や豊かな人間形成をめざして行われるものである[2]。具体的には，性に関して，様々な問題や多様な価値観が見られる中で，子供が自分自身を大切にする価値観と正しい知識に基づいて，主体的に思考・判断し，適切に行動できる能力を育てること[3]を目標として行うことが重要である。

表1　学校における性に関する指導に関連する内容（中央教育審議会答申[1]）

（心身の成長発達についての正しい理解）
○　学校教育においては，何よりも子どもたちの心身の調和的発達を重視する必要があり，そのためには，子どもたちが心身の成長発達について正しく理解することが不可欠である。しかし，近年，性情報の氾濫など，子どもたちを取り巻く社会環境が大きく変化してきている。このため，特に，子どもたちが性に関して適切に理解し，行動することができるようにすることが課題となっている。また，若年層のエイズ及び性感染症や人工妊娠中絶も問題となっている。
○　このため，学校全体で共通理解を図りつつ，体育科，保健体育科などの関連する教科，特別活動等において，発達の段階を踏まえ，心身の発育・発達と健康，性感染症等の予防などに関する知識を確実に身に付けること，生命の尊重や自己及び他者の個性を尊重するとともに，相手を思いやり，望ましい人間関係を構築することなどを重視し，相互に関連付けて指導することが重要である。
　　また，家庭・地域との連携を推進し保護者や地域の理解を得ること，集団指導と個別指導の連携を密にして効果的に行うことが重要である。

2　様々な機会で行われる性に関する指導

性に関する指導は，学校の教育活動全体を通じて行われるものであり，教育課程に基づいて着実に進めていく必要がある。その際には，体育科及び保健体育科をはじめとした各教科，特別活動，総合的な学習の時間，総合的な探究の時間，特別の教科道徳等において，それぞれの指導の特質に応じて適切に行われることが求められる。また，それらの指導の関連を図り，学校全体で共通理解をした上で進めていくことが重要となる。

(1)　体育科及び保健体育科での保健の指導における性に関する指導

全ての児童生徒が確実に身に付けるべき心身の発育発達や性感染症等の科学的知識については，体育科及び保健体育科での保健の指導（小学校体育科保健領域，中学校保健体育科

• **117** •

第4章　学校における性教育

表2　体育科及び保健体育科での保健の指導における性に関する主な内容等（学習指導要領[7)-9)]より抜粋）

	小学校（第3・4学年）	中学校	高等学校
教科	体育科（保健領域）	保健体育科（保健分野）	保健体育（科目保健）
内容	(2)　体の発育・発達について，課題を見付け，その解決を目指した活動を通して，次の事項を身に付けることができるよう指導する。 ア　体の発育・発達について理解すること。 (イ)　体は，思春期になると次第に大人の体に近づき，体つきが変わったり，初経，精通などが起こったりすること。また，異性への関心が芽生えること。 イ　体がよりよく発育・発達するために，課題を見付け，その解決に向けて考え，それを表現すること。	(2)　心身の機能の発達と心の健康について，課題を発見し，その解決を目指した活動を通して，次の事項を身に付けることができるよう指導する。 ア　心身の機能の発達と心の健康について理解を深めるとともに，ストレスへの対処をすること。 (イ)　思春期には，内分泌の働きによって生殖に関わる機能が成熟すること。また，成熟に伴う変化に対応した適切な行動が必要となること。 イ　心身の機能の発達と心の健康について，課題を発見し，その解決に向けて思考し判断するとともに，それらを表現すること。 (1)　健康な生活と疾病の予防について，課題を発見し，その解決を目指した活動を通して，次の事項を身に付けることができるよう指導する。 ア　健康な生活と疾病の予防について理解を深めること。 (オ)　感染症は，病原体が主な要因となって発生すること。また，感染症の多くは，発生源をなくすこと，感染経路を遮断すること，主体の抵抗力を高めることによって予防できること。 イ　健康な生活と疾病の予防について，課題を発見し，その解決に向けて思考し判断するとともに，それらを表現すること。	(3)　生涯を通じる健康について，自他や社会の課題を発見し，その解決を目指した活動を通して，次の事項を身に付けることができるよう指導する。 ア　生涯を通じる健康について理解を深めること。 (ア)　生涯の各段階における健康 生涯を通じる健康の保持増進や回復には，生涯の各段階の健康課題に応じた自己の健康管理及び環境づくりが関わっていること。 イ　生涯を通じる健康に関する情報から課題を発見し，健康に関する原則や概念に着目して解決の方法を思考し判断するとともに，それらを表現すること。 (1)　現代社会と健康について，自他や社会の課題を発見し，その解決を目指した活動を通して，次の事項を身に付けることができるよう指導する。 ア　現代社会と健康について理解を深めること。 (イ)　現代の感染症とその予防 感染症の発生や流行には，時代や地域によって違いがみられること。その予防には，個人の取組及び社会的な対策を行う必要があること。 イ　現代社会と健康について，課題を発見し，健康や安全に関する原則や概念に着目して解決の方法を思考し判断するとともに，それらを表現すること。
内容の取扱い	・第4学年で指導するものとする。 ・自分と他の人では発育・発達などに違いがあることに気付き，それらを肯定的に受け止めることが大切であることについて触れるものとする。	・内容の(2)は第1学年で取り扱うものとする。 ・内容の(1)のアの(エ)は第2学年で取り扱うものとし，(1)のイは全ての学年で取り扱うものとする。 ・内容の(2)のアの(イ)については，妊娠や出産が可能となるような成熟が始まるという観点から，受精・妊娠を取り扱うものとし，妊娠の経過は取り扱わないものとする。また，身体の機能の成熟とともに，性衝動が生じたり，異性への関心が高まったりすることなどから，異性の尊重，情報への適切な対処や行動の選択が必要となることについて取り扱うものとする。 ・内容の(1)のアの(オ)については，後天性免疫不全症候群（エイズ）及び性感染症についても取り扱うものとする。	・内容の(3)のアの(ア)については，思春期と健康，結婚生活と健康及び加齢と健康を取り扱うものとする。また，生殖に関する機能については，必要に応じ関連付けて扱う程度とする。責任感を涵養することや異性を尊重する態度が必要であること，及び性に関する情報等への適切な対処についても扱うよう配慮するものとする。

• **118** •

保健分野，高等学校保健体育科科目保健）[4)5)6)]を中心として学習する。指導に当たっては，学習内容（**表2**）が発達の段階に応じて系統的に位置付けられていることを踏まえて，指導方法や教材等を工夫することが求められる。

　体育科及び保健体育科での保健の指導における性に関する内容を見ると，小学校3・4年の「体の発育・発達」では，思春期の体の変化について男女でそれぞれ特徴が現れることや，初経，精通が起こることなどが位置付けられており，ここでは現象面の変化を中心として理解できるようにすることになっている。

　中学校の「心身の機能の発達と心の健康」では，思春期には内分泌の働きによって生殖に関わる機能が成熟することや，そうした成熟に伴う変化に対応した適切な行動をとることが必要であることなどを学習する。ここでは，体の機能面の発達について焦点を当てて指導することが重要である。また，「健康な生活と疾病の予防」では，エイズ及び性感染症の予防について，その疾病概念や感染経路，予防方法を身に付ける必要があることなどを学習する。

　高等学校の「生涯を通じる健康」では，思春期では性的成熟等に伴い，身体面，心理面，行動面が変化すること，そうした変化に対応して自分の行動への責任感や異性を尊重する態度が必要であることなどを学習する。また，健康な結婚生活について理解するために，受精，妊娠，出産とそれに伴う健康課題等について学習する。さらに，「現代社会と健康」では，エイズ及び性感染症の原因やそれらの予防のための個人の行動選択や社会の対策について理解できるようにすることになっている。

（2）　特別活動における性に関する指導

　特別活動では，小・中学校の学級活動及び高等学校のホームルーム活動において，性に関する内容が少なからず位置付けられている。例えば，小学校では「（2）　日常の生活や学習への適応と自己の成長及び健康安全」の「ウ　心身ともに健康で安全な生活態度の形成」[7)]，中学校では「（2）　日常の生活や学習への適応と自己の成長及び健康安全」の「イ　男女相互の理解と協力」及び「ウ　思春期の不安や悩みの解決，性的な発達への適応」[8)]，高等学校では「（2）　日常の生活や学習への適応と自己の成長及び健康安全」の「イ　男女相互の理解と協力」及び「オ　生命の尊重と心身ともに健康で安全な生活態度や規律ある習慣の確立」[9)]等がある。特別活動ではとりわけ，児童生徒が集団活動を通して，当面する課題を自ら解決していけるように指導を工夫することが求められる。

（3）　総合的な学習の時間及び総合的な探究の時間における性に関する指導

　小・中学校の総合的な学習の時間及び高等学校の総合的な探究の時間では，横断的・総合的な学習や探究的な学習を通して，「自己の生き方」[7)8)]や「自己の在り方生き方」[9)]を考えていくための資質・能力の育成がめざされており，まさに性に関する指導が果たす役割は大きいと言える。総合的な学習の時間及び総合的な探究の時間の内容は各学校で定めるものであるが，探究課題の例示の1つとして「福祉・健康」[7)8)9)]が挙げられており，性に

第4章　学校における性教育

関する内容を取り上げて実践していくことが大いに望まれよう。

(4)　特別の教科道徳における性に関する指導

　特別の教科道徳における学習指導要領に示された内容項目は，性に関するものとして，小学校5・6年「B　主として人との関わりに関すること」の「友情，信頼」[7]，中学校「B　主として人との関わりに関すること」の「友情，信頼」[8]等が挙げられる。道徳の時間においては，異性の特性や違いを理解して尊重し，望ましい人間関係を構築することなどを特に重視して行うことが重要である。

3　指導に当たっての配慮事項

　性に関する指導に当たっては，年間指導計画等を通じて学校全体で共通理解を図ること，子供の実態を把握するとともに学習指導要領に示された内容に即して発問や教材を工夫し，発達の段階を踏まえることが必要である。また，保護者参観等で授業を公開したり学年便り等で情報を提供したりするなどして，家庭・地域との連携を推進し保護者や地域の理解を得ることが重要である。さらに，子供たちの心身の成長発達には個人差があることから，全てを集団指導で教えるのではなく，集団指導で教えるべき内容と個別指導で教えるべき内容を明確にし，それらの連携を密にして効果的に指導することが大切である[1)10)]。

■引用・参考文献

1）中央教育審議会「幼稚園，小学校，中学校，高等学校及び特別支援学校の学習指導要領等の改善について（答申）」2008年1月17日

2）戸田芳雄「性教育・エイズ教育」財団法人日本学校保健会『平成23年度版学校保健の動向』丸善出版，pp.165-172，2011年

3）野津有司「21世紀に向けた学校における性・エイズ教育の在り方」『スポーツと健康』30（12），第一法規，pp.31-34，1998年

4）文部科学省「小学校学習指導要領解説　体育編」東洋館出版社，2018年

5）文部科学省「中学校学習指導要領解説　保健体育編」東山書房，2018年

6）文部科学省「高等学校学習指導要領解説　保健体育編・体育編」
http://www.mext.go.jp/component/a_menu/education/micro_detail/__icsFiles/afieldfile/2018/07/13/1407073_07.pdf
（最終アクセス2018年11月）

7）文部科学省「小学校学習指導要領」東洋館出版社，2018年

8）文部科学省「中学校学習指導要領」東山書房，2018年

9）文部科学省「高等学校学習指導要領」
http://www.mext.go.jp/component/a_menu/education/micro_detail/__icsFiles/afieldfile/2018/07/13/1407073_07.pdf
（最終アクセス2018年11月）

10）文部科学省「『生きる力』を育む小学校保健教育の手引き」2013年

［片岡　千恵］

Master Course 性教育をどうとらえるか

Master Course	性教育をどうとらえるか

1 「性」は学びの対象たり得るか──「性の学力形成」という発想──

　人間の性という課題に対して，国や地方の教育行政は長く学びの対象に十分位置付けて
こなかった。その背景に，性の風習は大人になる過程で誰もが自然に身に付けてきたこと
で，改めて勉強するようなことではない，という社会通念や大人の意識が作用していたと
言える。近年になって，若者の性に関するトラブルが問題になったり，性や性教育に関す
る研究や出版物が増えたり，学校で自主編成して教える教師たちも増える中で，少しずつ
こうした意識状況は変わってきたように思われるが，まだ十分とは言い難い。

　ところで，では義務教育段階までに学ぶべき「性の基礎学力」，思春期・青年期（高校・
大学）に学ぶべき「性の学力」とは一体どんな中身なのかと問うたとき，その回答をどの
ように出せるだろうか。そういう発想や追究自体が，これまでほとんどされてこなかった
ように思われる。それはなぜなのか。性には学ぶに値する科学や文化はないのか。

　近年，学校では「学力問題」が大きくクローズアップされ，教育界に強いプレッシャー
がかかっている。もちろん学力形成は大事な課題であるが，その学力観は往々にして受験
学力に偏向し，その目的性の歪みゆえに，なかなか「生きる力」に結ぶ真の学力に結実し
ないできた。人間として生きる上で必然的に関わる性の課題も，受験学力重視の背景の中
では，時として「余分で厄介な教育課題」とされがちなのである。

　私は約20年間近く教員養成大学で「人間と性」の授業科目を開設し担当したが，毎年
200人を超える学生が受講する人気科目であった。私がこうした科目を開設するに至っ
たのは，将来教師になり，男女の子供と向き合う学生に不可欠な教養だと考えたからであ
る。こうした分野における授業の創出と実践を追究してきて，性の学びには奥深い内容が
あること，自分自身の生き方や意識が問われること，を実感させられた。つまり，この領
域には，性生理や性の発生学，性成熟，妊娠や出産，避妊や中絶，性感染症，エイズ等の
医学的分野だけでなく，男女の歴史や文化，社会との関係，マイノリティーの性，ジェン
ダーや男女共同参画問題，等々，極めて広くて深い学びの世界があることを実感したので
ある。

　しかし，まともな性の学びの世界に十分触れられずに義務教育や高校段階を経てきた学
生の多くは，「性の学力」に極めて乏しい存在に育っている。歪んだ性のメディア情報や
近くにいる仲間の影響だけを受けて，性を生きてきたという感じである。排卵と月経の違
いの分からない男子学生，基礎体温とは何かということも知らず，射精をしないと精子が
尿中に出てくると思っている女子学生，排卵日を避ければ妊娠しないと思っている学生た
ち，等々，今日の性行動の活発化とは裏腹に，とても心配な実態がある。若い女性向け週

第4章　学校における性教育

刊誌で「男はこんなにガマン」「援助交際なぜ悪い」と大々的に表紙で煽っている文化状況に対峙するための「性の学力」形成は，緊要の課題だと思われる。

2　性教育の必要性——その共通理解を図るために——

　先のような状況がありながら，性教育の必要性についてコンセンサスを得るにはなかなか困難な現実がある。今日の歪んだ性の文化状況に対する意識や性の価値観等が反映し，性教育とまともに向き合えず，積極的になれない意識状況が大人にくすぶっているからである。だが，このままでよいとは思えない。困難な事情があっても，そのコンセンサスをつくっていく努力が必要であり，共通理解を図る問題状況や課題を明確にすべきである。

(1)　思春期・青年期を生きる若者の今日的時代背景を共通理解すること

　「寝た子を起こすな」「性なんて自然に覚えたもんだ」という考えはかなり以前からあった。しかしこの数十年間の社会的激変を考えると，こうした一時代前の考えは通用しないのが分かる。『赤とんぼ』に「15 で姉やは嫁に行き」という歌詞があるが，尋常小学校を出て 15 歳で嫁に行き 20 歳前に子供を生んだ時代からまだ 1 世紀にも満たない間に一気に高齢社会が実現した。初経や精通という大人の体の開始年齢は 2 歳余り早くなり，逆に結婚年齢は約 10 歳ほども遅くなった。つまり，体が成熟してから社会的に自立するまでの思春期・青年期が 3 〜 4 年から 14 〜 15 年にと 4 〜 5 倍にも長くなったのである。平均寿命がこの間 20 年余り延び，少子化で生活が豊かな時代になったため，あわてて大人になる必要はないのだが，体が成熟して悶々と生きる思春期・青年期にトラブルを起こさず素敵な人生設計を描き，自己コントロールして生きる知恵や理性，判断力を育む「生きる力」の教育が不可欠な時代を迎えているのだと自覚すべきである。

　また，少子高齢社会の急激な進行の中，若年労働力人口の減少と女性の社会進出，男女共同参画の社会が求められ，ワークライフバランスやジェンダー観が問われるようになった。性の社会的側面も青年期の大きな性教育課題なのである。こうした社会変化は，非婚化・晩婚化をもたらし，妊孕性の問題や出生前診断問題など，思春期・青年期の性教育課題は大きく広がっているのである。

(2)　今日的な文化状況の下での若者の性行動の問題と派生する課題

　日本の若者の性行動は 1970 年頃から 2000 年頃まで急速に活発化・低年齢化した。この頃の調査では，どの調査でも高校 3 年段階で性交経験率は 30％代で，しかも女子が男子を上回るものであった[1]。私が教員養成大学の 1・2 年生を対象に行った調査でも，2000 年頃には男子 6 割，女子 5 割程度の経験率であり，他の調査でもほぼ同様であった[2]。その後は，思春期・青年期の性行動はやや不活発化，ないしは二極化しつつあるとの報告[3]もあるが，この間，10 代の妊娠（人工妊娠中絶）や性感染症，また近年指摘されている子宮頸がんの早期化問題等，性と健康の問題を考えると，慎重な性の行動選択（避妊等）のできる意識を養うことは極めて重要になっている。

• 122 •

右上: **Master Course** 性教育をどうとらえるか

また，そうした性行動の活発化による望まない妊娠の多発は，人工妊娠中絶問題だけでなく，生まれた子の不幸に関わる様々な事態を発生させている。乳幼児期の虐待，赤ちゃんポスト，ひとり親家庭の問題，愛着障害児の問題，等々である。

(3) 今日の思春期・青年期の生き方と性をめぐる特徴と問題状況

性行動の活発化は全ての若者に現れているのではなく，逆に性に目隠しをして（されて）生きている若者も少なからずいるように感じられる。当面する受験というレール上を走らされている若者にも危うさを感じるのである。今日のメディアの文化状況の中，親や大人，場合によっては教員の中にもそうした目隠し作用に影響を及ぼしている現実がある。それまで受験に拘束されていた意識から開放され，大学に入ると背伸びする大人感覚が目覚め，大人意識への憧れ，それを煽る文化情報に影響され，リスクの伴う行動に向かわせられるのである。それがまさに「性のカジュアル化」の感覚である。

また，中・高校生のリスク行動の背景には，家庭や学校における人間関係の稀薄化，孤立化があり，寂しさに耐えかねる心理状況からの一時的な「ぬくもり」や「愛と癒し」を求める状況が性行動に結び付いている。自尊感情や人間関係を築く力が性行動と関わっているのである。社会と向き合って生きる力が弱くなり，社会的展望を抱きつつ将来設計していく力が育たずにコンサマトリーな生き方（今が楽しければいいという風潮）に陥っている傾向がある。そうした感覚を巧みに醸成しているのが週刊誌，ビデオ，DVD，SNS，インターネット等における不純なメディア情報なのではないか。こうした状況と関わって，デートDVや性の暴力も発生している。悪しき情報に翻弄されず，批判的な思考力を持ち，流されないで生きていく意味でも，性教育は基本的に重要になっている。

3　性教育のスタンスをどう設定するか――誰もが納得できる視角――

では，性教育を行う場合に，どういうスタンスでカリキュラムを立て，実践していけばよいのだろうか。私は，若者が自分の人生（生き方）の中で性とまともに向き合い，慎重で安心して見ていられる行動選択のとれる意識を育む性教育がどうしても必要だと考えている。だが，現実は性行動の低年齢化や活発化の問題状況があったため，抑制的な性教育を推進すべきという声も強いが，性行動そのものを上から否定・抑圧するようなスタンスでは，生徒たちは聞く耳を持たないであろう。そう考えると，スタンスの問題と同時に，何をいかに学ばせるのか，という内容づくりの共通理解も必要になってくる。

(1) 思春期・青年期の性行動は基本的に自己判断・自己決定の域となる

人間関係力が育っていれば，いろいろアドバイスをしたり相談を求めたりすることは可能であるし，親としても見守ることは可能だが，この期の子供たちは最終的に判断したり行動選択したりするのは自分である，という大人の域に近い存在になっている。親といえども日常的に監視するということはかえって反感を抱かせてしまうことになる。ただし，自己判断・自己決定するということは，同時に責任の伴うことなのだということを十分理

第4章　学校における性教育

解させる必要がある。そしてそのことは，自己決定の年代であるということを踏まえた指導，つまりそうした判断能力や先の見通し（予知力）とその意思形成のための実質の伴った学びをさせなければならないことを意味している。

（2）　性を肯定的・プラス志向で押さえる

　人間の性をマイナス志向で押さえ，いやらしいもの，隠すもの，近づかないものにしないで，基本的・本来的に大切なもの，人間を豊かにしてくれるものとしての教育として考えるべきである。人間の性を優れた文学や芸術等の中で描かれてきた側面よりは，今日の文化状況は興味本位の商業主義に飲み込まれ，多くの若者が触れる世界は陰のもの，茶化しやふざけ半分のもの，時として人権侵害のものとして描かれているため，「Hなこと」「恥ずかしいこと」「わいせつなこと」という感覚に早くから染められてしまっている。これを人間の生にとって大事なこととして向き合わせることはなかなか難しいことだが，この意識の転換の可能な実質なしにはまっとうな性教育にはならないであろう。

（3）　性の問題を善・悪でなく，幸・不幸の問題として考えさせる

　若者の性行動が早期化・活発化している現象を善悪の問題として生徒に問題提起するのは適当でないだろう。「悪」と決めつけた中身でなくても，教員にその姿勢があると，生徒の側の多くは拒否反応を起こすだろう。そうした価値判断を前提にした指導でなく，実際に性行動が生じている事実を踏まえ，現実的な事例を教材にするなどして考えさせ，議論させ，将来の幸・不幸の問題として受け止めさせることが必要なのではないか。

（4）　性の行為は基本的に大人（成熟した人間）の行為としてメッセージする

　幸・不幸の問題であるということは，その行為は基本的に「人間として成熟し信頼し合った人間同士が互いの豊かな生き方を求めて結び合う行為」としてメッセージすることである。幸せに結ぶということは，相互の納得と相手への責任をも含めて自覚できる精神的な成熟があって許容できるものだということを，意識化させる必要があろう。

（5）　性の行為は基本的に「関係性の営み」であり，相手への思いやりを前提とする

　性の行為は自己本位の性的欲求や欲望を満たすために一方的に行う行為（それはマスターベーションで対処すればいい）でもなければ，一時的な「好き感情」「愛・恋心」で行う行為でもないことをメッセージする必要がある。相互の納得と相手への責任（身体・心・人生に関わる行為）を前提とした全面的信頼と精神的結合の関係性に基づく行為なのだという「重さ」を意識させる指導が大事であると考える。

■引用・参考文献
1 ）『児童・生徒の性―東京都幼・小・中・高・養護学校の性意識・性行動に関する調査報告書』〈2002・2005年調査〉学校図書／日本性教育協会編『「若者の性」白書―第6回青少年の性行動全国調査報告』小学館，2007年
2 ）数見隆生編著『10代の性をめぐる現状と性の学力形成』かもがわ出版，2010年
3 ）日本性教育協会『青少年の性行動～わが国の中学生・高校生・大学生に関する第7回調査報告』2012年

[数見　隆生]

第5章

喫煙，飲酒，薬物乱用防止教育

学 習のポイント

1. 喫煙，飲酒，薬物乱用防止教育は，喫煙，飲酒，薬物乱用による健康への悪影響の理解，規範意識の向上，開始要因への対処能力の育成等を通して，開始させないことを目標とする。
2. 教科「体育科」及び「保健体育科」における保健の指導では，喫煙，飲酒，薬物乱用防止に関する内容は小学校，中学校，高等学校を通して，発達の段階を踏まえて系統的に位置付けられている。
3. 効果的な指導方法の例として，ブレインストーミング，事例を用いた学習，誘いへの対処法の学習，広告分析等がある。
4. 薬物乱用防止教室とは，学校における薬物乱用防止教育の一環として，全国の全ての中学校及び高等学校において少なくとも年1回，警察職員，麻薬取締官・麻薬取締員OB，学校医，学校薬剤師等の専門家の協力を得て実施するものである。小学校でも開催に努めることが求められている。
5. 薬物乱用防止教室の実施に当たっては，全教職員及び学外講師による趣旨や意義の共通理解，指導内容の吟味，学外講師の専門性が十分に生かされるような指導の工夫等について留意する必要がある。

演 習課題

A. 児童生徒が喫煙，飲酒，薬物乱用をしてはいけない理由をできるだけ多く挙げて，分類・整理しなさい。
B. あなたが小学校，中学校，高等学校のいずれかで開催する薬物乱用防止教室の運営責任者になったと仮定して，その開催の意義・必要性をアピールする文書を作成してみよう。

第5章 喫煙，飲酒，薬物乱用防止教育

| 第1節 | 喫煙，飲酒，薬物乱用防止教育の進め方 |

1 喫煙，飲酒，薬物乱用防止教育の目標と内容

　喫煙，飲酒，薬物乱用は，心身や社会に深刻な悪影響をもたらし，かつ，依存性があるため中止することが難しい。また，喫煙，飲酒は20歳未満において，薬物乱用は全年齢層で禁止されており，社会的に厳しく規制されている。したがって，防止教育の目標は，喫煙，飲酒，薬物乱用を開始させないことにあり，そのため，子供たちは，喫煙，飲酒，薬物乱用の心身や社会への悪影響やその重大性，防止のための社会的対策やその必要性について理解し，規範意識を高め，開始要因への対処の能力を身に付ける必要がある。

　喫煙，飲酒，薬物乱用には，共通点として，心身に急性的あるいは慢性的な影響をもたらすこと，依存性を持つこと，開始に心理社会的な要因が影響することなどがあり，相互に強く関連する行動である。例えば，喫煙や問題のある飲酒を行っている中学生は，薬物乱用の経験率が高い[1]。そのため，喫煙，飲酒，薬物乱用防止教育は，相互に関連させて行うことが多い。実際，小学校の体育科及び中学校，高等学校の保健体育科における保健の指導では，健康影響等については喫煙，飲酒，薬物乱用を並列させて，また，開始要因や背景要因については，喫煙，飲酒，薬物乱用をまとめて扱うなどしている。

　もっとも，各行動の実態や行動特性，社会的対策などには違いもあるため，それらを踏まえる必要もある。例えば，中高生の喫煙率や飲酒率は最近20年程度で著しく減少してきたが[2]，薬物乱用の低下はそれほどでもなく，最近は若者の大麻乱用の増加や危険ドラッグが問題視されている。

　喫煙，飲酒，薬物乱用防止教育の内容は，喫煙等の心身や社会への悪影響，開始要因や背景要因，要因への個人的対処法及び社会的対策等，様々考えられる。それらの内容のうち効果的な内容としては，米国の喫煙防止教育の評価研究によれば[3]，急性影響を中心とした健康影響，誘いやマスメディアの影響などの心理社会的要因への対処能力，ライフスキルなどが挙げられ，方法としては，ブースタープログラム（補充のプログラム）の実施，家庭や地域などを巻き込むことなどが必要とされる。なお，ライフスキルとは，「日常生活で生じる様々な問題や要求に対して，建設的かつ効果的に対処するために必要な能力」（WHO精神保健部局）とされ[4]，具体的には，セルフエスティームの形成，意思決定，目標設定，コミュニケーション等のスキル（能力）を指す。

　教育をプリシード・プロシードモデルに基づき整理する（図1）。防止教育の内容や働きかけには，「動機づけ」「動機を行動に結び付ける」「行動の継続」がある。そのうち，「動機づけ」については，有害性，開始要因，社会的対策などの幅広い知識の習得，自他の心身の健康を重視する態度や価値観，規範意識の育成などがある。「動機を行動に結び付ける」

・ **126** ・

ことについては，いわば「分かっているならば，できるようにする」ことであり，課題対処能力の育成をめざす。具体的には，誘いやマスメディアの影響への対処能力，ライフスキルの育成などである。「行動の継続」は，喫煙等を行わない状態を継続させるものである。例えば，学校からの保護者等に対する啓発，子供の周囲の大人の非喫煙，防止教育への授業参観，授業参加（例えば，ロールプレイングの誘い役）などがある。

図1　喫煙・飲酒・薬物乱用防止に関わる要因

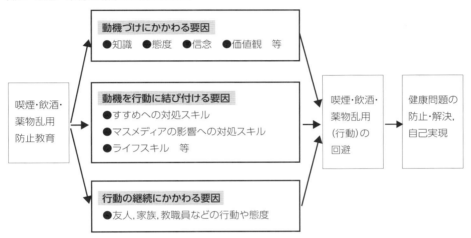

（※財団法人日本学校保健会，2010年[5]を一部改変）

2　教科「体育科」及び「保健体育科」における喫煙，飲酒，薬物乱用防止教育

小，中，高の学習指導要領における喫煙，飲酒，薬物乱用防止教育の指導内容を示した（表1）。以下では，学習指導要領解説の要点も加えて説明する。

表1　体育科，保健体育科における喫煙，飲酒，薬物乱用防止教育の内容：学習指導要領より

1．小学校保健領域 (3) 病気の予防について，課題を見付け，その解決を目指した活動を通して，次の事項を身に付けることができるよう指導する。 　ア　病気の予防について理解すること。 　　(エ) 喫煙，飲酒，薬物乱用などの行為は，健康を損なう原因となること。 2．中学校保健分野 (1) 健康な生活と疾病の予防について，課題を発見し，その解決を目指した活動を通して，次の事項を身に付けることができるよう指導する。 　ア　健康な生活と疾病の予防について理解を深めること。 　　(エ) 喫煙，飲酒，薬物乱用などの行為は，心身に様々な影響を与え，健康を損なう原因となること。また，これらの行為には，個人の心理状態や人間関係，社会環境が影響することから，それぞれの要因に適切に対処する必要があること。

第5章　喫煙，飲酒，薬物乱用防止教育

3．高等学校科目保健

(1)　現代社会と健康について，自他や社会の課題を発見し，その解決を目指した活動を通して，次の事項を身に付けることができるよう指導する。

　ア　現代社会と健康について理解を深めること。

　　(エ)　喫煙，飲酒，薬物乱用と健康

　　　　喫煙と飲酒は，生活習慣病などの要因になること。また，薬物乱用は，心身の健康や社会に深刻な影響を与えることから行ってはならないこと。それらの対策には，個人や社会環境への対策が必要であること。

　学習指導要領における内容としては，小，中，高いずれも喫煙，飲酒，薬物乱用の心身や社会への悪影響，喫煙等の開始要因などを含んでいる。校種別では，小学校では喫煙，飲酒については急性影響を中心に受動喫煙を含めて，薬物乱用については死亡などの悪影響，中断の難しさを，開始要因としては好奇心，誘いがあることなどを取り上げている。中学校では，健康影響の原因である有害物質，急性及び慢性の健康影響，人格や適応能力（薬物乱用の場合），社会等への悪影響について，開始要因としては心理状態や入手しやすい環境などがある。高校においては，喫煙，飲酒と薬物乱用に分けて扱っていること，ヘルスプロモーションの考え方を踏まえ，教育，情報提供などの個人への対策，及び法的規制などの社会環境への対策の必要が取り上げられている。

　ところで，薬物乱用防止教育は，喫煙，飲酒防止とともに実施されることが多いが，喫煙，飲酒と差別化する必要もある。なぜなら，薬物乱用は心身や社会に一層深刻な悪影響をもたらし，未成年，成人にかかわらず違法な行為であり，喫煙等とは異なる問題性があるためである。指導では，薬物乱用の重大な悪影響，格別に厳しい法的な規制等を取り上げる必要がある（表2）。なお，表2は指導上の要点を挙げたものであり，薬物乱用防止教室に限らず，同防止教育全般において必要な内容である。

　表2の不適切な情報における「いいわけ」の口実を与える情報とは，「薬物乱用を行うこと」を許容したり黙認したりする情報やメッセージである。「入手方法や使用方法」は，薬物乱用のきっかけになることが懸念されるためである。また，「治療」等の情報は三次予防に関する内容であり，一次予防の趣旨に沿わないこと，乱用しても容易に回復する誤解を与え得ることから取り上げない。

表2　薬物乱用防止教室の講師担当上の留意点

Ⅰ　薬物乱用防止教育に必要な内容
・薬物乱用は限られた人や特別な場合の問題ではなく，誰の身近にも起こりうる問題であることが明快に述べられていること。
・「乱用される薬物は，使用することはもちろん，所持することも禁止されている」という曖昧さのないメッセージが必ず含まれること。
・指導者が伝えたい内容で一方的に構成するのではなく，対象となる児童生徒の興味・関心や理解力など，発育・発達段階を十分考慮した内容や指導方法であること。

第1節　喫煙，飲酒，薬物乱用防止教育の進め方

- ・害や怖さのみを強調するのではなく，「薬物等の誘惑に負けない気持をもつことが充実した人生につながる」という積極的なメッセージが含まれること。
- ・児童生徒がおかれている地域や家庭環境を非難したり，酒やたばこを販売する職業を悪と決めつけるようなことはしないなど，児童生徒や家族を傷つける可能性のある内容は避けること。

Ⅱ　薬物乱用防止教育における不適切な情報
- ・薬物乱用に関する行動について「いいわけ」の口実を教えるような情報。
- ・乱用される薬物の入手方法や使用方法を教えるような情報。
- ・薬物乱用者や薬物依存の患者の治療，更生，社会復帰のための情報。
- ・「ソフトドラッグ」，あるいは「薬物乱用とは何回も繰り返し薬物を使用することである」などの誤解を与える可能性のある情報。
- ・「薬物を使用するか否かは本人（子ども）自身が決めることである」などという表現が使われている情報。

（※財団法人日本学校保健会，2008 年 [6)] を一部改変）

3　喫煙，飲酒，薬物乱用の助長要因に対処するための指導方法の工夫

　喫煙，飲酒，薬物乱用の開始等の要因には，断りにくい人間関係，宣伝・広告，入手し易さなどがある。それらに対処する指導では，広告に関する業界の自主規制，入手を困難化する取締りなどの社会的対策を取り上げる。具体的には，事例を用いた開始要因や対処法に関する学習（文字，動画），ブレインストーミング，対処のシミュレーションを行うロールプレイング，広告に対して批判的にとらえる広告分析などが挙げられる。なお，これらの指導では，有害性などの習得した知識を活用し思考力・判断力・表現力を高めたり，活用を経て，有害性や開始要因の理解を深めたりすることも可能である。

(1)　ブレインストーミング

　ブレインストーミングは，特定のテーマに関する様々なアイデアや意見，知識などを明らかにするためのグループワークである。一般的に，意見等を求められたとしても発表しづらいので，「出された意見等に批判やコメントをしない（批判厳禁）」「柔軟で自由な意見等を歓迎する（自由奔放）」「たくさんの意見等を出す（質より量）」「他の人が出した意見等に便乗できる（便乗）」などのルールを決めて，記入用の短冊なども使って意見を表す。防止教育では，開始要因や背景，社会的対策など多様なテーマが考えられる。記入結果を小グループに整理するなどすると，学習効果が高まる。

(2)　事例を用いた学習

　学習課題について日常的に起こりやすい状況や典型的な状況などの具体例を取り上げ，問題の内容や原因，状況に関わる心理状態，予想される結果，対処法などを考えるものである。防止教育では，開始のきっかけ，誘われる状況などとして利用できる。また，事例は，文章だけでなく，写真，イラスト，動画など多様な形式で示すことができる。なお，事例は全てが教材に相応しいわけではなく，それには学習させたい内容や要素が含まれているか吟味する。

• **129** •

第5章　喫煙，飲酒，薬物乱用防止教育

(3)　誘いへの対処

友達などから飲酒等に誘われるような場面を取り上げ，適切な対処法を考えるものである。その学習内容は様々考えられる（**表3**）。できれば，ロールプレイングにより対処法を実演し評価を行い，対処能力の向上や対処方法に対する理解を深める。

表3　誘われた場合の対処法の学習内容

- ・人の行動は，他人からの圧力により変わり得ること
- ・コミュニケーションには，圧力をかけ自分の意思に従わせようとする攻撃的コミュニケーション，相手の言いなりになる受動的コミュニケーション，自分の意見をうまく伝える自己主張的コミュニケーションがあること
- ・自分の意思を伝えるためには，言葉（言語的コミュニケーション）だけでなくボディーランゲージ（非言語的コミュニケーション）も有効であること
- ・自分の意思の適切な伝え方や効果的な拒否の仕方には，様々な行い方があること

（※財団法人日本学校保健会，2010年[5]を一部改変）

(4)　酒の広告分析

広告分析では，広告を批判的に分析し，広告からの影響を一方的に受けるのではなく，適切に対処するような能力を育成することをめざす（**表4**）。なお，批判的とは，広告を単に否定することではなく，科学的な事実や根拠をもって広告の内容やメッセージに反論したり，広告では表現されていない健康上重要な内容を明らかにしたりするものである。なお，表中の「表されていない健康上重要な事柄」とは，省略された重要な健康情報のことである。広告は商品のよい面などを強調しており，そうでない情報は多くの場合省略されているが，それを確認する。

表4　広告分析の学習内容

- ・広告がねらいとしている対象集団（若い女性等）を挙げる。
- ・広告が人をひきつけるために使っている工夫やテクニック（新発売，期間限定，景品等)を明らかにする。
- ・広告が訴えているイメージやメッセージを明らかにする。
- ・広告では表されていない健康上重要な事柄（＝省略された重要事項）を見いだす。
- ・広告のイメージやメッセージ等に対して，批判的に検討する。

（※財団法人日本学校保健会，2010年[5]を一部改変）

■引用・参考文献
1）和田清「薬物乱用に関する全国中学生意識・実態調査（2008年）」「平成20年度厚生労働科学研究費補助金薬物乱用・依存等の実態把握と『回復』に向けての対応策に関する研究」2009年
2）大井田隆ほか「平成24年度厚生労働科学研究費補助金（循環器疾患等生活習慣病対策総合研究事業）：未成年の喫煙・飲酒状況に関する実態調査研究」2013年
3）西岡伸紀「青少年の喫煙行動および喫煙防止教育」『学校保健研究』第47巻第5号，pp.382-388，2005年
4）WHO編，川畑徹朗ほか監訳『WHOライフスキル教育プログラム』大修館書店，1997年
5）財団法人日本学校保健会『喫煙，飲酒，薬物乱用防止に関する指導参考資料小学校編』p.10，pp.101-103，2010年
6）財団法人日本学校保健会『薬物乱用防止教室マニュアル〈改訂〉』pp.17-18，2008年

［西岡　伸紀］

第2節　薬物乱用防止教室の開催

第2節	薬物乱用防止教室の開催

薬物乱用は未成年者，成人にかかわらず違法な行為であるなど，喫煙，飲酒とは特性が異なる面もあり，その防止教育には特段の配慮が必要とされている。ここでは，学校における薬物乱用防止教育の一環として実施される薬物乱用防止教室について解説する。

1　我が国の薬物乱用防止対策と薬物乱用防止教室の位置付け

我が国では，1998（平成10）年に「薬物乱用防止五か年戦略」が策定されて以降，2003（平成15）年に「薬物乱用防止新五か年戦略」，2008（平成20）年に「第三次薬物乱用防止五か年戦略」，2013（平成25）年に「第四次薬物乱用防止五か年戦略」が策定され，薬物乱用問題に対する国を挙げての対策が継続的に実施されている。しかしながら，我が国の薬物事犯の検挙件数・人員数等は依然として憂慮すべき状況が続いており[1]，薬物乱用の根絶に向けた対策の一層の充実・強化が求められている。そうした中，2018（平成30）年には「第五次薬物乱用防止五か年戦略」が策定され，そこでは青少年の薬物乱用防止（目標1）を含む5つの目標が設定されている（**表1**）。

表1　第五次薬物乱用防止五か年戦略における五つの目標

目標1	青少年を中心とした広報・啓発を通じた国民全体の規範意識の向上による薬物乱用未然防止
目標2	薬物乱用者に対する適切な治療と効果的な社会復帰支援による再乱用防止
目標3	薬物密売組織の壊滅，末端乱用者に対する取締りの徹底及び多様化する乱用薬物等に対する迅速な対応による薬物の流通阻止
目標4	水際対策の徹底による薬物の密輸入阻止
目標5	国際社会の一員としての国際連携・協力を通じた薬物乱用防止

（※薬物乱用対策推進会議，2018年）

薬物乱用防止教室とは，「学校が進める薬物乱用防止教育の一環として，警察職員，麻薬取締官・員OB，学校医等医師，学校薬剤師等薬剤師などの専門家を主な講師に招いて行う教育活動」である[2]。具体的には，全国全ての中学校及び高等学校において少なくとも年1回実施すること，また，小学校においても地域の実情に応じて開催に努めることが求められている。全国の学校における薬物乱用防止教室の開催率を見ると（**図1**），いずれの校種もこの10年間で上昇しているが，2017（平成29）年の時点で教室を開催していない中学校，高等学校も1割前後見られる。小学校も含めて，学校保健計画に位置付けた上で確実に実施していくことが望まれる。

• **131** •

第5章 喫煙，飲酒，薬物乱用防止教育

図1 薬物乱用防止教室の開催率（国・公・私立学校）

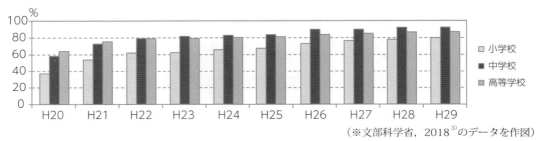

（※文部科学省，2018[3]のデータを作図）

2 薬物乱用防止教室の実施に向けて

(1) 実施の手順

薬物乱用防止教室の実施に当たっては，企画，打ち合わせ，準備，教室実施，事後指導，評価まとめといった手順を踏んで計画的に進めることが重要である。その際，学校内での運営のみならず，学外講師との調整も綿密に行う必要がある（表2）。教室の実施形態としては，体育館や多目的教室等を使用して学校・学年単位で行うことが一般的であるが，可能ならば学級単位で複数回行うことも効果的である。また，保護者の参加を呼びかけたり，学年通信や保健便り等での保護者への情報発信を積極的に取り入れたりするなど，家庭を巻き込んだ取組も望まれる。

表2 薬物乱用防止教室の実施の手順（学外講師と連携を図る場合）

	学校内での運営	学外講師との調整
企画	・学級担任，教務主任，保健主事や養護教諭などを中心に，薬物乱用防止教育の一環としての「薬物乱用防止教室」（以下，「教室」）を企画する。（テーマ，日時，場所，対象学年，講師，実施形態，実施責任者等）	・「教室」の企画に合わせて，警察署，薬剤師会などの関係機関に講師派遣を依頼する。（事前打診，正式依頼状送付，日程調整等）
打ち合わせ	・「教室」の実施に向けて，全教職員の共通理解を図り，事前指導の在り方等について話し合う。 ・保健の教科書や薬物乱用防止に関するビデオ，パンフレット等の資料を準備し，講師との打ち合わせに備える。	・講師と当日の運営方法や指導内容等の打ち合わせを行う。（詳細な日程，講師と学校の役割分担，準備品等）
準備	・当日の配布資料や視聴覚機材等を準備する。 ・実態調査，事前学習・事前指導等を実施する。 ・運営，司会，記録，講師の補助など，教員間での役割分担を確認する。	・講師の送迎方法，資料や視聴覚機材についての確認を行う。 ・教員との役割分担を確認する。
教室実施	・児童生徒を「教室」の実施場所に誘導し，趣旨の説明，講師の紹介等を行う。 ・事前の役割分担に基づき，運営責任者を中心に「教室」を実施する。	・講師との最終打ち合わせを行い，「教室」を実施する。 ・常に講師の補助が行える体制を整え，講師の指示に適宜対応する。

事後指導 ↓	・児童生徒に「教室」の感想や質問などを記述させる。 ・体育科や保健体育科，特別活動，道徳科，総合的な学習の時間等で関連した授業や指導を行う。	・講師に「教室」実施に当たっての感想や運営上の課題等をたずねる。
評価まとめ	・「教室」を実施した成果や課題について教職員間で話し合い，今後の薬物乱用防止教育や次年度の「教室」の参考とする。	・講師及び講師の所属先に礼状を出し，今後の協力を依頼する。 ・「教室」のまとめや児童生徒の感想文などを送付する。

（※財団法人日本学校保健会，2008 年[2]を基に改変）

（2）　実施の際の留意点

　薬物乱用防止教室の実施の際に特に留意すべき点を 3 つ示す。1 つ目は，全教職員及び学外講師において教室の趣旨や意義の共通理解を図っておくことである，この点は教室における効果的な役割分担や相互協力の基盤となる。2 つ目は，指導内容の吟味である。通常，教室では薬物乱用の心身への影響や社会問題，薬物乱用防止の対策，薬物乱用の誘いへの対処法などを扱う場合が多いようであるが，児童生徒の発達段階や生活実態を踏まえた上で適切な指導内容となっているかを十分に検討する必要がある。また，体育科及び保健体育科はもとより，特別活動，道徳科，総合的な学習の時間などで行われる薬物乱用防止教育と関連を持たせた指導内容とすることも重要である。さらに，ここ数年で社会問題化した危険ドラッグ[注]の乱用による健康被害の情報提供も，教室において積極的に行うことが求められる。3 つ目は，学外講師の専門性が十分に生かされるような指導の工夫を行うことである。警察職員，麻薬取締官・麻薬取締員 OB，学校医，学校薬剤師などの専門家の特質や利点を考慮して，教室での指導の内容や方法を検討する必要がある。ただし，児童生徒の理解力を超えるような専門性の高すぎる指導は避けなければならない。教室実施前の段階で十分な打ち合わせを行うことが不可欠である。

　また，財団法人日本学校保健会は，薬物乱用防止教室の「講師を依頼された人のために」として，本章第 1 節の**表 2** を示しているので参考にすることが望まれる。

（注）「脱法（合法）ドラッグ」「脱法ハーブ」等の様々な呼称があったが，これらの呼称では危険性が十分には伝わらないため，厚生労働省と警察庁は，2014（平成 26）年 7 月に「危険ドラッグ」という呼称を用いることを決定した。

■引用・参考文献
1 ）警察庁組織犯罪対策部組織犯罪対策企画課『平成 29 年における組織犯罪の情勢【確定値版】』pp.44-71，2018 年
2 ）財団法人日本学校保健会『薬物乱用防止教室マニュアル〈改訂〉』pp.10-16，2008 年
3 ）文部科学省『平成 29 年度「薬物乱用防止教室」開催状況』http://www.mext.go.jp/component/a_menu/education/detail/__icsFiles/afieldfile/2018/08/17/1401907_5_1.pdf（最終アクセス 2018 年 11 月）
・野津有司『「薬物乱用防止教室」指導者研修テキスト（改訂 3 版）』http://hoken2.taiiku.tsukuba.ac.jp/pdf/yrbk_ver3.pdf（最終アクセス 2018 年 11 月）

［久保　元芳］

第6章

食　育

学 習のポイント

1. 今日の我が国では食をめぐる社会的環境が変化し，児童生徒の食生活に関して様々な問題が見られ，学校における食に関する指導を着実に推進していく必要がある。
2. 「食育基本法」及び「食育推進基本計画」に基づいて，各学校で食に関する指導の全体計画を作成することが重要である。
3. 食に関する指導は，学校の教育活動全体を通して体系的に推進していくとともに，問題の見られる児童生徒等に対して個別的に指導することも求められる。
4. 2005（平成17）年度に制度化された栄養教諭は，学校における食に関する指導の専門職として，食に関する指導計画の策定，教職員間や家庭，地域との連携・調整等において中核的な役割を担っている。
5. 学校給食は，児童生徒の健康の保持増進を図ることとともに，食に関する指導を効果的に進めるための教材としても役立てられる。
6. 学校では，学校給食衛生管理基準に則って安全安心な給食が提供されるよう求められている。また，食物アレルギーを有する児童生徒に対しては，「学校生活管理指導表（アレルギー疾患用）」に基づいて学校給食に関する対応も必要である。

演 習 課 題

A. 現代人の食に関する新聞記事を1つ選んで，児童又は生徒を対象とした教育的なスピーチ（3〜5分程度）を考えてみよう。
B. インターネットから学校給食の献立を入手し，食育の指導に役立てるアイデアについて話し合ってみよう。

第6章　食　育

| 第1節 | 児童生徒の食に関する現代的課題 |

1　食環境の変化と児童生徒の食生活の課題

　健康の保持増進には，栄養，運動や休養（睡眠）が重要である。その中でも栄養については，食事によってまかなわれることから，日常の食生活の中でバランスのよい食事を摂ることが望まれる。しかし近年，食生活をめぐる社会環境が大きく変化し，児童生徒の食生活に関わって，様々な課題が見られるようになっている。例えば，偏った栄養摂取や不規則な食事などの食生活の乱れ，そしてそれらに関連して肥満や過度の痩身が認められている。また，食生活と体力・学力との関係も指摘されており，望ましい食習慣の形成は，国民的課題になっていると言える。成長期にある子供にとって，健全な食生活は健康な心身を育むために欠かせないものであるとともに，将来の食習慣の形成に大きな影響を及ぼすことが知られている。そして，子供の頃に身に付いた食習慣を大人になってから改めることは，非常に難しいことも指摘されている。このことからも成長期にある子供への食育は健やかに生きるための基礎を培うことを目的にしている。

(1)　朝食の摂取・欠食について

　子供の食習慣の課題の1つとして，朝食の摂取状況が挙げられる。特に朝食欠食の減少については，現在実施されている第3次食育推進基本計画（2016年～2020年）の目標にも示されている。2015（平成27）年度に4.4%あった朝食を「全く食べていない」及び「あまり食べていない」となっている子供の割合を2020年度までに0%とすることをめざしている[1]。また，日本学校保健会による2016（平成28）年度の調査によると，朝食を「ほぼ食べる」グループは，男子で94.7%，女子で95.0%であり，摂取状況が高いことを示している[2]。しかし，学年及び校種が上がるにつれ，その割合の減少することが報告されている。朝食欠食状況は，高校生で高い傾向を示し，朝食を「ほぼ食べない」グループとして見ると，高校生男子では12.3%，高校生女子では7.6%であった[2]。また，1981（昭和56）年度からの経年変化を観察すると，小学生で2010（平成22）年度頃までは，年々上昇する傾向が見られていたが，近年やや減少傾向にある。中学生では横ばい状態であったが，高校生について見ると，小学生同様2010年（平成22）度頃までは，摂取状況の改善が見られていたが，それ以降，摂取している者の割合が大きく減少していることが示されている。

(2)　食事の内容及び偏食について

　栄養バランスの取れた食事の摂取は，骨や筋肉などが大きく発達する発育期にある子供にとって重要なことである。しかしながら，必ずしも全ての子供が栄養バランスの取れた食生活を摂れていない実態も認められる。日本学校保健の調査によれば，「朝食で主に

食べるもの」について，「主食のみ」と答えた者の割合が最も高く，男子で28.0％，女子で28.8％であった。また，「食事を残す」子供も存在しており，「食事を残す」グループが，全体では男子で20.3％，女子で27.1％と報告されている。

　前述したように朝食を欠食している子供も存在している[3]。加えて，学校給食のある日とない日での子供の栄養摂取状況に違いも観察されている。体の発育及び発達に必要なタンパク質などの栄養素を十分に確保できていない子供たちが存在している報告も散見されており，栄養面から見た子供たちの健康の保持増進が危惧される。

(3)　食物アレルギーについて[2]

　児童生徒における食に関する重要な健康課題として，食物アレルギーが挙げられる。日本学校保健会によると，全体の有病率は3.0％，既往が5.0％で，合計8.0％であったことが報告されている。学年別に見ると，有病率は，小学生で3.1〜3.5％，中学生のそれは2.9％，高校生のそれは2.2％と減少する傾向が確認されている。

　また，学校で食物アレルギー対応を実施している児童生徒の保護者への調査では，医師の指示に基づく対応や緊急連絡先などが記載された「学校生活管理指導表」を提出している割合は51.6％，学校生活指導表以外の書類を提出している割合は6.5％，保護者申告は41.9％であった。また，学校生活管理指導表の提出は小学校で57.2〜63.5％と高い割合を示したが，中学校では44.6％，高校では22.6％と減少していることが明らかとなっている。

(4)　社会経済的要因と食格差について[4]

　既に海外では，社会経済的要因と子供の食事について，様々な研究報告がなされているが，近年我が国においても，その実態が示されるようになってきた。村山らによれば，2013（平成25）年の調査で世帯収入が多い群に比べ，少ない群では，朝食を毎日食べる児童の割合の少ないことが明らかとなり，特に学校の休みの日では，3割の児童が朝食を摂取していなかった。また，世帯収入が少ない群では，野菜を食べる頻度が少なく，魚・肉の加工品やインスタント麺を食べる頻度の多いことが明らかとなった。このような状況の背景には，収入が少ないことによって，経済的に余裕がなく，発育・発達に必要な食物を購入することができないと示唆された。加えて，時間的ゆとりがなく，食事づくりに時間のかけられないこと，保護者の知識が少ないことなども合わせて報告されている。このようなことは児童生徒の成人期以降における健康障害のリスクを高める可能性も考えられる。そして，将来自分が親になったときに，自分の子供のための食事に関する知識やスキルが乏しいために，食生活の貧困の連鎖につながるといった世代を超えた食の問題を抱えるリスクを示唆するものである。

■引用・参考文献
1 ）農林水産省「第3次食育推進基本計画」2016年　http://www.maff.go.jp/j/syokuiku/kannrennhou.html
2 ）日本学校保健会「平成28年〜29年度児童生徒の健康状態サーベイランス事業報告書」日本学校保健会，2018年
　　https://www.gakkohoken.jp/book/ebook/ebook_H290070/index_h5.html
3 ）赤松利恵「学童のおける子どもの食の課題と対策」『保健医療科学』Vol.66，No.6，pp.574-581，2017年
4 ）阿部彩，村山伸子，可知悠子，鳶咲子編著『子どもの貧困と食格差』大月書店，2018年

［黒川　修行］

第6章　食　育

| 第2節 | 学校における食に関する指導の
進め方 |

1　学校における食に関する指導と食育基本法

2005（平成17）年6月に定められた「食育基本法」では，
「子どもたちが豊かな人間性をはぐくみ，生きる力を身に付けていくためには，何よりも『食』が重要である。今，改めて，食育を，生きる上での基本であって，知育，徳育及び体育の基礎となるべきものと位置付けるともに，（中略）食育は，心身の成長及び人格の形成に大きな影響を及ぼし，生涯にわたって健全な心と身体を培い豊かな人間性をはぐくんでいく基礎となるものである」
と規定し，特に学校における食に関する指導を重視している。

　この「食育基本法」に基づいて国の食育推進会議では，食育の推進に関する施策の総合的かつ計画的な推進を図るために必要な基本的事項を定める「食育推進基本計画」（平成18年3月）において，まず各学校において食に関する指導に係る全体計画（以下，「全体計画」とする）を作成することが必要であるとされ，具体的には食育の推進のために次の内容が挙げられている。

○子どもが食について計画的に学ぶことができるよう，各学校において食に関する指導に係る全体計画が策定されることが必要であり，これを積極的に促進する。

○その際には，学校長のリーダーシップの下に関係教職員が連携・協力しながら，栄養教諭が中心となって組織的な取組を進めることが必要である。

○また，各教科，特別活動，総合的な学習の時間等の学校教育活動全体を通じて，食に関する指導を行うために必要な時間が十分に確保されるよう学校における取組を促進するとともに，食に関する学習教材を作成・配付し，その活用を図る。

○さらに，地域の生産者団体等と連携し，農林漁業体験，食品の流通や調理，食品廃棄物の再生利用等に関する体験といった子どもの様々な体験活動等を推進する。

2　学校における食に関する指導の意義，目標，内容，指導の留意点

（1）　学校における食に関する指導の意義

　児童生徒の望ましい食習慣の形成等のためには，単発的な食に関する知識の教授にとどまらず，実際の生活に密着した習慣化を促すための継続的な指導が必要である。そのため，学校においては，給食の時間，特別活動，各教科等の指導も含めて学校教育活動全体における教科横断的・体系的な指導が期待されている。

　そこで，児童生徒が食に関する知識や能力等を発達段階に応じて総合的に身に付けるこ

・ 138 ・

第2節 学校における食に関する指導の進め方

とができるよう，学校では，各教科等における個々の食に関する指導を継続性に配慮しつつ，教科横断的な指導として関連付け，学校教育全体で進めていくことが必要である。その実施については，現行の学習指導要領では，以下のようにされている。

　○各教科等の目標を達成する観点から，体育，保健体育，家庭，技術・家庭等の各教科，道徳，総合的な学習の時間において，それぞれの特質に応じて食に関する指導が適切に行われること。

　○給食の時間や特別活動において，望ましい食習慣の形成等のために食に関する指導が行われること。

　それでは，学校における食に関する指導における目標，内容，指導の留意点については，どのように考えられているのだろうか。文部科学省『食に関する指導の手引〜第一次改訂版〜』[1]では，以下が例示されている。

(2) 学校における食に関する指導の目標

① 食事の重要性，食事の喜び，楽しさを理解する。

② 心身の成長や健康の保持増進の上で望ましい栄養や食事のとり方を理解し，自ら管理していく能力を身に付ける。

③ 正しい知識・情報に基づいて，食物の品質及び安全性等について自ら判断できる能力を身に付ける。

④ 食物を大事にし，食物の生産等に関わる人々へ感謝する心をもつ。

⑤ 食事のマナーや食事を通じた人間関係形成能力を身に付ける。

⑥ 各地域の産物，食文化や食に関わる歴史等を理解し，尊重する心をもつ。

　これらの6つの目標に沿って，それぞれ「食事の重要性」「心身の健康」「食品を選択する能力」「感謝の心」「社会性」「食文化」の観点から，食に関する指導の内容が例示されている。

(3) 学校における食に関する指導の内容

① **食事の重要性**（食事の重要性，食事の喜び，楽しさを理解する）

・食事は，人間が生きていく上で欠かすことのできないものであること。

・食事は，空腹感を満たし気持ちを鎮める働きがあること。

・仲間との食事や食味のよさは，心を豊かにすること。

・食事は規則正しくとることが大切であり，特に，朝食をとることは，心と体を活動できる状態にし，もてる力を十分に発揮できるようになること。

・外食や中食，自動販売機やコンビニエンスストア等の食環境と自分の食生活との関わりを理解すること。

② **心身の健康**（心身の成長や健康の保持増進の上で望ましい栄養や食事のとり方を理解し，自ら管理していく能力を身に付ける）

・手洗いやよくかむこと，よい姿勢や和やかな雰囲気作りは，食事の基本であること。

第6章 食 育

- 規則正しい1日3度の栄養バランスのよい食事は，心身の成長の基本であること。
- 栄養のバランスをよくするために，好き嫌い無く食べることが必要であること。
- 様々な食品にはそれぞれ栄養的な特徴があること。
- 健康の保持増進には，栄養バランスのとれた食事とともに，適切な運動，休養及び睡眠が必要であること。
- 自分の食生活を見つめ直し，よりよい食習慣を形成しようと努力すること。

③ **食品を選択する能力**（正しい知識・情報に基づいて，食物の品質及び安全性等について自ら判断できる能力を身に付ける）
- 学校給食にはいろいろな食品が使われていること。
- 日常食べている食品や料理の名前や形を知ること。
- 食事の準備や後片付けは，安全や衛生に気を付けて行うこと。
- 食品表示など食品の品質や安全性等の情報について関心をもつこと。
- 食品の品質の良否を見分け，食品に含まれる栄養素やその働きを考え，適切な選択をすること。
- 食品の衛生に気を付けて，簡単な調理をすること。

④ **感謝の心**（食物を大事にし，食物の生産等に関わる人々へ感謝する心をもつ）
- 食生活は，生産者をはじめ多くの人々の苦労や努力に支えられていること。
- 食料の生産は，すべて自然の恩恵の上に成り立っていること。
- 食という行為は，動植物の命を受け継ぐことであること。
- 食事のあいさつは，食に関しての感謝の気持ちの表現であること。
- 感謝の気持ちの表れとして，残さず食べたり無駄なく調理したりすること。

⑤ **社会性**（食事のマナーや食事を通じた人間関係形成能力を身に付ける）
- 協力して食事の準備や後片付けをすること。
- はしの使い方，食器の並べ方，話題の選び方などの食事のマナーを身に付けること。
- 協力したりマナーを考えたりすることは，相手を思いやることであり，楽しい食事につながること。
- マナーを考え，会話を楽しみながら気持ちよく会食をすること。
- 自然界の中で動植物と共に生きている自分の存在について考え，環境や資源に配慮した食生活を実践しようとすること。

⑥ **食文化**（各地域の産物，食文化や食に関わる歴史等を理解し，尊重する心をもつ）
- 自分たちの住む地域には，昔から伝わる料理や季節，行事にちなんだ料理があること。
- 日常の食事は，地域の農林水産物と関連していること。
- 地域の伝統や気候風土と深く結びつき，先人によって培われてきた多様な食文化があること。
- 自分たちの食生活は，他の地域や諸外国とも深い関わりがあること。

第2節　学校における食に関する指導の進め方

・諸外国の食事の様子を知ることは，国際理解につながるとともに，日本の風土や食文化の理解を深めることになること。

(4)　学校における食に関する指導の留意点

　学校における食に関する指導においては，各教科等における集団指導だけではなく，食に関する悩みを抱える児童生徒の個別相談や，地域や家庭と連携した有機的な取組を進めることが重要である。そのためにも，次に述べる栄養教諭の役割は大きい。

3　学校における食に関する指導と栄養教諭の職務

　栄養教諭は，学校における食に関する指導の要として，2005（平成17）年度から制度化された専門職であり，食に関する指導計画の策定，教職員間や家庭，地域との連携・調整等において中核的な役割を担っている。

　　【注】栄養教諭の配置の判断は各都道府県教育委員会が行うこととされているが，国は栄養教諭の重要性についての普及啓発を進めるとともに，全ての現職の学校栄養職員が栄養教諭免許状を取得することができるよう必要な講習会等を開催しており，栄養教諭免許状を取得した学校栄養職員の栄養教諭への移行を促進することとしている。

　しかしながら，栄養教諭は「児童生徒の栄養の指導及び管理をつかさどる」ことを職務としているものの，学校における食育に関して全てを単独で行うことを想定しているものではなく，あくまでも栄養教諭が中心となって，その学校の各教職員の参画により，全ての児童生徒に対する食に関する指導が適切になされるような状態を作り出すことが求められている。そのため，学級担任，教科担任等との綿密な打ち合わせは欠かせない。

　具体的には，栄養教諭はその高い専門性を生かして，下記のような取組等を積極的に行うこととされている[1]。

● 栄養教諭の職務
(1)　全体計画の作成の検討，原案作成，決定等の進行管理を行うこと。
(2)　教職員の連携・調整の要としての役割を果たすこと。
(3)　家庭や地域社会との連携・調整の要としての役割を果たすこと。
(4)　給食献立計画，給食の時間における食に関する指導の計画，各教科等における食に関する指導の計画の関連付けを積極的に図ること。
(5)　校長その他の教職員に対して食の観点から把握した児童生徒の生活実態等を積極的に提示すること。
(6)　校長その他の教職員に対して食育に関する取組事例，研究成果等を積極的に提供すること。
(7)　校長その他の教職員に対して自校や他校における学校給食の現状や課題等についての情報提供を積極的に行うこと。
(8)　複数の学校や共同調理場を兼務する栄養教諭も，各学校における全体計画の作成及び全体計画を踏まえた指導の実施に際しては，積極的に参画すること。

第6章 食育

4　学校・家庭・地域の連携による食育の推進

　学校における食に関する指導においては，家庭や地域と連携した取組を位置付けることが必要である。

　そこで学校においては，その地域の気候，風土，産業，文化，歴史等に培われた食材や特産物，郷土料理を学校給食に取り入れたり，食に関する知識や経験を有する人材や教材を有効に活用することが，児童生徒に地域のよさを理解させたり，愛着をもたせたりする上で有意義と考えられる。指導の際には，このような地域社会の人材力・教育力を活用することも極めて有効である[2]。

学校・家庭・地域の連携による食育の様子

高校生ゲストティーチャーによる
地元の小学校訪問授業（食育）

地域の郷土料理名人による食育体験

　右の写真は，地域の人材活用による食育授業や郷土料理づくり体験，左の写真は，高校生と児童（学年混在グループ）によるピア・エデュケーションの様子である。

　大分県安心院町では，地元の高校生が母校の児童に食育授業を実践している。熱心に聞き入る児童の一部は，やがて高校に進学して「学ぶ側」から「教える側」に立場を変えて母校を訪問し，ピア・エデュケーションの連鎖を展開するという貴重な事例である。

・住田実：平成19〜21年度・科研費（基盤研究C）「高校生と児童が共に育むピア・エデュケーション（食教育）の継続実践とその追跡研究」／住田実：平成22〜26年度（同上）「食育体験を通して小・高・大学生が共に学びあうピア・エデュケーションの実践的研究」／住田実：平成29〜33年度（同上）「保健科教育におけるピア・エデュケーションの継続的授業実践研究」

■引用・参考文献
1）文部科学省『食に関する指導の手引〜第一次改訂版〜』東山書房，pp.6-8，2010年
2）永井成美（住田実／健康教育学監修）『子どもが変わる生活を変える・食教育4つのステージ』東山書房，2011年

［住田　実］

第3節　学校給食

第3節　学校給食

1　学校給食の役割

　2010（平成22）年3月の「食に関する指導の手引」（文部科学省）によれば，「学校給食は，成長期にある児童生徒の心身の健全な発達のため，栄養バランスのとれた豊かな食事を提供することにより，健康の増進，体位の向上を図ることはもちろんのこと，食に関する指導を効果的に進めるための重要な教材として，給食の時間はもとより各教科や総合的な学習の時間，特別活動等において活用すること」[1]ができると示されている。また，「特に給食の時間では，準備から後片付けの実践活動を通して，計画的・継続的な指導を行うことにより，児童生徒に望ましい食習慣と食に関する実践力を身に付けさせること」[2]が期待できるなどと述べられている。

(1)　学習指導要領における位置付け

　2008（平成20）年，2009（平成21）年の学習指導要領において，学校給食は，「特別活動」の中の「学級活動」に位置付けられた。2017（平成29）年3月31日に告示された新学習指導要領においても，引き続き小学校及び中学校の特別活動〔学級活動〕の内容として，学校給食が位置付けられている。具体的には，「日常の生活や学習への適応と自己の成長及び健康安全」の「食育の観点を踏まえた学校給食と望ましい食習慣の形成」として，「給食の時間を中心としながら，健康によい食事のとり方（中学校学習指導要領では「成長や健康管理を意識する」）など，望ましい食習慣の形成を図るとともに，食事を通して人間関係をよりよくすること」と記載されている。

(2)　学校給食法に規定する学校給食の目的・目標

　学校給食は，1954（昭和29）年に制定された「学校給食法」に基づき実施されている。2009（平成21）年4月より施行された改正学校給食法の第1条では，「この法律は，学校給食が児童及び生徒の心身の健全な発達に資するものであり，かつ，児童及び生徒の食に関する正しい理解と適切な判断力を養う上で重要な役割を果たすものであることにかんがみ，学校給食及び学校給食を活用した食に関する指導の実施に関し必要な事項を定め，もつて学校給食の普及充実及び学校における食育の推進を図ることを目的とする。」と定めている（下線部は改正点）。

　また，第2条（学校給食の目標）では「学校給食を実施するに当たつては，義務教育諸学校における教育の目的を実現するために，次に掲げる目標が達成されるよう努めなければならない。」として，以下の目標を掲げている（下線部は改正点）。①　適切な栄養の摂取による健康の保持増進を図ること。②　日常生活における食事について正しい理解を深め，健全な食生活を営むことができる判断力を培い，及び望ましい食習慣を養うこと。③

・　143　・

第6章　食　育

学校生活を豊かにし，明るい社交性及び協同の精神を養うこと。④　食生活が自然の恩恵の上に成り立つものであることについての理解を深め，生命及び自然を尊重する精神並びに環境の保全に寄与する態度を養うこと。⑤　食生活が食にかかわる人々の様々な活動に支えられていることについての理解を深め，勤労を重んずる態度を養うこと。⑥　我が国や各地域の優れた伝統的な食文化についての理解を深めること。⑦　食料の生産，流通及び消費について，正しい理解に導くこと。

2　学校給食の衛生管理と食物アレルギー

　1996（平成8）年，大阪府堺市の小学校での学校給食にて腸管出血性大腸菌O157による集団食中毒が発生し，感染者9,523名，うち児童3名が犠牲となった。この大規模食中毒発生をきっかけに，集団給食施設等における食中毒を予防するため，国連食糧農業機関と世界保健機関の合同機関である食品規格委員会から発表された衛生管理の手法であるHACCP（ハサップ）：Hazard Analysis and Critical Control Point の概念に基づいた，調理過程における重要管理事項をまとめたマニュアルが1997（平成9）年に厚生省より通知された[2]。「学校給食衛生管理基準」が改正され，2009（平成21）年4月から施行されたことを踏まえ，文部科学省はより安全で安心な学校給食の提供の観点から，各教育委員会等に対し同基準の遵守を求めた。2011（平成23）年度は，「調理場における衛生管理＆調理技術マニュアル」[3]として，科学的根拠に基づいた方法をまとめて掲載した。

　食物アレルギーは，多臓器に様々な症状を起こし，時にはアナフィラキシーショックのような重篤な症状も引き起こすことがある。食物アレルギーの原因食物は多岐にわたるが，学童期以降は甲殻類，果物類，魚類などが増えてくる。学校での取組では，児童生徒にとっての食物アレルギー及びアナフィラキシーの原因食物を把握することが前提である。明らかなアレルギー症状の既往，特異的 I gE 抗体などの検査陽性，食物経口負荷試験陽性をもとに医師が総合的に診断する[4)5)]。児童生徒が食物アレルギー及びアナフィラキシーを発症した場合に処方される医薬品としては，皮膚症状等の軽症症状に対する内服薬として抗ヒスタミン薬やステロイド薬が，アナフィラキシーショックに対して用いられるアドレナリンの自己注射薬である「エピペン®」（商品名）がある。予期せぬ場面で起きたアナフィラキシーに対して教職員誰もが適切な対応をとるために，エピペン®に関する一般的知識や処方を受けている児童生徒について教職員全員での情報共有は必要不可欠である。エピペン®は，児童生徒本人が携帯・管理することが基本であるが，それができない状況にあり対応が必要な場合について，学校・教育委員会は，保護者・本人，主治医・学校医，学校薬剤師等と十分な協議を行う必要がある。学校給食における食物アレルギー等を有する児童生徒への対応のポイントは次の点である。（1）学校生活管理指導表（アレルギー疾患用）の活用，（2）学校給食での食物アレルギー対応の実際，（3）アレルギー疾患の緊急時対応（アナフィラキシーへの対応）[6)]。学校給食での食物アレルギー対応は次に大別される。

• 144 •

【レベル１】詳細な献立表対応：学校給食の原材料を詳細に記入した献立表を家庭に事前に配布し，それを基に保護者や担任などの指示または児童生徒自身の判断で原因食物を除外する対策。

【レベル２】一部弁当対応：弁当を持参させる"完全弁当対応"と，普段除去食や代替食対応をしている中で，対応が困難な料理において弁当を持参させる"一部弁当対応"。

【レベル３】除去食対応：申請のあった原因食物を給食から除く対応。

【レベル４】代替食対応：申請のあった原因食物を学校給食から除き，それにより失われる栄養価を別の食品にて提供する。

このうち【レベル３】と【レベル４】がアレルギー食対応と言われ，学校給食で望ましい対応と言える。全ての対応にて次の確認が重要である。

① （学校－調理場－家庭）三者の連携体制（対応に関する確認，誤食時の対応など）の強化。

② 対応内容について保護者の理解を得るとともに，学級において他の児童生徒が対応を不審に思ったり，いじめのきっかけになったりしないように十分に配慮する必要がある。

③ 教職員全員は食物アレルギーについて研修を積み，資質の向上に努める。

④ 特に単独調理場で，栄養教諭や学校栄養職員が常時勤務できない兼務校においては，食材確認，調理指導，教職員全員への周知徹底などの確認体制をさらに強化，明確にする必要がある。

以上の学校及び調理場の状況と食物アレルギーの児童生徒の実態（重症度や除去品目数，人数など）を総合的に判断し，最良の対応を検討することが大切である[7]。

■引用・参考文献

1）文部科学省「食に関する指導の手引」2010 年 3 月
2）厚生労働省＞政策について＞分野別の政策一覧＞健康・医療＞食品＞ HACCP（ハサップ）
　http://www.mhlw.go.jp/stf/seisakunitsuite/bunya/kenkou_iryou/shokuhin/haccp/index.html（最終アクセス 2014 年 8 月）
3）文部科学省スポーツ・青少年局学校健康教育課『調理場における衛生管理＆調理技術マニュアル』2011 年
　http://www.mext.go.jp/a_menu/sports/syokuiku/1306690.htm（最終アクセス 2014 年 8 月）
4）宇理須厚雄，近藤直実監修『食物アレルギー診療ガイドライン =Japanese pediatric guideline for food allergy 2012』協和企画，2011 年
5）海老澤元宏，伊藤浩明，藤澤隆夫監修，日本小児アレルギー学会作成『食物アレルギー診療ガイドライン 2016』協和企画，2016 年
6）新年度の学校給食における食物アレルギー等を有する児童生徒等への対応等について
　http://www.mext.go.jp/a_menu/sports/syokuiku/1332720.htm（最終アクセス 2018 年 12 月）
7）文部科学省スポーツ・青少年局学校健康教育課監修「学校のアレルギー疾患に対する取り組みガイドライン」財団法人日本学校保健会，2008 年

［笠井　直美］

第 7 章

がん教育

学 習のポイント

1. がん教育とは，健康教育の一環として，がんについての正しい理解と，がん患者や家族などのがんと向き合う人々に対する共感的な理解を深めることを通して，自他の健康と命の大切さについて学び，共に生きる社会づくりに寄与する資質や能力の育成を図る教育である。
2. がん教育に関する内容は，教科「体育科」及び「保健体育科」を中心として，小学校，中学校，高等学校を通して，発達の段階を踏まえて系統的に位置付けられている。
3. がん教育の実施に当たっては，小児がんの当事者や家族にがん患者がいたり家族をがんで亡くしたりした児童生徒等がいることを前提とした十分な教育的配慮が不可欠である。
4. がん教育の実施に当たっては，地域や学校の実情に応じて，学校医やがんの専門医等の外部講師の活用が求められている。また，がんを通して健康と命の大切さを考える教育を進めるに当たっては，がん経験者等による指導も効果的である。

演 習課題

A. 学校におけるがん教育の意義についてまとめてみよう。
B. がん教育の内容（149頁，表1）を1つ取り上げて，その教材づくりに役立つ資料や情報をインターネットで調べてみよう。

第7章　がん教育

第1節　がん教育とは

　我が国において，がんは1981（昭和56）年から死因の第1位となっており，今日では全死因の約3分の1を占め，生涯を通じて2人に1人がり患すると推定されている。この国民的な健康問題を解決することは極めて重要であり，急務となっている。

　そうした中で，2012（平成24）年に策定された「第二期がん対策推進基本計画」に「がん教育・普及啓発」が個別目標の1つとして掲げられ，子供に対するがん教育を推進することが位置付けられた。これを受けて，文部科学省において「がん教育は，健康教育の一環として，がんについての正しい理解と，がん患者や家族などのがんと向き合う人々に対する共感的な理解を深めることを通して，自他の健康と命の大切さについて学び，共に生きる社会づくりに寄与する資質や能力の育成を図る教育である」（「がん教育」の在り方に関する検討会「学校におけるがん教育の在り方について（報告）」2015（平成27）年）と示された。言い換えれば，がん教育では，がんという疾患について正しく理解させるとともに，健康と命の大切さや共生社会に寄与する資質・能力を育むという広い視点で展開することが求められている。

　そこで，まずは学校教育としてめざすべき学力の育成を根幹としたがん教育を実現することが重要となる。すなわち，生涯を通じてがんに関する個人及び社会における課題を解決していく基礎・基本となる力を身に付ける必要がある。そのためには，がんに関する学習内容について発達段階を十分踏まえて吟味し，その内容に適したより効果的な指導方法を工夫することが不可欠である。具体的には，学習指導要領に基づいて体育科・保健体育科をはじめ関連教科や特別の教科道徳，総合的な学習の時間，特別活動等のそれぞれの特質を生かしながら，がんの内容を適宜取り上げ，教科等横断的に指導することが望まれる。

［野津　有司］

第2節　がん教育の内容

第2節　がん教育の内容

　がん教育の内容については，2013（平成25）年度の公益財団法人日本学校保健会「がんの教育に関する検討委員会」による検討を受けて，2014（平成26）年度に引き続き文部科学省において議論された結果，「学校におけるがん教育の在り方について（報告）」に示された。この報告書ではがん教育を前節で示した通り定義した上で，がん教育の内容として，次のアからケの内容を提示している。すなわち，ア がんとは（がんの要因等），イ がんの種類とその経過，ウ 我が国のがんの状況，エ がんの予防，オ がんの早期発見・がん検診，カ がんの治療法，キ がん治療における緩和ケア，ク がん患者の生活の質，ケ がん患者への理解と共生である（**表1**）。

表1　「学校におけるがん教育の在り方について（報告）」におけるがん教育の内容

ア　がんとは（がんの要因等） 　がんとは，体の中で，異常細胞が際限なく増えてしまう病気である。異常細胞は，様々な要因により，通常の細胞が細胞分裂する際に発生したものであるため，加齢に伴いがんにかかる人が増える。また，数は少ないが子供がかかるがんもある。 　がんになる危険性を増す要因としては，たばこ，細菌・ウイルス，過量な飲酒，偏った食事，運動不足などの他，一部のまれなものではあるが，遺伝要因が関与するものもある。また，がんになる原因がわかっていないものもある。
イ　がんの種類とその経過 　がんには胃がん，大腸がん，肺がん，乳がん，前立腺がんなど様々な種類があり，治りやすさも種類によって異なる。また，がんによる症状や生活上の支障なども，がんの種類や状態により異なっている。病気が進み，生命を維持する上で重要な臓器等への影響が大きくなると，今まで通りの生活ができなくなったり，命を失ったりすることもある。
ウ　我が国のがんの状況 　がんは，日本人の死因の第1位で，現在(2013年)では，年間約36万人以上の国民が，がんを原因として亡くなっており，これは，亡くなる方の3人に1人に相当する。また，生涯のうちにがんにかかる可能性は，2人に1人（男性の60％，女性の45％（2010年））とされているが，人口に占める高齢者の割合が増加してきていることもあり，年々増え続けている。がんの対策に当たって，すべての病院でがんにかかった人のがんの情報を登録する「全国がん登録」を始め様々な取組が行われている。
エ　がんの予防 　がんにかかる危険性を減らすための工夫として，たばこを吸わない，他人のたばこの煙をできるだけ避ける，バランスのとれた食事をする，適度な運動をする，定期的に健康診断を受けることなどがある。
オ　がんの早期発見・がん検診 　がんにり患した場合，全体で半数以上，早期がんに関しては9割近くの方が治る。がんは症状が出にくい病気なので，早期に発見するためには，症状がなくても，がん検診を定期的に受けることが不可欠である。日本では，肺がん，胃がん，乳がん，子宮頸がん，大腸がんなどのがん検診が行われている。
カ　がんの治療法 　がん治療の3つの柱は手術治療，放射線治療，薬物治療（抗がん剤など）であり，がんの種類と進行度に応じて，3つの治療法を単独や，組み合わせて行う標準治療が定められている。それらを医師等と相談しながら主体的に選択することが重要となっている。

• **149** •

第7章　がん教育

キ　がん治療における緩和ケア
がんになったことで起こりうる痛みや心のつらさなどの症状を和らげ，通常の生活ができるようにするための医療が緩和ケアである。治らない場合も心身の苦痛を取るための医療が行われる。緩和ケアは，終末期だけでなく，がんと診断されたときから受けるものである。

ク　がん患者の生活の質
がんの治療の際に，単に病気を治すだけではなく，治療後の"生活の質"を大切にする考え方が広まってきている。治療による影響について十分知った上で，がんになっても，その人らしく，充実した生き方ができるよう，治療法を選択することが重要である。

ケ　がん患者への理解と共生
がん患者は増加しているが，生存率も高まり，治る人，社会に復帰する人，病気を抱えながらも自分らしく生きる人が増えてきている。そのような人たちが，社会生活を行っていく中で，がん患者への偏見をなくし，お互いに支え合い，共に暮らしていくことが大切である。

【内容の取扱い】
・ア～ケの内容を適宜関連付けて，理解できるようにする。また，それぞれの内容を関連付けて，一次予防（生活習慣の改善等），二次予防（がん検診等）について理解できるようにする。
・現在及び将来に直面するがんに関する課題に対して，適切な思考・判断を行い，自らの健康管理や健康的な生活行動の選択ができるようにする。
・がん教育の2つの目標を達成するために，がんを通して健康や命のかけがえのなさに気付き，がん患者や家族などのがんと向き合う人々の取組に関心をもつとともに，健康な社会の実現に努めることができるように留意する。

　この報告のがん教育の内容を受けつつ，学習指導要領についての検討がなされた結果，2017（平成29）年に示された小学校学習指導要領解説体育編，中学校学習指導要領解説保健体育編及び2019（平成31）年に示された高等学校学習指導要領解説保健体育編・体育編に盛り込まれた。すなわち，がん教育の内容のア～オまでは主に中学校保健体育科保健分野において，

表2　報告書と学習指導要領の関係

	小学校	中学校	高等学校
ア がんとは（がんの要因等）	○	○	○
イ がんの種類とその経過		○	○
ウ 我が国のがんの状況		○	○
エ がんの予防	○	○	○
オ がんの早期発見・がん検診		○	○
カ がんの治療法			○
キ がん治療における緩和ケア			○
ク がん患者の生活の質			○
ケ がん患者への理解と共生	◇	◇	◇

○：主に保健で取り扱う内容，◇：主に特別活動，特別の教科道徳などで扱う内容

カ～クについては，主に高等学校保健体育科科目保健において取り扱われるようになった（**表2**）。また，小学校においても喫煙の影響として示されていた「肺がん」が，「がん」へと書き換えられている。

　その一方で，ケのがん患者への理解と共生については，小学校から高等学校のすべての学校種で取り扱われることが想定されており，これは特別活動や特別の教科道徳などを中心に取り扱われることとされている。

■引用・参考文献
1）「がん教育」の在り方に関する検討会「学校におけるがん教育の在り方について（報告）」2015年
2）文部科学省『小学校学習指導要領解説　体育編』2017年
3）文部科学省『中学校学習指導要領解説　保健体育編』2017年
4）文部科学省『高等学校学習指導要領解説　保健体育編・体育編』2019年

第2節　がん教育の内容

表3　保健におけるがん教育に関する主な内容等（学習指導要領解説より抜粋）

	小学校（5・6学年）	中学校	高等学校
	体育（保健領域）	保健体育（保健分野）	保健体育（科目保健）
学習指導要領の内容	（3）　病気の予防について，課題を見付け，その解決を目指した活動を通して，次の事項を身に付けることができるよう指導する。 ア　病気の予防について理解すること。 （ウ）　生活習慣病など生活行動が主な要因となって起こる病気の予防には，適切な運動，栄養の偏りのない食事をとること，口腔の衛生を保つことなど，望ましい生活習慣を身に付ける必要があること。 （エ）　喫煙，飲酒，薬物乱用などの行為は，健康を損なう原因となること。 （オ）　地域では，保健に関わる様々な活動が行われていること。 イ　病気を予防するために，課題を見付け，その解決に向けて思考し判断するとともに，それらを表現すること。	（1）健康な生活と疾病の予防について，課題を発見し，その解決を目指した活動を通して，次の事項を身に付けることができるよう指導する。 ア　健康な生活と疾病の予防について理解を深めること。 （ウ）　生活習慣病などは，運動不足，食事の量や質の偏り，休養や睡眠の不足などの生活習慣の乱れが主な要因となって起こること。また，生活習慣病の多くは，適切な運動，食事，休養及び睡眠の調和のとれた生活を実践することによって予防できること。 イ　健康な生活と疾病の予防について，課題を発見し，その解決に向けて思考し判断するとともに，それらを表現すること。	（1）　現代生活と健康 （ウ）　生活習慣病などの予防と回復 　健康の保持増進と生活習慣病などの予防と回復には，運動，食事，休養及び睡眠の調和のとれた生活の実践や疾病の早期発見，及び社会的な対策が必要であること。
「解説」の記述	（ウ）　生活行動が主な要因となって起こる病気の予防 　生活行動が主な要因となって起こる病気として，心臓や脳の血管が硬くなったりつまったりする病気，むし歯や歯ぐきの病気などを適宜取り上げ，全身を使った運動を日常的に行うこと，糖分，脂肪分，塩分などを摂りすぎる偏った食事や間食を避けたり，口腔の衛生を保ったりするなど，健康によい生活習慣を身に付ける必要があることを理解できるようにする。 （エ）　喫煙，飲酒，薬物乱用と健康 （ア）　喫煙については，せきが出たり心拍数が増えたりするなどして呼吸や心臓のはたらきに対する負担がすぐに現れること，受動喫煙により周囲の人々の健康にも影響を及ぼすことを理解できるようにする。なお，喫煙を長い間続けるとがんや心臓病などの病気にかかりやすくなるなどの影響があることについても触れるようにする。 　飲酒については，判断力が鈍る，呼吸や心臓が苦しくなるなどの影響がすぐに現れることを理解できるようにする。なお，飲酒を長い間続けると肝臓などの病気の原因になるなどの影響があることについても触れるようにする。 　その際，低年齢からの喫煙や飲酒は特に影響が大きいことについても取り扱うようにし，未成年の喫煙や飲酒は法律によって禁止されていること，好奇心や周りの人からの誘いなどがきっかけで喫煙や飲酒を開始する場合があることについても触れるようにする。 （オ）　地域の様々な保健活動の取組 　人々の病気を予防するために，保健所や保健センターなどでは，健康な生活習慣に関わる情報提供や予防接種などの活動が行われていることを理解できるようにする。	（ウ）　生活習慣病などの予防 （ア）　生活習慣病の予防 　生活習慣病は，日常の生活習慣が要因となって起こる疾病であり，適切な対策を講ずることにより予防できることを，例えば，心臓病，脳血管疾患，歯周病などを適宜取り上げ理解できるようにする。その際，運動不足，食事の量や質の偏り，休養や睡眠の不足，喫煙，過度の飲酒などの不適切な生活行動を若い年代から続けることによって，やせや肥満などを引き起こしたり，また，心臓や脳などの血管で動脈硬化が引き起こされたりすることや，歯肉に炎症等が起きたり歯周組織が損傷したりすることなど，様々な生活習慣病のリスクが高まることを理解できるようにする。 　生活習慣病を予防するには，適度な運動を定期的に行うこと，毎日の食事における量や頻度，栄養素のバランスを整えること，喫煙や過度の飲酒をしないこと，口腔の衛生を保つことなどの生活習慣を身に付けることが有効であることを理解できるようにする。 （イ）　がんの予防 　がんは，異常な細胞であるがん細胞が増殖する疾病であり，その要因には不適切な生活習慣をはじめ様々なものがあることを理解できるようにする。また，がんの予防には，生活習慣病の予防と同様に，適切な生活習慣を身に付けることなどが有効であることを理解できるようにする。 　なお，（ア），（イ）の内容と関連させて，健康診断やがん検診などで早期に異常を発見できることなどを取り上げ，疾病の回復についても触れるように配慮するものとする。	（ウ）　生活習慣病などの予防と回復 　がん，脳血管疾患，虚血性心疾患，高血圧症，脂質異常症，糖尿病などを適宜取り上げ，これらの生活習慣病などのリスクを軽減し予防するには，適切な運動，食事，休養及び睡眠の調和のとれた健康的な生活を続けることが必要であること，定期的な健康診断やがん検診などを受診することが必要であることを理解できるようにする。 　その際，がんについては，肺がん，大腸がん，胃がんなど様々な種類があり，生活習慣のみならず細菌やウイルスの感染などが原因であることについて理解できるようにする。がんの回復においては，手術療法，化学療法（抗がん剤など），放射線療法などの治療法があること，患者や周囲の人々の生活の質を保つことや緩和ケアが重要であることについて適宜触れるようにする。 　また，生活習慣病などの予防と回復には，個人の取組とともに，健康診断やがん検診の普及，正しい情報の発信など社会的な対策が必要であることを理解できるようにする。 　なお，日常生活にスポーツを計画的に取り入れることは生活習慣病などの予防と回復に有効であること，また，運動や食事について性差による将来の健康課題があることについて取り上げるよう配慮する。
		イ　思考力，判断力，表現力等 　健康な生活と疾病の予防に関わる事象や情報から課題を発見し，疾病等のリスクを軽減したり，生活の質を高めたりする視点から解決方法を考え，適切な方法を選択し，それらを伝え合うことができるようにする。 ＜例示＞ ・生活習慣病及びがんの予防や，喫煙，飲酒，薬物乱用と健康について，習得した知識を自他の生活と比較したり，活用したりして，疾病等にかかるリスクを軽減し健康の保持増進をする方法を選択すること。	
内容の取扱い	（7）　内容の「G保健」については，（1）及び（2）を第5学年，（3）を第6学年で指導するものとする。また，けがや病気からの回復についても触れるものとする。	（1）　内容の（1）のアの（ア）及び（イ）は第1学年，（1）のアの（ウ）は第2学年，（1）のアの（エ）及び（オ）は第3学年で取り扱うものとし，（1）のイは全ての学年で取り扱うものとする。 （3）　内容の（1）のアの（イ）及び（ウ）については，食育の観点も踏まえつつ健康的な生活習慣の形成に結び付くよう配慮するとともに，必要に応じて，コンピュータなどの情報機器の使用と健康との関わりについて取り扱うことも配慮するものとする。また，がんについても取り扱うものとする。	（1）　内容の（1）のアの（ウ）及び（4）のアの（イ）については，食育の観点を踏まえつつ，健康的な生活習慣の形成に結び付くよう配慮するものとする。また，（1）のアの（ウ）については，がんについても取り扱うものとする。 （2）　内容の（1）のアの（ウ）及び（4）のアの（ウ）については，健康とスポーツの関連について取り扱うものとする。

［物部　博文］

• **151** •

第7章 がん教育

第3節 がん教育で配慮が必要な事項

　近年の我が国において，親にがん患者のいる18歳未満の数は推定値で約87,000人，親ががんと診断された子供の平均年齢は11.2歳であることが報告されている[1]。また，全国調査の結果では，近親者にがん経験者のいる児童生徒は約3割であった[2]。

　がん教育を実施するに当たっては，以下に該当する児童生徒が教室にいる可能性があることを前提として配慮をする必要がある[3][4]。すなわち，小児がんの当事者あるいは小児がんにかかったことのある児童生徒がいる場合，家族にがん患者がいる児童生徒や家族をがんで亡くした児童生徒がいる場合，生活習慣が主な原因とならないがんもあることから特にこれらのがん患者が身近にいる場合，がんに限らず重病・難病等にかかったことのある児童生徒等や家族に該当患者がいたり家族を亡くしたりした児童生徒等がいる場合などである。これらのことは，他の病気や交通事故などを取り扱う授業の場合も同様である。がんについての内容は，学習指導要領で内容に位置付けられたが，特に慎重な配慮が必要となろう。

　具体的な配慮の例は次の通りである。がん教育の実施に際して，保護者への周知を図り，事前に家庭からの情報を得るなど，個別指導の必要な児童生徒を把握する。事前に，本人や家族に学習内容を予告し，質問や心配ごとを解決しておく。また，授業を受けたくない場合は別室で過ごすことを許可する。授業の冒頭で，途中で気分が悪くなった場合には退出してもよいことを伝える。児童生徒本人，家庭環境などを鑑み，がん教育を受容できる時期まで実施を見合わせるなど授業の実施時期を変更する。本人に限定されるような内容に特化しないように，事例を一般化する。

　授業を受けないことを希望した児童生徒，授業の途中で退出を申し出た児童生徒に対しては，学級担任や養護教諭による丁寧で継続的な個別ケアが求められる。

■引用・参考文献
1）Inoue I, Higashi T, Iwamoto M et al.「A national profile of the impact of parental cancer on their children in Japan」『Cancer Epidemiology』第39巻第6号，838-841，2015年
2）杉崎弘周，物部博文，植田誠治「近親者にがん患者のいる児童生徒のがんについての意識」『学校保健研究』第60巻，Suppl.p.105，2018年
3）「がん教育」の在り方に関する検討会「学校におけるがん教育の在り方について（報告）」2015年
4）植田誠治「がん当事者などへの配慮」植田誠治編著，物部博文・杉崎弘周著『学校におけるがん教育の考え方・進め方』大修館書店，pp.57-62，2018年

［杉崎　弘周］

第4節 外部講師による指導

第4節　外部講師による指導

　学校において，医師等の外部講師ががん教育を実施するに当たり，文部科学省は，最低限留意すべき事項等を示したガイドラインを作成し公開している。本節では，これに基づきながらポイントを解説する。

(1)　外部講師を活用したがん教育の進め方

　がん教育は，体育科，保健体育科はもちろん，特別の教科道徳，特別活動，総合的な学習の時間などでの展開が考えられる。外部講師との連携が重要であるとはいえ，指導計画の作成に当たっては，核となる教員や授業を担当する教員だけが関わるのではなく，全ての教職員の共通理解の下に進めることが重要である。教科担当が実施する授業や学校行事と外部講師の協力を得て実施する授業等を関連させ，それぞれの位置付けや目的を明確にして指導するように留意したい。また，がん教育の目的や内容について，外部講師と十分な打ち合わせを行い，教育効果を高めることが期待される。

(2)　がんに関する知識などの専門的な内容を含むがん教育

　がん教育の実施に当たっては，地域の実情に応じて，学校医，看護師，保健師，がん経験者等を外部講師として活用することが求められる。また，がんに関する専門な内容を含む場合には，がん専門医（がん診療連携拠点病院の活用を考慮）による指導も効果的であろう。一部の都道府県においては，外部講師として依頼できるような医師やがん患者・がん経験者のリストを作成して学校での取組を支援するような体制も構築されつつある。

　また，「がんは不治の病である」「がんは簡単に治せる」「がんにかかるか否かは本人自身の行いによる」「がんは他人にうつる病気である」などの科学的根拠に基づかない情報や誤解を与える情報を取り扱うことは不適切である。

(3)　がんを通して健康と命の大切さを考える教育

　健康や命の大切さをねらいとする場合には，がん患者やがん経験者による指導が効果的である。怖さや辛さのみを強調するのではなく，がんにかかったことで健康や命の大切さに気が付いたこと，充実した人生を送っていることなど肯定的なメッセージとなるよう構成に配慮したい。

■引用・参考文献
・文部科学省「外部講師を用いたがん教育ガイドライン」2016年
・植田誠治「外部講師の積極的活用」植田誠治編著，物部博文・杉崎弘周著『学校におけるがん教育の考え方・進め方』大修館書店，p.56，2018年

［杉崎　弘周］

第 8 章

児童生徒の発育発達，疾病・異常

学 習のポイント

1. 教職員は，児童生徒のよりよい発育発達を促すために，その一般的な特徴とともに，課題についても理解する必要がある。
2. 学校では，児童生徒の体力を測定するために新体力テスト（8 項目）を実施し，個人あるいは集団の体力の特徴を把握することになっている。
3. 被災地の子供たちの体力・運動能力向上をはじめ健やかな育成を保障するためには，データを基にした取組を，統一性をもって，構造的かつ継続的に実施していくことが必要である。
4. 教職員は，児童生徒に見られる疾病・異常に関して，その原因や症状ばかりでなく，学校生活における配慮事項や緊急時の対応について理解しておく必要がある。

演 習 課 題

A. 思春期の発育発達の特徴について説明しなさい。
B. 今日の幼児，児童生徒の体力・運動能力を向上させていくためには，どんな取組を実施することが考えられるだろうか。具体的に挙げてみよう。

第8章　児童生徒の発育発達，疾病・異常

第1節　児童生徒の発育発達の特徴

1　発育と発達とは

　発育とは，各器官や体格が形態的に増大することを言い，発達とは，精神面や運動面で機能的に高まることを言う。例を挙げると，身長が伸びる，肺や心臓などの臓器が増大することは発育であり，肺活量の働きが高まることを発達と言う。

　発育，発達は環境との相互作用によって促進されるものであり，環境は養育者による影響が大きい。発育は一定の速度で起こるものではなく，部位によって大きく異なり，さらに，個人差もある。よりよい発育を促すため，子供の成長に合った環境を整えることが重要である。

2　身体の形態発育

（1）　形態の発育

　図1上段は出生前から成熟期までの身長の発育曲線である。乳幼児は背中を下に仰向けで測定される。図に示されているように4つの時期に区分され，第Ⅰ期は胎児期，乳児期を経て幼児期前半の急激な発育を示す時期で第一発育急進期という。第Ⅱ期は，幼児期後半から学童期前半にかけての比較的緩やかな発育の時期である。第Ⅲ期は，男女で時期が異なるが，11歳から15歳にかけての再び急激な発育を示す第二発育急進期といい，思春期とも呼ばれる。第Ⅳ期は，思春期後の比較的緩やかな発育を示し，男子は20歳，女子は18歳くらいで成人の身長や体重に達する時期である。

　図1下段は発育速度曲線（発育増加量）であり，第Ⅲ期の第二発育急進期にその前後と比較して発育量が大きくなっていることが分かる。成熟の準備が始まり，男女差や個人差が顕著になってくる時期でもある。図1には，発育の男女差も示されている。思春期の発育増加は，男子に比べて女子の方が約2年早く始まり，10歳から14歳にかけて女子が男子を上回る。その後，男子が女子を追い越し，最終的に男子が女子よりも大きくなる。

　図2は，タナー（Tanner,J.M.）が英国の青少年5人の第二発育急進期における身長発育速度の相違を示したものである。個々にピークの年齢が異なっており，（A）はピーク年齢の早い早熟型であり，（E）はピーク年齢の遅い晩熟型と言える。このように，個人によって発育のピークは異なるのである。

（2）　器官の発育

　発育は，身体の各部位で均一に進むものではなく，その速度も一定ではないことは，スキャモン（Scammon,R.E.）の曲線から分かる（図3）。これは，発育の型別にリンパ型，神経型，一般型，生殖型と分類して，0歳の時を0%，20歳の時を100%として各年齢で

・ 156 ・

第1節　児童生徒の発育発達の特徴

図1　身長の発育曲線（模式図）(高石)[1]

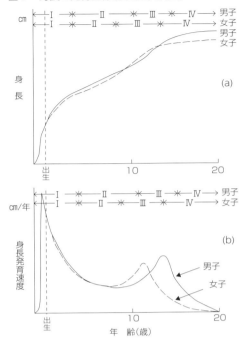

図2　身長発育速度 (cm/年) (Tannerによる)[1]

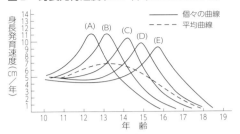

図3　スキャモンの発育型[2]

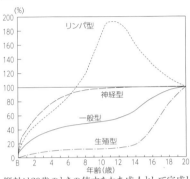

縦軸は20歳のときの値すなわち成人として完成した値を100としたときの各年齢における臓器の値を百分率で示したものである。

の割合を模式的に示したものである。リンパ型は，胸腺（免疫システムの中心となる器官），扁桃（のどにあるリンパ組織が集まったもので細菌の侵入を防ぐ）などのリンパ組織の発育の型であり，小児期は100％を超えて大きくなるが思春期頃から小さくなっていく。神経型は，脳，脊髄，視覚器官などが該当し，幼児期に急速に発育し思春期には100％に近づく。さらに思春期には，様々な学習や経験を積み重ねることによって，機能が発達していく。一般型は，身長，体重，胸囲などのほか，肺，気道といった呼吸器，胃，腸といった消化器，腎臓，大動脈と肺動静脈，血液量などがある。生殖型は，卵巣，精巣（睾丸），子宮，などがあり，それまで変化が小さかったものが思春期に急速に発育する。

(3) 思春期の発育の特徴

思春期が始まる年齢は，個人によって異なるが，思春期になると生殖器官と二次性徴，身体の大きさ，体形，筋肉，脂肪と骨の比率，その他の生理学的機能変化が起こる。身体が急激に大きくなり，形と構造も変化する。男子は肩幅が広くなるが，女子は腰幅が広くなっていく。また，筋力にも大きな違いが現れる。

思春期における身体の機能発達で顕著なものがある。呼吸機能の発達は，形態の発育に伴って胸郭が広がり，呼吸筋が強くなって肺活量や肺換気量が増加することによる。呼吸数は，1回換気量が大きくなることなどから年齢とともに減少し，10歳以上で成人の値に近づく。血液循環の原動力となる心臓は，身体の発育に伴って重さや形態が増加する。心臓の容積の増加は14歳から20歳において著しく，拍出量（拍動により心臓から送り出

第8章　児童生徒の発育発達，疾病・異常

される血液量）も増大する。呼吸と循環機能を総合した能力である最大酸素摂取量は，男子が 14 歳頃から急激に高まる。

3　身体の発育発達に影響する要因や条件

　児童生徒の心身の発育発達に影響する要因や条件として，男女の性差，両親の体格，民族，自然地理的条件，栄養状態，運動，社会経済条件，疾病，精神的要因などが挙げられる。両親の体格とその子供の体格が比較的似ていることは知られているが，最終身長は次の計算式で予測されるとされている[3]。

　　　男子：（父親の身長 cm ＋母親の身長 cm ＋ 13）÷ 2
　　　女子：（父親の身長 cm ＋母親の身長 cm － 13）÷ 2

4　相対的年齢効果

　「早生まれ」とは，1 月 1 日から 4 月 1 日生まれの子供のことである。日本の学校においては，4 月 2 日生まれから翌年 4 月 1 日生まれを同一の学年としており，学年の中では遅い方に生まれた子供であるにもかかわらず，なぜ，早生まれなのか。これは，同じ「年」生まれでも学年が異なるためであり，1 月 1 日から 4 月 1 日生まれの子供は，同年の 4 月 2 日から 12 月 31 日生まれの子供よりも 1 学年上になるために早生まれとなる。

　日本では，小学校入学段階で 6 歳 11 か月と 6 歳 0 か月の子供が同一の学年となり，誕生日によって最大で 1 年の暦年齢の差を持つ児童が同じ集団で学んでいる。生まれ月の違いである相対的年齢は，低年齢ほど成長及び発達への影響が大きいとされている[4]。

　英国サッカーリーグの選手には，相対的年齢が高い者が多かったという報告がある[5]。相対的年齢は，入学の月に生まれた者が最も高くなる。日本では 4 月 2 日生まれであるのに対して，英国では 9 月生まれが最も高いことになる。

　アメリカでは，親の選択によって相対的年齢の低い子供の幼稚園への入園を遅らせる Academic Redshirting という制度がある。この選択をしている親の多くは高所得者であること，男児が対象となる割合が高いことなどが分かっている[6]。そして，プラスの面とマイナスの面があるとされている。なお，Redshirt の語源は NCAA（全米大学体育協会）の選手登録制度にある。

　日本で複数年度の同一学年内で誕生月別の身長と体重を観察した研究[7]では，小学 6 年生の男女ともに 4 月と 5 月生まれの平均値が大きく，3 月生まれが最も小さい値を示しており，その身長の平均値の差は小学校 6 年生男子で 6.2cm，女子で 5.2cm であった。一方，中学 3 年生では，身長では男子で 4，5 月生まれが，女子で 6 月生まれが最も大きく，体重では男子が 4 月生まれ，女子が 4，6 月生まれで最も大きい値を示していた。最も小さい値は，身長，体重，男女とも 3 月生まれであった。身長の平均値の差は中学校 3 年生男子で 3.5cm，女子で 0.8cm であった。4 月生まれと 3 月生まれの平均値の差を見

• **158** •

ると，年齢が低いほど同一学年内においてもその差が大きいことを確認している。

　別の研究では，小学校1年生から中学校3年生までを横断的に観察している[8]。誕生月によって4群（4月から6月，7月から9月，10月から12月，1月から3月）に分割して検討した結果，全ての学年の男女とも1月から3月の群の身長及び体重の平均値が最も低い値であり，その差は女子よりも男子の方が顕著だったことを報告している。また，誕生月による身長差のピークは男子が小学6年と中学1年，女子が小学1年と3年となっており，男女で大きな差があった。

　これらの研究から，誕生月の違いによる身長と体重の差が存在することは明らかであり，学年が上がるとその差が縮小している。また，差の縮小は女子の方が早く起きていることは二次性徴の影響であると考えられる。児童生徒と関わる教職員は，相対的年齢効果による発育差があることを理解し，それが低学年で大きく，次第に小さくなっていくことを踏まえて学習指導や生活指導を行う必要がある。ただし，レッテルや差別に結び付くことのないように注意しなければならない。相対的年齢効果の度合いを考慮して早生まれの子供が活躍できる場を積極的に設定するなどしながらも，集団全体に教育的な配慮や支援が行き渡るようにすることが望まれる。

■引用・参考文献
1）猪飼道夫，高石昌弘『身体発達と教育』第一法規出版，pp.16-54，1967年
2）J.M.ターナー著，林正監訳『成長のしくみをとく』東山書房，1994年
3）鏡雅代，田中敏章，緒方勤「日本人の target height および target range の再評価」『日本小児科学会雑誌』第108巻第4号，pp.683-684，2004年
4）岡田猛「相対的年齢 (Relative Age) としての生まれ月とスポーツ参与：先行研究のレビュー」『鹿児島大学教育学部研究紀要. 人文・社会科学編』第54巻，pp.95-110，2003年
5）Ad Dudink「Birth date and sporting success」『Nature』第368巻，p.592，1994年
6）Daphna Bassok, Sean F. Reardon「"Academic Redshirting" in Kindergarten : Prevalence, Patterns, and Implications」『Educational Evaluation and Policy Analysis』第35巻第3号，pp.283-297，2013年
7）黒川修行，佐藤洋「同一学年内における誕生月別にみた児童・生徒の身長・体重の関係」『学校保健研究』第51巻第2号，pp.90-94，2009年
8）小宮秀明，黒川修行「児童生徒の誕生月の違いによる体格差の横断的研究」『学校保健研究』第57巻第3号，pp.129-135，2015年
・リサ・F・バークマン，イチロー・カワチ，M・マリア・グリモール編，高尾総司，藤原武男，近藤尚己監訳『社会疫学〈下〉』大修館書店，pp.345-347，2017年

［杉崎　弘周］

第8章 児童生徒の発育発達，疾病・異常

第2節	児童生徒の体力と運動習慣の現状と課題

1 体力とその測定

体力（physical fitness）は，広義には行動体力と防衛体力とからなる。行動体力とは行動を起こす能力，持続する能力，調整する能力，防衛体力は物理化学的ストレスに対する抵抗力，生物的ストレスに対する抵抗力，生理的ストレスに対する抵抗力，精神的ストレスに対する抵抗力からなる（**表1**）[1]。狭義には行動体力を指すことが多い。

また近年は，スポーツで十分に力を発揮するための体力を技能関連体力（skill related fitness），健康な生活を送っていくために必要な健康関連体力（health related fitness）とする考え方によりとらえられることが多い。

体力の測定には，最大酸素摂取量，筋パワーなど，測定機器によって測られるものがあるが，一般的には1964（昭和39）年から行われてきたスポーツテストのように，教育現場で簡便に測る方法が用いられている。スポーツテストは体力診断テストと運動能力テストからなり，また年代に応じて測定項目や実地方法が異なっていたが，1998（平成10）

表1 体力の分類[1]

体力
- 行動体力
  - 1．行動を起こす能力
    - (1) 筋力……………………筋機能
    - (2) 筋パワー………………筋機能
  - 2．行動を持続する能力
    - (1) 筋持久力………………筋機能
    - (2) 全身持久力……………呼吸循環機能
  - 3．行動を調節する能力
    - (1) 平衡性…………………神経機能
    - (2) 敏捷性…………………神経機能
    - (3) 巧緻性…………………神経機能
    - (4) 柔軟性…………………関節機能
- 防衛体力
  - 1．物理化学的ストレスに対する抵抗力
    - 寒冷，暑熱，低酸素，高酸素，低圧，高圧，振動，化学物質など
  - 2．生物的ストレスに対する抵抗力
    - 細菌，ウイルス，その他の微生物，異種蛋白など
  - 3．生理的ストレスに対する抵抗力
    - 運動，空腹，口渇，不眠，疲労，時差など
  - 4．精神的ストレスに対する抵抗力
    - 不快，苦痛，恐怖，不満など

表2 従来のスポーツテストと現在の新体力テストの測定項目[2]

スポーツテスト（従来）	新体力テスト（現在）
握力，背筋力，立位体前屈，上体そらし，垂直とび，反復横とび（サイドステップ），踏み台昇降運動（ステップテスト）	握力，長座体前屈，立ち幅とび，反復横とび（サイドステップ），50m走，20mシャトルラン・持久走，ボール投げ，上体起こし
50m走，持久走（1000m走／1500m走），ボール投げ，走り幅とび，懸垂	

160

年から実施されている新体力テスト（**表2**）では，小学生・青少年・成年・高齢者に区分されているものの，ほぼ共通項目が測定されるようになっている[2]。現在，学校で行われている新体力テストは8項目からなる。

体力測定は，児童生徒の個々のデータからその能力を知ることができる機能を有しているだけでなく，その集団が持っている能力や特性を測り，その結果から課題を見つけ出す上でも大きな意義がある。その方法を熟知し，効率のよい測定を実施し，教育に活かすことが不可欠である[3]。

2　児童生徒の体力の現状

スポーツテストが実施された1964（昭和39）年以降の児童生徒の体力は昭和50年代半ばまでは上昇傾向であったが，1980（昭和55）年頃をピークに低下傾向に転じて低レベルとなり，教育課題の1つになってきた。1985（昭和60）年に比べて2013（平成25）年では13歳男子の持久走は約28秒，11歳女子ソフトボール投げは約3.7m劣るなど，各項目ともにこうした低下傾向が見られた[4]。しかし，一方で新体力テスト項目として新たに測定されるようになった20mシャトルランや上体起こし，長座体前屈などの項目は伸びを示しており（**図1**），また，持久走は改善傾向にあり，体力全体としては下げ止まり傾向と見られている。一方，各測定結果の変動係数（（標準偏差÷平均値）×100）は年々大きくなる傾向にあり，個人差が大きくなり体力のある子供とない子供の二極化が進んでいる。また，背筋力を継続的に調査している報告からは，これを体重1kg当たりで見た指数では，1964（昭和39）年以降漸減の低下傾向を示しており（**図2**），体の大きさに比例した体力が付いていないことも懸念される[5]。こうした状況から，文部科学省は2008（平成20）年度より新体力テストを利用して，小学5年生と中学2年生を対象とした全国調査を実施しており，その結果を基に学校や地域ごとに体力向上の取組が進められている[6]。同時に実施されている運動習慣の調査結果からは，体力が運動・食事・睡眠などの生活習慣とも関係していることから，これらの改善も必要となっている。

3　児童生徒の運動習慣と体力

体力低下の直接的要因は身体活動量の低下であり，間接的要因には日々の生活習慣の悪化，体調不良，体育授業の減少や質の変化などや環境的要因もあり，これらの要因が複合して体力低下は起きている（**図3**）[7]。またこうした要因は運動習慣にも関連し，体力に影響を及ぼして

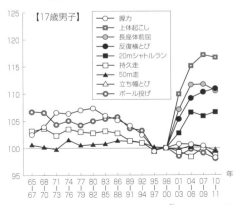

図1　新体力テストにおける項目別平均値の年次推移

（※『子どものからだと心白書』2013年[5]より筆者改変）

第8章　児童生徒の発育発達, 疾病・異常

図2　1965年以降年々低下する体重当たり背筋力[5]

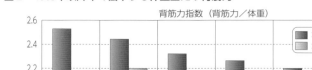

(※『子どものからだと心白書』2013年[5]より筆者改変)

いる。かつてに比べて自然体験や外遊びが減少して運動する機会も減少しているが, こうした運動習慣の差は体力の差にもなっている[8]。小学校入学前の外遊びの日数の多い子供の方が少ない子供より新体力テストの点数は高い。また週当たりの運動した日の多い子供ほど合計点は高く (図4), 1日当たりの運動時間が多いほど, 運動部に所属している子供ほど体力テスト合計点は高い。

4　体力向上に向けての課題

このような運動習慣の様相は, 単に学校だけで解決できる範囲は超えているが, 学校が果たす役割は大きく, 地域・教員・施設などそれぞれの特性に応じた取組が重要である。体力向上に向けての課題の1つは, 体力を高めるための体育授業の展開である。学習指導要領では「体つくり運動」がその中心的内容として示されている[9]。また, 球技ほかのスポーツ種目も十分に機能し, 身体活動量の多い効果的な体育授業の展開が求められる。また, 体育授業により身に付けた運動を生活の中で習慣化する指導も求められる。

体力を神経系, 呼吸循環器系, 筋・骨格系からとらえたときには, 小学校段階では巧みさを高めるような運動, 中学校段階では粘り強さを高めるような運動, 高校段階では力強さを高めるような特性の運動を行うことが望ましく, 発育発達段階に応じた指導が不可欠である。

図3　体力低下の要因[7]

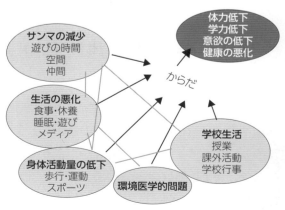

第2節　児童生徒の体力と運動習慣の現状と課題

図4　運動・スポーツの実施頻度別新体力テストの合計点（男子）[8]

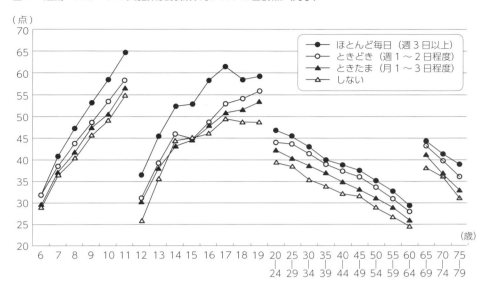

（注）1．合計点は，新体力テスト実施要項の「項目別得点表」による．
　　　2．得点基準は，6〜11歳，12〜19歳，20〜64歳，65〜79歳で異なる．

　課題の2つ目としては，生活習慣，とりわけ食生活の悪化による体調不良が増加しており[10]，食育を中心として生活習慣の改善を図りながら，児童生徒が活力のある生活を送ることが重要である[11]．また，体力は運動や遊びあるいはスポーツをする時間，空間（場所），仲間と関連しており，近年はこれらが乏しく（三間（サンマ）の減少）なっている．さらに，登下校の安全や地域の安全を確保した上で，徒歩通学による身体活動，学校外の活動の確保などは体力向上に欠かせないため，学校は保護者や地域とも連携を図って運動を習慣化することに取り組んでいく必要がある．

■引用・参考文献
1）池上晴夫『健康のためのスポーツ医学』講談社，p.19，1990年
2）文部省『新体力テスト：有意義な活用のために』ぎょうせい，2000年
3）小澤治夫「体力測定の活用」『教職研修』vol.397，教育開発研究所，pp.96-99，2009年
4）文部科学省『平成25年度体力・運動能力調査報告書』2013年
5）子どものからだと心・連絡会議『子どものからだと心白書2013』ブックハウスHD，p.129，2013年
6）文部科学省「平成20年度全国体力・運動能力，運動習慣等調査」2009年
7）小澤治夫「学校教育における体力づくり」『教育と医学』vol.649，慶應義塾大学出版会，pp 76-83，2007年
8）文部科学省『平成29年度体力・運動能力調査報告書』（スポーツ庁）2018年
9）文部省『学校体育実技指導資料　第7集　体つくり運動』2000年
10）文部科学省『子どもの体力向上に関する調査研究報告書：子どもの体力向上のためのアクティブライフつくり』2007年
11）文部科学省「食に関する指導の手引」2007年

［小澤　治夫］

第8章　児童生徒の発育発達，疾病・異常

第3節　児童生徒に見られる主な疾病・異常

　児童生徒に関連の深い疾病・異常について，最新の情報，問題点，指導方法等に関して解説する。定期健康診断等で見いだされる疾病・異常のうち，有所見者率の高い「むし歯」「屈折異常」「耳鼻咽喉疾患」等，一方，被患率は低いが早期の発見と治療及び指導が必要となる「心疾患」及び「腎疾患」，さらに小児における生活習慣病を合併する可能性のある「肥満傾向児」及び摂食障害との関連も考慮が必要な場合もある「痩身傾向児」を中心に述べる。

1　むし歯（う歯）

　2017（平成29）年度学校保健統計調査[1]によると，「むし歯」の者の割合（処置完了者を含む。以下同じ）は，幼稚園35.45％，小学校47.06％，中学校37.32％，高等学校47.30％となっており，全ての学校段階で前年度より減少しており，中学校及び高等学校においては過去最低である。中学校1年（12歳）のみを調査対象としている永久歯の1人当たりの平均むし歯等数（喪失歯及び処置歯数を含む）は，前年度より0.02本減少して0.82本となり，1984（昭和59）年度の調査開始以降ほぼ毎年減少し，過去最低となっている。現在の幼児，児童生徒の口腔環境は非常によくなってきている。その最大要因は，日常の歯磨き習慣がかなり浸透してきた結果，それに伴って，低濃度フッ素配合歯磨き剤の市場のシェア率が高率となって，むし歯の発生及び進行の抑制効果が増したものと推測される[2]。学校歯科健康診断では，1994（平成6）年学校保健法施行規則の改正に当たり，むし歯の初期様変化として見られる歯面変化を，要観察歯（Questionable Caries under Observation，略記号CO（シーオー））として診査することになった。すなわち，従来のむし歯（Caries：C）の診査は，健全歯か，又はむし歯（処置歯も含む）かの二者択一であったが，これにCOが加わった[3]。COの意義は，適切な教科を中心とした学校全体での保健の指導によって，むし歯になることを予防し進行抑制を図るところにあり，検診後の事後措置は大変重要である。

2　裸眼視力1.0未満

　文部科学省による2017（平成29）年度学校保健統計調査結果[1]によると，2017（平成29）年度の「裸眼視力1.0未満の者」の割合が，幼稚園24.48％，小学校32.46％，中学校56.33％，高等学校62.30％となっている。また，眼鏡などによる視力矯正が必要とされる「裸眼視力0.3未満の者」の割合は，幼稚園0.72％，小学校8.72％，中学校26.46％，高等学校33.89％となっている。これらの視力の低下の原因のほとんどが近視によるものと考えられている。視機能の発達は，6～7歳でほぼ完成する。したがって，

就学期を迎えた子供は通常「1.0」の視力を持つ。近視は就学以後の成長期に進行しやすく，そのほとんどが，眼球が前後に長くなる眼軸延長型の近視である。原因の因子として，遺伝と環境が挙げられており，環境因子となる近方視との関連性が指摘されている。テレビの視聴時間や視聴環境が視機能に影響をもたらすことは一般的に認識が深いが，近年は携帯型ゲーム機やパソコンなどのIT機器の影響に対してさらなる配慮をすべき状況になっている。テレビと比較して視距離が短く，長時間作業に集中してしまう傾向があるIT機器は，裸眼視力低下者の増加につながっている。視力低下の原因となる近視以外の屈折異常には，遠視と乱視がある。軽度なものは，通常の視力検査だけでの発見が難しく，視力検査結果が良好にもかかわらず，小学校高学年以降に，学年の進行に伴って眼の疲労や近見障害の訴えが多くなるのが特徴である。適切な眼鏡の処方と指導が不可欠である。眼鏡は，軽度の屈折異常に対して最初に選択される重要な矯正用具である。コンタクトレンズ（以下，CL）と異なり，眼に直接装着するのではなく「はめ外し」が容易であるために医療的にも安心して処方されている。しかし，外見的な面から中・高校生ではCL使用者が増加している。これに伴って，CLが原因で眼に何らかの異常を体験した者も多く，CLに関する正しい知識と適切な装用について保健指導を行う必要が求められている[2]。

3　アデノイド，扁桃肥大

　口を大きく開けてのどの奥を見たときに，のどの両脇に見える丸いものが口蓋扁桃である。正常な口蓋扁桃がアーモンドの種子の形に似ていることから「扁桃」と名付けられた。扁桃は主に咽頭に存在するリンパ組織群の総称であり，免疫の一部を担っている。口蓋扁桃のほかに扁桃には，上咽頭にある咽頭扁桃（アデノイド）と舌根部にある舌扁桃があり，それらが輪を形成しているために，咽頭輪あるいは「ワルダイエル咽頭輪」と呼ばれる[4]。口蓋扁桃の大きさは，年齢により変動し，5〜7歳で最大となり，11〜12歳頃より再び小さくなる[5]。生理的な肥大は，急性炎症の反復を繰り返すなどの合併症がない限り問題はない。しかし，睡眠時無呼吸症候群などの呼吸障害や嚥下障害を引き起こす原因になる。このような扁桃肥大などでは扁桃摘出術を適用する場合がある。アデノイド増殖症は，アデノイドが腫大し，気道が部分的に閉塞されている状態で呼吸障害を伴う。特に5〜6歳頃に多く見られるが，成長とともに消失する。単にアデノイドと省略して呼ばれることもある。アデノイド増殖症は，無症状であれば外科的に摘出する必要はない。しかし，鼻呼吸ができなくなり常に口呼吸をすることから，くちびるや上顎，前歯の形が変わるアデノイド顔貌と呼ばれる独特な顔つき，いびきや睡眠時無呼吸症候群などの原因になることがある。また，頻回に繰り返す急性上気道感染，慢性副鼻腔炎，中耳炎などの場合にはアデノイド切除術を適用することもある[6]。

4 起立性調節障害

起立性調節障害（OD：Orthostatic Dysregulation）は、思春期に好発する自律神経機能不全の1つである。起立時の血管反射が不全のために、下肢の静脈系の還流不全で多彩な症状を呈する。立ちくらみ、めまい、午前中に調子が悪いなどの様々な症状を呈し、全身倦怠、頭痛、腹痛、などの不定愁訴が加わることもある。過去には思春期の一時的な生理的変化であり身体的、社会的に予後は良いとされていたが、近年の研究によって重症ODでは自律神経による循環調節（とくに上半身、脳への血流低下）が障害され日常生活が著しく損なわれ、長期に及ぶ不登校状態やひきこもりを起こし、学校生活やその後の社会復帰に大きな支障となることが明らかになった。発症の早期から重症度に応じた治療及び家庭や学校生活での環境調整を行い、適切な対応を行うことが必要である。診断に当たっては、2006（平成18）年に日本小児心身医学会が発行した「小児起立性調節障害診断・治療ガイドライン2005」[7]を基本として、2014（平成26）年に一部改訂された診断アルゴリズムを用いる[8]。

診断では、可能性のある身体基礎疾患を除外し、身体症状として**表1**[9]に掲げるODの11症状のうち3つ以上当てはまるか、2つであってもODが強く疑われる場合には、ガイドラインのアルゴリズム（**図1**）に

表1 OD身体症状

①立ちくらみ、あるいはめまいを起こしやすい
②立っていると気持ちが悪くなる、ひどくなると倒れる
③入浴時あるいは嫌なことを見聞きすると気持ちが悪くなる
④少し動くと動悸あるいは息切れがする
⑤朝なかなか起きられず午前中調子が悪い
⑥顔色が青白い
⑦食欲不振
⑧臍疝痛（さいせんつう：強い腹部の痛み）をときどき訴える
⑨倦怠あるいは疲れやすい
⑩頭痛
⑪乗り物に酔いやすい

図1 ODガイドライン診断アルゴリズム

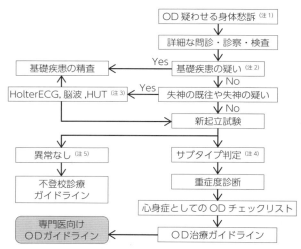

（注1）：OD身体症状項目（表1）：項目が3つ以上当てはまるか、あるいは2つであってもODが強く疑われる場合には、アルゴリズムに沿って診療する。
（注2）：検尿、便潜血、検血一般、電解質、腎機能、肝機能、甲状腺機能、心電図、胸部X線（又は、心臓超音波）。
（注3）：脳波検査やホルター心電図、HUT（head-up tilt test）で異常が見つかっても、それだけで患者の症状が説明しきれない場合には、新起立試験に進む。
（注4）：サブタイプ判定（起立直後性低血圧、体位性頻脈症候群、血管迷走神経性失神*、遷延性起立性低血圧）＊：日本循環器学会、失神研究会の名称変更に合わせて、神経調節性失神から改名した。
（注5）：異常なしでも起立時の自覚症状が強ければ、1〜2週間後に再度起立試験。

沿って新起立試験[8]を実施し，4つのサブタイプ（起立直後性低血圧，体位性頻脈症候群，血管迷走神経性失神，遷延性起立性低血圧）とその重症度を判定する。最後に「『心身症としてのOD』診断チェックリスト」を実施し，心理社会的関与の有無を判定し，治療に進む[9]。

　また，以下6項目の「心身症としての起立性調節障害の診断チェックリスト」が作成された。①学校を休むと症状が軽減する，②身体症状が再発・再燃を繰り返す，③気にかかっていることを言われたりすると症状が増悪する，④1日のうちでも身体症状の程度が変化する，⑤身体的訴えが2つ以上にわたる，⑥日によって身体症状が次から次へと変化する，「以上のうち4項目が時々（週1～2回以上）見られる場合，心理社会的因子の関与ありと判定し『心身症としてのOD』と診断する」としている。これらの身体的重症度と心理社会的関与度に応じて，治療的対応として次の6項目の組合せが示されている。①疾病教育，②非薬物療法（水分・塩分摂取，生活リズム改善など），③学校への指導や連携，④薬物療法，⑤環境調整（友達・家庭），⑥心理療法。治療的対応では全ての症例で①②を実施する。中でも非薬物療法は大変に重要であり，起立時にはいきなり立ち上がらずに30秒程かけてゆっくり起立すること，日中の臥床を避ける，生活リズムの調整，暑気を避ける，運動療法，塩分と水分摂取，弾性ストッキングのような血圧低下防止装具の利用などがある。

5　気管支ぜん息

　ぜん鳴を伴う呼吸困難の発作をぜん息という。気管支ぜん息は気管支の換気障害が原因で起こる。その原因には，気管支の攣縮，気管支粘膜の腫脹，粘膜の分泌増加などがある。気管支ぜん息は，アレルギー疾患であり，遺伝的因子と環境因子が絡み合って発症する。文部科学省による2017（平成29）年度学校保健統計調査結果[1]によると，同年度のぜん息の者の割合が，幼稚園1.80%，小学校3.87%，中学校2.71%，高等学校1.91%となっている。ぜん息の者の割合は，1967（昭和42）年度以降，各学校段階において増加傾向にあったが，2010～2013（平成22～25）年度にピークを迎えた後はおおむね減少傾向にある。ぜん息の発作（呼吸困難）は，5，6月や10月以降の気道感染症が流行する時期，気圧の変化が起こる台風のとき，部屋の掃除や布団の洗濯や乾燥が不十分な合宿所等に宿泊したとき[10]，冬季に長距離走を行う際（運動誘発ぜん息）などに起こりやすい[11]。

6　アトピー性皮膚炎

　アトピー性皮膚炎は，増悪・寛解を繰り返す，瘙痒のある湿疹を主病変とする疾患であり，患者の多くはアトピー素因を持つ。アトピー素因とは，家族歴・既往歴（気管支ぜん息，アレルギー性鼻炎・結膜炎，アトピー性皮膚炎のうちいずれか，あるいは複数の疾患）があること，又はIgE抗体を産生しやすい素因を指す[12]。①瘙痒，②特徴的皮疹と分布，③慢性・

第8章　児童生徒の発育発達，疾病・異常

反復性経過の3基本項目を満たすものを，症状の軽重を問わずアトピー性皮膚炎と診断する[13]。特徴的皮疹と分布は次に示す通り。皮疹は湿疹病変であり，急性と慢性に分類する。分布は左右対側性であり，好発部位は前額，眼囲，口囲・口唇，耳介周囲，頸部，四肢関節部，体幹である。年齢による特徴は次に示す通り。乳児期は，頭，顔に始まり，しばしば体幹，四肢に下降する。幼小児期は頸部，四肢関節部の病変がある。思春期・成人期は，上半身（頭，頸，胸，背）に皮疹が強い傾向。アトピー性皮膚炎の治療の基本は，原因・悪化因子の検索と対策，スキンケア（異常な皮膚機能の補正，薬物療法）の3点からなる[14]。

7　食物アレルギー

　食物アレルギーとは，「食物によって引き起される抗原特異的な免疫学的機序を介して生体にとって不利益な症状が惹起される現象」と定義される[15]。原因食物の体内への侵入経路は大きく経口，経皮，吸入や注射などに分けられる。食物アレルギーの発症リスクに影響する因子として，家族歴，遺伝的素因，皮膚バリア機能，出生季節などが検討されているが，中でもアトピー性皮膚炎の存在が重要である。食物アレルギーの症状は皮膚，粘膜，呼吸器，消化器，神経，循環器など多彩である。食物アレルギーの有症率は，乳児期が最も高く加齢とともに漸減する。2013（平成25）年度に文部科学省が実施した実態調査の結果[16]によると，児童生徒の食物アレルギー有症率は，4.5％である。年齢群によって新規発症の原因食物の種類は異なり，それぞれ特徴がある。鶏卵，牛乳，小麦の3大原因食物は乳幼児期に多く，学童期以降は甲殻類，果物類，魚類などが増えてくる。

　治療は食事療法と，出現した症状に対する対症療法からなる。食事療法のポイントは，①正しい原因アレルゲンの診断に基づいた必要最小限の除去食，②安全性の確保，③栄養面への配慮，④患児と家族のQOLの維持である[17]。

8　アナフィラキシー

　アナフィラキシーとは，「アレルゲン等の侵入により，複数臓器に全身性にアレルギー症状が惹起され，生命に危機を与え得る過敏反応」と定義する。アナフィラキシーに血圧低下や意識障害を伴う場合を，アナフィラキシーショックという[15]。原因や病態としては，食物，食物依存性運動誘発アナフィラキシー，運動誘発アナフィラキシー，昆虫，医薬品，その他（ラテックスの接触や粉末などの吸入など）がある。食物依存性運動誘発アナフィラキシーは比較的稀な疾患であるが，好発初発時期は中学・高校生から青年期である。発症は食後2時間以内の運動負荷の場合が大部分であり，原因食物は，小麦製品と甲殻類が多い[17]。エピペン®注射液は，アナフィラキシーを抑える補助治療を目的に患者自身や保護者が注射するアドレナリン自己注射液である。大腿部前外側は重要な神経・血管が存在しないので安全に筋肉注射が可能である。アナフィラキシー既往やアナフィラキシーリス

・　**168**　・

第3節 児童生徒に見られる主な疾病・異常

クの高い患者に対して事前に登録医が処方する。2011（平成23）年9月より健康保険適応となった。保育所及び学校において緊急の場に居合わせた関係者が注射できない状況にある本人の代わりに注射することは人道上許される。2009（平成21）年3月から, アナフィラキシーショックで生命が危険な状態にある, エピペン®を処方されている傷病者に対して救急救命士のエピペン®の業務使用が可能となった[18]。

9 アレルギー性鼻炎

アレルギー性鼻炎は鼻アレルギーとも呼ばれる。鼻炎は一般的に鼻腔の炎症を指すが, 鼻腔副鼻腔を含めて広く鼻のアレルギー性疾患を対象とするときは鼻アレルギーと呼ばれ, しばしば同義語として用いられている。さらに広義で, 血管運動（神経）性鼻炎のような刺激に対して非特異的過敏性を持つ鼻疾患などを含めている。アレルギー性鼻炎は発作性反復性のくしゃみ, 水性鼻漏, 鼻閉を3主徴とする鼻粘膜のⅠ型アレルギー性疾患と定義される。Ⅰ型アレルギーは, IgE抗体を持つ肥満細胞が抗原と反応し, この肥満細胞から放出されるヒスタミン, ロイコトリエンなどの化学伝達物質が細胞外に放出され組織を刺激して発症する。好発時期の有無により通年性と季節性に分類される。季節性アレルギー性鼻炎のほとんどは花粉症で, 花粉によるアレルギーである[19][20]。

10 心疾患

学校管理下での突然死数は, 通常高校生が最も多く, 中学生がそれに次ぐ傾向にある。年齢が高くなるにつれて不整脈などの心電図異常は増加する傾向にある[21]。学校管理下での児童生徒の突然死数は1998（平成10）年度から全体として減少傾向を続けており, 心臓系突然死も減少しつつある。学校心臓検診が児童生徒の突然死防止に貢献していると考えられる。学校心臓検診で何らかの異常が認められた場合, 事後措置として管理指導区分を決定し, 「学校生活管理指導表」[22]に基づく生活管理を行う。必要に応じて医療機関を受診する場合もある。適切な管理指導を遵守しても突然死が起こることもあり, 心臓系突然死の防止は大きな課題である[21]。

（1）　先天性心疾患

先天性心疾患のうちで心室中隔欠損症は最も頻度が高い[23]。心室中隔の欠損孔により左室と右室間に交通路を持つ畸形であり[24], 先天性心疾患全体の約20％を占める[23]。心不全に対する治療の必要のない欠損孔の小さな乳児では, 自然閉鎖を期待し乳幼児までは経過観察することが多い[24]。欠損孔が大きく乳幼児期から心不全症状がある場合は, 欠損孔閉鎖術（根治手術）を行う。乳幼児期までに根治手術を行った症例は合併症のない限り正常な発育と制限のない日常生活が期待できる。肺高血圧が残存した場合にはその程度によって, 学校生活や日常生活での制限や指導が必要である[24]。

● **169** ●

第8章　児童生徒の発育発達，疾病・異常

（2）　不整脈

　不整脈には，期外収縮，頻脈性不整脈，徐脈性不整脈がある。頻脈性不整脈として洞性頻脈，発作性上室頻拍，心房細動，心房粗動，心室頻拍，心室細動などがある。徐脈性不整脈として洞不全症候群，房室ブロック，脚ブロックなどがある[23]。不整脈の治療目的には2種類あるが，第一には不整脈による症状の改善，第二には予後の改善である。症状には動悸，脈結滞感，胸部不快感，めまい，失神などがあり，予後の観点には突然死予防と心不全予防がある。症状が強い不整脈でも，予後の観点からは治療が不必要な場合もある一方，自覚症状が全くなくても突然死の可能性が高く積極的な治療が必要な場合もある[24]。

（3）　心筋疾患

①　心筋症

　心機能異常を伴う原因不明の心筋疾患の総称である。分類については，臨床で多く見られる拡張型，肥大型，拘束型，及び不整脈原性右室心筋症，「分類不能の心筋症」となる。何らかの原因により心筋障害を来す疾患は特定心筋症として扱う[23]。主な症状は，拡張型心筋症では息切れや浮腫などの心不全症状である。肥大型心筋症では，動悸や胸痛などであるが無症状の例も多い。拘束型心筋症では，呼吸困難，動悸，全身倦怠感，抹消浮腫などである[25]。

②　心筋炎

　心筋において炎症を来す疾患である。臨床経過から急性心筋炎と慢性心筋炎に大別される。原因別に，ウイルスなどによる感染，免疫異常による炎症（膠原病やリウマチ熱など），薬物など化学物質（コカイン，抗がん剤など）や放射線など物理・化学的刺激によるものなどに分類される。急性心筋炎は自覚症状として炎症，心不全，不整脈に伴う症状が起こり得る。多くの場合は2週間で軽快するので，安静，十分な栄養摂取などで対処し，この間に心不全と重症不整脈，血栓予防などの治療を行う。慢性心筋炎は，急性心筋炎からの移行と，不顕性に発症し慢性の経過で進行するものとがある。後者の場合，拡張型心筋症に類似した病態をとる[23]。

11　腎疾患

　小児期に見られる腎疾患には，急性腎炎症候群やネフローゼ症候群などがある。腎疾患の早期発見・治療を目的として，学校での尿検査が1974（昭和49）年から全国で始められた。尿検査では，尿蛋白，尿潜血を測定する。学校保健統計における年齢別尿蛋白検出者の割合は，小学校では0.87％と低いが，中学校では3.18％，高等学校では3.52％に増加している[1]。起立性蛋白尿のように，体位によって蛋白尿が出やすい者もいるが，蛋白尿と血尿が合併すると腎炎の可能性が高くなる。運動に関しては，日本学校保健会が2002（平成14）年度に作成し，2011（平成23）年度に学習指導要領の改訂や適正の範囲で体育の授業に参加できるよう配慮して改訂した「学校生活管理指導表」[22]の基準を活

● 170 ●

用する。

(1) 急性腎炎症候群

　初期には，血尿，蛋白尿とともに浮腫，高血圧，糸球体濾過値の減少などを伴って急激に発症してくる腎炎群であり，組織上もこの時期には強い変化があることから，このような症状や所見のある場合には安静が必要となる。小児では溶血性連鎖球菌（溶連菌）感染後の急性糸球体腎炎が代表的である[26]。溶連菌の感染病巣としては扁桃炎などの上気道感染や膿痂疹などの皮膚感染が多い[27]。扁桃腺やのどの炎症（多くは熱が出る）が治ってから，1～2週間後に症状が現れるのが特徴である。一般に，急性期を過ぎると，浮腫が軽快するとともに血圧が正常に回復し，通常1～3か月後には血尿や蛋白尿が消失する。急性期症状が消失すれば安静緩和を行うが，4～5か月後にまだ糸球体に病変が残っていることが多く，約6か月は安静を守る必要がある。予後がよいので運動制限は一時的に行う。この一群は小児の場合，その大部分が治癒していく極めて予後のよい疾患であるが，一部に急性腎炎様の発症をする各種の慢性腎炎が混在することがあり，その鑑別が大切になってくる。この両者は臨床所見に加えて，蛋白尿や円柱尿（尿沈渣の一種で腎臓の糸球体から漏れだした蛋白や赤血球などが尿に出てきたもの）などの尿所見，さらに血清補体価の推移などで鑑別される。

(2) 慢性腎炎症候群

　浮腫や肉眼的な血尿などの症状によって見つかるものもあるが，現在の日本では学校検尿で偶然に発見される無症候性のものが多くなっている。腎機能，血尿，蛋白尿の程度により許可する運動を決める。発見・発症当初の管理指導は慎重に行い，悪化がなければ基準に従い緩和を行うが，血尿と蛋白尿がともに増強する場合は注意を要する。過度の運動制限は，児童生徒の発育発達を妨げたりQOLを低下させたりすることがあるので，管理に当たっては十分な配慮が必要である。蛋白尿，血尿，高血圧が認められ，徐々に腎不全に陥る進行例（進行期）と，それ以外に腎機能正常の非進行例（固定期）が含まれる。

(3) ネフローゼ症候群

　大量の蛋白尿と低蛋白血症，あるいは低アルブミン血症を認め，多くの場合浮腫と高脂血症を認める症候群であり[27]，前記二つは必須条件とする。一般に，全身にわたる高度の浮腫で気付くことが多い。顔面ことに眼瞼に高度である。原因として，原発性腎疾患に起因するものと，糖尿病，全身性エリテマトーデス，アミロイドーシス，アレルギー性紫斑病などによる続発性のものがある。病変の主体は糸球体であり，同部から血清蛋白が多量に排泄されることに基づく[5]。ステロイド剤が著しい効果を示すことも多い。制限を緩和する場合は運動能力に合わせて段階的に行い，合併症がある場合にはその病気の運動処方に従う。

171

第8章　児童生徒の発育発達，疾病・異常

12　肥満傾向及び痩身傾向

　小児では肥満が生活習慣病と関連が深い。2006（平成 18）年度から，以下の式により性別・年齢別・身長別標準体重から肥満度（過体重度）を求め，肥満度が 20％以上の者を肥満傾向児，－ 20％以下の者を痩身傾向児としている。

　　肥満度（過体重度）＝（実測体重（kg）－身長別標準体重（kg））／身長別標準体重（kg）× 100（％）

　肥満傾向児の出現率は，男子，女子ともに，算出方法を変更する前は，1977（昭和 52）年度以降，増加傾向であったが，2003（平成 15）年度あたりからおおむね減少傾向となっている。算出方法を変更した 2006（平成 18）年度以降も減少傾向にあったが，2011（平成 23）年度以降は一部の年齢の児童生徒で僅かな増加が見られるもののほぼ横ばいに推移している。一方，1977（昭和 52）年度以降，男子の痩身傾向児の出現率はおおむね増加傾向となっている[1]。

■引用・参考文献

1 ）文部科学省ホームページ＞白書・統計・出版物＞統計情報＞学校保健統計調査＞学校保健統計調査 - 結果の概要＞学校保健統計調査 - 平成 29 年度（確定値）の結果の概要
　www.mext.go.jp/component/b_menu/other/__icsFiles/afieldfile/2018/03/26/1399281_03_1.pdf（最終アクセス 2018 年 12 月）
2 ）財団法人日本学校保健会編『学校保健の動向　平成 19 年度版』pp.30-57，2007 年
3 ）財団法人日本学校保健会編『学校保健の動向　平成 18 年度版』pp.54-55，2006 年
4 ）内薗耕二，小坂樹徳監修『看護学大辞典（第四版）』メヂカルフレンド社，p.1590，pp.1873-1874，1994 年
5 ）永井良三，田村やよひ監修『看護学大辞典（第六版）』メヂカルフレンド社，p.979，p.1551，2013 年
6 ）社団法人日本耳鼻咽喉科学会社会医療部学校保健委員会『耳鼻咽喉科の健康教育マニュアル』pp.17-19，2007 年
7 ）起立性調節障害診断・治療ガイドライン作成ワーキンググループ「日本小児心身医学会小児起立性調節障害診断・治療ガイドライン 2005」『日本小児心身医学会雑誌』第 15 巻第 2 号，pp.89-143，2007 年
8 ）日本小児心身医学会編『小児心身医学会ガイドライン集改訂第 2 版』，南江堂，2018 年
9 ）田中英高「起立性調節障害」日本医事新報社，最終更新日：2017-07-26
　https://www.jmedj.co.jp/premium/treatment/2017/d220503/（最終アクセス 2018 年 12 月）
10）徳山美智子，中桐佐智子，岡田加奈子編著『学校保健安全法に対応した改訂学校保健：ヘルスプロモーションの視点と教職員の役割の明確化』東山書房，p.170，2013 年
11）文部科学省スポーツ・青少年局学校健康教育課監修『学校のアレルギー疾患に対する取り組みガイドライン』財団法人日本学校保健会，2008 年
12）古江増隆，佐伯秀久，古川福実ほか「日本皮膚科学会アトピー性皮膚炎診療ガイドライン」『日本皮膚科学会雑誌』第 118 巻第 3 号，pp.325-342，2008 年
13）日本皮膚科学会アトピー性皮膚炎診療ガイドライン作成委員会「アトピー性皮膚炎診療ガイドライン」『日本皮膚科学会雑誌』第 119 巻第 8 号，pp.1515-1534，2009 年
14）片山一朗，河野陽一監修，日本アレルギー学会アトピー性皮膚炎ガイドライン専門部会作成『アトピー性皮膚炎診療ガイドライン =Guidelines for the management of atopic dermatitis 2012』協和企画，2012 年
15）日本小児アレルギー学会『食物アレルギー診療ガイドライン 2016 ダイジェスト版』2018 年
　https://www.dental-diamond.jp/conf/nakakohara/allergy_2016/html/index.html（最終アクセス 2018 年 12 月）
16）学校給食における食物アレルギー対応に関する調査研究協力者会議『今後の学校給食における食物アレルギー対応について（最終報告）』2014 年 3 月
　http://www.mext.go.jp/b_menu/hakusho/nc/__icsFiles/afieldfile/2014/03/27/1345963_2.pdf（最終アクセス 2018 年 12 月）
17）宇理須厚雄，近藤直実監修，日本小児アレルギー学会食物アレルギー委員会作成『食物アレルギー診療ガイ

● 172 ●

ドライン =Japanese pediatric guideline for food allergy 2012』協和企画，2011 年

18）「食物アレルギーの診療の手引き 2017」検討委員会『食物アレルギーの診療の手引き 2017』
https://www.foodallergy.jp/wp-content/themes/foodallergy/pdf/manual2017.pdf（最終アクセス 2018 年 12 月）

19）奥田稔『鼻アレルギー：基礎と臨床（改訂版）』医薬ジャーナル社，p.16，pp.19-20，2005 年

20）鼻アレルギー診療ガイドライン作成委員会編『鼻アレルギー診療ガイドライン：通年性鼻炎と花粉症（2009
年版（改訂第 6 版））』ライフ・サイエンス，p.2，2008 年

21）財団法人日本学校保健会編『学校保健の動向 平成 23 年度版』pp.49-50，2011 年

22）公益財団法人日本学校保健会「学校生活管理指導表」
http://www.hokenkai.or.jp/kanri/kanri_kanri.html（最終アクセス 2018 年 12 月）

23）島田和幸，宗村美江子編『循環器（新体系看護学全書成人看護学 3)』メヂカルフレンド社，pp.166-187，p.231，
p.1551，p.2556，2013 年

24）永井良三，田村やよひ監修『看護学大辞典（第六版）』メヂカルフレンド社，p.979，p.1551，2013 年

25）永井良三編『循環器疾患（看護のための最新医学講座第 3 巻）（第 2 版)』中山書店，pp.225-236，p.307，2005
年

26）村川裕二総監修『新・病態生理できった内科学 3：腎疾患』医学教育出版社，p.114，2006 年

27）佐々木成編『腎疾患と高血圧（看護のための最新医学講座第 6 巻）（第 2 版)』中山書店，p.89，pp.233-239，
2007 年

28）服部恒明編著『現代の保健と健康』朝倉書店，p.166，1999 年

［笠井　直美］

第8章 児童生徒の発育発達，疾病・異常

| Master Course | 被災地における幼児，児童生徒の体力・運動能力向上のための取組 |

1 被災地の子供の状況

　2011（平成23）年3月11日に発生した東日本大震災に伴う福島第一原発事故により，福島県内の多くの地域は低線量放射線環境下に置かれ，子供たちは長期的な屋外活動の制約を余儀なくされた。郡山市においては，被曝する放射線量の低減化に向けた取組として，同年5月から，小学生・中学生においては体育の時間を含めて1日3時間以内に，また，幼児においては1日30分以内に，屋外での活動制限が実施された。これらの屋外活動制限は，小学生・中学生においては2012（平成24）年3月に，幼児においては2013（平成25）年10月に解除されたが，現在においても，保護者の多くは，幼児，児童生徒が屋外で遊ぶこと，運動することに対して強い懸念を抱いており，屋外において十分に活動しにくい状況に陥っている。このような状況が長期化することは，幼児，児童生徒の心身の発育発達を阻害する要因となり得るとも考えられる。

　東日本大震災以降の福島県・宮城県・岩手県の被災3県においては，屋外活動の制限や仮設住宅暮らしの長期化といった生活環境の中，運動不足による肥満傾向児の増加や体力・運動能力の低下が懸念されている。文部科学省が実施した学校保健統計調査2013（平成25）年では，特に福島県の小学生において肥満傾向児の割合が全国より高いことが明らかにされている[1]。また，文部科学省が実施した全国体力・運動能力，運動習慣等調査（平成25）年によると，被災3県においては，小学校第5学年の児童における体力・運動能力調査の結果が2010（平成22）年度の結果を下回ることも明らかになっている[2]。このように被災地域においては，身体活動の不足等による肥満傾向児の増加，体力・運動能力の低下が深刻な問題となっており，急激な生活環境の変化による生活習慣や食習慣の変容が生じていることも推察される。

2 被災地の子供の体力・運動能力

(1) 2012（平成24）年の体力・運動能力の状況

　2012（平成24）年6月より，体格，体力・運動能力の現状と運動習慣，生活習慣の実態を正確に把握するために，福島県郡山市の全小学校・中学校の児童生徒を対象とした文部科学省体力・運動能力調査を実施している。2013（平成25）年からは，幼稚園・保育園の幼児を対象とした幼児運動能力調査とともに，幼児から中学生までの運動・食・メンタルヘルスについての詳細な調査を，およそ10年間のコホート研究として開始した。

　東日本大震災・原発事故から約1年3か月後の平成24年に実施した児童の調査結果では，以下のような実態が示されている[3]。

• **174** •

① 男子，女子全ての学年において，郡山市の児童の体重の平均値は全国平均値を上回り，第1学年の男子を除く男子，女子全ての学年で統計的に有意な差が認められ，肥満の傾向が顕著に現れた。

② 体力・運動能力調査の8項目のうち，握力を除く7項目において，男子，女子ともに多くの学年で郡山市の児童の平均値は，全国平均値を下回っていた。

③ 特に，全身持久力の指標である20メートルシャトルラン，走動作・跳動作・投動作といった基本的な動きの習得に影響される50メートル走，立ち幅とび，ソフトボール投げにおいては，男子，女子全ての学年において，郡山市の児童の平均値は，全国平均値を統計的に有意に下回り，低下の傾向が顕著に見られた。

④ 1980年代以降，我が国全体で，児童の体力・運動能力は低下を示し現在に至っているが，郡山市においては，東日本大震災・原発事故以降の屋外での身体活動の減少によって，その低下傾向がより深刻化した。

⑤ 郡山市の児童の1日の運動時間は，「30分未満」の割合が高く，長時間の身体活動を確保している児童の割合が非常に低いことが分かった。

このように，低線量放射線環境下における屋外での身体活動の不足は，郡山市の子供の運動時間を減少させ，結果として肥満傾向児の増大と，体力・運動能力の著しい低下をもたらしているものと考えられる。今後，このような状況が持続することによって，幼小児の発育発達に多大な影響を及ぼすことが予測される。

(2) 2013（平成25）年度と2012（平成24）年度との体力・運動能力の比較

2013（平成25）年度と2012（平成24）年度の郡山市の体力・運動能力の測定値を比較すると，男子，女子ともに複数の調査項目において向上の傾向にあることが示された。特に20mシャトルランにおいては，第1学年の女子を除き，男子，女子ともに全ての学年において有意に上回っていることが明らかになった。

それに伴い，第1・2・5学年の男子及び第2・5学年の女子においては，2013年度の体力合計点が2012年度の体力合計点より有意に高い値を示し，これまでの取組の成果によって，体力・運動能力の向上が見られたことが明らかになっている。

また，1週間の総運動時間と体力合計点について関係を見たところ，1週間の総運動時間が"420分以上"の児童は，"60分以上420分未満"及び"60分未満"の児童よりも体力合計点が有意に高いことが示された。このことから，郡山市の幼児，児童生徒の体力・運動能力の向上のためには，屋内・屋外を問わず運動時間を確保することが重要であると考えることができる[4]。

3 健やかな子供を育むための取組

子供を取り巻く様々な健康問題は，東日本大震災以降の被災地だけの問題ではなく，震災以前からあった全国共通の問題であると言える。近年，生活様式や社会環境の変化に伴

第8章 児童生徒の発育発達，疾病・異常

い，子供の生活環境が大きく変化していることがその要因の１つであると考えられている。具体的には，生活の夜型化や，それに伴う睡眠習慣の乱れ，朝食欠食や間食の過剰摂取などの食習慣の乱れといった基本的生活習慣の乱れに加え，運動時間の減少や運動実施状況の二極化に起因する体力・運動能力の低下が問題となっている。このような子供の問題を解決していくためにも，被災地が先駆的なモデルとなり，先進的に取り組んでいくことが重要である[5]。

郡山市では，低線量放射線環境下にある子供たちの心身の発育発達を保障するために，2012（平成24）年８月に，**図1**に示されるような，市こども部，教育委員会，医師会，幼稚園協会，保育園連絡協議会，大学，学識経験者による「郡山市震災後子どものケアプロジェクト」を設立した。プロジェクトでは，地域の力を結集し，①室内運動遊び場「PEP Kids Koriyama」運営，②運動・発達支援，③地域の子育て支援，④子どもの心のケア，⑤放射線対策の５つの事業を展開している。特に，子供の体力・運動能力の向上に関する取組は，運動・発達支援事業「子どもの遊びと運動に関する検討会」の活動として位置付け，以下のような具体的な取組を実施している[注]。

① 「郡山コホート」として，幼児，児童生徒の体格，体力・運動能力，運動習慣・生活習慣についての詳細な調査研究を，約10年間の縦断的研究として実施していく。

② 2011（平成23）年12月に，室内運動遊び施設として創設された「PEP Kids Koriyama」には，１年間に約30万人が来場している。今後，施設遊具の改善，プレイリーダーの資質向上をめざした効果的な運用を行っていく。

③ 保護者，幼稚園教諭，保育士，小学校教諭，スポーツ指導者を対象としたミニレクチャーと，屋内・屋外において実施可能な運動遊びの実践を内容とした講習会を継続的に実施していく。

④ 本研究も含め，被災地で実施されている調査研究の結果を議論し，情報を共有する

図1 「郡山市震災後子どものケアプロジェクト」の組織及び取組の概要

PEP Kids Koriyama 運営	運動・発達支援	地域の子育て支援	子どもの心のケア	放射線対策
プレイリーダー養成，派遣　キッチンスタッフ養成，派遣	運動場設置　遊び場設置　体力増進　体の発達観察　啓発活動	環境対策支援　母親達のコミュニティ作り　大人の心のケア　読み聞かせ支援	年代別の心のケア　継続的な精神的サポートと治療　精神的影響調査　啓発活動	地域への啓発　健康相談　医療機関・医師会との連携

郡山市震災後子どものケアプロジェクト
（こども部，教育委員会，医師会，幼稚園協会，保育園連絡協議会，大学，学識経験者）

場として，平成 25（2013）年 10 月に「郡山健やかな子どもの育ちを見守る研究会」を立ち上げた。今後，子供の健やかな育みに適した生育環境の提案をめざしていく。

⑤　幼稚園・保育園での運動遊び，小学校・中学校での体育授業・体育的活動への派遣が可能な，チャイルド・フィジカル・ヘルス・プロバイダー（プレイリーダー，学校体育コーディネーター）を養成していく。

⑥　子供の現状説明と発育発達を保障するための情報の共有を目的とし，家庭でも実施可能な運動遊びも紹介する保護者向け情報紙「PEP UP 通信」を作成し，配布する。

4　まとめ── 実は大人の問題である ──

以上のような取組を展開する中で，被災地の子供たちから様々なことを学んでいる。取組にとって重要かつ具体的なキーワードとして，以下の 3 つを挙げることができる。

統一性：目的意識と重要性の認識を統一化して取り組むこと

構造化：取組を構造的に関連させながらとらえ，地域全体で支えていくこと

継続性：取組の成果を評価しながら，長期的に実施していくこと

郡山市での取組を，先駆的なモデルとして正確に記録に残していくとともに，それが他の地域に波及していくことが大切である。

「10 年後に，福島の子供たちを日本一元気な子供たちに育てる」。そして「将来，元気になった福島の子供たちを目標にして，日本中の子供たちが元気になれば」という願いとともに。

私たち日本人はこれまで，便利で快適な生活を望み，懸命につくりあげてきた。しかし，このようにしてつくられた現代の社会生活は，人間らしく生きることに対して，多くの問題点を生み出してしまったのではないか。大人の生活に子供を巻き込んで，子供の生活そのものを根本的に変えてしまった。その結果，子供のこころとからだに様々な危機的な状況を生み出してしまったのではないだろうか。

遊び込んでいた私たち，おいしくご飯を食べ，ぐっすり眠っていた私たちが，子供時代に経験したこと，学んだこと，感じ取ったことを，いまの子供たちも，経験し，学び，感じ取ってほしい。それが私たち大人の責務ではないだろうか。

(注) この調査や取組を進めるに当たり，株式会社学研ホールディングス，公益財団法人笹川スポーツ財団の協力を得ている。

■引用・参考文献
1 ）文部科学省「平成 25 年度学校保健統計調査（確定値）」2014 年 3 月
2 ）文部科学省「平成 25 年度全国体力・運動能力，運動習慣等調査報告書」2013 年 12 月
3 ）中村和彦，菊池信太郎，眞砂野裕，篠原俊明，長野康平，丹羽昭由「低レベル放射線下における幼少児の体力・運動能力，運動習慣等の現状と，その向上・改善のための取り組みに関する研究」『SSF スポーツ政策研究』2（1），2012 年度笹川スポーツ研究助成研究成果報告書，pp. 230-239，2013 年
4 ）中村和彦，菊池信太郎，眞砂野裕，長野康平，岸本あすか，丹羽昭由「低線量放射線環境下にある幼少児の体力・運動能力向上のための取り組みに関する縦断的研究」『SSF スポーツ政策研究』3（1），2013 年度笹川

第8章 児童生徒の発育発達，疾病・異常

スポーツ研究助成研究成果報告書，pp.201-211，2014年
5）中村和彦「健やかな子どもを育むために」菊池信太郎，柳田邦男，渡辺久子，鴇田夏子編『郡山物語：未来を生きる世代よ！ 震災後子どものケアプロジェクト』福村出版，pp.161-173，2014年

・Gallahue, D. L. and Ozmun, J. C.,*Understanding motor development: Infants, children, adolescents, Adults*, McGraw-Hill, 77-93, 208-264,1998
・宮丸凱史『子どもの運動・遊び・発達：運動のできる子どもに育てる』学研教育みらい，2011年
・文部科学省編『新体力テスト：有意義な活用のために』ぎょうせい，pp.77-96，2006年
・中村和彦「福島の子どもを元気にする」『健康づくり』406，公益財団法人健康・体力づくり事業財団，pp.12-15，2012年
・中村和彦，長野康平「幼少年期の運動経験の持ち越しに関する研究」『山梨大学教育人間科学部紀要』13，pp.67-74，2012年
・中村和彦「福島の子どもを元気にする取り組み」『子どもと発育発達』11（1），杏林書院，pp.31-34，2013年

［中村　和彦］

第9章

学校で注意すべき感染症

学 習のポイント

1. 感染症は，細菌やウイルス等の微生物が人や動物の体内へ侵入，増殖することによって発症する。最近では，各種耐性菌の出現，新興感染症や再興感染症等が大きな問題となっている。
2. 学校において予防すべき感染症の種類は，学校保健安全法施行規則第18条に定められており，第一種，第二種，第三種に分けられている。
3. 学校における感染症の予防や対応として，出席停止（学校保健安全法第19条，同法施行規則第19条）や臨時休業（学校保健安全法第20条）の措置がある。

演 習 課 題

A. 学校において，感染症のまん延を防止する上で用いられている出席停止の基本的な考え方についてまとめてみよう。
B. 学校で注意すべき感染症（麻しん，インフルエンザ，ノロウイルスなど）を1つ取り上げて，学級内で感染者が出た場合の学級担任として行うべきことがらについて話し合ってみよう。

第9章　学校で注意すべき感染症

| 第1節 | 学校における感染症の予防と対応の考え方 |

　学校における感染症の予防については，「感染症の予防及び感染症の患者に対する医療に関する法律（平成10年法律第114号）」（以下「感染症法」という）をはじめとして，公衆衛生関連の法律は学校においても適用される。学校では，児童生徒等の保健管理上，特に留意しなければならない疾病もあるため，学校保健安全法（「学校保健法」（1958（昭和33）年制定）から「学校保健安全法」に改められ，2009（平成21）年4月1日より施行）では，学校における感染症の予防に関して必要事項を定めている[1]。

　感染症法の一部を改正する法律（平成26年法律第115号）において，鳥インフルエンザ（H7N9）や中東呼吸器症候群（MERS）などの新たな感染症の海外における発生や，デング熱など昨今の感染症に対応する体制が一層強化されることとなった[2]。

表1　「感染症の予防及び感染症の患者に対する医療に関する法律第6条」による感染症の分類[3]

一類感染症	エボラ出血熱，クリミア・コンゴ出血熱，痘そう，南米出血熱，ペスト，マールブルグ病，ラッサ熱
二類感染症	急性灰白髄炎，結核，ジフテリア，重症急性呼吸器症候群（病原体がベータコロナウイルス属SARSコロナウイルスであるものに限る。），中東呼吸器症候群（病原体がベータコロナウイルス属MERSコロナウイルスであるものに限る。），鳥インフルエンザ（病原体がインフルエンザウイルスA属インフルエンザAウイルスであってその血清亜型がH5N1，H7N9であるものに限る。「特定鳥インフルエンザ」という。）
三類感染症	コレラ，細菌性赤痢，腸管出血性大腸菌感染症，腸チフス，パラチフス
四類感染症	E型肝炎，A型肝炎，黄熱，Q熱，狂犬病，炭疽，鳥インフルエンザ（特定鳥インフルエンザを除く。），ボツリヌス症，マラリア，野兎病 （政令で定める感染性の疾病） ウエストナイル熱，エキノコックス症，オウム病，オムスク出血熱，回帰熱，キャサヌル森林病，コクシジオイデス症，サル痘，ジカウイルス感染症，重症熱性血小板減少症候群（病原体がフレボウイルス属SFTSウイルスであるものに限る。），腎症候性出血熱，西部ウマ脳炎，ダニ媒介脳炎，チクングニア熱，つつが虫病，デング熱，東部ウマ脳炎，ニパウイルス感染症，日本紅斑熱，日本脳炎，ハンタウイルス肺症候群，Bウイルス病，鼻疽，ブルセラ症，ベネズエラウマ脳炎，ヘンドラウイルス感染症，発しんチフス，ライム病，リッサウイルス感染症，リフトバレー熱，類鼻疽，レジオネラ症，レプトスピラ症，ロッキー山紅斑熱
五類感染症	インフルエンザ（鳥インフルエンザ及び新型インフルエンザ等感染症を除く。），ウイルス性肝炎（E型肝炎及びA型肝炎を除く。），クリプトスポリジウム症，後天性免疫不全症候群，性器クラミジア感染症，梅毒，麻しん，メチシリン耐性黄色ブドウ球菌感染症 （厚生労働省令で定める感染性の疾病） アメーバ赤痢，RSウイルス感染症，咽頭結膜熱，A群溶血性レンサ球菌咽頭炎，カルバペネム耐性腸内細菌科細菌感染症，感染性胃腸炎，急性弛緩性麻痺（急性灰白髄炎を除く。），急性出血性結膜炎，急性脳炎（ウエストナイル脳炎，西部ウマ脳炎，

・　**180**　・

第1節 学校における感染症の予防と対応の考え方

	ダニ媒介脳炎，東部ウマ脳炎，日本脳炎，ベネズエラウマ脳炎及びリフトバレー熱を除く。），クラミジア肺炎（オウム病を除く。），クロイツフェルト・ヤコブ病，劇症型溶血性レンサ球菌感染症，細菌性髄膜炎，ジアルジア症，侵襲性インフルエンザ菌感染症，侵襲性髄膜炎菌感染症，侵襲性肺炎球菌感染症，水痘，性器ヘルペスウイルス感染症，尖圭コンジローマ，先天性風しん症候群，手足口病，伝染性紅斑，突発性発しん，播種性クリプトコックス症，破傷風，バンコマイシン耐性黄色ブドウ球菌感染症，バンコマイシン耐性腸球菌感染症，百日咳，風しん，ペニシリン耐性肺炎球菌感染症，ヘルパンギーナ，マイコプラズマ肺炎，無菌性髄膜炎，薬剤耐性アシネトバクター感染症，薬剤耐性緑膿菌感染症，流行性角結膜炎，流行性耳下腺炎，淋菌感染症
新型インフルエンザ等感染症	新型インフルエンザ（新たに人から人に伝染する能力を有することとなったウイルスを病原体とするインフルエンザであって，一般に国民が当該感染症に対する免疫を獲得していないことから，当該感染症の全国的かつ急速なまん延により国民の生命及び健康に重大な影響を与えるおそれがあると認められるものをいう。） 再興型インフルエンザ（かつて世界的規模で流行したインフルエンザであってその後流行することなく長期間が経過しているものとして厚生労働大臣が定めるものが再興したものであって，一般に現在の国民の大部分が当該感染症に対する免疫を獲得していないことから，当該感染症の全国的かつ急速なまん延により国民の生命及び健康に重大な影響を与えるおそれがあると認められるものをいう。）
指定感染症	既に知られている感染性の疾病（一類感染症，二類感染症，三類感染症及び新型インフルエンザ等感染症を除く。）であって，（感染症の予防及び感染症の患者に対する医療に関する法律）^(注)第3章から第7章までの規定の全部又は一部を準用しなければ，当該疾病のまん延により国民の生命及び健康に重大な影響を与えるおそれがあるものとして政令で定めるものをいう。
新感染症	人から人に伝染すると認められる疾病であって，既に知られている感染性の疾病とその病状又は治療の結果が明らかに異なるもので，当該疾病にかかった場合の病状の程度が重篤であり，かつ，当該疾病のまん延により国民の生命及び健康に重大な影響を与えるおそれがあると認められるものをいう。

（注）（感染症の予防及び感染症の患者に対する医療に関する法律）は，著者が条文に加えた箇所。

1 学校において予防すべき感染症の種類

　学校保健法等の一部を改正する法律が2008（平成20）年6月18日に公布され，2009（平成21）年4月1日から施行されたため，法律の名称が従来の「学校保健法」から「学校保健安全法」に改正されるとともに，「伝染病」は「感染症」と改められた。2014（平成26）年に，感染症対策の見直しを目的として感染症法の一部を改正する法律（平成26年法律第115号）が成立したことに伴い，2015（平成27）年に学校保健安全法施行規則で規定する学校において予防すべき感染症の種類について改正がなされた。

表2　学校において予防すべき感染症の種類（学校保健安全法施行規則第18条）

1 (1) 第一種　エボラ出血熱，クリミア・コンゴ出血熱，痘そう，南米出血熱，ペスト，マールブルグ病，ラッサ熱，急性灰白髄炎，ジフテリア，重症急性呼吸器症候群（病原体がベータコロナウイルス属SARSコロナウイルスであるものに限る。），中東呼吸器症候群（病原体がベータコロナウイルス属MERSコロナウイルスであるものに限る。）及び特定鳥インフルエンザ（感染症の予防及び感染症の患者に対する医療に関する法律（平成10年法律第114号）第6条第3項第

第9章　学校で注意すべき感染症

　　　6号に規定する特定鳥インフルエンザをいう。（次号及び第19条第2号イにおいて同じ。）
　（2）　第二種　インフルエンザ（特定鳥インフルエンザを除く。），百日咳，麻しん，流行性耳下腺炎，風しん，水痘，咽頭結膜熱，結核及び髄膜炎菌性髄膜炎
　（3）　第三種　コレラ，細菌性赤痢，腸管出血性大腸菌感染症，腸チフス，パラチフス，流行性角結膜炎，急性出血性結膜炎その他の感染症
2　感染症の予防及び感染症の患者に対する医療に関する法律第6条第7項から第9項までに規定する新型インフルエンザ等感染症，指定感染症及び新感染症は，前項の規定にかかわらず，第一種の感染症とみなす。

2　出席停止の期間の基準

　学校での感染症は，児童生徒等間へと拡大しやすく，また教育活動にも大きな影響が生まれるおそれがある。学校保健安全法第19条では「校長は，感染症にかかつており，かかつている疑いがあり，又はかかるおそれのある児童生徒等があるときは，政令で定めるところにより，出席を停止させることができる。」と規定している。出席停止という児童生徒等の個人に対して行われる予防措置をとることにより，感染症のまん延を未然に防いでいる。

　学校において予防すべき感染症の種類及び出席停止の期間の基準（学校保健安全法施行規則第18条，第19条）は，表3の通りである。

表3　学校において予防すべき感染症の種類及び出席停止の期間の基準（学校保健安全法施行規則第18条，第19条）

種類	感染症の種類（学校保健安全法施行規則第18条）	出席停止の期間（学校保健安全法施行規則第19条）	
第一種	（略…表2参照） ＊上記のほか，新型インフルエンザ等感染症，指定感染症及び新感染症は，治癒するまで。	治癒するまで。	
第二種	インフルエンザ（特定鳥インフルエンザ及び新型インフルエンザ等感染症を除く。）	発症した後5日を経過し，かつ，解熱した後2日（幼児にあっては，3日）を経過するまで。	病状により学校医その他の医師において感染のおそれがないと認めたときは，この限りでない。
	百日咳	特有の咳が消失するまで又は5日間の適正な抗菌性物質製剤による治療が終了するまで。	
	麻しん	解熱した後3日を経過するまで。	
	流行性耳下腺炎	耳下腺，顎下腺又は舌下腺の腫脹が発現した後5日を経過し，かつ，全身状態が良好になるまで。	
	風しん	発しんが消失するまで。	
	水痘	すべての発しんが痂皮化するまで。	
	咽頭結膜熱	主要症状が消退した後2日を経過するまで。	
	結核		
	髄膜炎菌性髄膜炎		

	コレラ	病状により学校医その他の医師において感染のおそれがないと認めるまで。	
	細菌性赤痢		
	腸管出血性大腸菌感染症		
第三種	腸チフス		
	パラチフス		
	流行性角結膜炎		
	急性出血性結膜炎		
	その他の感染症		

出席停止の期間（学校保健安全法施行規則第 19 条）
・第一種若しくは第二種の感染症患者のある家に居住する者又はこれらの感染症にかかっている疑いがある者については，予防処置の施行の状況その他の事情により学校医その他の医師において感染のおそれがないと認めるまで。
・第一種又は第二種の感染症が発生した地域から通学する者については，その発生状況により必要と認めたとき，学校医の意見を聞いて適当と認める期間。
・第一種又は第二種の感染症の流行地を旅行した者については，その状況により必要と認めたとき，学校医の意見を聞いて適当と認める期間。

　出席停止の基本的な考え方には，患者本人が感染症から回復するまで治療し，休養をとらせること，他の子供たちへ容易に感染させるおそれのある期間は集団生活への復帰を遠慮してもらうことなどがある。感染症対策として，予防教育及び児童生徒等の日常の健康観察や出席状況を確実に把握し，時期を失することなく児童生徒等や保護者への注意喚起や健康に関する指導など適切な対応が必要である。

3　臨時休業

　学校における感染症予防の出席停止以外の重要な措置として，臨時休業がある。「学校の設置者は，感染症の予防上必要があるときは，臨時に，学校の全部又は一部の休業を行うことができる。」（学校保健安全法第 20 条）。出席停止が児童生徒個々に対する実施であるのに対して，臨時休業はいわゆる学校閉鎖，学年閉鎖，学級閉鎖という集団的な感染症予防措置の実施となる。

4　感染症予防に関する細目

　校長は，感染症予防のために，感染源対策とともに感染経路対策を行うことが規定されている（学校保健安全法施行規則第 21 条）。すなわち，学校内で，感染症にかかっている又はその疑いがある児童生徒等を発見した場合に，必要とあらば学校医による診断，出席停止を指示するほか，消毒その他適当な処置をすることが定められている。また，学校内に感染症の病原体等に汚染した又はその疑いがある物件があるときは，消毒その他適当な処置をすることになっている。さらに，学校の附近にて，第一種又は第二種の感染症が発生したときは，その状況により適当な清潔方法を行うことが規定されている。

第9章 学校で注意すべき感染症

5 保健所との連絡

　学校保健安全法第18条で「学校の設置者は，この法律の規定による健康診断を行おうとする場合その他政令で定める場合においては，保健所と連絡するものとする。」とあるのに関連して，学校保健安全法施行令第5条では，「法第18条の政令で定める場合は，次に掲げる場合とする。(1)　法第19条の規定による出席停止が行われた場合　(2)　法第20条の規定による学校の休業を行つた場合」となっている。したがって，学校にて臨時に感染症予防のために健康診断を行おうとする場合や感染症の流行時に，保健所は学校から出席停止や臨時休業等の情報を得ることになり，保健所と学校とが協力して地域の公衆衛生活動のために対処していくことになる。

■引用・参考文献
1）文部科学省ホームページ＞政策・審議会＞国会提出法律＞第169回国会における文部科学省成立法律＞学校保健法等の一部を改正する法律
　　http://www.mext.go.jp/b_menu/houan/kakutei/08040703/gakkouhoken.htm（最終アクセス2019年2月）
2）厚生労働省ホームページ＞所管の法令等＞国会提出法案＞第187回国会（臨時会）提出法律案＞感染症の予防及び感染症の患者に対する医療に関する法律の一部を改正する法律案（平成26年10月14日提出）
　　https://www.mhlw.go.jp/topics/bukyoku/soumu/houritu/187.html（最終アクセス2019年2月）
3）電子政府の総合窓口（e-Gov）＞法令＞感染症の予防及び感染症の患者に対する医療に関する法律
　　http://elaws.e-gov.go.jp/search/elawsSearch/elaws_search/lsg0500/detail?lawId=410AC0000000114#25（最終アクセス2019年2月）

［笠井　直美］

第2節　学校で特に注意すべき感染症とその対策

| 第2節 | 学校で特に注意すべき感染症と
その対策 |

　感染症は，細菌，ウイルス，リケッチア，クラミジア，真菌，原虫，スピロヘータなど
の微生物が人や動物の体内へ侵入して増殖した結果起こる疾病である。衛生環境の改善，
栄養状態の改善，予防接種，抗菌剤などによって，我が国では感染症は，かつてほどの重
大な危機ではなくなったように思われている。ところが，抗生剤をはじめとする化学療法
剤の進歩はめざましいものがある一方，メチシリン耐性黄色ブドウ球菌（MRSA），バンコ
マイシン耐性腸球菌（VRE）や多剤耐性結核菌をはじめとする各種耐性菌が出現している。
また，エボラ出血熱（1976（昭和51）年），エイズ（1981（昭和56）年），腸管出血性大
腸菌感染症（1982（昭和57）年），C型肝炎（1989（平成元）年），高病原性鳥インフルエ
ンザ（1997（平成9）年），SARS（重症急性呼吸器症候群）（2003（平成15）年）などのこ
れまで知られなかった感染症（新興感染症）が出現し，また，近い将来克服されると考え
られてきた結核，マラリア等の感染症（再興感染症）が人類に再び脅威を与えている。

　近年は，航空機による海外への移動が容易になり，また，短時間で長距離の旅行ができ
ることなどから，感染の機会が増大し，感染症の病原体が世界中へ拡散される危険性が高
くなった。したがって，海外から国内に運び込まれる輸入感染症（旅行者感染症）対策も
大きな課題である。以下，主要な項目についてその現状や問題点等を略記する。

(1)　新型インフルエンザ

　新型インフルエンザは，毎年流行を繰り返す従来のウイルスとは全く異なるウイルスが
出現することにより，免疫を持たないヒトの間で大流行を起こすものである。劇症で重大
な健康被害をもたらし，場合によっては世界的規模の流行（パンデミック）を起こす。数
十年おきに流行があり，代表的なものに1918（大正7）年の第一次世界大戦時に流行し
たスペイン風邪（H1N1），1957（昭和32）年のアジア風邪（H2N2），1968（昭和43）年
の香港風邪（H3N2）がある。

　現在，高病原性鳥インフルエンザのヒトへの感染が懸念されている。鳥インフルエンザ
ウイルスは本来ヒトへ感染しないが，最近ヒトへ感染するケースの報告が増加している。
世界保健機関（WHO）は，2006（平成18）年2月にH5N1型の血清亜型のウイルスによ
る鳥インフルエンザの患者へ入院措置を推奨した。日本でもH5N1型インフルエンザを
感染症法の指定感染症に定め，入院措置などが可能となった。

　さらに2009（平成21）年には，新型インフルエンザ（A/H1N1）が，メキシコをはじ
め各国で広がりを見せ，WHOは警戒レベルをフェーズ6（世界的大流行）に引き上げた。
このインフルエンザは弱毒性ではあるが，妊婦や高齢者，慢性呼吸器疾患等の基礎疾患を
有する者等は重症化のリスクが高いと言われている。学校での対応に関する最新情報は，
文部科学省や他の機関からも提供されているので，常に情報収集をし，適切な対応を行う

185

第9章　学校で注意すべき感染症

ことが大切である。

(2)　感染性胃腸炎

　感染性胃腸炎は，主にウイルスなどの微生物を原因とする急性胃腸炎の総称である。夏季の原因菌として多いのが，カンピロバクター，サルモネラ，病原性大腸菌である。一方冬季には，ロタウイルスやノロウイルスによるものが非常に多い。主な症状は腹痛，下痢，嘔吐，発熱である。ノロウイルスによる感染性胃腸炎は，学校や施設などの集団生活の場で大規模な流行となることもあり，体力が低下した者や高齢者では特に注意が必要である。

　ノロウイルスの潜伏期間は24〜48時間で感染性が強く，少量のウイルスでも感染する。免疫の持続が数か月のため，再感染の可能性がある。基本的にはノロウイルスが口から入り，消化器に達して主に腸管で増殖して感染する。ノロウイルスが口に達する様々な経路を以下に示す。①経口感染（食中毒）：ウイルスに汚染された貝類等の不充分な加熱による摂取。②接触感染：感染者の吐物や糞便に触れ，その手指を介在してウイルスが口から入った場合。③飛沫感染：感染者の吐物や糞便が飛散（1m前後）し，その飛沫を吸い込んだ場合。④空気感染（飛沫核感染）：感染者の吐物や糞便が乾燥して飛沫よりもさらに微細な粒子となって浮遊し，それを吸い込んだ場合。予防方法は，手洗い・うがいの励行，食品の充分な加熱，熱湯や次亜塩素酸ナトリウムによる消毒，感染者の吐物や糞便の適切な処理である。感染を拡散させないために，下痢や嘔吐の症状がある者は調理を控えたり，学校，施設や職場を休んだりすることも必要である。

(3)　麻しん

　麻しんウイルスによって引き起こされる感染症であり，感染経路は空気感染，飛沫感染，接触感染などである。不顕性感染はほとんどなく，感染した90％以上の人が発症する。感染後約10日の潜伏期を経て発症する。38℃前後の発熱が2〜4日続き，倦怠感，咳，鼻水といった上気道炎症状と結膜炎症状が現れ次第に強くなる。発熱が1℃程度下降した後，半日ぐらいのうちに再度39℃以上の高熱とともに特有の発疹が出現する。合併症のない限り，主な症状は7〜10日経てば回復する。免疫力が低下するため，中耳炎，肺炎や脳炎といった重い合併症を発症することもあるため注意を要する。

　抗体保有率を高めるために，2006（平成18）年4月から定期接種の対象となり，第1期：1歳児，第2期：小学校入学前1年間の幼児への麻しん・風しん混合ワクチン（MRワクチン）の2回接種制度が導入された。しかし，2007（平成19）年に高校・大学を中心とする学校等での麻しんの流行により，大学を含めて学校閉鎖が相次ぐなど社会的にも問題となった。この理由として，①自然感染機会の減少，②ワクチン未接種者，③ワクチンを接種しても充分な免疫が得られていない者，④ワクチン接種で免疫を獲得しても，麻しんウイルス接触による免疫強化の機会（ブースター効果）が減少するなどの影響で抗体価が低下した者の存在などが推測された。この学校等での麻しん流行の経験を繰り返さないため，2008（平成20）年4月から5年間に限り（2013（平成25）年3月31日まで），これ

・ **186** ・

第2節　学校で特に注意すべき感染症とその対策

まで1回しか定期接種の機会が与えられていなかった世代である以下の者が新たに定期接種の対象者に位置付けられることとなった。第3期：2008（平成20）年4月から5年間，それぞれの年度の中学校1年生に相当する年齢の者，第4期：2008（平成20）年4月から5年間，それぞれの年度の高校3年生に相当する年齢の者である。麻しんに特異的治療法はなく，対症療法が中心となるため，ワクチンによる予防が最も重要である。

(4) 腸管出血性大腸菌感染症

　病原大腸菌には，毒素を産生し，出血を伴う腸炎や溶血性尿毒症症候群（HUS：Hemolytic Uremic Syndrome）を起こす腸管出血性大腸菌と呼ばれるものがあり，代表的なものが「腸管出血性大腸菌 O157」である。1982（昭和57）年アメリカオレゴン州とミシガン州でハンバーガーによる集団食中毒事件があり，患者の糞便から O157 が原因菌として初めて見つかった。腸管出血性大腸菌は，国内では井戸水，牛肉，サラダ，日本そば，海外ではハンバーガー，レタス，ホウレンソウなどの様々な食品や食材から見つかっているため，食品の洗浄や加熱（75℃で1分間以上の加熱で死滅）など衛生的な取扱いが大切である。特に，初夏〜初秋は腸管出血性大腸菌多発期として，十分注意が必要となる。多くの場合（感染の機会のあった者の約半数）は，おおよそ3〜8日の潜伏期をおいて頻回の水様便で発症する。さらに激しい腹痛を伴い，まもなく著しい血便となる場合は出血性大腸炎である。これらの症状のある者の6〜7％の者が，下痢などの初発症状の数日から2週間以内（多くは5〜7日後）に，HUS や脳症などの重症合併症を発症すると言われている。HUS は腸管出血性大腸菌感染の重症合併症の一つであり，血栓性微小血管炎による急性腎不全を起こし，初期には，顔色不良，乏尿，浮腫，意識障害などの症状が見られる。子供と高齢者に起こりやすいため，この年齢層の人々には特に注意が必要である。

(5) エイズ（AIDS）

　エイズ（AIDS：Acquired Immune Deficiency Syndrome）は後天性免疫不全症候群の略称である。ヒト免疫不全ウイルス（HIV：Human Immunodeficiency Virus）は，CD4 陽性リンパ球と呼ばれる白血球の一種に侵入し増殖する。感染が起こると，CD4 陽性リンパ球の数が減少し続け免疫機能が低下していく。HIV 感染の自然経過は感染初期（急性期），無症候期，エイズ発症期の3期に分けられる。

　厚生省エイズサーベイランス委員会は，1994（平成6）年に AIDS の診断基準は，HIV検査で感染が認められた場合であって，23の特徴的症状（日和見感染症）の1つ以上が明らかに認められるとき AIDS と診断するとした。未治療の患者の半数ほどが，約10年以内にエイズを発症する。HIV 治療薬（抗レトロウイルス薬）は，通常3種類以上を組み合わせて使用する。これらの薬は，HIV の増殖を防ぎ，免疫系の機能を強化して感染症にかかりにくくするが，まれな例外を除き，不活性状態で潜伏している HIV を根絶することはできない。日本国内では，エイズ発生動向調査が1984（昭和59）年に開始され，凝固因子製剤による感染例を除いた累積報告件数は，2017（平成29）年末の時点で HIV 感染

第9章　学校で注意すべき感染症

者 19,896 件，AIDS 患者 8,936 件で計 28,832 件となった。我が国において HIV 感染者報告では，日本国籍男性を中心として，国内での性的接触（特に同性間性的接触）の感染経路が最も多い。主な感染経路は，性行為，注射器・注射針の使い回し，母子感染である。HIV は血液，精液，腟分泌液，母乳等に存在しており，これらの体液が，相手の腟，肛門や直腸，尿道，口や喉などの粘膜から吸収されたり，皮膚や粘膜にできた傷口から体内に入ったりすることによって感染の可能性が生じる。

(6)　性感染症 (STD，STI)

性器クラミジア感染症，性器ヘルペスウイルス感染症，尖圭コンジローマ，梅毒及び淋菌感染症，HIV 感染症，腟トリコモナス症，性器カンジダ症，ケジラミ症などは，性器，口腔等による性的な接触を介して感染する。

従来，STD（Sexually Transmitted Diseases）と表現されることが多かったが，近年，STI（Sexually Transmitted Infections）という用語も用いられている。STD の中に，感染はしていても発症しない疾患が目立つようになってきたこともその一因である。病原体としては，細菌（梅毒トレポネーマ，淋菌など），ウイルス（単純ヘルペスウイルス，パピローマウイルス，肝炎ウイルスなど），マイコプラズマ，クラミジア，真菌，原虫（トリコモナス），寄生虫（ケジラミ，疥癬虫）がある。性器クラミジア感染症は我が国で最も多く，男女とも性的活動の活発な若年層に多いが，特に女性でその傾向が目立ち，29 歳以下では男性患者数を上回っている。最近では 10 代の女性の感染率の高さが将来の不妊につながるとして憂慮されている。これは，初交年齢の低下，コンドームの不使用や性行為の相手を短い期間で変えることなどが原因であると考えられている。また，女性は感染しても自覚症状に乏しいため，診断治療に至らないことが多く，無自覚でのパートナーや出産児への感染可能性があるので注意が必要である。

■引用・参考文献
・竹田美文編集代表『感染症アレルギー・免疫膠原病（新体系看護学全書成人看護学 9）（第 2 版）』メヂカルフレンド社，2012 年
・厚生労働省ホームページ，感染症・予防接種情報
　http://www.mhlw.go.jp/stf/seisakunitsuite/bunya/kenkou_iryou/kenkou/kekkaku-kansenshou/index.html（最終アクセス 2014 年 8 月）
・国立感染症研究所ホームページ
　http://www.niid.go.jp/niid/ja/（最終アクセス 2014 年 8 月）
・「平成 24（2012）年エイズ発生動向年報（1 月 1 日～ 12 月 31 日）」平成 25 年 5 月 22 日厚生労働省エイズ動向委員会
　http://api-net.jfap.or.jp/status/2012/12nenpo/nenpo_menu.htm（最終アクセス 2014 年 8 月）
・「平成 29（2017）年エイズ発生動向年報（1 月 1 日～ 12 月 31 日）」平成 30 年 8 月 27 日厚生労働省エイズ動向委員会
　http://api-net.jfap.or.jp/status/2017/17nenpo/17nenpo_menu.html（最終アクセス 2018 年 12 月）
・https://www.msdmanuals.com/ja-jp/ ホーム /16- 感染症 / ヒト免疫不全ウイルス -%EF%BC%88hiv%EF%BC%89- 感染症 / ヒト免疫不全ウイルス %EF%BC%88hiv%EF%BC%89 感染症（最終アクセス 2018 年 12 月）

［笠井　直美］

第10章

精神の健康

学 習のポイント

1. 児童生徒に見られる主な精神疾患の特徴を理解し，日頃の健康観察等により子供たちの様々なサインに気付くことが重要である。
2. 依存には，薬物などの物質を対象としたもの，行動を対象としたものの2種類がある。こうした依存の形成には，様々な要因が複雑に関連しており，依存対象の特性，本人側の要因，環境要因が挙げられている。
3. 児童生徒の心の問題は深刻化・複雑化しており，学校においては，相談体制の充実等の校内組織での取組はもとより，校外機関との適切な連携が求められる。
4. ストレスへの対処方法には，「問題焦点型対処」と「情動焦点型対処」があり，ストレスを生起させる問題の内容や，自分の持っている能力や資源に応じて，そのつど選択することが重要である。

演 習 課 題

A. 児童生徒に見られる主な精神疾患を1つ取り上げ，日頃の健康観察において留意すべき点を考えてみよう。

B. 児童生徒の心の問題への対応において学校が連携することのできる校外機関について，それぞれの地域における具体的な機関をリストにしてみよう。

第10章　精神の健康

| 第1節 | 児童生徒に見られる精神疾患 |

1　主な精神疾患

(1)　うつ病

　うつ病は，気分の落ち込みや意欲の低下などを主症状とする疾患である。米国精神医学会の診断基準（DSM-5）によると，抑うつ気分（子供や青年の場合は，イライラした気分）／興味・喜びの喪失／1か月で体重の5%以上の増減／不眠または過眠／落ち着きがない又は行動が遅い／疲れやすい又は気力の減退／無価値感・罪責感／思考力や集中力の減退又は決断が困難／死について考えたり，口にしたりする，といった症状がある。これらの症状が5つ以上あり，そのうち1つは抑うつ気分又は興味・喜びの喪失であること，それらの症状が2週間以上続く場合は，うつ病の可能性が考えられる。**表1**に，うつ病の症状をまとめる。

　低年齢であるほど，行動の抑制（遊びが少なくなった，勉強しなくなったなど）や身体症状（頭痛・腹痛，食欲低下とそれに伴う体重減少，身体不調の訴えなど）が多くなり，加齢につれて，絶望感や不快感を言葉で語ることが多い。予後は，1〜2年で軽快する症例が多いものの，その後再発する可能性も示唆されている[1]。子供のうつ病には，不安症状（強い場合にはパニック発作）や注意欠陥多動性障害（ADHD）などを併発することが多い。うつ病は，気分や感情，思考や意欲の異変のみならず，様々な身体不調が生じる。したがって，子供の様子を多面的にとらえ，適切な対応につなげる必要がある。

表1　うつ病の症状

気分や感情の症状	憂うつ，悲哀感，希望がない，元気がない，気分が沈む，涙もろくなる，不安，イライラ，落ち着かない，自分を責める，自殺を考える
思考や意欲の症状	注意が集中できない，学業の能率が落ちる，決断力が鈍る，好きなことも楽しめない，気力がわかない，何事も面倒
身体の症状	途中で目が覚める，早朝に目が覚める，寝つきが悪い，ぐっすり寝た気がしない，時に眠り過ぎる，全身が重い，疲れやすい，身体がだるい，食欲がない，体重減少，便秘，下痢，頭痛，動悸，胃の不快感，めまい

（※文部科学省「教師が知っておきたい子どもの自殺予防」を参考に一部追記）

(2)　統合失調症

　統合失調症は，精神疾患のうち最も多い疾患であり，約120人に1人という割合で発症する。発症年齢は15歳以前では稀であり，18歳以降から20歳台にかけて急増すると言われている[1]。現在は，早期治療と適切なケアにより3人に1人は治癒し，完治しなくても治療を受けながら復学できるケースも多い[2]。症状としては，幻覚・妄想が起こりや

• 190 •

すい。幻覚の中でも「自分の悪口やうわさ話が聞こえる」などの幻聴が多い。代表的な妄想は，被害妄想（「自分が秘密組織に狙われている」等）と誇大妄想（「自分は神の生まれ変わりだ」等）である。この他，「周りの人が自分をジロジロ見る」「通行人が自分をあざ笑った」など，身の回りで起きている出来事を自分と必要以上に関連付けて被害的に知覚することもある（被害関係念慮）。統合失調症の中には，幻覚や妄想がなく，日常生活が徐々にだらしなくなり，独語（ひとり言），空笑（ひとり笑い）が出現し，部屋に閉じこもることや，短期間のうちに急激に支離滅裂（つじつまの合わないことを口にする）となり，興奮して行動が止まらなくなるという急性錯乱で発症することもある。学校や家庭において子供の異変に気付いた場合は，早急に対応し適切な治療につなげる必要がある。そのためにも，普段から学校や家庭での子供の様子を健康観察から把握することが必要である。

(3) 不安症

　不安症のうち，思春期で多く発症する社交不安症について取り上げる。社交不安症は，他者によって注視されるかもしれない社交状況において，強烈な恐怖または不安が生じる疾患である。よく知らない人から見られる，あるいはよく知らない人たちの中で何かをするという状況において，自分が他者により否定的に評価されるだろうと恐怖する。また，赤面，発汗，手や声が震える，言葉に詰まるなどの症状を示すことで，他者から否定的な評価を受けるのではないかと恐怖する。子供の場合は，成人との場面だけでなく，仲間と一緒にいる状況でも恐怖や強い不安が生じる。恐怖や強い不安に対して，子供は，泣く，かんしゃくを起こす，凍りつく，親しい人にしがみつく，あるいはそばにいる，緘黙になる（沈黙する）といった形で表現することもある。発症年齢は，10歳前後から20歳前半までが多く，大人になると軽症化もしくは悩んでいないことが多い。ひきこもりや不登校において，社交不安症様の対人緊張を訴えるものが多いと言われている[1]。社交不安がある場合，人前で発表させられることや，質問に答えさせられることが苦手である。社交不安が見られる場合は，その子供の特性に応じた対応を検討する必要がある。

(4) 摂食障害

　摂食障害は，やせ願望や体重増加に対する極度の怖れをもつことが特徴的な疾患である。思春期が好発年齢であり，女子に多い。摂食障害は主に「神経性やせ症」や「神経性過食症」を指す。「神経性やせ症」は，正常下限を下回るやせがあり，体重増加または肥満への強い恐怖を持つが，本人はやせすぎた身体を気にすることはないという特徴がある。体脂肪の減少による無月経，徐脈，脳萎縮などの影響も見られる。一方「神経性過食症」は，食べることのコントロールができなくなり，過食に加え，体重増加を防ぐための不適切な代償行為（自己誘発性嘔吐など）の繰り返しがある。多くの場合，過食を恥ずかしく思っており，隠そうとする。子供の場合，過食する食べ物を買うために万引きなどをするリスクがある。こうした摂食障害の特徴としては，自分の体重・体型の見方（ボディ・イメージ）に歪みや思い込みがあること，社会背景として，やせを礼賛するマスメディアの影響が指

第10章 精神の健康

摘されている。学校では日頃の健康観察の他，健康診断を通じて身長及び体重の発育曲線を活用し，子供の異常を把握することができるであろう。

(5) 強迫症

強迫症は，強迫症状としての「強迫観念」と「強迫行為」からなる疾患である。子供の約200人に1人の割合で発症し[1]，男子に多いと言われている。強迫観念とは，不合理な考えが意に反して繰り返し浮かんでくることであり，子供の場合は自覚がないことが多い。例えば，「汚い」「ばい菌がついた」といった衛生に関するものや，「鍵をかけ忘れた」「ガスの元栓を閉め忘れた」等の安全に関するもの，「置かれるべき所に物が置かれていない」「左右が対称となっていない」等の整理・順番に関するものがある。一方の強迫行為とは，意味がなく有用性がないと気付きつつも，強い不安があるために特定の行為を反復してしまうものである。例えば，「手を洗う」「確認する」「順序立てる」といった儀式的な行為を繰り返すことが多い。児童期の発症では，注意欠如多動性障害（ADHD）やチック症の合併が多く，思春期以降では，うつ病などとの合併が多い。学校生活において，強迫症の症状が見られた場合は，専門家に相談すること，また学校全体で強迫症の特徴を理解し，からかわれたり，いじめの対象となったりしないよう，対応を図る必要がある。

(6) 心的外傷後ストレス障害（Post Traumatic Stress Disorder; PTSD）

心的外傷後ストレス障害は，自己及び他者の身体的，精神的安全が極度に脅かされるような心的外傷を体験した後に生じる精神・生理反応群である[1]。主な症状は，再体験症状，回避麻痺症状，過覚醒症状の3つである。再体験症状とは，過去の外傷的出来事の体験が意識へ突然，一方的に再体験されるものであり，その出来事は悪夢となって表れる場合もある。子供の場合，地震ごっこや津波ごっこといった遊びで被災体験を再現することもある。回避麻痺症状とは，つらい体験を想起させる場所や状況を避ける，つらい体験自体を想い出せない，引っ込み思案，活動性の低下，記憶力や集中力の低下などの症状である。過覚醒症状とは，興奮や反応性が高まった状態であり，過剰な警戒感，不眠，落ち着きのなさ，怒りっぽいなどの症状が表れる。この他，1人になるのを怖がることや，幼児かえりしたように甘える症状もよく見られる。子供はこうした感情の変化を自ら訴えることはほとんどないため，日頃の健康観察において，感情や行動，態度の異変を把握し，適切な対応につなげることが重要である。

2 依存症

『高等学校学習指導要領（平成30年告示）解説　保健体育編 体育編』のうち，「精神疾患の予防と回復」の内容では，「アルコール，薬物などの物質への依存症に加えて，ギャンブル等への過剰な参加は習慣化すると嗜癖行動になる危険性があり，日常生活にも悪影響を及ぼすことに触れるようにする」と明記された。樋口[3]によると，依存とは「快感や多幸感をもたらすアルコール，ニコチン，覚せい剤などの物質使用を反復した結果，その

第1節 児童生徒に見られる精神疾患

物質の使用を減らしたり，止めたりすることができなくなった状態」を言う。一方，行動を対象としたものは「行動嗜癖」と呼ばれ，正常であれば楽しいはずの活動がコントロールしがたい欲求や衝動によって繰り返され，その結果，その個人や他者に対して有害となっている状態を言う。これらは一般的に，対象（物質，行動）の区別なく「依存」と呼ばれている。行動嗜癖の典型的なものに，ギャンブル依存（ギャンブル障害）がある。米国精神医学会の診断基準（DSM-5）によると，その症状は，興奮を得たいがために，掛金を増やしたい欲求／賭博回数を減らしたり，止めたりすると落ち着かなくなる／賭博を減らす，やめるなどの努力を繰り返したが，成功しなかったことがある／賭博にとらわれている／問題からの逃避や不快な気分の解消手段として賭博をする／賭博による損失金を別の日に賭博をして取り戻そうする（負け追い行動）などがある。

　こうした依存の形成には，依存対象の特性，本人側の要因及び環境要因が複雑に関連している。依存対象の特性とは，物質依存の場合は物質の依存度の高さであり，嗜癖行動の場合は，行動が引き起こすワクワク感や快感の水準の高さなどが挙げられている。本人側の要因は，遺伝的要因や合併精神障害，性格傾向（刺激・新規追求傾向，低危険回避傾向など）がある。一方の環境要因は，幼少時期の逆境体験，依存物質・行動への早期の暴露または早期に摂取・実施できる環境，物質の入手がたやすい，対象行動がたやすくいつでもできるなどが挙げられる。ギャンブル等ができる施設は子供の生活圏にあり，身近な存在であるかもしれない。しかしながら，ギャンブル等への参加の仕方によっては，依存に陥る危険性があることを十分理解し，適切な行動選択をとるよう指導していく必要がある。

■引用・参考文献
1 ）山﨑晃資，牛島定信，栗田広，青木省三編著『現代児童青年精神医学（改訂第 2 版）』永井書店，pp. 260-351，2012 年
2 ）財団法人日本学校保健会『子どものメンタルヘルスの理解とその対応』pp.68-72，2006 年
3 ）樋口進編著『現代社会の新しい依存症がわかる本―物質依存から行動嗜癖まで―』日本医事新報社，pp.2-7，pp.104-106，2018 年
・日本精神神経学会監修『DSM-5　精神疾患の診断・統計マニュアル』医学書院，pp.160-343，2014 年
・佐々木司，竹下君枝『精神科医と養護教諭がホンネで語る 思春期の精神疾患』少年写真新聞社，pp.24-75，2016 年
・清水將之『子どもの精神医学ハンドブック（第 2 版）』日本評論社，pp.93-138，2010 年
・文部科学省『教師が知っておきたい子どもの自殺予防』p.7，2009 年
・文部科学省『高等学校学習指導要領（平成 30 年告示）解説　保健体育編 体育編』東山書房，2018 年

［上田　敏子］

第10章 精神の健康

第2節 ストレスへの対処方法

1 現代人のストレスの状況——国民生活基礎調査の結果から——

　2016（平成28）年の国民生活基礎調査[1]の結果，12歳以上の者（入院者，熊本県を除く）について，日常生活での悩みやストレスがあると回答した者が全体の47.7％を占めていた（図1）。また，性別・年代別に見ると，12歳～19歳の者で男子では31.1％，女子では39.9％の者が悩みやストレスがあると回答しており，20歳代以上においては男性・女性ともにその割合は高くなっていた（図2）。このような現状から，我が国の児童生徒及び現代人において，精神の健康の保持増進のためにストレスへの対処は重要である。

図1　悩みやストレスの有無別構成割合
　　（12歳未満，入院者，熊本県を除く）[1]

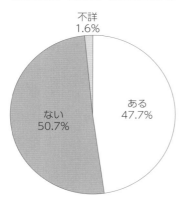

図2　性・年齢階級別にみた悩みやストレスがある者の割合
　　（12歳未満，入院者，熊本県を除く）[1]

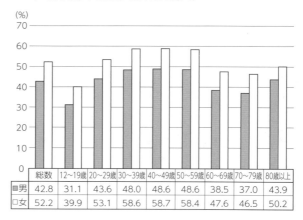

（※図1，2ともに，厚生労働省「平成28年国民生活基礎調査の概況　Ⅲ世帯員の健康状況　4悩みやストレスの状況」[1]より筆者作成）

2 ストレスへの対処方法の考え方と具体例

　ストレスへの対処方法は，ラザラスらによる「問題焦点型対処」と「情動焦点型対処」の2類型[2]で考えると理解しやすいと考えられる。

　ラザラスらはストレスへの対処を「個人の資源に負荷を与えたり，その資源を超えると評定された外的ないし内的要請を処理するために行う認知的行動的努力であり，その努力は常に変化するものである」[2]と定義している。すなわち，ストレスへの対処方法はどれが正しいとかではなく，ストレスを生起させる問題（ストレッサー）の内容や，自分の持っている能力や資源に応じて，そのつど選択することが重要である。

　「問題焦点型対処」は，ストレッサーそのものの解決を中心とした対処方法を指す。具体的には，問題解決に向けて「情報収集をする」「信頼の置ける他者（親や先生，友人など）に相談する」「計画を立てる」「具体的に行動する」などが挙げられる。

第2節 ストレスへの対処方法

　他方，「情動焦点型対処」は，ストレッサーによって生じた情動反応を調整することを目的とした対処方法を指す。具体的には，「直面する問題について考えるのをやめる」「問題の意味を考え直す」「音楽を聴いてリラックスする」「友人と遊ぶ」「運動をする」などが挙げられる。

3　教育課程におけるストレスへの対処に関する指導

(1)　小学校

　『小学校学習指導要領(平成29年告示)解説　体育編』[3]では，「第5学年及び第6学年　(1)心の健康　ア 知識及び技能　(ウ)不安や悩みへの対処」において，ストレスへの対処の内容が位置付けられている。また，2008(平成20)年版からの変更点として，「不安や悩みへの対処」の「技能」が新しく位置付けられた。以下は，2017(平成29)年版の「第2章 体育科の目標及び内容　第1節 教科の目標及び内容　4 各領域の内容」の記述である。

> ウ　心の健康
> 　心の健康については，心は年齢とともに発達すること及び心と体には密接な関係があることについて理解できるようにすること及び，不安や悩みへの対処について課題を見付け，それらの解決を目指して知識及び技能を習得したり，解決の方法を考え，判断するとともに，それらを表現したりできるようにすることがねらいである。
> 　このため，本内容は，心はいろいろな生活経験を通して年齢に伴って発達すること，また，心と体とは密接に関係していること，さらに，不安や悩みへの対処にはいろいろな方法があることなどの知識及び<u>不安や悩みへの対処の技能</u>と，心の健康についての思考力，判断力，表現力等を中心として構成している。
> 　　　　　　　　　　　　　　　　　　　　　　　　　　　　　　　　　　　(下線は筆者加筆)

　また，「内容」についての解説の記述は以下の通りである。小学校においては，不安や悩みは誰もが経験するものであることや，具体的な対処方法を取り上げ，自分に合った適切な対処方法を選択できるよう指導することが示されている。また，体ほぐし運動を取り上げ，体育領域と関連付けて学習することも示されている。

> (ウ)　不安や悩みへの対処
> 　不安や悩みがあるということは誰もが経験することであり，そうした場合には，家族や先生，友達などと話したり，相談したりすること，仲間と遊ぶこと，運動をしたり音楽を聴いたりすること，呼吸法を行うなどによって気持ちを楽にしたり，気分を変えたりすることなど様々な方法があり，自分に合った適切な方法で対処できることを理解できるようにする。その際，自己の心に不安や悩みがあるという状態に気付くことや不安や悩みに対処するために様々な経験をすることは，心の発達のために大切であることにも触れるようにする。
> 　不安や悩みへの対処として，体ほぐしの運動や深呼吸を取り入れた呼吸法などを行うことができるようにする。

(2)　中学校

　『中学校学習指導要領（平成29年告示）解説　保健体育編』[4]では，「(2)心身の機能の発達と心の健康　ア 知識及び技能　(エ)欲求やストレスへの対処と心の健康」において，ストレスへの対処の内容を学習することとされている。また，2008（平成20）年版からの変更点として，小学校体育科と同様に，ストレスへの対処の「技能」が新しく位置付け

195

第10章　精神の健康

られた。以下は，2017（平成 29）年版の「第 1 章 総説　2 保健体育科改訂の趣旨及び要点　（2）保健体育科改訂の要点」の記述である。

> ⑦ 心身の機能の発達と心の健康
> 　「心身の機能の発達と心の健康」については，従前の内容の理解を深めることにするとともに，新たに，ストレスへの対処についての技能の内容を示した。また，心身の機能の発達と心の健康についての思考力，判断力，表現力等を育成する視点から，新たに，心身の機能の発達と心の健康について，課題を発見し，その解決に向けて思考し判断するとともに，それらを表現することを示した。
> 　また，保健分野と体育分野の相互の関連を図るため，引き続き，「A 体つくり運動」など体育分野の指導との関連を図った指導を行うものとした。
> （下線は筆者加筆）

　また，「内容」についての解説の記述は以下の通りである。中学校においては，信頼の置ける他者への相談の他に，ストレスの原因への受け止め方を変えたり，コミュニケーションの方法や規則正しい生活習慣を身に付けることについて取り上げている。

> 　ストレスへの対処にはストレスの原因となる事柄に対処すること，ストレスの原因についての受け止め方を見直すこと，友達や家族，教員，医師などの専門家などに話を聞いてもらったり，相談したりすること，コミュニケーションの方法を身に付けること，規則正しい生活をすることなどいろいろな方法があり，それらの中からストレスの原因，自分や周囲の状況に応じた対処の仕方を選ぶことが大切であることを理解できるようにする。
> 　また，リラクセーションの方法等を取り上げ，ストレスによる心身の負担を軽くするような対処の方法ができるようにする。

（3）　高等学校

　『高等学校学習指導要領（平成 30 年告示）解説　保健体育編 体育編』[5]では，「(1) 現代社会と健康　ア 知識　㋔ 精神疾患の予防と回復　⑦精神疾患への対処」の内容において，精神疾患の予防と回復の視点から心身に起こったストレス反応を緩和する上で，体ほぐし運動やリラクセーションの方法が有効であることを学習することが示されている。

> ⑦ 精神疾患への対処
> 　精神疾患の予防と回復には，身体の健康と同じく，適切な運動，食事，休養及び睡眠など，調和のとれた生活を実践すること，早期に心身の不調に気付くこと，心身に起こった反応については体ほぐしの運動などのリラクセーションの方法でストレスを緩和することなどが重要であることを理解できるようにする。
> 　また，心身の不調時には，不安，抑うつ，焦燥，不眠などの精神活動の変化が，通常時より強く，持続的に生じること，心身の不調の早期発見と治療や支援の早期の開始によって回復可能性が高まることを理解できるようにする。その際，自殺の背景にはうつ病をはじめとする精神疾患が存在することもあることを理解し，できるだけ早期に専門家に援助を求めることが有効であることにも触れるようにする。
> 　さらに，人々が精神疾患について正しく理解するとともに，専門家への相談や早期の治療などを受けやすい社会環境を整えることが重要であること，偏見や差別の対象ではないことなどを理解できるようにする。

■引用・参考文献
1）厚生労働省「平成 28 年国民生活基礎調査の概況　Ⅲ世帯員の健康状況　4 悩みやストレスの状況」
　https://www.mhlw.go.jp/toukei/saikin/hw/k-tyosa/k-tyosa16/dl/04.pdf（最終アクセス 2018 年 12 月）
2）小杉正太郎編著『ストレス心理学　個人差のプロセスとコーピング』川島書店，pp.31-58，2002 年
3）文部科学省『小学校学習指導要領（平成 29 年告示）解説　体育編』東洋館出版社，2018 年
4）文部科学省『中学校学習指導要領（平成 29 年告示）解説　保健体育編』東山書房，2018 年
5）文部科学省『高等学校学習指導要領（平成 30 年告示）解説　保健体育編 体育編』東山書房，2019 年

［浅沼　徹］

第3節　児童生徒の心の問題への対処

第3節　児童生徒の心の問題への対処

　子供の抱える心の問題の性質を正確に見極め，適切な対応を行うには，メンタルヘルスについて正しい知識と理解を持つことが不可欠であるとともに，問題への早期の気付き，組織的対応ができる学校内体制の整備・充実，日頃からの家庭との連携，さらには医療機関を含めた校外機関との有効な連携の推進が求められる。

1　児童生徒の心の問題への対応における基本的な考え方

　学校現場においては，心の問題について，養護教諭，担任，生徒指導担当教諭等による相談や指導等のカウンセリングによる問題解決を図ろうとする場合が多い。特に近年では学校保健活動の中核的な役割を担う存在として養護教諭への期待が高まっており，その役割を充分に果たせるようにするための環境整備等を積極的に進めることは非常に重要である。また，相談体制の充実に向け，スクールカウンセラーのような臨床心理の専門家を活用するケースも一般的になっている。

　その一方で，子供の心の問題は深刻化・複雑化しており，校内組織のみでの対応では困難なことも少なくない。そのため丁寧な情報収集に基づく教育相談，健康相談，生活指導，保健指導などに加え，スクールソーシャルワーカーや保健所を介した保護者や地域へのアプローチ，家族支援，福祉的介入のような校外機関との連携が必要となる。さらには，心理社会的要因に由来すると考えられる問題であっても，精神症状や心身の不調が激しいときには，精神科の受診が必要であるという認識を持つことが重要である[1]。また，統合失調症のような機能性精神疾患や症候性てんかんなど器質性精神疾患などの場合には医療との連携は不可欠である。

　しかしながら，"診断がつけば医療機関に任せてしまうのがよい"と考えてしまうのは誤った理解であり，適切な支援を妨げてしまう一因となる[2]。例えば，統合失調症の場合，急性期（症状が激しく，急激に健康が損なわれる状態）では専ら医療機関が治療に当たるが，症状がいったん落ち着き，通院治療を継続しながら復学する段階になると，学校の果たす役割が重要となる。すなわち，疾患の特徴を理解した上で，苦手なストレスの除去を含め症状の再発を招かないよう十分注意し，できる限り充実した学校生活を送れるよう配慮することが望まれる[3]。

2　対処の方法と留意点

(1)　早期の気付き

　心の問題は，早い時期に適切な援助を受けることができるかどうかが病気の予後やその後の生活状況に大きく関わってくる。心の問題の背景は様々であるが，問題に気付く上で

・　197　・

第10章　精神の健康

表1　健康観察時の主な視点[4)]

■体に現れるサイン	
吐き気，嘔吐，下痢等が頻繁にみられる	頭痛や腹痛など，体の痛みをよく訴える
めまいやだるさ等をよく訴える	いつも眠そうにしている
急に痩せてきた，太ってきた	理由のはっきりしない傷や痣がよくある

■行動や態度に表れるサイン	
遅刻や欠席が目立つ	保健室を頻繁に利用する
用事がないのに職員室へ出入りする	トイレ等に閉じこもったりする
手洗いなど型にはまった行動を繰り返す	忘れ物や不注意が目立つ
飲酒喫煙や自傷行為が疑われる	死を話題にする

■対人関係に表れるサイン	
誰とも話さない，関係を持たない	友人とのトラブルが絶えない
極端な振る舞いがみられる（明朗さと塞ぎ込みを繰り返す）	日常の挨拶や呼名時に，返事をしなかったり，元気がなかったりすることがある
急に泣き出したり，イライラしたりする	暴力的な態度をとる

（※文部科学省『教職員のための子どもの健康観察の方法と問題への対応』より抜粋）

最大の鍵となるのが，子供と身近に接している教職員による健康観察である。すなわち，「様子がいつもと違う」「孤立しやすい」「遅刻が増えた」などの日常的な観察こそが重要となる[2)]。また，子供は，自分の気持ちを言葉でうまく表現できないことが多い。そのため，心の問題が顔の表情や行動に表れたり，頭痛・腹痛などの身体症状となって現れたりした場合には，メンタルヘルスの視点を含めて，きめ細かな観察が必要である。朝の健康観察に加え，学校生活全般を通じて行う健康観察の主な視点を「体に現れるサイン」「行動や態度に表れるサイン」「対人関係に表れるサイン」を**表1**に示した。

（2）　適切な関わりと組織的な対応

　心の問題がうかがわれる子供に関わる際には，子供の気持ちを受け止め，理解し，そして受容的な信頼関係を持つことが何よりも重要となる。喫煙や飲酒，暴力行為などの反社会的行動が見られたときには，厳しい態度で指導する必要があるが，その場合であっても，問題解決に向けた教育的態度がなければならない。拒食・過食行為や自傷行為が疑われる場合は，尋問的にならないように冷静な対応に努め，「なぜ，そのような行動をとってしまうのか」を一方的に問うのではなく，「その行動自体は適切ではないかもしれないが，そういった行動をとってしまうことはあり得る」といった傾聴的・共感的な立場で子供の気持ちをきちんと受け止めることが求められる。

　同時に，心の問題がうかがえる変化に気付いた場合は，担任及び養護教諭を中心に速やかに校内組織で情報を共有することが望ましい。1人の教職員が問題を抱え込まず，組織的な対応を行うことで，多角的な視点からの問題解決につながる。心の健康問題の組織的

• **198** •

図1　組織的な対応の進め方[5]

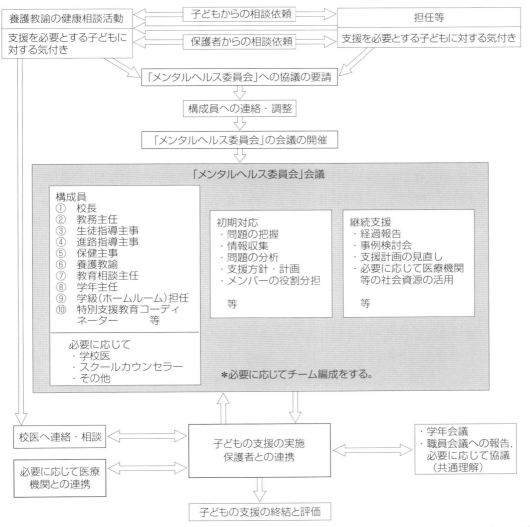

（※日本学校保健会『子どものメンタルヘルスの理解とその対応』より）

な対応の例を図1に示す。

（3）家庭との連携

　早期の段階で学校と家庭が連携することができれば，問題の解決に大きくつながる。例えば不登校の場合，早い段階で子供が心配していることなどが分かれば，学校と何度も話し合っていくことによって，登校しぶりの段階で問題を解決できる[6]可能性がある。そのためには，日頃から家庭との連絡を取り，子供の心の問題に対する学校の取組をきちんと説明し，理解を求めた上で，問題が生じた場合には，速やかに家庭と連携した問題解決を図ることが重要である。

　その一方で，子供の心の問題が疑われることは，家族にとっても非常にショックな出来事である。心の問題が長期化し，その「原因探し」にこだわり続けてしまうと，家庭が子

第10章　精神の健康

供を否定的にとらえてしまったり，学校や教職員，友達に対して批判的な対応をとってしまったりすることもある。また，自分の養育態度を責めて落ち込み，自信を喪失してしまったり，家族同士で責任転嫁をしてしまったりする[7]ことも考えられる。そのような場合には，学校への批判も含め謙虚に話を聞き，また併せて，後段で取り上げる校外機関と連携し，家族への支援を含めた取組が必要となる。

（4）　校外機関との連携

　心の問題に対応していくためには，校内での組織的対応とともに校外機関との有効な連携が求められる。必要時に有効な連携をとるためには，日頃からの"つながり"が重要である。年間の学校保健計画の中で，外部からの講師を招いた交通安全教室，防犯教室，薬物乱用防止教室（喫煙防止，飲酒防止を含む）等の特別活動や教職員や保護者を対象とする研修等の機会をしっかりと位置付け，積極的な情報共有及びネットワークづくりに活かしていくことが必要である。こうした機会を利用して，地域の専門家と学内担当者が実際に顔を合わせ見知っておくことも大切である。

　学校と校外機関との連携を進める上で，個人情報をどのように扱うかということが極めて重要である。情報共有がスムーズに行われなければ連携はうまくいかず，またプライバシーの保護を軽視することは決して許されない。基本は，本人・保護者の同意を得た上で伝えることになる。しかし，「生命や身体の安全を守るため緊急かつやむを得ないとき」には，その限りでない。このような観点からも，日頃から連携する校外機関と緊急時対応についての協議や事例検討等を通じた共通認識の形成が必要である。

■引用・参考文献
1）文部科学省『教職員のための子どもの健康観察の方法と問題への対応』少年写真新聞社，p.21，2009 年
2）前掲書１）p.23
3）前掲書１）p.22
4）前掲書１）p.17
5）財団法人日本学校保健会『子どものメンタルヘルスの理解とその対応』p.60，2007 年
6）門田光司，松浦賢長編著『不登校・ひきこもりサポートマニュアル』少年写真新聞社，p.14，2009 年
7）前掲書６），p.15
・文部科学省『教職員のための子どもの健康相談及び保健指導の手引』2011 年
・東京都教育委員会『児童・生徒の心の健康づくりＱ＆Ａ』2006 年
・国立教育政策研究所生徒指導研究センター『学校と関係機関等との連携：学校を支える日々の連携（生徒指導資料　第４集）』東洋館出版社，2011 年
・養護教諭ヒヤリ・ハット研究会編『事例から学ぶ「養護教諭のヒヤリ・ハット」』ぎょうせい，2012 年

［樋口　善之］

第11章

児童生徒の自殺，いじめの問題

学 習のポイント

1．児童生徒の自殺者数は増加しており，学校の長期休業明け直後に自殺が増えることが明らかとなっている。自殺の心理や自殺直前のサインについての理解を図り，自殺の危険因子がある場合は，適切な対応につなげることが重要である。

2．自殺の防止においては，危機対応のための校内体制の整備をはじめ，家庭や医療機関といった校外との連携を図ることが重要である。また万が一，自殺が起きてしまったときの対応の原則について心得ておく必要がある。

3．いじめ防止対策を推進するため，国は「いじめ防止対策推進法」を公布し，学校が講ずべき措置及びその責任を明確化し，重大事態が生じた場合の対処等についても法的に定めている。

演 習課題

A．自殺の「危機対応チーム」では，どのような取組をしておくべきか，考えてみよう。

B．いじめの防止に必要な学級及び学校における具体的な取組について話し合ってみよう。

第11章　児童生徒の自殺，いじめの問題

第1節　我が国における自殺の実態とその防止対策

1　自　殺

(1)　自殺の動向

　主要国の自殺死亡率の調査によると，日本の自殺死亡率はロシアに次いで第2位であり，日本は世界的にも自殺率が高い国の一つである。厚生労働省の調査[1]によると，10〜14歳男性の死因順位では，自殺は不慮の事故，悪性新生物に次ぐ第3位であり，女性では悪性新生物に次ぐ第2位である。15〜29歳においては男女とも自殺が第1位である。自殺は誰にでも起こり得る身近な課題であることを認識する必要がある。文部科学省の調査[2]によると，2017（平成29）年において小・中・高等学校から報告のあった児童生徒の自殺者数は，小学校6人（前年度4人），中学校84人（前年度69人），高等学校160人（前年度172人），総数250人（前年度245人）であり，小・中学校において増加していた。

　ところで，内閣府[3]は，1972年〜2013の42年間における18歳以下の自殺者数を日付別に合算し，公表した（**図1**）。それによると，最も自殺者が多かった日は，9月1日（131人）であり，次いで4月11日（99人），4月8日（95人），9月2日（94人），8月31日（92人）であった。このように，4月上旬や9月1日など学校の長期休業明け直後に自殺が増える傾向が明らかとなった。新しい学期が始まる時期は生活環境が大きく変化するため，子供によっては心理的なプレッシャーとなる可能性が考えられる。この時期は特に児童生徒への見守りの強化や，課題を抱えている児童生徒への適切な対応など，特設の配慮が求められる。

図1　日付別にみた18歳以下の自殺者数

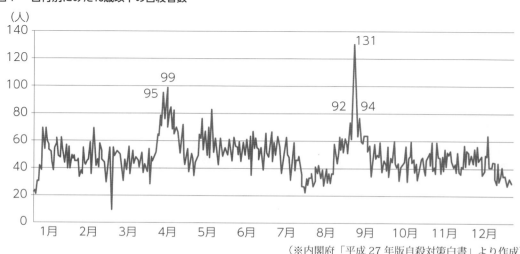

（※内閣府「平成27年版自殺対策白書」より作成）

第1節　我が国における自殺の実態とその防止対策

(2)　自殺のサインと対応

　文部科学省による「教師が知っておきたい子どもの自殺予防」[4]を参考に，子供の自殺の心理や危険因子，自殺直前のサインについてまとめる。

①　自殺の心理

　自殺に追い詰められている子供の心理を理解することは重要である。自殺は，長い時間をかけて徐々に危険な心理状態に陥っていくことが一般的である。心理状態の共通点としては，ひどい孤立感（「居場所がない」等），無価値観（「私なんかいない方がいい」等），強い怒り，苦しみが永遠に続くという強い思い込み，心理的視野狭窄（自殺以外の解決方法が全く思い浮かばなくなる心理状態）が挙げられている。

②　自殺の危険因子

　自殺の危険因子がいくつか挙げられている。これらの因子に多く当てはまる場合，潜在的な自殺の危険が高いと言える。

1）自殺未遂

　飛び降りに限らず，薬を余分に服用する，手首自傷（リストカット）をする等も危険な行為である。

2）心の病

　うつ病，統合失調症，摂食障害，薬物乱用，パーソナリティ障害などの精神疾患を患っている。

3）安心感の持てない家庭環境

　親の養育態度のゆがみ（虐待，過保護・過干渉），頻繁な転居，兄弟姉妹間の葛藤といった安心感の持てない家庭環境がある。

4）独特の性格傾向

　未熟・依存的：周りの人に甘え，頼ることでしか安心感を得ることができず，自己決定できない。

　衝動的：俗に言うキレやすいタイプ。

　極端な完全癖：「白か黒か」といった極端な二者択一的な考え方の偏りがある。

　抑うつ的：気晴らしなどができず，自分はダメだとマイナス思考にとらわれる。

　反社会的：暴力，売春，薬物乱用，暴力行為といった非行がある。

5）喪失体験

　離別，死別（特に自殺），失恋，病気，けが，急激な学力低下，予想外の失敗など，自分にとってかけがえのない大切な人や物や価値を失う体験をする。

6）孤立感

　子供にとっての人間関係の場は，家庭と学校が主であり，限られた人間関係の中で生活している。特に思春期は友達の存在が大きく，学校での仲間からのいじめなどは孤立感を高める。

第11章 児童生徒の自殺，いじめの問題

7）安全や健康を守れない傾向

これまで特に問題のなかった子供が，事故や怪我を繰り返すようなことがあれば，無意識的に自己を傷つける危険性が高い。

③ **自殺直前のサイン**

思考・態度や身体症状，行動面に表れるサインについて**表1**にまとめる。自殺の危険因子が多く見られる子供においては，これらの変化に留意して見守る必要がある。

表1　自殺直前のサイン

○**思考・態度**
- これまでに関心のあった事柄に対して興味を失う。　　・注意が集中できなくなる。
- いつもなら楽々できるような課題が達成できない。
- 不安やイライラが増し，落ち着きがなくなる。　　・投げやりな態度が目立つ。
- 健康や自己管理がおろそかになる。　　・身だしなみを気にしなくなる。
- 自殺にとらわれ，自殺についての文章を書いたり，絵を描いたりする。

○**身体症状**
- 不眠，食欲不振，体重減少などの様々な身体の不調を訴える。

○**行　動**
- 自傷行為　　・怪我を繰り返す傾向　　・学校に通わなくなる。
- 友人との交際をやめて，引きこもりがちになる。　　・家出や放浪をする。
- 自分より年下の子供や動物を虐待する。
- アルコールや薬物の乱用。　　・乱れた性行動。
- 別れの用意をする（整理整頓，大切なものを人にあげる）。

（※文部科学省「教師が知っておきたい子どもの自殺予防」より抜粋）

④ **対応の原則**

子供から「死にたい」と訴えられたり，自殺の危険の高まった子供に出会ったりした際は，下記の TALK の原則に基づいて対応する。安易に励ましたり，叱ったりせず，肯定的に受け止め，適切な対応につなげることが肝要である。

Tell：言葉に出して心配していることを伝える。
　　　例）「死にたいくらい辛いことがあるのね。とってもあなたのことが心配だわ」
Ask：「死にたい」という気持ちについて，率直に尋ねる。
　　　例）「どんなときに死にたいと思ってしまうの？」
Listen：絶望的な気持ちを傾聴する。その子供の置かれた状況について，理解しようとする姿勢を示し，受け止める。
Keep safe：安全を確保する：危険な場合は，1人にせず他からの適切な援助を求める。

2　自殺防止のための対策

(1)　危機対応のための校内体制

自殺の危機に備え，校長を含む管理職，生徒指導主事，教育相談主任，学年主任，保健主事，養護教諭，スクールカウンセラーなどからなる「危機対応チーム」を組織して

• 204 •

おく。「危機対応チーム」は，平時より危機管理の体制づくりや危機対応マニュアルづくりなどを行い，万が一の場合に備えておく必要がある。

（2） 自殺予防のための校外との連携

・家庭：家庭の事情によっては，子供の自殺の危機に関心を持たない場合や学校に拒否的な態度をとる場合がある。学校と家庭との連携が重要であることへの理解を図る。

・医療機関：事前に地域の医療機関との関係を築いておき，緊急時にすぐに連絡をとることができるようにする。

（3） 自殺が起きてしまったときの対応の原則

① 校長を中心とする管理職の役割

a. 校長のリーダーシップ：遺族への対応，保護者会，記者会見などで陣頭指揮をとる。

b. 情報の取扱い：憶測に基づくうわさ話が広がらないよう，正確な情報発信を心がける。子供の自殺は連鎖（後追い）の可能性があるため，特に留意する。

c. 遺族への対応：遺族への連絡を早急に行う。自殺の事実を子供や保護者，マスコミに伝えるに当たっては，遺族から了解をとるようにする。

d. 保護者への対応：自殺の事実や学校の対応，今後の予定を保護者に知らせる。

e. マスコミへの対応：校長を中心に教育委員会とも協力し，一貫した情報発信をする。

f. 学校再開：学校再開日に全校集会を開くとパニックが伝染する危険性がある。校長は死亡の事実を伝えるに留め，自殺についてはクラスで担任から伝えるようにする。

② 学級担任，部活動顧問などの役割

a. 事実を伝える：伝える内容を決めた上でそのクラスに応じた伝え方をする。

b. 感情を表現する：自分の気持ちを表現して伝える。教師が自分の気持ちを否認すると，子供も自分の気持ちを抑えてしまう。悲しいときは泣いてもよいことを伝える。

c. これからどうするかを話す：相談をしたい場合は，友達，家族，教員をはじめ，カウンセリング等の相談先があることも伝える。

d. 葬儀への関わり：葬儀や葬儀後の関わりについての準備を始める。

e. グループでの関わりと個別ケア：子供の様子によっては，専門家による少人数の話合いや個別のカウンセリングにつなげる。

f. 教職員へのサポート：教職員に対しても専門家による支援を受けられるようにする。

③ 養護教諭，教育相談担当者などの役割

全体を広く把握し，教員同士や専門家との調整を図る。

■引用・参考文献
1）厚生労働省『平成30年版自殺対策白書』pp.7-37，2018年
2）文部科学省「平成29年度児童生徒の問題行動・不登校等生徒指導上の諸課題に関する調査結果について」pp.128-129，2018年
3）内閣府『平成27年版自殺対策白書』pp.44-52，2015年
4）文部科学省『教師が知っておきたい子どもの自殺予防』pp.1-55，2009年

［上田　敏子］

第11章　児童生徒の自殺，いじめの問題

| 第 2 節 | 児童生徒のいじめの防止 |

1　いじめの動向と背景

　いじめ防止対策推進法（以下，「法」）の施行に伴い，2013（平成25）年度より導入されたいじめの定義を**表1**に示す。この定義に基づく調査によると，2017（平成29）年度におけるいじめの認知件数は，小学校31万7,121件（前年度より7万9,865件増加），中学校8万424件（同9,115件増加），高等学校1万4,789件（同1,915件増加），特別支援学校2,044件（同340件増加），総計41万4,378件（同91,235件増加）であった[1]。いじめ件数の推移を見ると（**図1**），現在の定義に変わった平成25年度以降，増加傾向にあることが分かり，特に小学校における増加が著しい。この背景には，法第16条（いじめの早期発見のための措置）「学校の設置者及びその設置する学校は，当該学校におけるいじめを早期に発見するため，当該学校に在籍する児童等に対する定期的な調査その他の必要な措置を講ずるものとする」による定期調査による実態把握の取組がある。いじめの件数が減少することが理想であるが，適切な方法によって実態を早期に発見し，深刻化を防ぐ取組が重要である。

　学年別・男女別に見たいじめの認知件数を**図2**に示す。いじめの認知件数は小2で最も多く，小6にかけてやや減少するが，その後，中1で増加している。また，いずれの学年も男子に多く見られた。過去の結果と比較して，小学校低学年・中学年での認知件数が相対的に多くなっていることから，より早期からの対策が必要となっており，法で示された措置を適切に講じるとともに，いじめを防止するクラスづくり，健康観察を通しての早期発見，家庭や関連機関との密な連携・連絡が重要である。

　いじめの様態では，全体で「冷やかしやからかい，悪口や脅し文句，嫌なことを言われる」が62.3%と最も多かった。次いで「軽くぶつかられたり，遊ぶふりをして叩かれたり，けられたりする」が21.0%，「仲間外れ，集団による無視をされる」が14.1%であった。このように，上位3つのうち2つは言葉による攻撃や間接的な嫌がらせという心理的ないじめであった。こうしたいじめは，身体的な攻撃と違って，表に現れにくく，実態を把握することが難しい。安易な言動が人を傷つけることを日頃の教育活動を通して指導していく必要がある。また，高校生では「パソコンや携帯電話等で，誹謗中傷や嫌なことをされる」が17.5%と上位であった。情報機器によるインターネットの利用状況は，2017（平成29）年度の調査によると[2]，小学生で86.3%，中学生で92.4%，高校生で98.6%となっている。スマートフォン等を利用すれば，動画や画像を撮影することは簡単であり，いたずら目的や悪意のある不適切な行為につながるおそれがある。利用に当たっては，学校と家庭が連携し，社会全体でも十分な注意が必要であると言える。

206

第2節 児童生徒のいじめの防止

表1 いじめの定義

「いじめ」とは、「児童生徒に対して、当該児童生徒が在籍する学校に在籍している等当該児童生徒と一定の人的関係のある他の児童生徒が行う心理的又は物理的な影響を与える行為（インターネットを通じて行われるものを含む。）であって、当該行為の対象となった児童生徒が心身の苦痛を感じているもの。」とする。なお、起こった場所は学校の内外を問わない。

（※文部科学省「平成29年度児童生徒の問題行動・不登校等生徒指導上の諸課題に関する調査結果について」より）

図1 いじめ認知（発生）件数の推移[1]

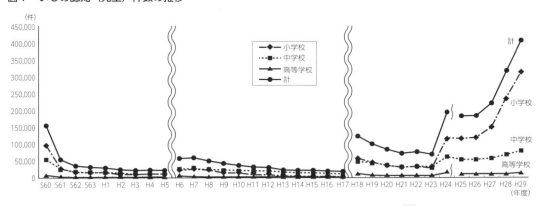

(件)

	S60年度	61年度	62年度	63年度	H元年度	2年度	3年度	4年度	5年度
小学校	96,457	26,306	15,727	12,122	11,350	9,035	7,718	7,300	6,390
中学校	52,891	23,690	16,796	15,452	15,215	13,121	11,922	13,632	12,817
高等学校	5,718	2,614	2,544	2,212	2,523	2,152	2,422	2,326	2,391
計	155,066	52,610	35,067	29,786	29,088	24,308	22,062	23,258	21,598

	6年度	7年度	8年度	9年度	10年度	11年度	12年度	13年度	14年度	15年度	16年度	17年度
小学校	25,295	26,614	21,733	16,294	12,858	9,462	9,114	6,206	5,659	6,051	5,551	5,087
中学校	26,828	29,069	25,862	23,234	20,801	19,383	19,371	16,635	14,562	15,159	13,915	12,794
高等学校	4,253	4,184	3,771	3,103	2,576	2,391	2,327	2,119	1,906	2,070	2,121	2,191
特殊教育諸学校	225	229	178	159	161	123	106	77	78	71	84	71
計	56,601	60,096	51,544	42,790	36,396	31,359	30,918	25,037	22,205	23,351	21,671	20,143

	18年度	19年度	20年度	21年度	22年度	23年度	24年度
小学校	60,897	48,896	40,807	34,766	36,909	33,124	117,384
中学校	51,310	43,505	36,795	32,111	33,323	30,749	63,634
高等学校	12,307	8,355	6,737	5,642	7,018	6,020	16,274
特別支援学校（特殊教育諸学校）	384	341	309	259	380	338	817
計	124,898	101,097	84,648	72,778	77,630	70,231	198,109

	25年度	26年度	27年度	28年度	29年度
小学校	118,748	122,734	151,692	237,256	317,121
中学校	55,248	52,971	59,502	71,309	80,424
高等学校	11,039	11,404	12,664	12,874	14,789
特別支援学校	768	963	1,274	1,704	2,044
計	185,803	188,072	225,132	323,143	414,378

(注1) 平成5年度までは公立小・中・高等学校を調査。平成6年度からは特殊教育諸学校、平成18年度からは国私立学校を含める。
(注2) 平成6年度及び平成18年度に調査方法等を改めている。
(注3) 平成17年度までは発生件数、平成18年度からは認知件数。
(注4) 平成25年度からは高等学校に通信制課程を含める。
(注5) 小学校には義務教育学校前期課程、中学校には義務教育学校後期課程及び中等教育学校前期課程、高等学校には中等教育学校後期課程を含む。

第11章　児童生徒の自殺，いじめの問題

図2　学年別・男女別に見たいじめの認知件数

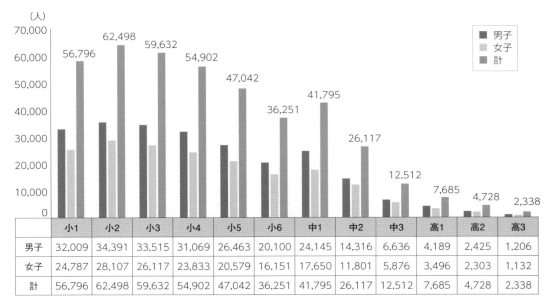

	小1	小2	小3	小4	小5	小6	中1	中2	中3	高1	高2	高3
男子	32,009	34,391	33,515	31,069	26,463	20,100	24,145	14,316	6,636	4,189	2,425	1,206
女子	24,787	28,107	26,117	23,833	20,579	16,151	17,650	11,801	5,876	3,496	2,303	1,132
計	56,796	62,498	59,632	54,902	47,042	36,251	41,795	26,117	12,512	7,685	4,728	2,338

2　いじめ防止対策

　2013（平成25）年にいじめ防止対策推進法が成立・公布された。この法律は，「いじめが，いじめを受けた児童等の教育を受ける権利を著しく侵害し，その心身の健全な成長及び人格の形成に重大な影響を与えるのみならず，その生命又は身体に重大な危険を生じさせるおそれがあるもの」とし，いじめの防止等のための，基本的方針，基本的施策及びいじめの防止に関する措置，重大事態への対処，学校評価における留意事項等を定めたものである。

(1)　行動計画としての「いじめの防止等のための基本的方針」

　いじめ防止対策推進法により，国及び学校は「いじめの防止等のための対策に関する基本的な方針」を策定することが義務化された。この基本的な方針とは，単なる目標やスローガンの提示にとどまることなく，それが行動に移され，実際に成果を上げていくことが求められており，具体的な実施計画や実施体制について決めておくもの，いわば「行動計画」に近いものである。また，地方公共団体においては，関係機関等の連携を図るため，学校，教育委員会，児童相談所，法務局，警察その他の関係者により構成されるいじめ問題対策連絡協議会を置くことが法的にできるようになった。

(2)　基本的施策・いじめの防止に関する措置

　いじめの防止に関して学校が講ずべき基本的施策として，①道徳教育等の充実，②早期発見のための措置，③相談体制の整備，④インターネットを通じて行われるいじめに対する対策の推進，が挙げられている。また，いじめの防止等に関する措置を実効的に行うた

め，学校は，⑤複数の教職員，心理，福祉等の専門的な知識を有する者その他の関係者により構成されるいじめの防止等の対策のための組織を置くこと，とされた。

　個別のいじめに対して学校が講ずべき措置としては，⑥いじめの事実確認，⑦いじめを受けた児童生徒又はその保護者に対する支援，⑧いじめを行った児童生徒に対する指導又はその保護者に対する助言，が挙げられ，さらに，いじめが犯罪行為として取り扱われるべきものであると認めるときの⑨所轄警察署との連携，⑩懲戒，出席停止制度の適切な運用等，その他いじめの防止等に関する措置を定めることとされた。

(3)　重大事態への対処

　重大事態に対しては，その対処及び同種の事態の発生の防止に資するために，速やかに，適切な方法により事実関係を明確にするための調査を行うことが義務付けられ，また，この調査を行ったときは，当該調査に係るいじめを受けた児童生徒及びその保護者に対し，必要な情報を適切に提供するものとされ，併せて，地方公共団体の長等（公立学校は地方公共団体の長，国立学校は文部科学大臣，私立学校は都道府県知事）に重大事態が発生した旨を報告することが義務付けられた。ここでいう重大事態とは，「いじめにより当該学校に在籍する児童等の生命，心身又は財産に重大な被害が生じた疑いがあると認められる場合」「いじめにより当該学校に在籍する児童等が相当の期間学校を欠席することを余儀なくされている疑いがあると認められる場合」とされている。

(4)　学校評価における留意事項

　学校の評価を行う場合においていじめの防止等のための対策を取り扱う際は，いじめの事実が隠蔽されず，いじめの実態の把握，いじめに対する措置が適切に行われるよう，いじめの早期発見，いじめの再発を防止するための取組等について適正に評価が行われるようにしなければならない，とされた。

3　学校長や教職員の責任・役割等

　いじめの防止には学校を挙げた対応が必要であり，そのためには学校長や教職員が自らの責任とその役割を果たすことが求められる。

　前述の法第8条には，「学校及び学校の教職員は，基本理念にのっとり，当該学校に在籍する児童等の保護者，地域住民，児童相談所その他の関係者との連携を図りつつ，学校全体でいじめ防止及び早期発見に取り組むとともに，当該学校に在籍する児童等がいじめを受けていると思われるときは，適切かつ迅速にこれに対処する責務を有する」とある。また同第13条には「学校は，いじめ防止基本方針又は地方いじめ防止基本方針を参酌し，その学校の実情に応じ，当該学校におけるいじめの防止等のための対策に関する基本的な方針を定めるものとする」とある。

　学校長は，学校におけるいじめ防止対策に関わる基本的な考え方を教職員に周知するとともに，いじめの訴えがあった場合には，各教職員へ適切な指示を与え，その対応状況に

第11章　児童生徒の自殺，いじめの問題

ついての報告を適宜受け，解決に至るまで事案をフォローする。また，いじめ問題に対する教職員の共通理解と指導力の向上を図り，事例研究やカウンセリング演習など実践的な内容を持った校内研修を積極的に企画・開催することが求められる。

　教職員は，日頃の健康観察などを通じてのいじめの早期発見に努めるとともに，児童生徒からのいじめの訴えや，それに関連する気付きや予兆などを一人で抱え込むようなことがないよう，適切な報告，情報共有に努める。「いじめの発見は難しく，対応は組織的に行われるべきで，一教員ができることは限界がある」などと諦めることがないよう，学校教育活動全体を通じて「いじめは決して許されない」という強いメッセージを発し，お互いを思いやり，尊重し合うことの大切さについて指導する。また，日頃から保護者との連携，校内外の組織的対応への参画に努める。

4　ストレスに着目した取組の例から考える

　国立教育政策研究所の調査によると，大半の児童生徒が，被害者になった体験があるとともに，加害者にもなった体験があると報告されている。その上で深刻ないじめに至らないように，さらにはいじめそのものが生まれないようにするためには，「いじめが起きにくい学校風土・学級風土」を醸成していくことが肝要である。そのためには，何がいじめを起きやすくさせているのか，についての理解が必要である。いじめ加害の背後にある要因の1つとして，ストレスが考えられる。

　学校現場で見られるストレスについて詳細に調査した研究の結果，ストレスの中でも「不機嫌・怒りストレス（例：いらいらする，誰かに怒りをぶつけたい，など）」が直接的にいじめ加害に影響していると報告された。この研究では，「不機嫌・怒りストレス」を生じさせる要因（ストレッサー）として「勉強（例：授業がよく分からなかった，など）」「教師（先生が相手にしてくれなかった，など）」「友人（友達にからかわれたり，馬鹿にされたりした，など）」「家族（例：家の人が友人関係や生活面のことをうるさく言った，など）」があり，このストレッサーを増大させる（より強くストレッサーを認識させる）要因として「競争的価値観（例：勉強の成績が悪いとみじめだ，顔やスタイルが良くないとみじめだ，など）」が，逆にストレッサーを緩和する（ストレッサーの影響を感じにくくさせる）要因として「教師，友人，家族からの社会的支援（例：元気がないと，すぐに気付いて励ましてくれる，など）」があると報告している。

　この研究結果から考えられる学校現場での取組として，「学習面でのサポート」「教師の適切な関わり」「尊重し合える友人関係」などが挙げられる。いじめに関連する全ての要因を取り除くことは現実的ではないが，日頃からいじめに向かうストレス，ストレッサーが増大していないか，に気を配り，対応策を考えていくことは可能である。同時に，校内研修や職員会議において，いじめの防止等のための対策に関する基本的方針をしっかり確認し，早期発見の仕組みづくり，相談体制の充実，組織的対応の整備，家庭や地域との連

携を進め，学校全体で「いじめは人間として絶対に許されない」との雰囲気を醸成していくことが重要である。

5　中学校区単位での学校いじめ防止基本方針の着実な取組の重要性

　いじめ防止対策推進法の施行後，各学校で「いじめ防止等のための基本的な方針（学校いじめ防止基本方針）」が策定されるようになった。そこで国立教育政策研究所は「学校いじめ基本方針」をより実効性のある取組につなげるための研究を実施した。その結果，「学校いじめ基本方針」が適切かどうかを中学校区単位で定期的に「点検」「見直し」ながら実施していくことがいじめの未然防止として有効であるとの知見が報告された。具体的な取組としては，①中学校区の全教職員が3学期制を前提としたサイクルに合わせて「点検」と「見直し」を行い，全ての子供に対して年間を通して「学校いじめ基本方針」に沿った働きかけを行う，②中学校区の全教職員が校区内の学校・学年の「点検」「見直し」結果を共有した上で働きかけが行えるよう，合同研修会等で交流する，③中学校の全教職員が合同研究会等で共通の問題意識で話し合いが行えるよう，「点検」の前提となる子供の実態の把握には共通の「取り組み評価アンケート」を用いる，の3点に集約されている。これらの取組は特別な授業やトレーニングではなく，教職員が共通認識を持ち，学校間の連携を進め，全ての教職員がいじめの未然防止に参画することが何よりも重要であることを示唆している。また，中学校区単位での取組は，中学校進学後におけるいじめの未然防止だけでなく，同じ中学校区にある複数の小学校間の連携を促進することにつながる。いじめの未然防止に向けては，各学校が個々の実態を適切に把握し，対策を進めるとともに，このような地域一体となった取組を一層充実していくことが重要である。

■引用・参考文献
1）文部科学省「平成29年度児童生徒の問題行動・不登校等生徒指導上の諸課題に関する調査結果について」p.25，2018年
2）内閣府「平成29年度青少年のインターネット利用環境実態調査」pp.13-17，2018年
・国立教育政策研究所生徒児童・進路指導研究センター「どのように策定・実施したら，『学校いじめ防止基本方針』が実効性のあるものになるのか？―中学校区で取り組んだ2年間の軌跡―」2016年

[樋口　善之]

第12章

児童生徒の健康状態の把握と指導

学 習のポイント

1. 健康観察は，学級担任，養護教諭などが子供の日常的な心身の健康状態を把握することにより，感染症や心の健康課題などの心身の変化について早期発見・早期対応を図るために行われるものである。
2. 健康相談は，児童生徒の心身の健康に関する問題について，養護教諭や学級担任，学校医等が連携して相談等によってその解決を図り，児童生徒が学校生活によりよく適応できることをめざして行われるものである。
3. 個別に行われる保健指導は，健康相談又は日常的な観察により，児童生徒等の心身の状況を把握し，速やかに必要な指導を行う必要がある。また，必要に応じて，その保護者に対して必要な助言を行うこともある。
4. 不登校児童生徒への支援としては，「学校に登校する」ことのみを目標とするのではなく，児童生徒が自らの進路を主体的にとらえて，社会的に自立することをめざす視点が必要である。
5. 健康診断には，発育発達状況の把握や病気の早期発見等のためのスクリーニングという管理的な意義と，保健教育への活用という教育的意義がある。
6. 運動器に関する検診は，運動器に関する様々な課題の増加を踏まえて，保健調査票などを活用して検査されている。
7. 心疾患及び腎疾患等を有する児童生徒が学校で健康・安全に過ごせるように，運動強度等を示した「学校生活管理指導表」を活用することが重要である。
8. アレルギー疾患の児童生徒には「学校生活管理指導表（アレルギー疾患用）」を保護者に毎年提出するよう要請し，教職員が閲覧できる状態で一括管理し，日常的及び緊急時に適切に対応できるようにしておく必要がある。

演 習 課 題

A. 健康診断における各検査項目の目的と意義及び検査の実施方法について述べなさい。
B. 「学校生活管理指導表」に例示された運動強度ごとの具体的な活動について,「小学校体育編」「中学校保健体育編」「高等学校保健体育・体育編」の学習指導要領解説に示された各運動領域の内容に基づいて確認してみよう。

第12章　児童生徒の健康状態の把握と指導

第1節　健康観察と健康相談

1　健康観察

（1）　健康観察とは

　健康観察とは，学級担任等をはじめとした教職員が子供の健康状態を日常的に観察することである。心身の健康問題を早期に発見し適切な対応を図ることにより，学校教育を円滑に進めるために健康観察は行われる。例えば，日常的な観察は児童生徒の心理的ストレスやいじめ，不登校など心の健康問題を発見することにつながる。感染症や食中毒などの流行状況を早期に把握することによって，予防や感染の拡大防止を図ることができる。さらに継続的に行われる健康観察によって，児童生徒に健康について興味を持たせ，健康の自己管理能力の育成を図ることも，健康観察の重要な役割であると言える。

（2）　学校における健康観察のこれまでの経緯

　学校において児童生徒の健康を観察するということは 1949（昭和 24）年の「中等学校保健計画実施要領」[1]で**表 1** のように示されている。

表 1　中等学校保健計画実施要領（1949年）

第三章　健康に適した学校生活 第二節　学習指導時における教師の衛生的考慮 　　教師は，学徒の健康状態について，常に観測を怠ってはならない。そのためには，健康の現われである顔色・態度・学習活動の状態に注意して，異常の発見につとめなければならない。そしてまた，疲労を起す姿勢の異常や，室内の空気の物理的条件にも注意を払わなければならない。これによって，教師は，疲労しやすい生徒の病気を早期に発見することができるし，また，身体・衣服の清潔の欠如も見出すことができる。以上の観察によって，何等かの異った所をもっている生徒には，それぞれ必要な指導を与え，全体の生徒に疲労，異常があれば，学習指導の方法や採光・換気等に考慮を加え，座席の変更，あるいは学習指導中に休憩を与えることも必要である。

　この資料から，当初は健康観察の目的が疾病の早期発見や清潔の保持であったことが読み取れる。当時から健康観察が児童生徒の健康管理に重要な役割を果たしていることは言うまでもないが，現代では，アレルギー疾患やメンタルヘルスの問題など健康課題の多様化・複雑化を背景に，健康観察の役割や重要性が増している。

　このため，2008（平成 20）年の中央教育審議会答申「子どもの心身の健康を守り，安全・安心を確保するために学校全体としての取組を進めるための方策について」[2]では，健康観察について**表 2** のように記され，教職員によって行われる健康観察の重要性が示された。これを受けて 2009（平成 21）年には学校保健安全法においても，教職員の責務として健康観察が新たに位置付けられた（**表 3**）。

• **214** •

第1節　健康観察と健康相談

表2　中央教育審議会「子どもの心身の健康を守り，安全・安心を確保するために学校全体としての取組を進めるための方策について（答申）」での健康観察に関する記述（2008年）

> Ⅱ　学校保健の充実を図るための方策について
> 　2．学校保健に関する学校内の体制の充実
> 　　（3）　学級担任や教科担任等
> 　　　①　（略）
> 　　　②健康観察は，学級担任，養護教諭などが子どもの体調不良や欠席・遅刻などの日常的な心身の健康状態を把握することにより，感染症や心の健康課題などの心身の変化について早期発見・早期対応を図るために行われるものである。また，子どもに自他の健康に興味・関心を持たせ，自己管理能力の育成を図ることなどを目的として行われるものである。（以下略）
> 　　　③学級担任等により毎朝行われる健康観察は特に重要であるため，全校の子どもの健康状態の把握方法について，初任者研修をはじめとする各種現職研修などにおいて演習などの実践的な研修を行うことやモデル的な健康観察表の作成，実践例の掲載を含めた指導資料作成が必要である。

表3　学校保健安全法における健康観察の記述

> 第9条　養護教諭その他の職員は，相互に連携して，<u>健康相談又は児童生徒等の健康状態の日常的な観察</u>により，<u>児童生徒等の心身の状況を把握し</u>，健康上の問題があると認めるときは，遅滞なく，当該児童生徒等に対して必要な指導を行うとともに，必要に応じ，その保護者（学校教育法第16条に規定する保護者をいう。第24条及び第30条において同じ。）に対して必要な助言を行うものとする。
>
> 　　　　　　　　　　　　　　　　　　　　　　　　　　　　　　注）下線は筆者による

（3）　健康観察の実施者

　表4は，文部科学省が公表している資料に示された，学校の教育活動における健康観察の時間と主な実施者，主な視点の一覧表である。このように，全ての教職員に学校の教育活動全体で健康観察を行うことが求められている。健康観察の主な実施者である学級担任と養護教諭の役割を以下に述べる。

①　学級担任の健康観察

　学級担任が健康観察を行う機会の1つに朝の会等の授業開始前の時間帯がある。朝の健康観察の概括的な流れは，まず，欠席者，遅刻者とその理由を確認し，出席者に関しては健康状態の観察を行う。健康状態に問題がある者は養護教諭へ連絡し保健室へと送る。場合によっては保護者へ連絡する。健康観察の結果は健康観察表等の記録用紙に記入し，養護教諭へ提出する。観察は教師が目視で確認する方法のほか，児童生徒に直接聞き取りを行う方法，あるいは，児童生徒自らが申告を行う方法もある。児童生徒自らが申告を行う方法は，子供の自己管理能力の向上につながると考えられるが，正確な観察ができないおそれがあり，メリットとデメリットを慎重に検討した上で行われるべきである。

　学級担任は日常的に児童生徒に接しているため，他の職員よりも異常に気付きやすい立場にあるが，毎日見ているがゆえに児童生徒のわずかな変化に気付けないこともある。そのため，「いつもと違ってなんとなく元気がない」「顔色が悪い」「顔がむくんでいる」「歩

・215・

第12章　児童生徒の健康状態の把握と指導

表4　学校の教育活動における健康観察の時間と主な実施者，主な視点

	時　間	主な実施者	主な視点
学校における健康観察	朝や帰りの会	学級担任（ホームルーム担任）	登校の時間帯・形態，朝夕の健康観察での表情・症状
	授業中	学級担任及び教科担任等	心身の状況，友人・教員との人間関係，授業の参加態度
	休憩時間	教職員	友人関係，過ごし方
	給食（昼食）時間	学級担任（ホームルーム担任）	食事中の会話・食欲，食事摂取量
	保健室来室時	養護教諭	心身の状況，来室頻度
	部活動中	部活動担当職員	参加態度，部活動での人間関係，体調
	学校行事	教職員	参加態度，心身の状況，人間関係
	放課後	教職員	友人関係，下校時の時間帯・形態

（※文部科学省「教職員のための子どもの健康観察の方法と問題への対応－メンタルヘルスを中心として－」[3]より）

き方がおかしい」「最近欠席がちである」等の微妙な変化を見逃すことがないように注意深く観察することが大切である。またそのような変化に気付くために，心身の健康や子供の成長発達に関する基礎的な理解が必要な場合もある。

　感染症による欠席では，学級経営の立場からも細心の注意が必要となる。例えば，前日までの欠席者や欠席者の配置等から感染症の流行をある程度予測することができれば，それを踏まえた児童生徒への指導が可能になる。心の健康に関する問題については，その発見や経過を見るために普段の健康観察が重要であるが，これに関しては第10章を参考にされたい。このように学級担任による健康観察は，児童生徒の心身の健康を守るために重要であるが，学級担任だけで心身の健康問題を解決に導いた事例は少ない。したがって学級担任は，保護者や養護教諭，管理職，学校医，主治医等と連携してその後の対応に当たる必要があることに留意すべきである。

② 養護教諭の健康観察

　養護教諭の健康観察の対象となる児童生徒は，学級担任から送られてきた者，保健室に来室した者等すでに何らかの異常があることが分かっていることが多い。けがの場合は手当てを行いながら観察を行い，体調不良の場合は観察や問診，バイタルサイン（脈拍や体温等）の測定等から児童生徒の健康状態を把握し，重症度やその後の児童生徒の変化を予測して対応に当たる。さらに後日，健康相談や保健指導等が必要になる場合があることも念頭に置いて観察をする。また慢性疾患がある者には特に注意が必要であり，あらかじめ保健調査票等で既往歴を確認することが重要である。欠席・遅刻等を含めた朝の健康観察から得られる情報の収集・分析は，養護教諭が行う健康観察の基本となる。またこうした様々な情報は管理職等に報告する。何らかの支援が必要な場合は，管理職や教職員を交え

第1節 健康観察と健康相談

た組織として対応するのが原則となる。例えば，健康観察の結果から感染症の流行を確認した際には，学校の休業や出席停止等の措置を行う，教室のドア等の消毒を行う，換気を行う，保健室来室者数の急増を予測しあらかじめその対策をとるなどの様々な対策が可能になる。

(4) 健康観察の観察項目

　表5は文部科学省が公表している資料に示された個人の健康観察の観察項目（例）である。これは子供がかかりやすい感染症や病気の症状を対象とした観察項目である。このような項目を参考にして，丁寧に観察することが重要である。

表5　健康観察の観察項目（子どもがかかりやすい感染症や病気を対象とした観察の例）

主な観察事項（例）			推測される主な疾患名
欠席		散発的な欠席	
		継続的な欠席	
		欠席する曜日が限定している	
		登校渋り	
		理由のはっきりしない欠席　等	
遅刻		遅刻が多い	
		理由がはっきりしない遅刻　等	
心身の健康状態	観察項目（他覚症状）	普段と変わった様子が見られる	
		元気がない	発熱を来す疾患，起立性調節障害　等
		顔色が悪い（赤い，青い）	発熱を来す疾患，起立性調節障害　等
		せきが出ている	上気道炎，気管支炎，肺炎，気管支喘息，百日咳，マイコプラズマ感染症，麻しん（はしか），心因性咳そう　等
		目が赤い	アレルギー性結膜炎，流行性角結膜炎，咽頭結膜熱（プール熱）　等
		鼻水・鼻づまり	鼻炎，副鼻腔炎，鼻アレルギー，異物等の存在　等
		けがをしている	擦過傷（すり傷），切創（きり傷），打撲，火傷　等
		その他	
	聞き取りや申告（自覚症状）	頭痛	頭蓋内の疾患，耳鼻眼の疾患，慢性頭痛，心因性頭痛　等
		腹痛	感染性胃腸炎，腹腔内の疾患，アレルギー性紫斑病，過敏性腸症候群　等
		発熱	感冒，インフルエンザ，麻しん（はしか）などの感染症，川崎病，熱中症，心因性発熱　等多数
		目がかゆい	結膜炎，結膜アレルギー　等
		喉（のど）が痛い	咽頭炎，扁桃腺炎，ヘルパンギーナ，溶連菌感染症　等
		ほほやあごが痛い	反復性耳下腺炎，川崎病，流行性耳大腺炎（おたふくかぜ）　等
		気分が悪い，重い	感染性胃腸炎，起立性調節障害，心因性，おう吐　等
		体がだるい	発熱をきたす疾患，起立性調節障害　等
		眠い	睡眠障害，起立性調節障害，夜尿症　等
		皮膚がかゆい	アトピー性皮膚炎，じん麻しん　等
		発しん・湿しん	じん麻しん，アレルギー性紫斑病，川崎病，アトピー性皮膚炎，風しん（三日ばしか），水痘（みずぼうそう），溶連菌感染症，とびひ　等
		息が苦しい	気管支喘息，過換気症候群（過呼吸），異物等の存在
		関節が痛い	オスグット－シュッラター病，スポーツ障害　等
		その他	

（※文部科学省「教職員のための子どもの健康観察の方法と問題への対応―メンタルヘルスを中心として―」[3]より）

第12章　児童生徒の健康状態の把握と指導

2　健康相談

（1）　健康相談とは

　健康相談とは，児童生徒の心身の健康に関する問題について，児童生徒や保護者等に対して，養護教諭や学級担任，学校医等の関係者が連携して相談等によって支援していくことである。問題の解決を図り，児童生徒が学校生活によりよく適応できることをめざして健康相談は行われる。健康相談の主な対象者は，健康診断，日常の健康観察，保健室等での対応の結果，継続的な観察指導を必要とする者であり，この他に学校行事への参加のために必要と認められた者，保護者や本人が健康相談を希望する者なども対象となる。

（2）　学校における健康相談のこれまでの経緯

　1958（昭和33）年に制定された学校保健法は，健康相談について第11条で「学校においては，児童，生徒，学生又は幼児の健康に関し，健康相談を行うものとする」と規定していた。これに付随して出された体育局長の通達（1958（昭和33）年）では「健康相談は，校長が学校医または学校歯科医に行わせ，健康相談には担任の教員が立ち会うものとし，必要に応じ保護者も立ち会うことが適当であること」「健康相談は毎月定期的に，および必要がある時は臨時に，時刻を定めて行うこととし，保健室において行うものとする」と述べられている。学校保健法上，学校医・学校歯科医が従事するもので，保健室で定期的にまたは臨時に時刻を決めて行われるものを健康相談と呼んでいた。一方で，養護教諭が行う健康に関する相談は「健康相談活動」と呼ばれ，学校医等が行う健康相談と異なるものであるとされていた。

　1997（平成9）年の保健体育審議会答申[4]の中で，養護教諭が行う健康に関する相談は「近年の心の健康問題等の深刻化に伴い，学校におけるカウンセリング等の機能の充実が求められるようになってきている。この中で，養護教諭は，児童生徒の身体的不調の背景に，いじめなどの心の健康問題が関わっていること等のサインにいち早く気付く立場にあり，養護教諭のヘルスカウンセリング（健康相談活動）が一層重要な役割を持ってきている。養護教諭の行うヘルスカウンセリングは，養護教諭の職務の特質や保健室の機能を十分に生かし，児童生徒の様々な訴えに対して，常に心的な要因や背景を念頭において，心身の観察，問題の背景の分析，解決のための支援，関係者との連携など心や体の両面への対応を行う健康相談活動である」と記されている。さらに1998（平成10）年に教育職員免許状改正によって健康相談活動は養護教諭の必修科目となった。そのため健康相談は学校医・学校歯科医が実施し，健康相談活動は養護教諭が実施するという認識が続いた。

　2008（平成20）年の中央教育審議会答申の中で，保健室来室者の増加と健康問題の多様化により医療機関等との連携や特別支援教育において期待される役割の増加を背景に，養護教諭の行う健康相談活動の重要性と環境整備の必要性が指摘された。これを受けて，2009（平成21）年に改正された学校保健安全法において健康相談活動と健康相談の区別

第1節　健康観察と健康相談

が取り払われ健康相談に統一された。学校保健安全法による健康相談に関する規定は**表6**の通りである。健康相談は学校医・学校歯科医だけでなく養護教諭や担任教諭，学校薬剤師等様々な教職員及び関係者によって連携し組織的に行われるということが明記された。また同年，これまで養護教諭が行ってきた健康相談活動は健康相談に含まれるものであるという見解が文部科学省から出された[5]。

表6　学校保健安全法及び学校保健安全法施行規則による健康相談に関する規定

学校保健安全法
第7条　保健室
　学校には，健康診断，<u>健康相談</u>，保健指導，救急処置その他の保健に関する措置を行うため，保健室を設けるものとする。
第8条　健康相談
　学校においては，児童生徒等の心身の健康に関し，<u>健康相談</u>を行うものとする。
第9条　保健指導
　養護教諭その他の職員は，相互に連携して，<u>健康相談</u>又は児童生徒等の健康状態の日常的な観察により，児童生徒等の心身の状況を把握し，健康上の問題があると認めるときは，遅滞なく，当該児童生徒等に対して必要な指導を行うとともに，必要に応じ，その保護者（学校教育法第16条に規定する保護者をいう。第24条及び第30条において同じ。）に対して必要な助言を行うものとする。
第10条　地域の医療機関との連携
　学校においては，救急処置，<u>健康相談</u>又は保健指導を行うに当たつては，必要に応じ，当該学校の所在する地域の医療機関その他の関係機関との連携を図るよう努めるものとする。

学校保健安全法施行規則
第22条　学校医の執務執行の準則
　学校医の職務執行の準則は，次の各号に掲げるとおりとする。（略）
　　3　法第8条の<u>健康相談</u>に従事すること。

注1）同規則第23条には学校歯科医が，第24条には学校薬剤師が健康相談に従事することとの記載がある。
注2）下線は筆者による。

(3)　健康相談の実施率

　2012（平成24）年に行われた全国の養護教諭に対する調査[6]によると健康相談に取り組んでいると答えた養護教諭は小学校で87％，中学校で96％，高等学校で100％，特別支援学校で87％であり，学校医等が行う健康相談の企画・実施に取り組んでいると答えたものは，小学校で31％，中学校で31％，高等学校で57％，特別支援学校で70％であった。特に小・中学校での学校医等が行う健康相談の企画・実施の割合が低く，今後の拡充が求められる。

(4)　健康相談における学級担任等，養護教諭，学校医等の役割

①　学級担任等の役割

　これまで学級担任等は医師が行う健康相談に立ち会うものとされていたが，健康に関する問題の多様化・複雑化を背景に学校保健安全法の改正によって学級担任も健康相談を実施することが明記された。健康相談における学級担任等の役割は，まず健康観察によって

・**219**・

第12章　児童生徒の健康状態の把握と指導

児童生徒が抱える問題を早期に発見することである。ここでいう問題は身体的不調だけでなく，不登校，虐待，人間関係の問題などメンタルヘルスに関するものを含む。こういった問題は時間の経過とともに悪化することが少なくない。そのため，問題を早期に発見し健康相談につなげることが解決の第一歩となる。また，関係する教職員が児童生徒との関わりや保護者との対話から得た情報の共有化を図ることで，問題の客観的かつ多角的な理解につながる。問題を担任一人で抱え込むのではなく，関係者と連携し組織的に対応すること，相談だけでは対応し切れず治療等が必要な場合があるため，その場合は迅速に地域の関係機関につなぐことが求められる。

② 　養護教諭の役割

養護教諭は，普段から児童生徒が健康に問題のあるときに出会いやすく，またその際に応急処置などの対応を行うため，健康に関して相談しやすい相手であると言える。身体的な健康だけでなく，友人関係や勉強，家庭の悩み等，心の健康に関する相談を直接受けることも多くあり，養護教諭への健康相談の内容は多様である。発育発達の途上にある児童生徒は，言葉で表すことの難しさから心の問題を身体症状として表すこともある。そのため，児童生徒の相談に乗ることはもちろんだが，相談内容に関連する背景などをしっかりと把握して，問題に応じた適確な支援を判断することが求められる。その際の留意点として，学級担任等と同様に一人で判断するのではなく，管理職や他の教員と連携しながら進めることが重要である。また，問題の解決のためには様々な人々との協力が必要になることも少なくない。その中でも，学校医や学校歯科医，学校薬剤師，スクールカウンセラー等とは関わる機会が多く，連携のための窓口やコーディネーターの役割を担うことを期待されている。

③ 　学校医・学校歯科医・学校薬剤師等の役割

学校医や学校歯科医は従来から健康相談の実施者であり，医学等の専門的見地から助言や指導を行う等健康相談において果たす役割は大きい。主に学校医・学校歯科医は養護教諭や学級担任等からの依頼を受けて健康相談を実施する。相談の内容によって，他の医療機関の受診の必要性の判断，治療，疾病予防，地域の医療機関とのつなぎ役など様々な役割を担っている。また，2009（平成21）年の学校保健安全法及び同施行規則の改正により，学校薬剤師も新たに健康相談の担い手として明示されることになった。

（5）　健康相談実施上の留意点

児童生徒の健康問題は多岐にわたり，その支援の方法も問題によって異なる。教育的支援や医療的支援，福祉に関わる支援，療育的支援など様々な支援があり，一人一人の児童生徒に合った方法を選択することが重要である。そのためにも様々な情報から，客観的・多角的に判断することが求められる。健康相談を実施する場合の留意点としては，児童生徒及び保護者等が相談しやすいプライバシーに配慮した環境を整えることや，継続的な支援が必要な場合に備えて，あらかじめ学内外の関係者による体制を整備した上で実施する

ことなどが挙げられる。なお，健康相談は組織的でかつ計画的に行う必要があるとされている。そのため，健康相談を学校保健計画に位置付け，学内外に広く周知することや，プライバシーに十分配慮しつつ教職員の相談に関する情報や結果の共通理解を図ることが重要となる。

■引用・参考文献
1）文部省「中等学校保健計画実施要領」1949 年
2）中央教育審議会「子どもの心身の健康を守り，安全・安心を確保するために学校全体としての取組を進めるための方策について（答申）」2008 年 1 月 17 日
3）文部科学省「教職員のための子どもの健康観察の方法と問題への対応－メンタルヘルスを中心として－」2008 年
4）保健体育審議会「生涯にわたる心身の健康の保持増進のための今後の健康に関する教育及びスポーツの振興の在り方について（答申）」1997 年
5）文部科学省　スポーツ・青年局学校健康教育課「学校保健法等の一部を改正する法律の施行に伴う文部科学省関係省令の整備等に関する省令案に関するパブリックコメント（意見公募手続）の結果について」2009 年
6）日本学校保健会「学校保健の課題とその対応」2011 年
・文部科学省「教職員のための子どもの健康相談及び保健指導の手引」2011 年

［原　郁水］

第12章　児童生徒の健康状態の把握と指導

第2節　個別の保健指導

1　学校における保健指導の位置付け

　保健指導の目的は，「個々の児童生徒の心身の健康問題の解決」である。保健指導には大別して，冬期のインフルエンザ予防のように，学校・学級を対象に特別活動として行うと効果的な，集団への指導（第3章第2節参照）と，メンタルヘルス不全やアレルギー疾患などの問題を抱える児童生徒を見いだして行う，個別の保健指導（**表1**）の2つがある。いずれにしても，どの子供にもそれぞれの生活背景があり，そこから，自らの健康課題に気付かせる指導のチャンスは日常的にあると考えたい。例えば，弟が生まれたうれしさを話す小学生には，その発育のめざましさから自分のう歯問題に気付かせることができるだろう。また，進学や就職を考え始めた高校生がいたとすれば，自分の志望と健康診断で見つかった尿検査異常との関係を考えさせる絶好の機会となるだろう。

表1　個別の保健指導が必要な対象者とその例[1]

①	健康診断の結果，保健指導を必要とする者	：歯垢や歯肉炎
	入学時の保健調査で保護者が申し出た者	：牛乳アレルギー，蜂毒によるアナフィラキシー
②	保健室での対応から必要性が高いと思われる者	：腹痛，便秘，頭痛／睡眠不足
③	日常の健康観察から必要性が高いと思われる者	：めまいや立ちくらみ，貧血，頭痛，朝食欠食
④	心身の健康に問題を抱えている者	：不適応，性，虐待・ネグレクト
⑤	健康生活の実践に関して問題を抱えている者	：喫煙，肥満傾向

　学校保健安全法の第9条には，保健指導は，①どの教職員も，②相互に連携して，③健康相談と日常の健康観察によって，指導すべき対象者を積極的に見出して行うこと，④必要に応じて保護者に助言を行うこと，と示されている。また，学校保健安全法施行規則第22・23条（学校医・学校歯科医の職務執行の準則）には，学校医・学校歯科医は「第9条の保健指導に従事すること」として，第9条が示すような全教職員で組織的に取り組むべき保健指導の一翼を，専門家の立場から担うと位置付けられている[2]。

2　どの教職員も，相互に連携して行う保健指導とは

　いわゆる心の健康問題が取り上げられるようになって久しい。この問題は，自尊心の低さや友達とのトラブル，学力不振といった成長過程での課題に心身の不調が絡む場合が多く，担任が一人で抱え込んでしまうことも少なくない。その点，先述した学校保健安全法第9条に示される随分前から，養護教諭らは，連携することやチームで取り組む重要性を指摘してきた。例えば，中坊伸子氏の実践[3]では，集団で子供の発達を支えてゆく，という考えを根底に置きながら，保健部を中心に不適応の児童生徒を援助する組織づくりを

・222・

した結果，チーム会議ができあがったという。この会議を繰り返すことで，参加した教員に力がつくばかりか，議論を学校全体にフィードバックすることが可能となり，「実践の蓄積」や「教訓の共有化」がなされたという。チームでは，養護教諭はその立ち上げとコーディネーター役を担い，学校カウンセラーはあくまでコンサルテーション役を果たすのである。

ただし，子供自身が問題解決に至るための最大の要は，養護教諭と担任とのチーム力だと中坊氏は指摘し，「連携時の観点」として次の３つを挙げている。

①　チーム内の専門家は，自分は何ができるのかを考え，主体的な姿勢で連携する。自分ができるサービスと相手に何を期待するかをお互いにはっきりさせるために，定期的なミーティングが必要となる。

②　役割の強弱が変化することも十分承知しておく（特に担任と養護教諭の関係）。

③　情報の共有と守秘義務を区別し，個人情報の取扱いを判断できるセンスを養う。

先述した学校保健安全法第９条では，必要に応じて保護者に助言する，としているが，この点についても中坊氏は重要な指摘をしている。

①　親の心の安定を図ることは，子供の負担を軽くすることにつながる。今までの子育てのあり方を責めない。親はすでに傷ついていることが多い。

②　養護教諭と担任が共に（親への支援を）根気よく続けることは，直接，子供を援助する仕事と同じくらい大切である。

このような，チームづくりと保護者支援の要点は，アレルギー疾患児のための危機管理体制づくりにも応用できるだろう。

2012(平成24)年，東京都調布市の小学校では，食物アレルギー・アナフィラキシーショックに起因する死亡事故が起きた[4]。この疾患は，危機管理体制をつくり学校全体で対応することや，校種を超えた継続的な取組が重要である。日本学校保健会は，学校生活と関連深い５つのアレルギー疾患を取り上げ，「学校のアレルギー疾患に対する取り組みガイドライン」を作成した[5]。そこでは，「学校生活管理指導表」に基づき，「取り組みプラン」を作成して取り組むことを推奨している。このプランは，校長，教頭，学級担任，養護教諭及び栄養教諭・学校栄養職員が，保護者と協議して定める管理指導計画であり，①取組に対する考え方，②取組までの流れ，③緊急時の対応体制，④情報管理と役割分担，⑤具体的な取組の内容の５点について，共通理解することをねらっている。

■引用・参考文献
1 ）文部科学省「教職員のための子どもの健康相談及び保健指導の手引」（2011 年 8 月，文科省 HP）より作成
2 ）このほか，「学校保健安全法の一部を改正する法律の公布について（通知）」（2008 年 7 月）も参照
3 ）中坊伸子「学校における“心の健康”援助システムについて」『日本教育保健研究会年報』第 6 号，1999 年／「養護教諭の仕事：今，子どもをどう理解し，どう向き合うか」『日本教育保健学会年報』第 14 号，2007 年
4 ）調布市立学校児童死亡事故検証委員会「調布市立学校児童死亡事故検証結果報告書概要版」2013 年
5 ）財団法人日本学校保健会「学校のアレルギー疾患に対する取り組みガイドライン」2008 年

［高橋　裕子］

第12章　児童生徒の健康状態の把握と指導

第3節　児童生徒の不登校への対応

1　不登校の動向

　不登校とは，連続又は断続して年間30日以上欠席し，何らかの心理的，情緒的，身体的，あるいは社会的要因・背景により，児童生徒が登校しない，あるいは，したくともできない状況にあること（ただし，病気や経済的な理由によるものを除く），と定義されている。文部科学省の調査[1]によると，2017（平成29）年における不登校児童生徒数は，小学校35,032人（前年度30,448人），中学校108,999人（前年度103,235人），小・中学校の合計は144,031人（前年度133,683人）であった。在籍者数に占める不登校児童生徒の割合は，小学校0.5%，中学校3.2%，全体では1.5%（前年度1.3%）であった。小学生では185人に1人，中学生では31人に1人が不登校の状況にある。一方，高等学校における不登校生徒数は，49,643人（前年度48,565人）であり，在籍者数に占める割合は1.5%（前年度1.5%）であった。小・中学校の不登校児童生徒数の推移を図1に示す。2013（平成25）年度以降，小・中学校ともに増加している状況にある。

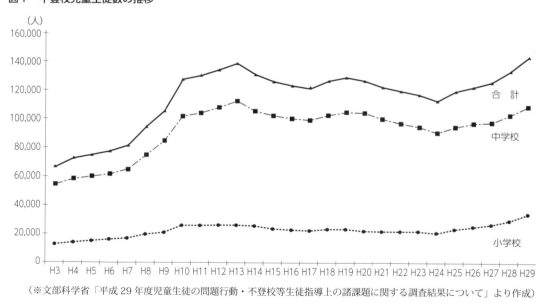

図1　不登校児童生徒数の推移

（※文部科学省「平成29年度児童生徒の問題行動・不登校等生徒指導上の諸課題に関する調査結果について」より作成）

2　不登校への対応

　「不登校に関する調査研究協力者会議」では，不登校児童生徒への支援についての最終報告をまとめている[2]。それによると，「不登校とは，多様な要因・背景により，結果として不登校状態になっていることであり，不登校を『問題行動』と判断してはいけない。

第3節　児童生徒の不登校への対応

不登校の児童生徒が悪いという根強い偏見を払拭し，（中略）学校・家庭・社会が不登校児童生徒に寄り添い共感的理解と受容の姿勢を持つことが，児童生徒の自己肯定感を高めるためにも重要である」と示された。この最終報告を受け，文部科学省は「不登校児童生徒への支援の在り方について」とする通知を示した[3]。主な概要についてまとめる。

（1）　支援の視点

不登校児童生徒への支援は，「学校に登校する」という結果のみを目標にするのではなく，児童生徒が自らの進路を主体的にとらえて，社会的に自立することをめざす必要がある。また，児童生徒によっては，不登校の時期が休養や自分を見つめ直す等の積極的な意味を持つことがある一方で，学業の遅れや進路選択上の不利益や社会的自立へのリスクが存在することに留意する。

（2）　学校等の取組の充実

① 「児童生徒理解・教育支援シート」を活用した組織的・計画的支援

本シートは，支援の必要な児童生徒の状況を把握し，その状況を関係機関で情報共有することにより，組織的・計画的な支援を図ろうとするものである。

② 不登校が生じないような学校づくり（魅力あるよりよい学校づくり等）

③ 不登校児童生徒に対する効果的な支援の充実

・不登校に対する学校の基本姿勢（校長のリーダーシップの下，様々な専門スタッフとの組織的な支援体制を整える）

・早期支援の重要性（予兆への対応を含めた初期段階からの組織的・計画的な支援）

・効果的な支援に不可欠なアセスメント（学級担任に留まらない，専門職による見立て）

・スクールカウンセラー及びスクールソーシャルワーカーとの連携協力

・家庭訪問を通じた児童生徒への積極的支援や家庭への適切な働きかけ

・不登校児童生徒の登校に当たっての受入体制の整備（保健室，相談室等の活用など）

・児童生徒の立場に立った柔軟な学級替えや転校等の対応

④ 不登校児童生徒に対する多様な教育機会の確保

教育支援センター，不登校特例校，フリースクールなどの民間施設，ICTを活用した学習支援など，多様な教育機会の確保

⑤ 中学校卒業後の支援

■引用・参考文献
1）文部科学省「平成29年度児童生徒の問題行動・不登校等生徒指導上の諸課題に関する調査結果について」pp.3-71，2018年
2）不登校に関する調査研究協力者会議「不登校児童生徒への支援に関する最終報告～一人一人の多様な課題に対応した切れ目のない組織的な支援の推進～」2016年7月
3）文部科学省「不登校児童生徒への支援の在り方について（通知）」2016年9月14日

［上田　敏子］

第12章　児童生徒の健康状態の把握と指導

| 第4節 | 健康診断 |

1　健康診断の目的と意義

　児童生徒等の健康診断は，学校保健安全法に基づいて行われるものであり，学校教育を円滑に行うための保健管理の中心に位置するものである。しかしその一方で，教育課程上では学習指導要領において「特別活動」における学校行事の「健康安全・体育的行事」として位置付けられている。その内容として，心身の健全な発達や健康の保持増進などについての理解を深めるとうたわれている通り，健康診断には教育的な意義のあることも十分理解しておかなければならない。

　健康診断の目的は，①子供の成長状況の把握，②病気の早期発見・早期治療のためのスクリーニング（ふるいわけ），③保健教育への活用等が挙げられる。健康診断は，その結果を保健調査や日々の健康観察の結果とともに健康評価のための重要な資料として，児童生徒一人一人の指導や効果的な学校保健の推進に役立ててこそ意義あるものとなると言えよう。

2　健康診断の種類

　健康診断については，学校保健安全法により定められている。その種類としては，市町村の教育委員会が実施主体となる就学時の健康診断，学校が実施主体となる児童生徒等の健康診断（定期及び臨時），学校の設置者が実施主体となる職員の健康診断（定期及び臨時）の3つが規定されている。ここでは学校保健において重要な位置を占める児童生徒等の定期健康診断を中心に見ていくことにする（**表1**）。

表1　学校保健安全法に基づく健康診断の種類

種　　　類		実施時期	実施主体
就学時の健康診断		義務教育就学前年	市町村の教育委員会
児童生徒等の健康診断	定期	毎年6月30日まで	学　　校
	臨時	必要があるとき	
職員の健康診断	定期	学校の設置者が定める適切な時期に	学校の設置者
	臨時	必要があるとき	

3　実施時期と検査項目

　学校保健安全法施行規則により児童生徒等の定期健康診断は，毎学年6月30日までに行うものとされており，検査項目と実施すべき学年が定められている（**表2**）。

・ 226 ・

第4節　健康診断

表2　定期健康診断の検査項目と実施学年[1]

平成28年4月1日現在

項目	検診・検査方法	幼稚園	小学校 1年	2年	3年	4年	5年	6年	中学校 1年	2年	3年	高等学校 1年	2年	3年	大学
保健調査	アンケート	◎	◎	◎	◎	◎	◎	◎	◎	◎	◎	◎	◎	◎	○
身長		◎	◎	◎	◎	◎	◎	◎	◎	◎	◎	◎	◎	◎	◎
体重		◎	◎	◎	◎	◎	◎	◎	◎	◎	◎	◎	◎	◎	◎
栄養状態		◎	◎	◎	◎	◎	◎	◎	◎	◎	◎	◎	◎	◎	◎
脊柱・胸郭 四肢 骨・関節		◎	◎	◎	◎	◎	◎	◎	◎	◎	◎	◎	◎	◎	△
視力	視力表　裸眼の者　裸眼視力	◎	◎	◎	◎	◎	◎	◎	◎	◎	◎	◎	◎	◎	△
	視力表　眼鏡等をしている者　矯正視力	◎	◎	◎	◎	◎	◎	◎	◎	◎	◎	◎	◎	◎	△
	視力表　眼鏡等をしている者　裸眼視力	△	△	△	△	△	△	△	△	△	△	△	△	△	△
聴力	オージオメータ	◎	◎	◎	◎	◎	◎	◎	◎	◎	◎	◎	◎	◎	◎
眼の疾病及び異常		◎	◎	◎	◎	◎	◎	◎	◎	◎	◎	◎	◎	◎	◎
耳鼻咽喉頭疾患		◎	◎	◎	◎	◎	◎	◎	◎	◎	◎	◎	◎	◎	◎
皮膚疾患		◎	◎	◎	◎	◎	◎	◎	◎	◎	◎	◎	◎	◎	◎
歯及び口腔の疾患及び異常		◎	◎	◎	◎	◎	◎	◎	◎	◎	◎	◎	◎	◎	△
結核	問診・学校医による診察		◎	◎	◎	◎	◎	◎	◎	◎	◎				
	エックス線撮影											◎			◎ 1学年（入学時）
	エックス線撮影　ツベルクリン反応検査　喀痰検査等		○	○	○	○	○	○	○	○	○				
	エックス線撮影　喀痰検査・聴診・打診											○			○
心臓の疾患及び異常	臨床医学的検査　その他の検査	◎	◎	◎	◎	◎	◎	◎	◎	◎	◎	◎	◎	◎	◎
	心電図検査	△	◎	△	△	△	△	△	◎	△	△	◎	△	△	△
尿	試験紙法　蛋白等	◎	◎	◎	◎	◎	◎	◎	◎	◎	◎	◎	◎	◎	△
	試験紙法　糖	△	◎	◎	◎	◎	◎	◎	◎	◎	◎	◎	◎	◎	△
その他の疾病及び異常	臨床医学的検査　その他の検査	◎	◎	◎	◎	◎	◎	◎	◎	◎	◎	◎	◎	◎	◎

（注）◎　ほぼ全員に実施されるもの
　　　○　必要時又は必要者に実施されるもの
　　　△　検査項目から除くことができるもの

第12章　児童生徒の健康状態の把握と指導

　検査の方法及び技術的基準については学校保健安全法施行規則に示されているが，文部科学省体育局長通達「児童，生徒，学生，幼児及び職員の健康診断の方法及び技術的基準の補足的事項について」に，より詳細に示されている。

　2014（平成26）年度の学校保健安全法施行規則の一部改正により，座高の検査は，身長曲線・体重曲線の活用推進を前提として削除された。また，「四肢の状態」が必須項目として位置付けられた。「四肢の状態を検査する際は，四肢の形態及び発育並びに運動器の機能の状態に注意すること」[2]と規定されている。運動器の検診の詳細については次節で詳しく述べる。寄生虫卵の有無の検査についても，最近10年間の検出率が1％以下で推移していることから必須項目から削除されたが，検出率には地域性が見られることから地域の実情に応じて検査の実施や指導に取り組む必要がある。

　色覚については，2003（平成15）年度より必須項目から削除され，希望者に対して個別に実施するものとなった。しかしながら「児童生徒等が自身の色覚の特性を知らないまま卒業を迎え，就職に当たって初めて色覚による就業規制に直面するという実態の報告や，保護者等に対して色覚異常及び色覚の検査に関する基本的事項についての周知が十分に行われていないのではないかという指摘もある」[3]ことから「①学校医による健康相談において，児童生徒や保護者の事前の同意を得て個別に検査，指導を行うなど必要に応じ，適切な対応ができる体制を整える」とともに，「②教職員が，色覚異常に関する正確な知識を持ち，学習指導，生徒指導，進路指導等において，色覚異常について配慮を行うとともに，適切な指導を行うよう取り計らう」[3]こと等により，児童生徒等が自身の色覚の特性を知らないまま不利益を受けることのないよう，積極的に保護者等への周知を図ることが求められる。

　学校が必要と認める場合には，学校保健安全法施行規則に明示された検査の項目以外にも検査を実施することができるが，実施に際しては児童生徒及び保護者に対してこれらの検査が義務付けではないことを周知し，検査の趣旨を十分に説明した上で，同意の得られた者に対してのみ実施するなどの配慮をしなければならない。

4　健康診断の特質と限界

　学校における健康診断には，スクリーニングの手法が用いられている。スクリーニングとは潜在する疾病を発見するための技法の1つであり，集団に対し，疾病・異常のありそうな人を何段階かのふるい（＝スクリーン）にかけるという意味で使われる。その特徴としては，検査が簡単に素早く実施できる，結果が早く分かる，安全で被験者の苦痛や心理的負担が軽いことなどが挙げられる。

　スクリーニングの目的は，詳細な検査による確定診断を行うことではなく，疑いのあるものを選び出すことである。したがって，選び出された者に対する確定的な診断や治療方針決定のための精密検査は，保護者の責任において医療機関で行われなければならない。

• 228 •

図1 基準値の決め方が判定結果に及ぼす影響[4]

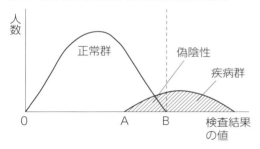
基準値をB以下と決めると偽陰性（疾病があるのに検査で拾い出せない）が生じる。

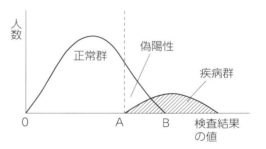
基準値をA以下と決めると偽陽性（検査の上で異常値となる健常者）が生じる。しかし、疾病の見逃しを避けるためにはやむを得ない。

　スクリーニングのための基準値は，疑いのあるものをもれなく選び出すために設定された値である。そのため偽陽性（検査上での異常となる健常者）がある程度生じることは避けられない（図1）。

　また，健康診断は発達の途上にある児童生徒等の定められた時点での横断的な把握にすぎず，年間を通じての全ての疾病・異常について発見できるものではない。そのため，事前の保健調査や学校をはじめ家庭や地域における日常の健康観察が重要である。

　健康診断にはこのような特質と限界があることを十分に理解し，その実施に際しては事前・事後の指導において，これらの点について子供だけではなく保護者にも十分に説明し理解を得ることが必要である。

5　実施上の留意点

　健康診断は疑いのあるものを選び出すスクリーニングであるが，疑いを持たれたことによる心理的影響は少なくない。そのため，検査や測定は，的確に行われなければならず，使用される機器は正しく保守管理されていることが重要である。

　健康診断の実施に際しては，プライバシーと人権の保護に十分な配慮が必要である。例えば，健康診断は通常集団で実施されるが，個人の人権やプライバシーが保護されるよう実施の方法には特段に配慮し，結果の通知に際しても，他の児童生徒等に健康診断の結果が知られることのないようにしなければならない。学校では健康診断の結果を利用する場合の承認手続きを明確にしておくことも必要である。また，本人への情報開示の機会を確保するなど適切な対応も求められる。

6　事後措置

　健康診断は，検査によって健康上の問題を発見するだけではなく，見いだされた問題を管理し，さらに指導へと展開していくことが重要である。事後措置としては，結果の通知を含む①事務的処理，②個別に行う管理・指導，③保健管理・健康教育等への結果の活用

第12章　児童生徒の健康状態の把握と指導

が挙げられる。

　健康診断の結果は学校として記録しまとめるとともに，21日以内に本人及び保護者に通知しなければならない。結果の通知に際しては，全体項目の結果をまとめ，学校医の所見を含めて通知し，児童生徒等及び保護者が健康状態及び日常生活における留意点，医療を受ける必要性等について十分な理解が得られるよう配慮することが望ましい。

　個別の管理・指導としては①再検査や精密検査の受診指導，②必要な者に対しての生活指導，③教育環境の調整などが挙げられる。精密検査や治療が必要な場合には家庭と協力して指導に当たることが重要である。

　健康診断の結果は，①学校全体の健康問題の傾向を把握する，②配慮を要する児童生徒への共通理解を図る，③学校行事や環境面での対策を検討するなど，物的・人的管理に活用することも重要である。

　また健康診断は，健康診断の意味だけではなく，自分の身体の発育状態や健康状態の理解，健康の意義などを学習するよい機会となる。このような教育的な活動は，健康診断前の保健調査や日常の健康観察，保健指導，教科の体育科・保健体育科等と連携して実施されることが望ましい。

7　成長曲線の活用について

　児童生徒等の発育を評価する上で，成長曲線等を積極的に活用することが重要である。成長曲線を描くことで，一人一人の成長特性を評価できる。また「肥満」や「やせ」といった栄養状態の変化に加えて，低身長，高身長，特に早期に身長の伸びが止まって，最終的に低身長となる性早熟症などを早期に発見することができる。

　図2は，学校で用いられるパーセンタイル法による成長曲線基準図である[5]。2000（平成12）年の乳幼児身体発育調査（厚生労働省）及び学校保健統計調査（文部科学省）のデータによって作成されたものである[6]。図中の上部にある7本の曲線が身長の基準線で，下部にあるものが体重の基準線であり，これら曲線は上から97，90，75，50，25，10，3パーセンタイル曲線という。97パーセンタイル値は同じ年齢の子供100人を身長の低いほうから高いほうへ順に並べたときに，低いほうから数えて97番目に当たる身長を意味している。これが3パーセンタイルであれば3番目であり，体重についても同様である。

　児童生徒等の身長と体重の成長が正常であれば，成長曲線基準図中の基準線に沿った成長をする。児童生徒等の成長が異常であれば，この基準線に対して上向き，あるいは下向きの成長を示す。成長曲線が異常であると判断した場合は，学校医に相談し，必要であれば保護者によく説明して，専門医療機関への受診を勧める[7]。

図2　身長・体重成長曲線

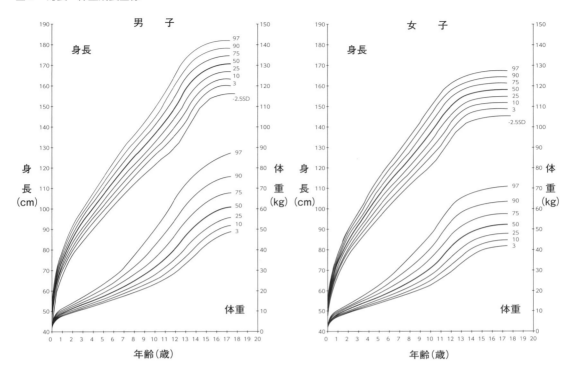

8　臨時健康診断

　学校保健安全法第13条により，学校において必要があるときは，臨時に児童生徒等の健康診断を行うものと定められている。さらに，学校保健安全法施行規則に以下のような場合に必要な項目について検査を行うものと規定されている。
　（1）　感染症又は食中毒の発生したとき。
　（2）　風水害等により感染症の発生のおそれのあるとき。
　（3）　夏季における休業日の直前又は直後
　（4）　結核，寄生虫病その他の疾病の有無について検査を行う必要のあるとき。
　（5）　卒業のとき。
　検査の方法及び技術的基準等は法的に示されていないが，定期健康診断の基準が準用されるものと考えられる。

9　就学時健康診断

（1）　目的と意義

　就学時の健康診断は，市区町村の教育委員会が当該市区町村在住で翌年から学校への就学予定の者を対象として，学校保健安全法第11条の規定により実施するものである。
　その目的は，義務教育を円滑に実施するために，①児童生徒の健康上の課題について保

護者及び本人の認識と関心を深め，②疾病又は異常を有する者に，入学時までに必要な治療をし，生活の改善等により，健康な状態もしくは就学可能な心身の状態での入学に努め，③学校生活や日常生活に支障となるような疾病等の疑いのある者をスクリーニングし，適切な治療勧告，保健上の助言及び就学指導等に結び付けることである。

（2）内　容

実施の時期，検査の項目，保護者への通知，健康診断票等については学校保健安全法施行令で，方法及び技術的基準については学校保健安全法施行規則に定められている。

（3）事後措置と結果の活用

市区町村の教育委員会は，健康診断の結果に基づき，治療を勧告し，保健上必要な助言を行い，就学義務の猶予もしくは免除又は特別支援学校への就学に関し指導を行う等適切な処置をとることになっている。

健康診断の結果は，3月16日（翌学年の初めから15日前）までに入学する学校に送付される。学校は受診勧告や保健指導等の結果について把握し，学校における保健指導及び入学後の健康診断に役立てる必要がある。

10　教職員の健康診断

教職員の健康がその指導下にある児童生徒の心身の健康に影響を及ぼすことは想像に難くない。教職員の健康診断は，学校教育の円滑な実施とその成果の確保のためには必須のものと言えよう。

学校の設置者は，学校保健安全法及び労働安全衛生法の規定に基づき，毎年学校の設置者が定める適切な時期に健康診断を実施し，教職員の健康状態を把握するとともに，その結果に基づき，健康に異常があると認められた教職員については，治療の指示や勤務の軽減等適切な事後措置をとることになっている。また，必要に応じ臨時の健康診断を実施することができる。

検査項目，方法及び技術的基準とその補足的事項及び健康診断表の扱いについては，学校保健安全法施行規則並びに文部科学省体育局長通達により定められているが，内臓脂肪症候群の増加に伴う対策としての健康増進法等の改正にあわせて，2008（平成20）年度より検査項目に「腹囲」が新たに加えられ，尿糖の検査が必須項目となり，血中脂質検査について，血清総コレステロールを削除し，LDLコレステロールが新たに規定された。

そのような中で，近年の教職員の健康診断における課題は，依然としてメンタルヘルスへの対応である。文部科学省の調査によると，精神疾患による休職者数は2016（平成28）年には4,891人（全教職員数の0.53％）であり，2007（平成19）年度以降5,000人前後で推移している[7)8)]。ここ3年は連続して減少しているものの依然高い割合にあり，学校における心の問題は子供だけでなく教職員を含めた対策が必要である。

第4節　健康診断

■引用・参考文献
1 ）公益財団法人日本学校保健会編『児童生徒等の健康診断マニュアル（平成 27 年度改訂版)』p.19, 2015 年
2 ）前掲書 1)，p.111
3 ）前掲書 1)，p.112
4 ）山本公弘『学校健康診断の事後措置』東山書房，p.31 , 1996 年
5 ）前掲書 1)，pp.68-69
6 ）加藤則子，村田光範，河野美穂，谷口隆，大竹輝臣「0 歳から 18 歳までの身体発育基準について」『小児保健
　　研究』63（3)，pp.345-348，2004 年
7 ）前掲書 1)，pp.69-70
8 ）文部科学省「平成 28 年度公立学校教職員の人事行政状況調査について」2017 年
・文部科学省「中学校学習指導要領」2017 年
・公益財団法人日本学校保健会編「学校保健の動向（平成 29 年度版)」2017 年
・公益財団法人日本学校保健会編「就学時の健康診断マニュアル 平成 29 年度改訂」2018 年
・公益財団法人日本学校保健会「成長曲線普及推進委員会」編「成長曲線活用の実際」2018 年
・財団法人日本学校保健会「平成 14 年度健康診断調査研究小委員会報告書」2003 年

［西村　覚］

第12章　児童生徒の健康状態の把握と指導

第5節　運動器検診

　学校保健安全法に基づいて，2016（平成28）年度から学校定期健診に運動器検診の項目が加わった。対象学年は，小学校1学年から高等学校3学年までの全学年である。

1　四肢の状態

　四肢の状態については，1937（昭和12）年に制定公布された学校身体検査規程において，その他の疾病及び異常に「骨及び関節の異常，四肢運動障害」が追加された。その後，1994（平成6）年の「学校保健法施行規則の一部を改正する省令の施行及び今後の学校における健康診断の取扱いについて」の「健康診断の方法及び技術的事項の補足的事項について」の中で，脊柱及び胸郭の検査においては，「骨，関節の異常及び四肢の状態にも注意すること」と，これまでも示されていた。しかしながら，2012（平成24）年に文部科学省に設置された「今後の健康診断の在り方等に関する検討会」における意見において，運動器に関する検診については「現代の子供たちには，過剰な運動に関わる問題や，運動が不足していることに関わる問題など，運動器に関する様々な課題が増加している。これらの課題について，学校でも，何らかの対応をすることが求められており，その対応の一つとして，学校の健康診断において，運動器に関する検診を行うことが考えられる。その際には，保健調査票等を活用し，家庭における観察を踏まえた上で，学校側がその内容を学校医に伝え，学校医が診察するという対応が適当である。そこで異常が発見された場合には，保健指導や専門機関への受診等，適切な事後措置が求められる」と指摘された[1]。

　このように，子供たちの現代的な健康課題として運動の二極化が挙げられることが背景となり，2014（平成26）年4月30日「学校保健安全法施行規則の一部改正等について（通知）」[2]で「四肢の状態」を必須項目として加えるとともに，「四肢の状態を検査する際は，四肢の形態及び発育並びに運動器の機能の状態に注意することを規定すること」と，施行規則に規定された。

2　学校での運動器検診の手順

(1)　検診の準備

　検診に当たって，あらかじめ「保健調査票」を配布・回収する。これは，学校で行う健康診断の資料とするとともに，在学中の健康管理の参考にするものである。保健調査票は既往歴や結核の状況，最近の健康状態・生活習慣について報告するものであるが，整形外科に関しては図1[3]のような点がチェックされる。また，「運動器検診保健調査票」（図2）[4]などが利用されることもある。これらの保健調査票を配布し，保護者が子供の現在の状態をチェックし，担任に提出する。養護教諭は，提出された保健調査票（運動器）の異常所

• 234 •

第5節 運動器検診

図1 保健調査票（整形外科に関する項目）

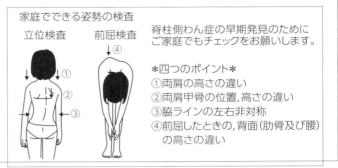

1）背骨が曲がっている
2）腰を曲げたり，反らしたりすると痛みがある
3）腕，脚を動かすと痛みがある
4）腕，脚に動きの悪いところがある
5）片脚立ちが5秒以上できない
6）しゃがみこみができない

家庭でできる姿勢の検査
立位検査　前屈検査

脊柱側わん症の早期発見のためにご家庭でもチェックをお願いします。

＊四つのポイント＊
①両肩の高さの違い
②両肩甲骨の位置，高さの違い
③脇ラインの左右非対称
④前屈したときの，背面（肋骨及び腰）の高さの違い

（※「児童生徒等の健康診断マニュアル（平成27年改訂）」を改変）

見にチェックがある項目を整理し，それに加えて現在の運動・スポーツ活動や治療歴などの情報を収集する。姿勢や歩行の状態に関して，例えば猫背であったり歩行異常があるような場合には，保護者が保健調査票の空欄に記入するなどして連絡されているので，学級担任，体育担任教諭等にも確認する。また，体育担任教諭や部活動担当の教師は，保健調査票（運動器）の異常所見にチェックがある項目について健康診断前に観察し，情報を確認する。このように，健康診断前に運動器の異常所見をチェックし，学校医に報告する。

(2) 健康診断当日の進め方

養護教諭は，健康診断の際に，保健調査票及び学校での日常の健康観察等について整理された情報を学校医に提供する。また，入室時の姿勢，歩行の状態等に注意し，異常があれば学校医にその旨を報告する。四肢の状態については，異常所見にチェックのある場合にその部位を確認する。

学校医は，提供された情報を参考に，側わん症の検査を行う。四肢の状態等については，必要に応じて検査する。視聴触診等で，学業・体育授業を行うのに支障があるような疾病・異常が疑われる場合には，速やかに医療機関で検査を受けるように勧める。

(3) 留意事項

特に重点的に診る場合の検査例は以下の通りである（「児童生徒等の健康診断マニュアル

図2 運動器検診保健調査票の例

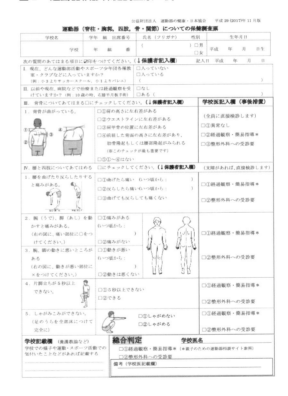

第12章　児童生徒の健康状態の把握と指導

（平成 27 年度改訂）」[3]から引用）。

---

1) **背骨が曲がっている**
　　肩の高さ・肩甲骨の高さや後方への出っ張り・ウェストラインの左右差の有無を確認する。また前屈テストを実施する。
　＊〔前屈テスト〕ゆっくり前屈させながら，背中の肋骨の高さに左右差（肋骨隆起，リブハンプ）があるかどうか，腰椎部の高さに左右差（腰椎隆起，ランバーハンプ）があるかどうか確認する。児童生徒等がリラックスした状態で，両腕を左右差が生じないように下垂させ，両側の手掌を合わせて両足の中央に来るようにすることが大切である。背部の高さが必ず目の高さにくるように前屈させながら，背中の頭側から腰の部分まで見ていく必要がある。脊柱側わん症等のスクリーニングになる。

2) **腰を曲げたり，反らしたりすると痛みがある**
　　かがんだり（屈曲），反らしたり（伸展）したときに，腰に痛みが出るか否かをたずね，後ろに反らせることにより腰痛が誘発されるかどうか確認する。脊椎分離症等のスクリーニングとなる。

3) **上肢に痛みや動きの悪いところがある**
　　関節の可動性は学校医が児童生徒等に関節を動かすように指示する，若しくは学校医が実際に関節を動かすことによって検査する。痛みは，特に運動終末時の痛みの有無についても注意するとよい。
　① **肩関節に痛みや動きが悪いところがある**
　　肩関節の可動性は側面より観察して，児童生徒等の両肘関節を伸展させた状態で上肢を前方挙上させて異常の有無を検査する。上腕が耳につくか否かに注意する。野球肩等のスクリーニングとなる。
　② **肘関節に痛みや動きの悪いところがある**
　　肘関節の可動性は側面より観察して，児童生徒等の両前腕を回外させて，手掌を上に向けた状態で肘関節を屈曲・伸展させて異常の有無を検査する。特に伸展では上肢を肩関節の高さまで挙上させて検査することにより，わずかな伸展角度の減少を確認できる。完全に伸展できるか，左右差がないかを観察する。また屈曲では手指が肩につくか否かに注意する。前腕の回内及び回外を観察する。例えば，野球肘では，腕を伸ばすと，片方だけまっすぐに伸びなかったり，最後まで曲げられなかったりする。

4) **膝に痛みや動きの悪いところがある**
　　膝のお皿の下の骨（脛骨粗面）の周囲を痛がる場合（腫れることもある）は，オスグッド病を疑う。成長期においては関節軟骨が成人より豊富かつ未熟であり，外傷や繰り返される負荷によって障害を受けやすい。また，神経が軟骨にはないために発症早期では痛みがなく，動きが悪い，ひっかかるなどの症状だけの場合もあり，曲げ伸ばしをしてうまく曲げられない場合は注意が必要である。

5) **片脚立ちが 5 秒以上できない・しゃがみこみができない**
　　立つ，歩行，しゃがむなどの動作がぎこちないか，また左右それぞれに片脚立ちするとふらつかないか，骨盤が傾いたり，背骨が曲がったりしないかを観察する。この際，転倒しないように注意して実施する。大腿骨頭すべり症，ペルテス病，発育性股関節形成不全（先天性股関節脱臼）等のスクリーニングとなる。

（4）　事後措置

　家庭での保健調査票及び学校での健康観察から総合的に判断し，健康診断実施の上，学校医が必要と認めた児童生徒等については，その結果を保護者に連絡し，速やかに整形外科専門医への受診を勧める。疾病・異常が疑われた場合には，体育授業・体育的行事や部活動などへの参加の可否を決定する必要があるため，専門医の診察による判定結果を健康

診断実施日から 1 か月以内に学校が受け取り，それを基に適切な保健指導・健康教育に結び付ける。

養護教諭は，専門医の指示内容を保護者から確認する。指示内容はまとめて記載しておき，今後の指導に役立たせる。また，保健調査票に異常所見のチェックがあった全ての児童生徒に，保護者用のリーフレット等[5]を配布し，参考にしてもらうとよい。

3 整形外科医・理学療法士等との連携

日本整形外科学会学校保健委員会では，運動器検診に関して，保護者・養護教諭・学校医向けの FAQ を作成している。また，運動器検診の事後措置としての整形外科受診に対して円滑な対応を行うため，対象児童生徒の保護者や学校医に向けて，事後措置協力病院・医院のリストを作成するなど，連携を図っている[6]。各都道府県の医師会も理学療法士会と協力し，運動器検診への協力を進めている。さらに，日本整形外科学会や日本理学療法士協会，日本体育協会をはじめ多くの団体が参加している「運動器の健康・日本協会」では，2005 年より「学校における運動器検診体制の整備・充実モデル事業」を開始している。そして，運動器検診だけでなく，小児の運動機能障害，スポーツ外傷，四肢・脊椎の外傷，腰痛，関節痛など，予防や支援事業を進めている。

文部科学省「今後の健康診断の在り方等に関する検討会」における意見の中で，従来の学校検診に比べて時間がかかることや，プライバシーの管理，整形外科専門医が学校健診内で行うことが理想であるが現実的には困難であるなど，課題が多いことが挙げられている。また，検診の実施に当たって，「担任教諭，保健体育教諭，養護教諭，学校医等に対して，整形外科医等の専門的な立場から，研修等によって助言を得る機会を積極的に設けることが重要」との意見もあった。四肢の状態の検査に当たっては，学業を行うのに支障がある疾病及び異常の有無等を確認するという学校における定期健康診断の趣旨をよく理解した上で実施し，学校，家庭，地域の医療機関等全体で児童生徒等の健康課題の解決につなげていくことが重要である。

■引用・参考文献
1）松永夏来「児童生徒等の健康診断の見直しについて」『小児保健研究』75（1），pp.2-7，2016 年
2）文部科学省　http://www.mext.go.jp/b_menu/hakusho/nc/1347724.htm
3）公益財団法人日本学校保健会「児童生徒等の健康診断マニュアル（平成 27 年度改訂）」
4）公益財団法人運動器の健康・日本協会「学校での運動器検診」
　　http://www.bjd-jp.org/medicalexamination/surveysheets.html
5）公益財団法人運動器の健康・日本協会「親子のための運動器相談サイト」を改訂したリーフレット
　　http://www.bjd-jp.org/medicalexamination/doc/leafletA.pdf
6）公益社団法人日本整形外科学会「事後措置への協力病院・医院リスト」
　　https://www.joa.or.jp/public/motion/hospital_list.html
・滝澤恵美，小林育斗，川村紗世，岩井浩一「児童におけるしゃがみ動作の可不可および関節間協調性に関連する要因」『理学療法学』（印刷中），2019 年

［岩井　浩一］

第12章　児童生徒の健康状態の把握と指導

第6節　学校生活管理指導表を活用した指導

1　学校生活管理指導表とは

　児童生徒が多くの時間を過ごす学校において，健康・安全に過ごすことができ，かつ，様々な事故を防止するために，運動強度と指導区分を示したものが「学校生活管理指導表」（以下「指導表」という）であり，小学生用と中学・高校生用（次頁参照）の2つの様式がある。心疾患のほかに，腎疾患，その他の疾患を持つ児童生徒にも活用できる。指導表は，保護者を通じて年に1回，主治医に記載してもらい，学校で保管する。

　平成24年度版では，それまでの指導表に加え，不慮の事故をおそれるあまり，許容範囲の活動まで制限して，児童生徒の成長を妨げることのないよう配慮するという点が盛り込まれた。

2　運動強度及び指導区分について

　運動強度は，「軽い運動」「中等度の運動」「強い運動」の3区分としている。指導区分は，各疾患や病態を持つ児童生徒を疾患の重症度に応じてA「在宅医療・入院が必要」，B「登校はできるが運動は不可」，C「同年齢の平均児童生徒にとっての，軽い運動には参加可」，D「同年齢の平均児童生徒にとっての，中等度の運動まで参加可」，E「同年齢の平均児童生徒にとっての，強い運動にも参加可」までの5区分に分類してある。疾患の種類を問わず，運動制限を必要とする児童生徒には原則として指導表を適用する。表中に例示されていない運動や学校行事への参加の可否は，運動強度の定義と指導区分の基本に沿って判断する。

　なお，心疾患により運動部（クラブ）活動の可否の判断が困難な場合については，「先天性心疾患の学校生活管理指導指針ガイドライン（2012年度改訂版）」「器質的心疾患を認めない不整脈生活管理指導ガイドライン（2013年改訂）」「川崎病2013年小児循環器学会のガイドライン改定案の草稿」を参照されたい。

3　学校生活管理指導表を活用した指導とケア

　指導表が提出された後，学校では，保護者と担任，保健体育教員，養護教諭とで話し合う場をつくり，学校の教育活動内容，特に体育授業や行事の内容に沿って，活動内容や参加の仕方を確認する必要がある。この際，保護者の了解を得た上で，主治医と連絡を取り，本人の病状を詳しく聞く必要がある場合もある。また，確認した内容については，学校医にも連絡し，助言を得た上で，全教職員で共通理解し，定期的な救急救命処置講習の実施，日常的な体調の観察，定期的な受診の勧めなど，万全な指導と支援の体制をつくるように

第6節　学校生活管理指導表を活用した指導

[平成23年度改訂]

学　校　生　活　管　理　指　導　表　（中学・高校生用）

氏名　　　　　　　男・女　　　昭和・平成　　年　　月　　日生（　　）才　　　　　　学校　　中学校・高等学校　　　年　　組　　　　　平成　年　月　日

①診断名（所見名）　　　　　　　②指導区分：A・B・C・D・E　　　③運動部活動　可（ただし、　　　　）部（　　　　）禁　管理不要　　　④次回受診　　年（　　）ヵ月後　または異常があるとき

要管理：A・B・C・D・E は "可"

医療機関　　　　　　　　　　　医　師　　　　　　　　　　印

[指導区分：A・・・在宅医療・入院が必要　B・・・登校はできるが運動は不要　C・・・軽い運動は可　D・・・中等度の運動まで可　E・・・強い運動も可]

運動強度	軽い運動（C・D・Eは "可"）	中等度の運動（D・Eは "可"）	強い運動（Eのみ "可"）
＊体つくり運動	体ほぐしの運動　体力を高める運動	仲間と交流するための手軽な運動、律動的な運動　基本の運動（投げる、打つ、捕る、蹴る、跳ぶ）	体の柔らかさおよび巧みな動きを高める運動、力強い動きを高める運動、動きを持続する能力を高める運動
器械運動（マット、跳び箱、鉄棒、平均台）	準備運動、簡単なマット運動、バランス運動、簡単な跳躍	簡単な技の練習、助走からの支持、ジャンプ・基本的な技系の技を含む）	最大限の持久運動、最大限のスピードでの運動、最大防力での運動
陸上競技（競走、跳躍、投てき）	基本動作　立ち幅跳び、負荷の少ない姿勢で、軽いジャンピング（走ることは不可）	ジョギング、短い助走での跳躍	長距離走、短距離走の競走、競技、タイムレース　演技、競技会、発展的な技
水泳（クロール、平泳ぎ、背泳ぎ、バタフライ）	水慣れ、浮く、伏し浮き、け伸びなど	ゆっくりな泳ぎ	競泳、遠泳（長く泳ぐ）、タイムレース、スタート・ターン
球技　ゴール型（バスケットボール、ハンドボール、サッカー、ラグビーなど）	基本動作（パス、シュート、ドリブル、フェイント、リフティング、トラッピング、スローイング、キッキング、ハンドリングなど）	基本動作を生かした簡単なゲーム（ゲーム時間、コートの広さ、用具の工夫などを取り入れた連携プレー、攻撃・防御）	簡易ゲーム・ゲーム・競技　応用練習・試合
ネット型（バレーボール、卓球、テニス、バドミントンなど）	基本動作（パス、サービス、レシーブ、トス、フェイント、ストローク、ショットなど）		試合・競技
ベースボール型（ソフトボール、野球）	基本動作（投球、捕球、打撃など）		
ゴルフ	基本動作（軽いスイングなど）	クラブで球を打つ練習	
武道（柔道、剣道、相撲）	礼儀作法、基本動作（受け身、素振り、さばきなど）	基本動作を生かした簡単な技・形の練習	応用練習・試合
ダンス（創作ダンス、フォークダンス、現代的リズムのダンス）	基本動作（手ぶり、ステップ、表現など）	基本動作を生かした簡単な動きをつくる創作ダンスなど	各種のダンス発表会など
野外活動（雪遊び、氷上遊び、スキー、スケート、キャンプ、登山、遠泳、水辺活動）	水・雪・氷上遊び	スキー、スケートの歩行やゆるやかな斜面平地歩きのハイキング、水に浸かり遊ぶなど	登山、遠泳、潜水、カヌー、ボート、サーフィン、ウインドサーフィンなど
文化的活動	体力の必要な長時間の活動を除く文化活動	右の強い活動を除くほとんどの文化活動	体を相当使って吹く楽器（トランペット、トロンボーン、オーボエ、バスーン、ホルンなど）、リズムのかなり速い曲の演奏や行進を伴うマーチングバンドなど
学校行事、その他の活動	▼運動会、体育祭、球技大会、スポーツテストなどは上記の運動強度に準ずる。 ▼指導区分、"E" 以外の生徒の遠足、宿泊学習、修学旅行、林間学校などの参加について不明な場合は学校医・主治医と相談する。		

その他注意すること

定義
《軽い運動》同年齢の平均的生徒にとって、ほとんど息がはずまない程度の運動。
《中等度の運動》同年齢の平均的生徒にとって、少し息がはずむが息苦しくない程度の運動。パートナーがいれば楽に会話ができる程度の運動。
《強い運動》同年齢の平均的生徒にとって、息がはずみ息苦しさを感じるほどの運動。
＊体つくり運動：レジスタンス運動（等尺運動）を含む。

239

第12章　児童生徒の健康状態の把握と指導

する。

　さらに，適切な管理・指導は，児童生徒自身の自覚がなければ十分な効果が期待できないため，本人の理解の度合いに応じて病気の説明を行い，なぜ，そのような生活をすべきかを正しく理解させ，自分で実行しようとする意欲を持たせる指導が必要である。また，保護者や本人の同意を得た上で，同級生が運動や生活の制限があることなど疾病について正しく理解し，差別や偏見を持たないよう配慮することも必要である。

4　アレルギーを有する児童生徒への指導とケア

　アレルギー疾患の特徴として，気管支ぜん息，アトピー性皮膚炎，アレルギー性結膜炎，食物アレルギー・アナフィラキシー，アレルギー性鼻炎など児童生徒が抱えている疾患によって，また，個人によってその症状は大きく異なる。中でも，気管支ぜん息や食物アレルギー・アナフィラキシーの症状は急速に悪化するおそれがあるため，日頃から，それぞれの児童生徒の疾患や個々の症状の特徴をよく理解し，緊急時の対応の準備をする必要がある。同時に，体育授業への参加の可否，動物飼育係担当の可否，給食での配慮，宿泊行事での配慮などについて保護者や本人とよく面談をし，症状に応じた対応を検討する必要がある。

　2007（平成19）年に発表された「アレルギー疾患に関する調査研究報告書」における，児童生徒の食物アレルギー2.6％，アナフィラキシーの既往0.14％との報告を受け，学校における適切なアレルギー疾患への対応を推進するため，2008（平成20）年に「学校のアレルギー疾患に対する取り組みガイドライン」が作成され，学校に配布された。このガイドラインの考え方を基本として，「学校生活管理指導表（アレルギー疾患用）」（以下「アレルギー指導表」という）と一体となった取組が行われている。学校は，提出されたアレルギー指導表を，個人情報の取扱いに注意しつつ，緊急時に教職員誰もが閲覧できる状態で一括管理しておく。食物アレルギーの児童生徒に対する給食での取組が必要な場合は，保護者に対してさらに詳細な情報の提出を求め，総合して活用するとよい。また，アレルギー指導表は，症状等に変化がなくても毎年提出を求めることとなっている。

　しかし，2014（平成26）年に文部科学省が設置した「学校給食における食物アレルギー対応に関する調査研究協力者会議」の最終報告では，アレルギー指導表等医師の診断書の提出があった割合は，食物アレルギー21.4％，アナフィラキシー37.1％，エピペン®保持者30.8％と非常に低い値であったとしている。また，保護者に対して，学校生活管理指導表を依頼しても提出がない場合や，家庭以上の対応を学校給食に求める場合がある等，保護者の理解と協力を確実に求めることには大きな課題があるとしている。その他にも，学校におけるガイドラインに基づいた対応が不十分である点などから，学校における食物アレルギー事故防止の徹底を図るため，各学校設置者，学校及び調理場において，食物アレルギー対応に関する具体的な方針やマニュアル等を作成する際の参考となるよう，

2015（平成27）年に「学校給食における食物アレルギー対応指針」が示された。

5 食物アレルギーにおけるアレルギー指導表を活用した実践の流れ

　まず，学校では食物アレルギー対応委員会を設置し，管理職や養護教諭，学級担任，栄養教諭，学校栄養職員，調理員などを委員とし，給食対応の基本方針を決定するとともに，面談で確認すべき事項を決定しておく。その後，実際に対応すべき児童生徒がいた場合には，対応の決定や通知をする他，事故等の情報共有と改善策の検討，委員会の年間計画の作成などを行う。

　就学時健康診断，入学時や年度初めの保護者会の機会に，学校におけるアレルギー対応及び学校給食における食物アレルギー対応の内容を説明し，アレルギー対応を希望する保護者にアレルギー指導表を必ず提出してもらう。アレルギー指導表が提出された後に，管理職，学級担任，養護教諭，栄養教諭（学校栄養職員）が中心となって，対応開始前の面談を行う。面談の結果を基に，個別の取組プラン案を作成し，食物アレルギー対応委員会で討議する。さらに，養護教諭や栄養教諭が中心となり作成した緊急体制（医療機関・保護者との連携），アレルギー取組対象児の一覧表を基に，保護者と協議し，個別の取組プランを決定する。その後，全ての教職員に周知・共有する。これは，いつ，どのような場面で食物アレルギーによるアナフィラキシーが生じても教職員誰でもが対応できるようにしておく必要があるからである。その後，教育委員会等の設置者にも対応内容を報告し，実践していく中で必要と思われる場合には，保護者との意見交換の場を設け，学期に1回程度，取組の振り返りや改善点の検討をし，プランの修正を適宜行う。

　特に，教室での対応としては，①給食の時間における配慮：給食時の受け取り，内容確認，配膳，おかわりのルールの決定，②食材・食物を扱う活動：給食当番等について，個別の取組プランに基づき監督者が確認する，③食物アレルギーを有する児童生徒及び学級での指導：食物アレルギーを有する児童生徒の喫食に関わるルールを他の児童生徒へ説明し，理解を促す，④実施における問題の報告：配膳，喫食時の問題点を食物アレルギー対応委員会に報告し，定期的に評価，検討する，⑤緊急時対応の確認の5つが挙げられる。

■引用・参考文献
・公益財団法人日本学校保健会「心疾患児新・学校生活管理指導のしおり学校・学校医用（平成25年度改訂）」2014年
・公益財団法人日本学校保健会「腎疾患児新・学校生活管理指導のしおり学校・学校医用（平成25年度改訂）」2014年
・公益財団法人日本学校保健会「学校心臓検診の実際：スクリーニングから管理まで（平成24年度改訂）」2013年
・加藤忠明，西牧謙吾，原田正平編著『すぐに役立つ小児慢性疾患支援マニュアル（改訂版）』東京書籍，2012年
・文部科学省スポーツ・青少年局学校健康教育課監修『学校のアレルギー疾患に対する取り組みガイドライン』財団法人日本学校保健会，2008年
・日本小児アレルギー学会作成，西間三馨，眞弓光文，近藤直実監修『小児アレルギー疾患総合ガイドライン2011』協和企画，2011年
・学校給食における食物アレルギー対応に関する調査研究協力者会議「今後の学校給食における食物アレルギー対応について 最終報告」
・文部科学省『学校給食における食物アレルギー対応指針』2015年

第12章　児童生徒の健康状態の把握と指導

表

学校生活管理指導表（アレルギー疾患用）

名前＿＿＿＿＿＿＿＿　男・女　平成＿＿年＿＿月＿＿日生（＿＿歳）　　学校＿＿年＿＿組　提出日　平成＿＿年＿＿月＿＿日

（（財）日本学校保健会　作成）

気管支ぜん息 （あり・なし）

病型・治療	学校生活上の留意点	★保護者 電話：

病型・治療

A. 重症度分類（発作型）
1. 間欠型
2. 軽症持続型
3. 中等症持続型
4. 重症持続型

B-1. 長期管理薬（吸入薬）
1. ステロイド吸入薬
2. 長時間作用性吸入ベータ刺激薬
3. 吸入抗アレルギー薬
　　（「インタール®」）
4. その他
　　（　　　　　　　　　　　）

B-2. 長期管理薬
　　（内服薬・貼付薬）
1. テオフィリン徐放製剤
2. ロイコトリエン受容体拮抗薬
3. ベータ刺激内服薬・貼付薬
4. その他（　　　　　　　　　）

C. 急性発作治療薬
1. ベータ刺激薬吸入
2. ベータ刺激薬内服

D. 急性発作時の対応（自由記載）

学校生活上の留意点

A. 運動（体育・部活動等）
1. 管理不要
2. 保護者と相談し決定
3. 強い運動は不可

B. 動物との接触やホコリ等の舞う環境での活動
1. 配慮不要
2. 保護者と相談し決定
3. 動物へのアレルギーが強いため不可
　　動物名（　　　　　　　　　　）

C. 宿泊を伴う校外活動
1. 配慮不要
2. 保護者と相談し決定

D. その他の配慮・管理事項（自由記載）

★保護者　電話：

【緊急時連絡先】　連絡医療機関　医療機関名：　電話：

記載日　＿＿年＿＿月＿＿日
医師名　　　　　　　　㊞
医療機関名

アトピー性皮膚炎 （あり・なし）

病型・治療

A. 重症度のめやす（厚生労働科学研究班）
1. 軽症：面積に関わらず、軽度の皮疹のみみられる。
2. 中等症：強い炎症を伴う皮疹が体表面積の10％未満にみられる。
3. 重症：強い炎症を伴う皮疹が体表面積の10％以上、30％未満にみられる。
4. 最重症：強い炎症を伴う皮疹が体表面積の30％以上にみられる。
※軽度の皮疹：軽度の紅斑、乾燥、落屑主体の病変
※強い炎症を伴う皮疹：紅斑、丘疹、びらん、浸潤、苔癬化などを伴う病変

B-1. 常用する外用薬
1. ステロイド軟膏
2. タクロリムス軟膏
　　（「プロトピック®」）
3. 保湿剤
4. その他（　　　　）

B-2. 常用する内服薬
1. 抗ヒスタミン薬
2. その他（　　　）

C. 食物アレルギーの合併
1. あり
2. なし

学校生活上の留意点

A. プール指導及び長時間の紫外線下での活動
1. 管理不要
2. 保護者と相談し決定

B. 動物との接触
1. 配慮不要
2. 保護者と相談し決定
3. 動物へのアレルギーが強いため不可
　　動物名（　　　　　）

C. 発汗後
1. 配慮不要
2. 保護者と相談し決定
3. （学校施設で可能な場合）
　　夏季シャワー浴

D. その他の配慮・管理事項（自由記載）

記載日　＿＿年＿＿月＿＿日
医師名　　　　　　　　㊞
医療機関名

アレルギー性結膜炎 （あり・なし）

病型・治療

A. 病型
1. 通年性アレルギー性結膜炎
2. 季節性アレルギー性結膜炎（花粉症）
3. 春季カタル
4. アトピー性角結膜炎
5. その他（　　　　　　　　　）

B. 治療
1. 抗アレルギー点眼薬
2. ステロイド点眼薬
3. 免疫抑制点眼薬
4. その他（　　　　　　　　　）

学校生活上の留意点

A. プール指導
1. 管理不要
2. 保護者と相談し決定
3. プールへの入水不可

B. 屋外活動
1. 管理不要
2. 保護者と相談し決定

C. その他の配慮・管理事項（自由記載）

記載日　＿＿年＿＿月＿＿日
医師名　　　　　　　　㊞
医療機関名

裏

学校生活管理指導表（アレルギー疾患用）

名前＿＿＿＿＿＿＿＿　男・女　平成＿＿年＿＿月＿＿日生（＿＿歳）　　学校＿＿年＿＿組　提出日　平成＿＿年＿＿月＿＿日

（（財）日本学校保健会　作成）

アナフィラキシー・食物アレルギー （あり・なし）

病型・治療

A. 食物アレルギー病型（食物アレルギーありの場合のみ記載）
1. 即時型
2. 口腔アレルギー症候群
3. 食物依存性運動誘発アナフィラキシー

B. アナフィラキシー病型（アナフィラキシーの既往ありの場合のみ記載）
1. 食物（原因　　　　　　　　　　　　　　　　　）
2. 食物依存性運動誘発アナフィラキシー
3. 運動誘発アナフィラキシー
4. 昆虫
5. 医薬品
6. その他（　　　　　　　　　　　　　　　　　　）

C. 原因食物・診断根拠　　該当する食品の番号に○をし、かつ〈　〉内に診断根拠を記載
1. 鶏卵　　　　　　　　〈　　　〉
2. 牛乳・乳製品　　　　〈　　　〉
3. 小麦　　　　　　　　〈　　　〉
4. ソバ　　　　　　　　〈　　　〉
5. ピーナッツ　　　　　〈　　　〉
6. 種実類・木の実類　　〈　　　〉
7. 甲殻類（エビ・カニ）〈　　　〉
8. 果物類　　　　　　　〈　　　〉
9. 魚類　　　　　　　　〈　　　〉
10. 肉類　　　　　　　　〈　　　〉
11. その他1　　　　　　〈　　　〉
12. その他2　　　　　　〈　　　〉

　　[診断根拠]該当するもの全てを〈　〉内に記載
　　① 明らかな症状の既往
　　② 食物負荷試験陽性
　　③ IgE抗体等検査結果陽性

D. 緊急時に備えた処方薬
1. 内服薬（抗ヒスタミン薬、ステロイド薬）
2. アドレナリン自己注射薬（「エピペン®」）
3. その他（　　　　　　　　　　　　　　）

学校生活上の留意点

A. 給食
1. 管理不要
2. 保護者と相談し決定

B. 食物・食材を扱う授業・活動
1. 配慮不要
2. 保護者と相談し決定

C. 運動（体育・部活動等）
1. 管理不要
2. 保護者と相談し決定

D. 宿泊を伴う校外活動
1. 配慮不要
2. 食事やイベントの際に配慮が必要

E. その他の配慮・管理事項（自由記載）

★保護者　電話：

★連絡医療機関　医療機関名：　電話：

【緊急時連絡先】

記載日　＿＿年＿＿月＿＿日
医師名　　　　　　　　㊞
医療機関名

アレルギー性鼻炎 （あり・なし）

病型・治療

A. 病型
1. 通年性アレルギー性鼻炎
2. 季節性アレルギー性鼻炎（花粉症）
　　主な症状の時期；　春、　夏、　秋、　冬

B. 治療
1. 抗ヒスタミン薬・抗アレルギー薬（内服）
2. 鼻噴霧用ステロイド薬
3. その他（　　　　　　　　　　）

学校生活上の留意点

A. 屋外活動
1. 管理不要
2. 保護者と相談し決定

B. その他の配慮・管理事項（自由記載）

記載日　＿＿年＿＿月＿＿日
医師名　　　　　　　　㊞
医療機関名

●学校における日常の取り組み及び緊急時の対応に活用するため、本表に記載された内容を教職員全員で共有することに同意しますか。
1. 同意する
2. 同意しない　　保護者署名：＿＿＿＿＿＿＿＿＿＿＿＿

［佐見　由紀子］

第13章

障害のある児童生徒への健康上の支援

学 習のポイント

1. 特別支援教育は，障害のある児童生徒一人一人の教育的なニーズを把握し，個々の持てる力を高めながら，学校生活や学習上の困難を改善，克服するために適切な指導や必要な支援を行うものである。
2. 学校保健安全法に基づく就学時の健康診断の結果から，就学義務の猶予又は免除，特別支援学校への就学に関する指導等の適切な措置が行われる。
3. 障害のある児童生徒への保健管理及び保健教育においては，障害特有の課題等への対応のほかに，生活における健康上の問題への対応，基本的生活習慣の形成及び自己管理の能力の育成等を重視して行う必要がある。

演 習 課 題

A. 障害のある児童生徒が通常の学級で教育を受けるために必要な支援について，具体的な内容を考えてみよう。

B. 視覚障害，聴覚障害，知的障害，肢体不自由，発達障害等のいずれかを想定して，障害のある児童生徒の日常生活上の健康管理を行うために注意すべきことを述べなさい。また，災害発生に備えた日常的な配慮事項を述べなさい。

第13章　障害のある児童生徒への健康上の支援

第1節　特別支援教育の現状と課題

1　特別支援教育の目的と推移

　特別支援教育の目的は，障害のある幼児児童生徒がその能力を最大限まで発達させ，社会の一員として自立し，社会参加することができるように，幼児児童生徒一人一人の教育的ニーズを把握し，その持てる力を高め，生活や学習上の困難を改善又は克服するため，適切な指導及び必要な支援を行うことである（文部科学省）。

　「特別支援教育」は2007（平成19）年度から実施されることになり，従来の「特殊教育」の概念は大きく転換された。学校教育法に「特別支援教育」（第72条～82条）が位置付けられ[1]，文部科学省は「通知」（2007年4月）[2]を出して，その推進を図った。特別支援教育の主な方向性は次の3つである[3]。

① 盲学校，聾学校，養護学校は障害種別を超えた特別支援学校に一本化する。

② 特別支援学校においては，在籍児童等の教育を行うほか，小・中学校等に在籍する障害のある児童生徒等の教育について助言，援助に努めること。

③ 小・中学校等においては，教育上特別の支援を必要とする児童生徒等に対して適切な教育を行うこと。

　表1に示した通り，我が国では国連「障害者の権利に関する条約」（略称：「障害者権利条約」）の批准に向けた様々な制度改正の中で，特別支援教育への改正も進められた。「障害者の権利に関する条約」（第24条，2014），障害者基本法（第16条，2011改正）では，教育についての障害者の権利を認め，合理的配慮の提供[注1]，環境の整備の促進を規定している。中央教育審議会・特別支援教育の在り方に関する特別委員会がとりまとめた「共生社会の形成に向けたインクルーシブ教育システム構築のための特別支援教育の推進（報告）」（2012（平成24）年）[4]では，次のような検討作業の方向性を示した。

　「共生社会の形成に向けて，①インクルーシブ教育システムの構築，②インクルーシブ教育システム構築のための特別支援教育の推進，③就学相談，就学先決定のあり方の改善，④障害のある子どもが十分に教育を受けられるための合理的配慮[注1]の提供及びその基礎となる環境整備（基礎的環境整備）[注2]の推進等を，短期的，中長期的に構築していくことを目指す」。高等学校での「通級による指導」が，2018（平成30）年度から実施されることになった[5]。

（注1）合理的配慮：「障害者権利条約」第2条（定義），第24条（教育），障害者基本法第4条（差別の禁止）に規定されており，学校教育における合理的配慮について，中央教育審議会（報告）[4]では，「障害のある子どもが，他の子どもと平等に「教育を受ける権利」を享有・行使することを確保するために，学校の設置者及び学校が必要かつ適当な変更・調整を行うことであり，障害のある子どもに対し，

・244・

第1節 特別支援教育の現状と課題

表1　特別支援教育と障害者制度の推移（1993（平成5）〜2018（平成30）年）

1993（H 5）年 12月	障害者基本法改正（障害者の自立，社会参加の支援等の基本方針を定めた）
2002（H 14）年 4月	学校教育法施行令の一部を改正する政令（4.24公布，9.1（通知）・施行） （1.就学基準の見直し〜医学，科学技術の進歩などを踏まえて改正，2.就学手続きの見直し，3.専門家の意見の聴取）
2003（H 15）年 3月	「今後の特別支援教育の在り方について（最終報告）」特別支援教育の在り方に関する調査研究協力者会議
2004（H 16）年 12月	発達障害者支援法（H 17.4.1施行）
2005（H 17）年 12月	「特別支援教育を推進するための制度の在り方について（答申）」中央教育審議会
2006（H 18）年 6月	学校教育法等の一部を改正する法律（6.21成立，H 19.4.1施行） （盲・聾・養護学校から障害種別を超えた特別支援学校にするなどの改正）
12月	「障害者の権利に関する条約（仮称）」が国連総会で採択された（H 20年発効）
2007（H 19）年 4月	「特別支援教育の推進について（通知）」（文部科学省）
4月	特別支援教育の本格的実施（「特殊教育」から「特別支援教育」へ）
9月	「障害者の権利に関する条約」（障害者権利条約，2006年採択）に署名（日本）
2011（H 23）年 6月	障害者虐待の防止，障害者の養護者に対する支援等に関する法律（障害者虐待防止法） （H 24.10施行）
8月	障害者基本法の一部を改正する法律（基本的人権を享有する個人として尊重されるという理念の下，共生社会実現のための施策を推進することを目的とした法律） （H 23.8公布，施行）
2012（H 24）年 7月	「共生社会の形成に向けたインクルーシブ教育システム構築のための特別支援教育の推進（報告）」中央教育審議会初等中等教育分科会 特別支援教育の在り方に関する特別委員会 （就学相談・就学先決定のあり方，合理的配慮，基礎的環境整備，多様な学びの場の整備，学校間連携，交流及び共同学習等の推進，教職員の専門性向上　等）
2013（H 25）年 6月	障害を理由とする差別の解消の推進に関する法律（障害者差別解消法　制定）（一部を除き，H 28.4施行） （差別の禁止，合理的配慮提供の法的義務　等）
9月	学校教育法施行令の一部を改正する政令（8.26公布，9.1（通知）・施行） 就学制度改正（「認定就学制度」の廃止，総合的判断（本人・保護者の希望を可能な限り尊重，柔軟な転校等））
2014（H 26）年 2月	「障害者の権利に関する条約」を推進（締約国となる）
2016（H 28）年 4月	障害者差別解消法（施行）
12月	学校教育法施行規則の一部を改正する省令等の公布について（通知）（H 30.4.1施行） （高等学校又は中等教育学校の後期課程における「通級による指導」の導入）
2017（H 29）年 4月	特別支援学校　幼稚部教育要領，小学部・中学部学習指導要領（告示）
2018（H 30）年 3月	特別支援学校学習指導要領解説（各教科編（小学部・中学部），総則編，自立活動編（幼稚部・小学部・中学部））

その状況に応じて，学校教育を受ける場合に個別に必要とされるものであり，学校の設置者及び学校に対して，体制面，財政面において，均衡を失した又は過度の負担を課さないもの」と定義されている。なお，障害者権利条約では「合理的配慮」の否定は障害を理由とする差別に含まれるとされている。

(注2) 基礎的環境整備：障害のある子供に対する支援については，法令に基づき又は財政措置により，国，都道府県，市町村は，教育環境の整備をそれぞれ行う。これらは「合理的配慮」の基礎となる環境整備であり，それを「基礎的環境整備」と呼ぶ。「合理的配慮」の充実を図る上で，「基礎的環境整備」の充実は欠かせず，「合理的配慮」は「基礎的環境整備」を基に個別に決定されるものである。「基礎的環境整備」の状況により，それぞれの学校で提供される「合理的配慮」は異なることとなる[4]。

2 特別支援教育の現状と課題

　図1は2017（平成29）年度の特別支援教育の概念図であり[6]，中央教育審議会答申（2005（平成17）年度）で最初に示された概念図[7]を更新して作成されたものである。すなわち，義務教育段階の全児童生徒数989万人のうち，特別支援学校に0.7％（約7万2千人），小学校・中学校の特別支援学級に2.4％（約23万6千人），そして「通級による指導」を受けている者が1.1％（約10万9千人）で，現在，合わせて4.2％（約41万7千人）が対象者となっており，全体的に対象者数が増えていることを示した。しかし通常の学級に在籍する発達障害（LD, ADHD, 高機能自閉症等）の可能性のある児童生徒は約6.5％（約62万人）在籍すると推定されているため[6]，現在，特別な教育的支援を受けていない児童生徒が通常学級に約3％近くいることになる。このことは，小・中学校はもちろん，高等学校においても，これまでのように特別支援学級の教員だけでなく，全ての教員が意識や資質を高め，学校全体の課題として特別支援教育に取り組む必要があることを示唆している。

図1　特別支援教育の対象の概念図[6]（2017年）

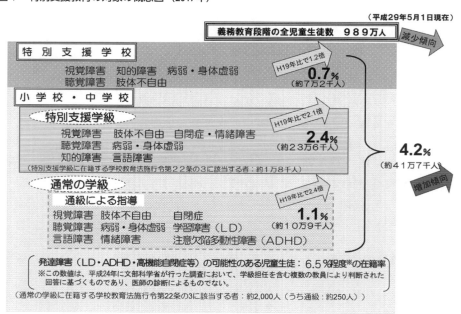

第1節　特別支援教育の現状と課題

（1）　特別支援教育の現状

①　「特別支援学校」の対象者

1）　特別支援学校への就学基準

　　就学基準は**表2**の通りで，対象者は「視覚」・「聴覚」・「知的」障害者，「肢体不自由者」「病弱者（身体虚弱者を含む）」である（学校教育法施行令第22条の3）。しかし，「各々の障害ごとに医学や科学技術の進歩等を踏まえた内容に見直すこととしたこと」という通知（2002（平成14）年）が出ており，今後変更される可能性もある。

　　障害が重く通学できない児童生徒には，教員が出向いて指導する訪問教育が行われる。

2）　特別支援学校の在籍者数等の推移[6]

　　2017（平成29）年度の特別支援学校数は1,135校，在籍幼児・児童生徒数は141,944人で過去最高となった。特徴は，ⅰ）知的障害が大きく増加し，ⅱ）障害の程度が重度化し，ⅲ）障害が重複化していることである。特別支援学校の重複障害学級の在籍率は，小・中学部の全体平均では35.9%だが，障害別に異なり肢体不自由では54%と高い。

②　「特別支援学級」の対象者[6]

　対象者は，「①知的障害者，②肢体不自由者，③身体虚弱者，④弱視者，⑤難聴者，⑥その他障害のある者で，特別支援学級において教育を行うことが適当なもの」（学校教育法第81条第2項）である。2017（平成29）年度の特別支援学級（児童生徒）の在籍者数の合計は小・中学校等で60,345学級（236,123人）であり，2016（平成28）年度（218,127人）より17,996人増えていた。

③　「通級指導（通常学級に在籍）」の対象者の推移（図2）[6]

　対象者は，「①言語障害者，②自閉症者，③情緒障害者，④弱視者，⑤難聴者，⑥学習障害者，⑦注意欠陥多動性障害者，⑧その他障害のある者で，この条の規定により特別の教育課程による教育を行うことが適当なもの」（学校教育法施行規則第140条）と示されていて，概ね小・中学校の通常の学級での学習に参加できるが，障害に応じて特別な指導を行う必要がある児童生徒を対象としている。

　通級による指導を受けている児童生徒は1993（平成5）年度の制度開始以降，急速に増加傾向にある。2017（平成29）年度は過去最多を示し，小・中学校等で合計108,946人であった。対象者の割合を障害種別に見ると，多い順に言語障害34.5%，自閉症17.9%，注意欠陥多動性障害16.6%，学習障害15.2%，情緒障害13.4%，難聴等2.3%で，自閉症，注意欠陥多動性障害，学習障害，情緒障害の割合が増えている。

　指導時間は週1単位時間以下が55.3%，週2時間が33.2%で，全体の88.5%を占めている（2017（平成29）年）。

247

第13章 障害のある児童生徒への健康上の支援

表2 特別支援学校への就学基準

就学基準（学校教育法施行令第 22 条の 3）

区　分	障害の程度
視覚障害者	両眼の視力がおおむね０．３未満のもの又は視力以外の視機能障害が高度のもののうち，拡大鏡等の使用によっても通常の文字，図形等の視覚による認知が不可能又は著しく困難な程度のもの
聴覚障害者	両耳の聴力レベルがおおむね60 デシベル以上のもののうち，補聴器等の使用によっても通常の話声を解することが不可能又は著しく困難な程度のもの
知的障害者	1　知的発達の遅滞があり，他人との意思疎通が困難で日常生活を営むのに頻繁に援助を必要とする程度のもの 2　知的発達の遅滞の程度が前号に掲げる程度に達しないもののうち，社会生活への適応が著しく困難なもの
肢体不自由者	1　肢体不自由の状態が補装具の使用によっても歩行，筆記等日常生活における基本的な動作が不可能又は困難な程度のもの 2　肢体不自由の状態が前号に掲げる程度に達しないもののうち，常時の医学的観察指導を必要とする程度のもの
病弱者	1　慢性の呼吸器疾患，腎臓疾患及び神経疾患，悪性新生物その他の疾患の状態が継続して医療又は生活規制を必要とする程度のもの 2　身体虚弱の状態が継続して生活規制を必要とする程度のもの

図2　通級による指導を受けている児童生徒数の推移（障害種別／公立小・中学校合計）[6]

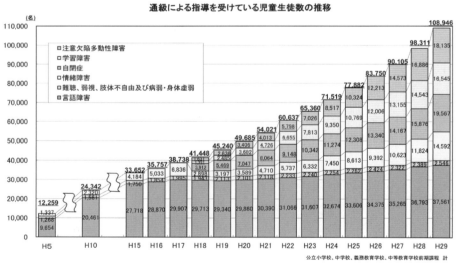

※「注意欠陥多動性障害」及び「学習障害」は，平成18年度から新たに通級指導の対象として学校教育法施行規則に規定（併せて「自閉症」も平成18年度から対象として明示：平成17年度以前は主に「情緒障害」の通級指導教室にて対応）

(2)　発達障害の特性とその教育

①　発達障害の定義とタイプ

　発達障害者支援法（第2条第1項，2004年）では，「[発達障害] とは，自閉症，アスペルガー症候群その他の広汎性発達障害，学習障害，注意欠陥多動性障害その他これに類する脳機能の障害」と定義されている。しかしDSM-5（アメリカ精神医学会の診断基準）の

図3 発達障害のタイプと特性[9]

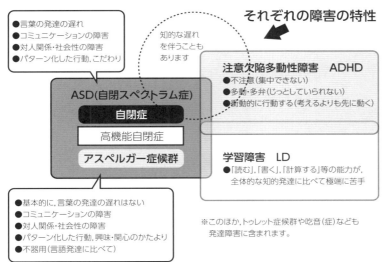

（政府広報オンラインの図を一部改変）

改訂（2013）[8]によって，従来の各種の精神障害・発達障害が「神経発達障害（Neurodevelopmental Disorders）」と総称され，従来の様々な障害を含んで"広汎性発達障害"と言われていた障害は，"自閉スペクトラム症（ASD）"に統合された。図3に「発達障害」とその特性を示した[9]。発達障害には主に3つのタイプ（① ASD：自閉スペクトラム症，② ADHD：注意欠陥多動性障害，③ LD：学習障害）があり，これらが重複している場合もある。ASD（自閉症のみ）やADHDには知的障害を伴う場合もある[10)11]。文部科学省の調査（2012年）[12]によると，通常学級で発達障害が疑われる子供の割合は「LD：4.5％」「ADHD：3.1％」「ASD：1.1％」と推定された（重複を含む）。

② 「発達障害」とその特性[10)11]

　脳の発達が通常と異なるため，幼児のうちから症状が現れ，成長するにつれて困難を抱えるようになり[10]，同じ人が複数のタイプの発達障害を持つことがある。

1）自閉スペクトラム症（ASD: Autism Spectrum Disorder）[10)11]

　　自閉症に連続性（スペクトラム）を持つ病気という意味である。ASDには『自閉症』『高機能自閉症（知的障害がない）』『アスペルガー症候群』が含まれる。ASDには，「コミュニケーションの障害（対人関係の障害）」と「興味や行動に強いこだわりを持つ」という2つの特性がある。コミュニケーション障害では，会話のやりとりがかみ合わず人の言葉をオウム返しにする，会話の流れや文脈を理解しづらく言葉の意味だけを理解することがある。相手の表情や感情を読み取ることも不得意で，周囲の人から「空気が読めない」などと思われることも多い。こだわりの面では，興味のある対象には過度に没頭して人を困らせることがある，道順や物の置き方などのやり方に自分なりのルールや方法があり，それに固執する。

第13章 障害のある児童生徒への健康上の支援

2）注意欠陥多動性障害（ADHD: Attention-Deficit/Hyperactivity Disorder）[10][11]

　　「注意の欠如」（自分の行動をコントロールする力が弱い，注意力を持続できない，必要な物をよくなくす，日々の活動で忘れっぽい，外的な刺激によってすぐ気が散る等）と「多動性・衝動性」（不適切な状況で走り回る，じっとしていられない，一方的にしゃべりすぎる，思い立ったら後先を考えずに行動する）という特徴がある。

3）学習障害（LD: Learning Disorder）[10][11]

　　全般的な知的発達には問題がないのに，読む，書く，計算するなど特定の分野の学習が難しいのが特徴である。「読み書きの困難」には，ディスレクシアという文章を読むことが困難な症状が最も多く見られる。見え方が通常と異なり，文字がにじんだり，鏡文字となって左右が反転して見えたりする。「書字障害」では文字の形を混同したり，順番を間違えたりと，正しく書くのが苦手なことがある。順序よく分かりやすく「会話」することや，数字や記号の概念の理解が難しいなどの特徴がある。

③　発達障害の子供達への対応 [10][11]

　　発達障害の対応に共通する留意点は次の３つである。①障害の早期発見，早期対応：うつなどの二次障害から不登校等になることを防ぐ。②ほめて個性を伸ばすこと：学校や家庭では，できるだけ良いところを見つけてほめ，子供に自信を持たせるようなサポートの方法を見つける。③専門機関との連携：学校は，家庭や医療機関（小児科，児童精神科など），専門機関（各地域の保健センター，子育て支援センター，児童相談センター等）と連携して，早めに相談し，対応策を検討する必要がある。

3　特別支援教育の制度・体制の進展と課題 [2][4]

(1)　障害のある児童生徒の就学先の決定における改正

① 　「認定就学者」から「認定特別支援学校就学者」への改正（学校教育法施行令第5, 11条）[13]

　　従前は障害のある児童生徒の就学先は原則として特別支援学校であり，例外的に小・中学校に「認定就学者」として就学することも可能としていた仕組みを改め，個々の児童生徒について，市町村教育委員会が，その障害の状態を踏まえた総合的な観点から特別支援学校への進学が適当と認めた者を「認定特別支援学校就学者」とするように改訂された。

② 　保護者及び専門家からの意見聴取の機会の拡大と尊重（学校教育法施行令第18条の2）[13]

　　市町村の教育委員会が就学先の通知をしようとするときは，「その保護者及び教育学，医学，心理学その他の障害のある児童生徒等の就学に関する専門的知識を有する者の意見を聴くものとする。」と改正された。

③ 　就学指導と健康診断（学校保健安全法，2008（平成20）年）

　　就学に当たっては，学校保健安全法（第11条）の（就学時の健康診断）の結果に基づいて，適切な措置がとられる（同第12条）。また児童生徒等の健康診断（同第13条・第14条）の事後措置として「特別支援学級への編入について指導及び助言を行うこと」（学校保健

第1節 特別支援教育の現状と課題

安全法施行規則第9条）と規定されている。

(2) 特別支援教育体制の整備状況と課題[2) 4)]

文部科学省は「特別支援教育の推進について（通知）」（2007（平成19）年）[2)]を出して推進体制の整備と取組を6項目提示した。その後，文部科学省・厚生労働省[14)]は，体制整備状況について毎年調査を行っている。2017（平成29）年度の幼・認定こども園・小・中・高等学校全体の実施率[15)]は，1）校内委員会の設置（85%），2）実態把握（94%），3）特別支援教育コーディネーターの指名（87%），4）関係機関との連携を図った「個別の教育支援計画」の作成（66%），5）「個別の指導計画」の作成（75%），6）教員の専門性の向上（教員研修の受講）（71%）である。全体では7割以上の実施率とはいえ，小・中学校では実施率が高いが高等学校では全体に低いなどの課題がある。

■引用・参考文献
1 ）学校教育法等の一部を改正する法律（2006年6月21日成立，2007年4月1日施行）
2 ）文部科学省初等中等教育局長「特別支援教育の推進について（通知）」2007年4月1日
3 ）文部科学省「学校教育法等の一部を改正する法律の概要」2006年
4 ）中央教育審議会初等中等教育分科会特別支援教育の在り方に関する特別委員会「共生社会の形成に向けたインクルーシブ教育システム構築のための特別支援教育の推進（報告）」2012年7月23日
5 ）「学校教育法施行規則の一部を改正する省令等の公布について（通知）」（2016（平成28）年12月9日，2018（平成30）年4月1日施行。教育法施行規則第140条（障害に応じた特別の教育課程）の改正）
6 ）文部科学省：特別支援教育行政の現状と課題，2018年6月1日（最終アクセス2018年12月）
7 ）中央教育審議会「特別支援教育を推進するための制度の在り方について（答申）」2005年12月8日
8 ）American Psychiatric Association: Diagnostic and Statistical Manual of Mental Disorders, Fifth Edition, DSM-5. American Psychiatric Association, Washington,D.C., 2013
9 ）政府広報オンライン　https://www.gov-online.go.jp/featured/201104/（最終更新2017年4月5日）
10）厚生労働省「発達障害，みんなのメンタルヘルス」https://www.mhlw.go.jp/kokoro/know/disease-develop.html
11）岩波明「全力サポート！子どもの発達障害」『きょうの健康』2018年11月号（通巻368号），pp.66－77
12）文部科学省初等中等教育局特別支援教育課「通常の学級に在籍する発達障害の可能性のある特別な教育的支援を必要とする児童生徒に関する調査結果について」2012（平成24）年
13）学校教育法施行令の一部を改正する政令（2013年8月26日公布，9月1日施行）及び文部科学省通知，2013年9月1日
14）文部科学省・厚生労働省「障害のある子どものための地域における相談支援体制整備ガイドライン（試案）」2008年
15）文部科学省「平成29年度特別支援教育体制整備状況の調査結果について」2017年

［面澤　和子］

第13章　障害のある児童生徒への健康上の支援

第2節 **障害のある児童生徒への支援の留意点**

　障害のある児童生徒への健康上の支援には，管理職・養護教諭をはじめ全教職員が共通認識を持ち，学校全体で取り組む必要がある。その際，家庭・主治医・地域の医療・福祉などの専門機関，警察，子供たちが利用している放課後デイサービス等の児童福祉施設等とも連携して，卒業後までを見通した長期的な視点で健康的な日常生活ができる能力を高めるように支援することが大切である。その際，次の2つの点に留意する必要がある。

　　①　児童生徒と密にコミュニケーションをとり，こまめに健康状態の把握を行うこと。
　　②　欠席や遅刻（入院や通院による）が多いこと等から生じる学習の遅れ等，学校生活上の問題に配慮する。

1　健康問題とその対応における留意事項

（1）　日常生活に関わる健康問題

　障害のある児童生徒は規律のある日常生活行動の実践が困難なことから，次のような健康問題に配慮して対応することが大切である。

（1）**睡眠障害**[1]：ASD，ADHDに多い（寝つきが悪い，夜中の物音で目が覚める，朝が早いとか運動会の練習等で，いつもと違うことがあるとひどくなることがある）。てんかんに伴う睡眠障害があるため，抗てんかん薬の調整や睡眠薬，精神安定剤を服用していることがあるので留意する。

（2）**食生活の乱れ**：過食（糖分のとりすぎ，ミネラル不足等），偏食に留意する。休日や長期休業の過ごし方が鍵となるので，家庭との連携が大切である。

（3）**肥満の割合が高い**：休日や長期休業の過ごし方が課題である。児童生徒は協調運動が苦手で，運動量が少なくなりがちである。食べる量が増えると，体重増加につながりやすい。また精神安定剤の服用等によって食欲昂進や体重増加などの副作用が起こる場合がある。

（4）**疲労感**：健常児より疲労感が大きいため，休養や脱水などに配慮が必要である。

（5）**むし歯・歯肉炎**：毎日の歯磨き習慣の形成，定期的な歯科健診によって，早期発見・治療で重症化を予防する。

（6）**便秘**[1]：自分から症状を訴えられない障害児が，ぐずぐずと機嫌が悪く食欲がないとき，便秘が原因のことがある。腸閉塞などの原因にもなるので，軽視せず，食事，水分，運動，朝のトイレ等，生活を見直して予防する。てんかんのある子供では便秘が発作を誘発することがある。

（7）**動画，ゲーム，テレビ等の長時間視聴**：状態を悪くするので時間を決めさせる。

・ 252 ・

第2節　障害のある児童生徒への支援の留意点

（2）　障害に特有な疾病とその対応

（1）**視覚障害**[1][2]：強度近視，緑内障等の眼疾患では高い眼圧のため網膜剥離や眼底出血を起こすことがあるので，運動や学習で外力が加わらないように配慮する必要がある。定期的に視力検査や眼科検診を行い，視機能を確認して教育方法を検討する。運動不足になりがちなので，恐怖心を抱かせないように配慮して，運動に参加させる。

（2）**聴覚障害**[1][2]：聴覚障害や平衡機能の障害による危険に遭遇しないよう傷害の発生に留意する。聴力検査や装用している補聴器の点検を定期的に行う。補聴器を日常的に装用していると耳垢が詰まりやすいので清潔保持を指導する。

（3）**知的障害**：自律的な生活習慣の形成が難しいことが多く，運動不足と過食から肥満になりがちである。自覚症状を適切に表現できないので，健康観察による疾病異常の発見に留意する。思春期以降に学校や家庭で性に関する問題（性被害等）が起こることがあるので，適切な性教育を行う必要がある。

（4）**肢体不自由**[2]：運動不足になりがちなので，様々な運動を行わせる。必要なら保護帽等を装着させ，安全管理に留意する。四肢に弛緩性麻痺がある場合は感覚障害のために皮膚に暑さや寒さの感覚等がないので，やけどやけがをしないように注意する。

（5）**病弱・身体虚弱**：慢性疾患等は医学の進歩に伴って，治療の考え方や方法が変化し，入院期間の短縮や，短期間の入院を繰り返す場合がある。疾病の早期発見，退院後の疾病管理や学校生活への適応に配慮する必要がある。精神疾患（小児うつ，躁うつ病等）の児童生徒には，ストレスを避けたり軽減する方法を考えさせる。てんかんのある児童生徒は，生活リズムの安定と過度に疲労させず，忘れずに服薬させることが重要である。

（6）**発達障害**[1]：ASD の子供には，知覚過敏症（光，音等）が多いので，雑音が除去できず，目線そらしや耳塞ぎの行動が見られる。周囲の雑音を極力排除するように環境を整え，身体的接触を控えた方がよい。てんかんの合併率，鼻炎などのアレルギーの割合が高い。また極度の偏食を示しやすい。多動の制限でパニックになることもあるので，一定時間運動させる。急な変更に不安になるので留意する。

　　ADHD[1][3]の子供では，睡眠障害（寝つきが悪い，ぐっすり眠れない等）が起こりやすいと指摘されている。環境改善（雑音排除，座席の変更等で集中させる）と行動療法（良いところをほめ，注意するときとのメリハリをつける等）を行う。脳の神経伝達物質であるドーパミンやノルアドレナリンの不足を補う抗多動薬（メチルフェニデート塩酸塩：コンサータ等）を服用している場合がある。管理に留意し，薬の効果について観察する。虐待を受けている場合があるので，健康観察をし，家庭の状況にも留意する。

　　LD[3]は，医療機関で脳の病気の有無を調べたり，専門家の指示で知能・心理テスト等を受け，総合的な判断によって，改善策を考える必要がある。早期に子供に合った学習方法を行い，自信を持てるように根気強く，ていねいに励ますことが大切である。

第13章　障害のある児童生徒への健康上の支援

2　保健・安全管理上の留意事項

(1) **環境管理**：病弱・肢体不自由者が感染症や気管支ぜん息等の発作を起こさないために，まず第一に室内の清掃と清潔の保持が重要である。消毒にはオスバン，アルコール，次亜塩素酸ナトリウム（ノロウイルスの吐物処理等）などを用いて，ドアノブや遊具のボール等，子供たちが触りそうな物や場所を消毒する。安全面への配慮等では，転倒，衝突，転落等による傷害を防止する上で，施設・設備面の環境整備が重要である。掲示物には画びょうを使用しない（落下すると危険），また小さな物（マグネット等）等が床に落ちていると子供たちが触ったり飲み込んだりして危険なので，危険物がないように注意する。転倒，衝突による怪我の防止のため，机などの角を丸める，コーナークッションを貼る等の工夫が必要である。転落防止のため身を乗り出さないように，窓が開かないようにする。管理職・安全管理担当者，養護教諭を中心に全教員が留意する必要がある。

(2) **生活管理**：学校医と連携し，「学校生活管理指導表」[4]の（小学生用）（中学・高校生用）や（アレルギー疾患用）[5]を活用して，運動面の教育活動を支援する。「てんかん児の生活指導表」[6]も利用する。「肥満防止」は重要であり，運動量を増やし，偏食の是正・食事摂取量とのバランスに留意する。「やせ」が問題の子供もいる。高等部などでは卒業後に向けての重要な指導である。作業学習では強度により，心臓病の子供に配慮する。下校後の児童福祉施設（デイサービス）等との連携も大切である。

(3) **健康管理**：①服薬等の適切な管理で症状を安定させる（例：てんかんの服薬によるコントロール（発作時の座薬の預かりを保健室でしていることがある），糖尿病Ｉ型のインスリンの自己注射，アレルギー疾患に対する抗アレルギー薬の吸入や内服，発達障害の子供で発作時に座薬を入れることや精神安定剤を飲む子供がいる，等）。②補装具（義肢，装具，車いす等）や自助具の使用と管理：脊柱側彎症などの装具，てんかんの保護帽の着用，イヤーマフを使用する等の管理は，発育発達や機能の回復に留意し，保護者や主治医，医療機関等と連携して管理する。

(4) **危機管理と災害時の配慮**[7]：些細なことが大きな事故につながることがある。日常の健康観察，教員間の連絡を密にして子供たちを見守り，管理職を中心として緊急時に対応できる体制づくりが必要である。〔災害時への備え〕：視覚障害者では少人数グループで誘導ロープ等をつかんで移動させる，聴覚障害者では「火事」「地震」等と書いたカードの使用で異常を伝える等の工夫をしたり，寄宿舎には回転灯を設置する。心疾患のある児童生徒をはじめ，特別な支援を要する子供たちは，突発的に起こる事態に弱く，急なチャイムやサイレンなどの音にも弱く，スケジュールの変更や異常な状況に反応することがある。事前に予告をしたり，心理的不安を軽減するようにこまめに声をかけ続ける。重度の重複障害児の避難誘導は，原則的に個別に教職員が対応し，車いす，ストレッチャー，おぶい紐，担架等が使用できるように常に準備しておく。常時服用している薬

• 254 •

や処置が可能となるように配慮する。日頃から地域との協力体制を確立し，自主防災組織との連携を密にしておく。

(5) **医療的ケア**[8)9)]：医療的ケアとは，障害の重度・重複化に伴い，食事や呼吸，排泄等の機能に障害がある児童生徒等が，医師以外の看護師，保護者等から日常的に経管栄養やたんの吸引などの医療行為を受けることである。文部科学省「特別支援学校等における医療的ケアの今後の対応について（通知）」（2011（平成23）年）により，これまで実質的違法性阻却[(注1)]の考え方に基づいて医療的ケアを実施してきた特別支援学校の教員も，2012（平成24）年4月から制度上実施できることになった。実施に当たっては，教員等は特定行為（喀痰吸引，経管栄養等）の研修を修了する必要がある。看護師等の適切な配置を行い，看護師等を中心に教員等が連携協力して特定行為に当たること，教育委員会，学校長を中心とした組織的な体制を整備すること，などの措置を講じる必要がある[8)]。2017（平成29）年度の特別支援学校で日常的に医療的ケアが必要な幼児児童生徒は8,218名で，全在籍者の6.0％である[8)]。行為別では，たんの吸引等呼吸器関係（68.0％），経管栄養等栄養関係（23.1％），導尿（2.5％），その他（6.3％）である。看護師（1,807名）も配置されているが，認定特定行為業務者として医療的ケアを行っている教員は4,374名であった。公立小中学校で日常的に医療的ケアが必要な児童生徒は858名である。たんの吸引等呼吸器関係（48.3％），導尿（23.9％），経管栄養等栄養関係（17.9％），その他（9.9％）である。看護師（553名）が配置されている[9)]。

> （注1）実質的違法性阻却：医師，看護師の資格がない教員が医療行為（たんの吸引や経管栄養）をすることが法益を侵害する（法律による利益を犯す）場合に，その行為が正当化されるだけの事情があるときは，違法性が阻却される（退けられる）という考え方。

(6) **障害の情報の共有**：障害児に対して学校，保護者，関係機関が連携して一貫した支援を行っていくには子供の障害についての情報を共有することが課題であり，そのためにサポートブックの作成と活用がある。内容は必要事項を自由に構成する（プロフィール，連絡先，メディカルサポート（手帳等），体の特徴，対応方法とアレルギー，好き嫌い，こだわり，生活のリズム等）。適切に安全に管理して活用すべきである。

3　保健・安全教育の方針と留意事項——「自立活動」との連動——

保健及び安全教育は，学校保健及び安全計画における教科「体育」や「保健体育」，「生活科」（低学年），その他，特別活動，総合的な学習の時間において"集団の健康・安全に関する指導"が行われる[10)]。しかし障害のある児童生徒には，「自立活動」という指導領域があり，これは「障害による学習上又は生活上の困難を克服し自立を図るために必要な知識技能を授けることを目的とする」重要な指導領域である（学校教育法施行規則第126,127,140条ほか）。自立活動には指定された授業時間数は設けられておらず，「障害の状態

第13章　障害のある児童生徒への健康上の支援

や特性及び発達段階に応じて適切に定めるものとする」[11]とされており，各教科の指導とも密接な関連を図って行われる。教科「体育」「保健体育」や特別活動などと関連させて「集団の健康に関する指導」を展開することが重要である。個別の保健指導は，養護教諭を中心に学級担任等と連携して日常的に行う必要がある。

「自立活動」には次の6区分がある：（1）健康の保持，（2）心理的な安定，（3）人間関係の形成，（4）環境の把握，（5）身体の動き，（6）コミュニケーション。

その中の「（1）健康の保持」には次の5つの内容がある：1）生活のリズムや生活習慣の形成に関すること，2）病気の状態の理解と生活管理に関すること，3）身体各部の状態の理解と養護に関すること，4）障害の特性の理解と生活環境の調整に関すること（2017年改訂で新設），5）健康状態の維持・改善に関すること。

次のような集団の健康に関する指導内容が考えられ，指導方法に工夫が求められる。① 生活のリズム（体温の調節，睡眠覚醒などの生活リズム），②生活習慣の形成（食事や排泄，等），③健康な生活環境の形成（衣服の調節，室温の調節や換気，整理整頓と清掃），④疾病の予防（感染予防のための清潔の保持：手洗い，歯磨き，洗顔，入浴，汗の処理等，医薬品の正しい飲み方），⑤生活習慣病の予防と健康（肥満・やせと体重管理，体力の維持・向上），⑥性に関する指導（性被害も含めて），⑦正しい姿勢，⑧心の健康（ストレスへの対処），⑨安全（危険な場面での対処：交通事故，助けの求め方，等）。また，学校給食は食事に関する大切な学習の場であり，楽しく適切に食べられるような機会にする必要がある。教職員全体での取組が必要であるとともに，家庭等との連携が求められる。

■引用・参考文献

1）尾崎望，出島直編『子どもの障害と医療（新版）』全国障害者問題研究会出版部，pp.60-73，p.82，pp.133-134，pp.150-153，2000年
2）高石昌弘，出井美智子編『学校保健マニュアル（改訂7版）』南山堂，p.58，2008年
3）岩波明「全力サポート！子どもの発達障害」『きょうの健康』2018年11月号（通巻368号），pp66-77，2018
4）財団法人日本学校保健会「［平成23年度改訂］学校生活管理指導表（心疾患・腎疾患）—（小学生用）（中学・高校生用）」2012年
5）財団法人日本学校保健会「学校生活管理指導表（アレルギー疾患用）」2007年
6）全国特別支援学校病弱教育校長会発行・編集，国立特別支援教育総合研究所（編集協力）『てんかん児の生活指導表，病気の子供の理解のために—てんかん—』2010年
7）青森県教育委員会『防災安全の手引（二訂版）』p.34，2014年3月（独立行政法人国立特別支援教育総合研究所／ http://www.nise.go.jp/cms/7,6507,70,272.htm （最終アクセス2014年8月））
8）文部科学省初等中等教育局長「特別支援学校等における医療的ケアの今後の対応について（通知）」2011年12月20日
9）文部科学省「平成29年度特別支援学校等の医療的ケアに関する調査結果について」2018年
10）文部科学省「特別支援学校小学部・中学部学習指導要領」pp.19-20，2017年
11）文部科学省「特別支援学校学習指導要領解説　自立活動編（幼稚部・小学部・中学部・高等部）」pp.50-60，2018年3月

［面澤　和子］

第14章

学校環境衛生

学 習のポイント

1. 学校における環境衛生の目的は，児童生徒及び教職員における心身の健康の保持増進を図ること，疾病を予防すること，学習活動の能率の向上を図るための良好な環境を維持することである。
2. 学校環境衛生管理には，環境衛生検査としての定期検査と臨時検査，日常の環境衛生としての日常点検がある。こうした環境衛生検査及び日常点検は，学校保健安全法施行規則により行うことが義務付けられており，いずれも検査項目と基準が定められている。
3. 定期検査は，それぞれの検査項目について，その結果に基づいた事後措置を講ずるため，客観的，科学的な方法で定期的に行う。
4. 日常点検は，学校環境衛生活動の基本であり，毎授業日に，主として感覚的な官能法で行う。
5. 放射性物質の対策として，教職員は放射線の曝露による健康へのリスクを理解しておくことが重要である。また，学校敷地内等の空間放射線量率を正確に測定し，児童生徒，保護者，地域住民，専門家らと共有した上での適切な対応が求められる。

演 習 課 題

A. 教室内の環境衛生に関して，日常点検における検査項目と基準（267頁）を参考にしながら，点検時の具体的な方法や留意点について実際に確認してみよう。
B. 学校における水泳プール管理のための点検表を作成してみよう。

第14章　学校環境衛生

| 第１節 | 学校における環境衛生の重要性と課題 |

1　学校環境衛生の重要性

　学校は，児童生徒にとって一日の大半を過ごす場所であり，その環境は児童生徒の心身の健康，発育発達に大きな影響を与える。WHOも，子供の順調な発育発達は根本的な重要性を持つとして適切な対応を奨励し，日本の教育政策も，まず子供が健康であることが重要であるとの考え方に基づいて学校保健活動が推進されている。順調な発育発達は，子供が健康であることが基盤であり，適切な教育によって，発育発達がより一層促されることを理解し，保健管理としての学校保健活動の充実に努めなければならない。子供たちは身体的にも精神的にも発達の過程にあり，疾病・傷害に対して弱いばかりでなく，この時期の健康阻害は，生涯にわたり悪影響を及ぼすおそれがある。そのため，学校環境を考える上で，健康を阻害する要因を取り除くことはもちろんのこと，心身の健康，発育発達を促進する環境の整備も必要である。

　また，学校は児童生徒等の学びの場でもあり，効率よくかつ効果的に学習を進めることができる最適な環境を整え，提供することが大切である。教室を中心とした校舎内はもちろんのこと，校庭やその他の学校敷地内全域が，教育上望ましい環境として維持されなければならない。例えば，教室内の室温一つにしても，高かったり，逆に低かったりするだけで学習効率が大きく変化することはすぐに理解できよう。ほかにも湿度や照度，騒音，臭気，机や椅子等，様々な要因によって学習効率は直接的，間接的に影響を受ける。

　このように，学校環境衛生は，健康や発育発達を保障し，効率よくかつ効果的に学習を進めるために不可欠である。一方，教育的配慮を欠いた過保護は，逆に子供たちの成長の機会を妨げる可能性もある。子供たちの発育発達には，適度な刺激にさらされることも必要であり，どのような環境が子供たちにとって最適であるかを評価し整備していくことが大切である。その際，単に教職員や保護者，関係諸機関等，いわゆる大人の側が学校環境を整備し，子供たちに提供するといった一方向の図式で学校環境衛生をとらえるのではなく，子供たちの学びの場，実践の場としても活用したい。例えば，小学校３年生の体育科保健領域では，「健康に過ごすために身の回りの環境を整えること」を学ぶ。そこで得た知識を活用する場として，子供たちが主体的に学校環境衛生活動に取り組めるような仕組みができれば，より充実した教育活動が展開できるであろう。

　さらに，教職員にとって，学校は労働の場でもある。教職員に健康障害が発生した場合，児童生徒等の教育活動に大きな影響を及ぼしかねない。教職員が自ら労働環境を整え，労働災害の発生を未然に防ぎ，心身の健康を保持増進させることは，子供たちに対しても安定した教育環境を保証することにつながる。

以上より，学校環境衛生の目的は，次のように要約できる。
① 児童生徒等の生命を守り，心身の発育発達を促進させ，健康の保持増進を図る。
② 児童生徒等の学習能率の向上を図る。
③ 児童生徒等の教育活動の場として活用を図る。
④ 教職員の心身の健康の保持増進を図る。

2 学校環境衛生の構造

学校環境衛生の目的を達成するために，学校教育法第12条を受けて，学校保健安全法及び学校保健安全法施行規則が定められている。そのうち，学校環境衛生に係る法令を踏まえた構造は，図1のとおりである。図からも分かるように，学校環境衛生活動を進めるに当たり，まずは学校保健計画を策定する必要がある。その際，学校医と学校薬剤師にも参画してもらうと，より実効性の高い計画が策定できると思われる。それに基づき，保健主事，養護教諭がコーディネーター役となり，他の教職員及び学校医や学校薬剤師等関係者の校務分掌を明確にし，協力しながら進めることが肝要である。

図1 学校環境衛生に係る法令とその関係

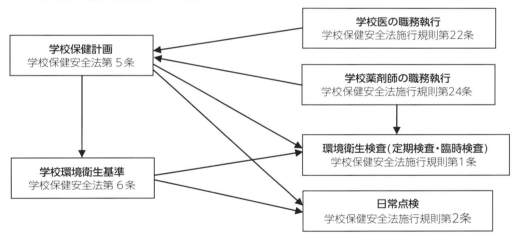

3 学校環境衛生の課題

(1) 定期検査，日常点検の実施率向上

2017（平成29）年度全国学校保健調査[1]によると，定期検査の実施状況は学校環境衛生基準に定められた全ての項目を実施した学校が全体の31%，一部実施していない項目がある学校は66%，検査自体を全く実施していない学校が3%であった。全く実施していない学校園の割合は，認定こども園で11%，幼稚園で9%，義務教育学校で7%であった。実施しなかった理由として「計画が無かった」が66%と最も高く，その他，「器具，人，予算が足りない」が理由として挙げられていた。学校保健計画への環境衛生検査に関する

第14章 学校環境衛生

内容の記載状況については,「全ての項目について記載がある」と回答した学校は全体の41%,「一部の検査項目しか記載がない」が33%,「全く記載がない,分からない」が26%であった。これらの結果を併せて考えると,学校保健計画を前年度中に作成し,その中に定期検査,日常点検の内容を明確に盛り込むことで,確実な実施につなげられる可能性があると思われる。

日常点検については,「採光及び照明」の項目に限るが[1],毎授業日に実施している学校は全体の40%,週ごとが2%,月ごとが15%であり,実施しなかった学校は44%となっていた。また,日常点検の結果を記録に残すことが努力義務として規定されているが(学校環境衛生基準雑則),「全て残している」と回答した学校は24%で,「問題があった時のみ記載している」と回答した学校が34%,「記録していない」と回答した学校が42%であった。大半は時々記録するか,全く記録しないという状況であった。定期検査,日常点検の実施は学校保健安全法施行規則第1条,第2条で規定されており,その実施率は年々改善されているものの,未だ十分とは言えないのが現状である。その原因として,学校環境衛生に対する認識が不十分,現場の教職員が多忙のため十分な活動ができない,検査に必要な物品や予算が不足している等の理由が考えられる。また,これまで幼稚園等での実施率の低さが課題となっていたが,文部科学省では,幼稚園や幼保連携型認定こども園での環境衛生検査の実施を明確に示した[2]。日々,学校で過ごす子供たちにとって,学校環境の定期的,日常的な衛生管理は大切であり,その推進には,定期検査,日常点検の結果に基づいた,客観的かつ速やかな対応が必要である。

(2) 学校薬剤師の専門性の活用

2017(平成29)年度全国学校保健調査[1]によると,学校保健計画の策定の際に,学校から確認の要請があったと回答した薬剤師は20%で,多くが計画の策定に関わっていなかった。学校保健計画は,学校保健安全法第5条で策定が義務付けられており,学校環境衛生のみならず,学校保健に関わる全ての活動の基となるものである。また,学校薬剤師はその専門性を踏まえて,環境衛生検査を実施し,学校の環境衛生の維持及び改善に関し,必要な指導・助言を行うことが職務であるが(学校保健安全法施行規則第24条),計画策定に参画する割合が低いということは,計画自体が専門的な視点に欠け,学校環境衛生についての認識が不十分なままで計画が立てられ,実施されている可能性がある。学校薬剤師が持つ専門的な知見を積極的に活用することにより,学校環境衛生をはじめとして,学校保健計画を効果的に進めることができるであろう。

先の調査[1]では,1年間で,学校薬剤師の約98%が直接学校に出向いており,その理由として最も多いのが定期検査の95%であった(**図2**)[1]。その他,学校保健委員会への参画が38%,保健に関する講話や講演,支援が27%,臨時検査が11%であった。主要業務である,定期検査を実施するための学校訪問は当然であるが,学校保健委員会への参画の必要性は先述した通りである。加えて,薬剤師の専門性が生かせる医薬品や喫煙・飲酒・

図2　薬剤師による学校訪問の理由[1]

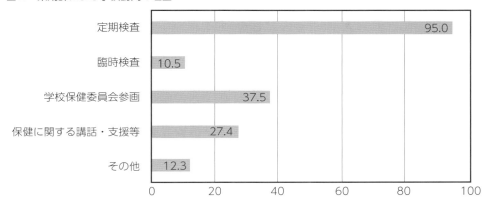

薬物乱用防止，環境衛生などの内容については，保健の授業や特別活動などでTTや講師として積極的に活用したい。

(3) 地域の実情に応じた環境衛生の重要性

　通常，学校環境衛生活動は全国一律の基準に基づいて進められるものであるが，個々の学校を取り巻く衛生環境は，地域によって状況が異なる。つまり，それぞれの学校の実態に合わせた学校環境衛生活動が必要となる。例えば，光化学スモッグについては，沖縄県など，過去に一度も注意報が発令されたことがない地域もあれば，関東や近畿などの大都市圏のように例年7，8月を中心に数日から十数日注意報が発令されているところもある。そうした地域では，予報・注意報・警報を常に確認し，発令された場合すぐに対応できるよう，体制を整えておく必要がある。

　また，最近では微小粒子状物質（PM2.5）についても関心が高まっている。PM2.5は2009（平成21）年に大気環境基準が設定され，国内の平均濃度は減少傾向にあるが，一方で越境大気汚染の影響を無視できない状況になっている。環境省では中央環境審議会微小粒子状物質等専門委員会を定期的に開催し，総合的な対策を進めており[3]，学校現場においても注意喚起情報の把握に努め，対応する必要がある。さらに，東日本大震災の影響が未だ残っている地域もある。例えば，茨城県では，震災以降，全ての県立学校で定期的に空間線量を測定し，情報を公開しており（2018（平成30）年10月時点），学校現場では継続した対応が求められている。

■引用・参考文献
1）日本薬剤師会学校薬剤師部会「平成29年度全国学校保健調査集計結果報告」2017年
2）文部科学省『学校環境衛生管理マニュアル：学校環境衛生基準の理論と実践［平成30年度改訂版］』2018年
3）中央環境審議会微小粒子状物質等専門委員会，環境省
　　http://www.env.go.jp/council/07air-noise/yoshi07-08.html（最終アクセス2018年11月）
・環境省『平成30年版　環境白書・循環型社会白書・生物多様性白書』2018年

［上地　勝］

第14章　学校環境衛生

| 第2節 | 学校環境衛生基準 |

1　学校環境衛生基準の一部改正

　2018（平成30）年4月に学校環境衛生基準の一部が改正された。主たる改正は，教室の温度の基準について，望ましい温度の基準を「10℃以上，30℃以下」から「17℃以上，28℃以下」に見直したことである[1]。近年，児童生徒等は快適に保たれた居室環境で過ごす時間が長くなり，教室等の温熱環境における児童生徒等の温冷感が過去と異なってきた状況を踏まえた改正である[2]。その他の改正では，学校の教室等の備品の管理に係る検査項目から「机，いすの高さ」を削除したことが挙げられる。

2　学校保健安全法と学校環境衛生基準

　表1に学校環境衛生基準とその関係法令について示した。「学校保健安全法」の第5条で学校での環境衛生検査の実施が義務付けられ，第6条にて，学校環境衛生基準及び学校設置者の義務と校長の改善措置を講ずる義務が規定されている。さらに，「学校保健安全法施行規則」第1条で，環境衛生検査として定期検査と臨時検査，そして，第2条で日常点検を定めている。「学校環境衛生基準」では，第1から第4までが定期検査，第5が日常点検，第6の雑則で臨時検査が位置付けられている。

3　定期検査と臨時検査

　表2から表4に定期検査における学校環境衛生基準の検査項目と基準を示した（第2の飲料水等の水質及び施設・設備を除く）。

　定期検査はそれぞれの検査項目についてその実態を客観的，科学的な方法で定期的に把握し，その結果に基づいて事後措置を講ずるためのものである。

　それぞれの検査項目に対し，基準が数値等で客観的に定められており，検査回数，検査場所及び検査方法についても定められている。例えば，第1の「換気及び保温等」の「(1)換気」の項目では，基準は，「換気の基準として，二酸化炭素は，1500ppm以下であることが望ましい」。検査回数は，「毎学年2回定期に行うが，どの時期が適切かは地域の特性を考慮した上，学校で計画立案し，実施する」。検査場所は，「学校の授業中等に，各階1以上の教室等を選び，適当な場所1か所以上の机上の高さにおいて検査を行う」。検査方法は，「二酸化炭素濃度測定は，授業開始前から授業終了時まで経時的に行うことが望ましいが，測定回数を1回とする場合は，二酸化炭素濃度が高くなる授業終了直前に行うこと。二酸化炭素は，検知管法又はこれと同等以上の方法により測定する。検知管の使用に当たっては，測定濃度に応じた検知管を用いること」とされている[2]。

• 262 •

第2節　学校環境衛生基準

　検査の実施は，「その内容により，学校薬剤師が自ら行う，学校薬剤師の指導助言の下に教職員が行う，又は学校薬剤師と相談の上外部の検査機関に依頼して行うことが考えられるが，いずれの場合においても各学校における検査の実施については，校長の責任のもと，確実かつ適切に実施しなければならない」と指摘されている[2]。

表1　学校環境衛生基準と関係法令

学校教育法	
第12条 （健康診断等）	学校においては，別に法律で定めるところにより，幼児，児童，生徒及び学生並びに職員の健康の保持増進を図るため，健康診断を行い，その他その保健に必要な措置を講じなければならない。
学校保健安全法	
第5条 （学校保健計画の策定等）	学校においては，児童生徒等及び職員の心身の健康の保持増進を図るため，児童生徒等及び職員の健康診断，環境衛生検査，児童生徒等に対する指導その他保健に関する事項について計画を策定し，これを実施しなければならない。
第6条 （学校環境衛生基準）	文部科学大臣は，学校における換気，採光，照明，保温，清潔保持その他環境衛生に係る事項について，児童生徒等及び職員の健康を保護する上で維持されることが望ましい基準を定めるものとする。 2　学校の設置者は，学校環境衛生基準に照らしてその設置する学校の適切な環境の維持に努めなければならない。 3　校長は，学校環境衛生基準に照らし，学校の環境衛生に関し適正を欠く事項があると認めた場合には，遅滞なく，その改善のために必要な措置を講じ，又は当該措置を講ずることができないときは，当該学校の設置者に対し，その旨を申し出るものとする。
学校保健安全法施行規則	
第1条 （環境衛生検査）	学校保健安全法第5条の環境衛生検査は，他の法令に基づくもののほか，毎学年定期に，法第6条に規定する学校環境衛生基準に基づき行わなければならない。 2　学校においては，必要があるときは，臨時に，環境衛生検査を行うものとする。
第2条 （日常における環境衛生）	学校においては，前条の環境衛生検査のほか，日常的な点検を行い，環境衛生の維持又は改善を図らなければならない。
学校環境衛生基準の概要	
第1 （定期検査）	教室等の環境（換気，保温，採光，照明，騒音等の環境）
第2 （定期検査）	飲料水等の水質及び施設・設備
第3 （定期検査）	学校の清潔，ネズミ，衛生害虫等及び教室等の備品の管理
第4 （定期検査）	水泳プールの水質，施設・設備の衛生状態
第5 （日常点検）	日常における環境衛生の点検
第6 （雑則）	臨時検査，検査記録の保存期間

第14章　学校環境衛生

表2　学校環境衛生基準　第1（定期検査）教室等の環境

検査項目		基　準	検査回数
換気及び保温等	(1)　換気	換気の基準として，二酸化炭素は，1500 ppm 以下であることが望ましい。	毎学年2回定期
	(2)　温度	17℃以上，28℃以下であることが望ましい。	
	(3)　相対湿度	30%以上，80%以下であることが望ましい。	
	(4)　浮遊粉じん	0.10 mg/㎥以下であること。	
	(5)　気流	0.5 m/秒以下であることが望ましい。	
	(6)　一酸化炭素	10 ppm 以下であること。	
	(7)　二酸化窒素	0.06 ppm 以下であることが望ましい。	
	(8)　揮発性有機化合物		毎学年1回定期
	ア．ホルムアルデヒド	100 μg/㎥以下であること。	
	イ．トルエン	260 μg/㎥以下であること。	
	ウ．キシレン	870 μg/㎥以下であること。	
	エ．パラジクロロベンゼン	240 μg/㎥以下であること。	
	オ．エチルベンゼン	3800 μg/㎥以下であること。	
	カ．スチレン	220 μg/㎥以下であること。	
	(9)　ダニ又はダニアレルゲン	100匹/㎥以下又はこれと同等のアレルゲン量以下であること。	
採光及び照明	(10)　照度	㋐　教室及びそれに準ずる場所の照度の下限値は，300 1x（ルクス）とする。また，教室及び黒板の照度は，500 1x以上であることが望ましい。 ㋑　教室及び黒板のそれぞれの最大照度と最小照度の比は，20：1を超えないこと。また，10：1を超えないことが望ましい。 ㋒　コンピュータを使用する教室等の机上の照度は，500〜1000 1x程度が望ましい。 ㋓　テレビやコンピュータ等の画面の垂直面照度は，100〜500 1x程度が望ましい。 ㋔　その他の場所における照度は，工業標準化法（昭和24年法律第185号）に基づく日本工業規格（以下「日本工業規格」という。）Z 9110 に規定する学校施設の人工照明の照度基準に適合すること。	毎学年2回定期
	(11)　まぶしさ	㋐　児童生徒等から見て，黒板の外側15°以内の範囲に輝きの強い光源（昼光の場合は窓）がないこと。 ㋑　見え方を妨害するような光沢が，黒板面及び机上面にないこと。 ㋒　見え方を妨害するような電灯や明るい窓等が，テレビ及びコンピュータ等の画面に映じていないこと。	
騒音	(12)　騒音レベル	教室内の等価騒音レベルは，窓を閉じているときはLAeq 50 dB（デシベル）以下，窓を開けているときはLAeq 55 dB以下であることが望ましい。	

第2節 学校環境衛生基準

表3 学校環境衛生基準 第3（定期検査）学校の清潔，ネズミ，衛生害虫等及び教室等の備品の管理

	検査項目	基　準	検査回数
学校の清潔	(1) 大掃除の実施	大掃除は，定期に行われていること。	毎学年3回定期
	(2) 雨水の排水溝等	屋上等の雨水排水溝に，泥や砂等が堆積していないこと。また，雨水配水管の末端は，砂や泥等により管径が縮小していないこと。	毎学年1回定期
	(3) 排水の施設・設備	汚水槽，雑排水槽等の施設・設備は，故障等がなく適切に機能していること。	
ネズミ，衛生害虫等	(4) ネズミ，衛生害虫等	校舎，校地内にネズミ，衛生害虫等の生息が認められないこと。	
教室等の備品の管理	(5) 黒板面の色彩	(ア) 無彩色の黒板面の色彩は，明度が3を超えないこと。 (イ) 有彩色の黒板面の色彩は，明度及び彩度が4を超えないこと。	

表4 学校環境衛生基準 第4（定期検査）水泳プールの水質

	検査項目	基　準	検査回数
水質	(1) 遊離残留塩素	0.4 mg/L 以上であること。また，1.0 mg/L 以下であることが望ましい。	使用日の積算が30日以内ごとに1回
	(2) pH 値	5.8以上8.6以下であること。	
	(3) 大腸菌	検出されないこと。	
	(4) 一般細菌	1 mL 中200コロニー以下であること。	
	(5) 有機物等（過マンガン酸カリウム消費量）	12 mg/L 以下であること。	
	(6) 濁度	2度以下であること。	
	(7) 総トリハロメタン	0.2 mg/L 以下であることが望ましい。	使用期間中の適切な時期に1回以上
	(8) 循環ろ過装置の処理水	循環ろ過装置の出口における濁度は，0.5度以下であること。また，0.1度以下であることが望ましい。	毎学年1回定期

　表5に臨時検査を含めた雑則を示した。臨時検査が必要な場合に該当する4項目，臨時検査の方法及び検査記録の保存期間について示されている。

表5 学校環境衛生基準 第6（雑則）臨時検査と検査記録の保存期間

> 1　学校においては，次のような場合，必要があるときは，臨時に必要な検査を行うものとする。
> (1) 感染症又は食中毒の発生のおそれがあり，また，発生したとき。
> (2) 風水害等により環境が不潔になり又は汚染され，感染症の発生のおそれがあるとき。
> (3) 新築，改築，改修等及び机，いす，コンピュータ等新たな学校用備品の搬入等により揮発性有機化合物の発生のおそれがあるとき。
> (4) その他必要なとき。

• 265 •

第14章　学校環境衛生

> 2　臨時に行う検査は，定期に行う検査に準じた方法で行うものとする。
> 3　定期及び臨時に行う検査の結果に関する記録は，検査の日から5年間保存するものとする。また，毎授業日に行う点検の結果は記録するよう努めるとともに，その記録を点検日から3年間保存するよう努めるものとする。
> 4　検査に必要な施設・設備等の図面等の書類は，必要に応じて閲覧できるように保存するものとする。

4　日常点検

表6に日常点検の検査項目と基準について示した。

日常点検は毎授業日に，検査項目の実態を点検・把握し，常に教室内外の衛生状況を良好に保つよう努め，必要があれば事後措置を講じるための検査である。これは学校保健委員会を中心に教職員による組織活動の一環として行うものである。併せて，ヘルスプロモーションの観点から，日常点検への子供たちの積極的な参加を推進すべく，学校環境衛生活動の基本計画を考える必要がある。

教室内外の環境衛生管理について，日常点検の項目に従って，その意義と留意点を概説する。

(1)　教室等の環境

(1)**換気，温度**：教室の空気は適度の温熱条件を維持し，空気の清浄度を保つことによって，児童生徒等の健康を維持し，学習能率を高めるための最も重要な環境要因である。特に換気が重要であり，教室内の不快な刺激や臭気を目安に換気が十分になされるよう定期的な窓開けや換気装置の運転を心がけることが重要である。

(2)**明るさとまぶしさ**：学校の学習活動の多くは視作業を伴うため，適切な明るさを確保し，視野にまぶしさがない状態を維持することにより，眼精疲労を抑え，学習能率の向上を図ることが重要である。学級担任及び教科担任は，天候，時刻，季節等により黒板面や机上の明るさは日々異なることに留意し，さらに，近年使用頻度の多い電子黒板やタブレットPC使用時における教室の明るさに対する配慮も必要となる[3]。

(3)**騒　音**：明るさとともに騒音は児童生徒等の学習活動に直接的な影響を及ぼす。学校環境における騒音とは，教室内で教師の声が聞き取りにくい，また，学習や思考に集中できない等，授業の妨げとなる主として教室外からの音を指す。

(2)　飲料水等の水質及び施設・設備

(1)**飲料水の水質**：飲料水は学校生活において不可欠であると同時に，病原微生物等による感染症が集団的に発生する危険がある[4]。遊離残留塩素は飲料水の消毒管理の指標であり，飲料水の水質管理において重要な意義を持っている。遊離残留塩素測定に際しては，末端給水栓で2～3分間水を流し，給水管の中のたまり水を十分に出した後，DPD法により遊離残留塩素を測定することがポイントである。

(2)**雑用水の水質**：雑用水とは，飲用以外の用途に使用する水のことを言う。環境や水資源節約への配慮を考慮した学校施設（エコスクール）等の観点から，学校における雑用

第2節 学校環境衛生基準

表6 学校環境衛生基準 第5（日常点検）日常における環境衛生の点検

　点検は毎授業日に行う。点検は，官能法によるもののほか，第1から第4に掲げる検査方法に準じた方法で行うものとする。

検査項目		基　準
教室等の環境	(1) 換気	(ア) 外部から教室に入ったとき，不快な刺激や臭気がないこと。 (イ) 換気が適切に行われていること。
	(2) 温度	17℃以上，28℃以下であることが望ましい。
	(3) 明るさとまぶしさ	(ア) 黒板面や机上等の文字，図形等がよく見える明るさがあること。 (イ) 黒板面，机上面及びその周辺に見え方を邪魔するまぶしさがないこと。 (ウ) 黒板面に光るような箇所がないこと。
	(4) 騒音	学習指導のための教師の声等が聞き取りにくいことがないこと。
飲料水等の水質及び施設・設備	(5) 飲料水の水質	(ア) 給水栓水については，遊離残留塩素が0.1mg/L以上保持されていること。ただし，水源が病原生物によって著しく汚染されるおそれのある場合には，遊離残留塩素が0.2mg/L以上保持されていること。 (イ) 給水栓水については，外観，臭気，味等に異常がないこと。 (ウ) 冷水器等飲料水を貯留する給水器具から供給されている水についても，給水栓水と同様に管理されていること。
	(6) 雑用水の水質	(ア) 給水栓水については，遊離残留塩素が0.1mg/L以上保持されていること。ただし，水源が病原生物によって著しく汚染されるおそれのある場合には，遊離残留塩素が0.2mg/L以上保持されていること。 (イ) 給水栓水については，外観，臭気に異常がないこと。
	(7) 飲料水等の施設・設備	(ア) 水飲み，洗口，手洗い場及び足洗い場並びにその周辺は，排水の状況がよく，清潔であり，その設備は破損や故障がないこと。 (イ) 配管，給水栓，給水ポンプ，貯水槽及び浄化設備等の給水施設・設備並びにその周辺は，清潔であること。
学校の清潔及びネズミ衛生害虫等	(8) 学校の清潔	(ア) 教室，廊下等の施設及び机，いす，黒板等教室の備品等は，清潔であり，破損がないこと。 (イ) 運動場，砂場等は，清潔であり，ごみや動物の排泄物等がないこと。 (ウ) 便所の施設・設備は，清潔であり，破損や故障がないこと。 (エ) 排水溝及びその周辺は，泥や砂が堆積しておらず，悪臭がないこと。 (オ) 飼育動物の施設・設備は，清潔であり，破損がないこと。 (カ) ごみ集積場及びごみ容器等並びにその周辺は，清潔であること。
	(9) ネズミ，衛生害虫等	校舎，校地内にネズミ，衛生害虫等の生息が見られないこと。
水泳プールの管理	(10) プール水等	(ア) 水中に危険物や異常なものがないこと。 (イ) 遊離残留塩素は，プールの使用前及び使用中1時間ごとに1回以上測定し，その濃度は，どの部分でも0.4mg/L以上保持されていること。また，遊離残留塩素は1.0mg/L以下が望ましい。 (ウ) pH値は，プールの使用前に1回測定し，pH値が基準値程度に保たれていることを確認すること。 (エ) 透明度に常に留意し，プール水は，水中で3m離れた位置からプールの壁面が明確に見える程度に保たれていること。
	(11) 附属施設・設備等	プールの附属施設・設備，浄化設備及び消毒設備等は，清潔であり，破損や故障がないこと。

• 267 •

第14章　学校環境衛生

水の利用が多くなっている。雑用水を散水，修景，清掃又は水洗便所の洗浄水として利用する場合，誤飲や誤使用を防ぐ措置が必要である。

(3)飲料水等の施設・設備：水飲み・洗口・手洗い場・足洗い場は，児童生徒等が1日に何回も使用する場所であり，しかもこれらの設備は，水飲み・洗口・手洗いの3つの機能を兼ねたものが多いので，飲料水の基準に適合した水質が確保されるよう常に清潔が求められる。

(3)　学校の清潔及びネズミ，衛生害虫等

(1)学校の清潔：子供たちが学習その他の活動を安心して安全に行うために校舎内外の施設の清潔及び破損のない状態を維持することは非常に重要である。学校の清潔は子供たちの身体の健康だけでなく，学習能率の向上や心理面での落ち着きを与える効果がある。教職員の管理だけでなく，子供たちに対し清掃の意義，取組の姿勢を積極的に指導し，構成員全員で学校をきれいにしていこうとする意識と体制が重要である。

(2)ネズミ，衛生害虫等：ネズミ，衛生害虫（ゴキブリ，蚊，ハエ），樹木等の病害虫（ドクガ，イラガ，アメリカシロヒトリ等）等の生育，発生を調べ，駆除をする場合には薬剤の使用に留意する必要がある。

(4)　水泳プールの管理

(1)プール水等：学校プールは，一時に多くの子供たちが利用することから，咽頭結膜熱（プール熱），流行性角結膜炎（ハヤリ目）及び伝染性軟属腫（水イボ）等の感染症が流行する可能性がある[5]。それらの流行防止の観点から，遊離残留塩素，pH及び透明度について，プール使用時の日常点検を確実に実施することが重要である。

(2)附属施設・設備等：プールの排水口に吸い込まれて死亡する事故が，特に小学校で多く見られたことから，排水口の蓋をネジやボルトで固定したり，吸い込み防止用の格子金具を設置したりする等，その管理の徹底が求められる。

■引用・参考文献
1）文部科学省初等中等教育局長「学校環境衛生基準の一部改正について（通知）」2018年
2）文部科学省『学校環境衛生管理マニュアル：「学校環境衛生規準」の理論と実践［平成30年度改訂版］』2018年
3）文部科学省『児童生徒の健康に留意してICTを活用するためのガイドブック』2014年
4）山田俊朗，秋葉道宏「最近10年間の水を介した健康被害事例」『保健医療科学』56（1），pp.16-23，2007年
5）文部科学省「学校において予防すべき感染症の解説」2013年

［谷　健二］

第3節　放射線曝露のリスクの理解

第3節　放射線曝露のリスクの理解

1　福島第一原子力発電所の事故による環境汚染と懸念される健康被害

　2011（平成23）年3月11日の東北地方を中心とした大地震及び津波による福島第一原子力発電所の事故で，大気中，地下水及び海水中に大量の放射性物質が放出され，それらは広範囲に拡散・沈着した。この事故は国際原子力事象評価尺度（INES）で最も深刻な事故に当たる「レベル7」と評価されるもので，日本の国内のみならず全世界に大きな影響をもたらすものとなった。

　事故後に行われた文部科学省や環境省等による環境調査では，福島県を中心に東北，関東甲信越などの広範囲で放射性物質による汚染地域が観測されている[1]。さらに，地上での測定では，航空機モニタリングでは把握しきれない小さな範囲で，環境基準値を超える地域が多数見つかっている。国は，この事故に伴う放射性物質汚染による人の健康又は生活環境への影響を速やかに軽減することを目的とした，「放射性物質汚染対策特別措置法」[2]を2011（平成23）年8月30日に公布し，翌年1月1日全面施行した。

　α線，β線，中性子線などの粒子線や，γ線，χ線などの電磁波を総称して「放射線」と言い，このような放射線を放射する物質を「放射性物質」と呼んでいる。「放射能」とはこのような放射性物質が放射線を放出する能力のことを指す。単位には，1秒間に原子核が崩壊する回数を示す「ベクレル：Bq」，放射線が物質に吸収されるときに物質に与えるエネルギーを示す「グレイ：Gy」，放射線により人体にどれほどの影響が起きるかを示す「シーベルト：Sv」などが使用されている。通常の生活環境における放射線量を表す場合は，mSv（ミリシーベルト：1/1000シーベルト）やμSv（マイクロシーベルト：1/1,000,000シーベルト）が用いられ，1時間当たりの線量率（mSv/h, μSv/h）として表される。

　放射線にさらされることを「被曝」と言う。放射線のエネルギーは主に細胞内の水に吸収され，活性酸素などの反応性の高い物質を生成し，細胞内のDNAを損傷させる。低線量の被曝では遺伝子の突然変異等が起きるなどして，異常な細胞へと変化してしまう。このような異常な細胞が多くなると体への影響が現れる。一度に100mSv以上の被曝では，被曝量に依存して，がん死亡のリスクが統計的に有意な増大を示す。500mSvでは白血球の一時的減少が観察される。さらに7,000mSv以上の被曝で人は死亡することが知られている[3][4]。

　放射線への被曝は，環境中（体外）にある放射性物質から受ける「外部被曝」と，食品や飲み水，粉塵などに含まれた放射性物質が消化器や呼吸器，皮膚より体内に取り込まれて起こる「内部被曝」とに分けられる。環境汚染による放射線被曝については外部被曝量

• 269 •

と内部被曝量を合算して評価を行う必要がある。

　福島第一原発の事故当初，大気や海洋中に様々な放射性物質が放出されたが，特に注目されているのはヨウ素131（^{131}I），セシウム137（^{137}Cs），セシウム134（^{134}Cs），ストロンチウム90（^{90}Sr）などであった。ヨウ素は甲状腺に貯留しやすく，^{131}Iの蓄積により甲状腺がんの発症率，特に成長期にある子供たちの発がん率の増加が懸念されている。また，^{137}Csや^{134}Csは体内に広く分布する。貯留した組織の近くでは放射線の影響で，がんの発生率が高まることが考えられる。^{90}Srは体内に吸収されると骨に蓄積しやすく，白血病の発生リスクを高めることなどが懸念されている。このような放射性物質の健康被害を予測するためには，その物質の物理的性質による半減期，化学的性質による生体内動態や生物学的半減期などの多くの要因を考慮する必要があり，複雑な計算が必要となる。

2　空間放射線量率の環境基準と食品中の放射性物質の基準

　現在，空間放射線量率の環境基準値として示されている毎時0.23μSvの積算根拠は，自然放射線量を除いて，人が1年間に受ける外部被曝による放射線量を1mSvに抑えるように計算した値である[5)6)7)]。しかし，これには食品などによる放射性物質の体内取り込みによる内部被曝は考慮されていないため，食品や飲み水，大気中の放射性物質の濃度の監視や摂取量の制限は，別に行わなければならない。

　現在（2014（平成26）年7月）の食品中の放射性セシウムの監視は厚生労働省医薬食品局食品安全部が示している基準[8)]が適用されている。そこでは，一般食品が100Bq/kgで，乳児用食品及び牛乳は50Bq/kg，飲料水は10Bq/kgとなっている。この基準内で放射性物質の摂取を制限できれば，内部被曝による放射線被曝は1年間に1mSv以内に抑えることができる。これらの基準内で生活を行っていると，外部被曝と内部被曝を合わせて，50年を過ぎたところで100mSvの被曝線量を超える可能性が生じると考えられる。被曝線量が100mSv未満でも，放射線に対する感受性の高い人では，これより早期に健康被害が生じることは十分に考えられる。さらに，ヒトの発がんに関係する危険因子は放射線以外に多数あり，それらが相加的に又は相乗的に発病に関与することも考えられている。そこで，より安全側に立った放射線防御における発がんリスクの考え方にLNTモデル（Linear No-Threshold Model：しきい値なし直線モデル）[9)]がある。これは，100mSv未満での線量であっても，被曝線量に対して直線的に発がんのリス

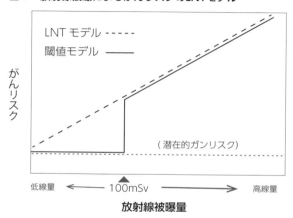

図1　放射線被曝によるがんリスクのLNTモデル

クが増加するとする考え方である（図1）。LNT モデルに従った放射線防護対策は，できるだけ被曝量を少なく抑えていくよう，環境や食事を管理することにある。

また，各臓器の発育が活発な乳幼児では細胞の分裂が盛んに行われ，放射線に対する影響が大きく出ることが懸念されている。そのため，より低年齢の子供に対しては，できるだけ放射性物質を含まない食品や飲み水を与えるべきであるとの考えもある。現在の基準値に関しては，十分な安全性の保障がないとの見解もあり，より低い値の食品を子供たちに与えるべきであるとの動きもある。そのため，給食等で飲食物を乳児・幼児，児童生徒に提供する教育機関では詳細な食品検査と十分な管理を行うことが重要である[10]と考えられる。

3　放射線の測定，除染活動，放射性廃棄物の保管

空間放射線量の測定は，日本国内は放射線モニタリングポストなどで継続的に測定されているほか，文部科学省による航空機モニタリング[1]や各自治体の環境研究所などによるもののほか，学校ごとに測定して公開している例もある。空間放射線量率の測定にはシンチレーションカウンターやガイガーミューラーカウンターなどが主に用いられており，エネルギー補償機能のついたものから（写真1），簡易型のものまで様々な機種が販売され使用されている（写真2）。表示に関しては，空間放射線量率（μSv/h）で示され，読み取り数値が直接 0.23μSv/h の環境基準と比較できるものが多い。

空間放射線量率の環境基準[7]は地上から 1m の位置での測定値が 0.23μSv/h とされている。理論的には放射線量は線源からの距離の 2 乗に反比例するため，土壌に線源がある場合，地上付近での空間放射線量率は最も高くなる。つまり，大人に比べて，身体の小さい子供は，同じ環境中でも放射線の影響を強く受けることになる。このようなことから，乳幼児や児童の生活空間では，地上から 50cm，5cm，1cm など，1m より低い高度での空間放射線量率の測定値を評価[11][12]し，対策を立てているケースが多い。

また，樹木に付着したり吸収されたりした放射性物質からの放射線により，地上付近より 1m の高さでの空間放射線量率のほうが高い場合も見られる。そのため，測定する高さ

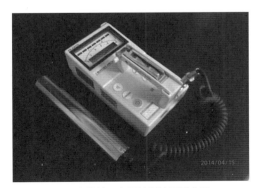

写真1　補償機能付き空間放射線量測定器

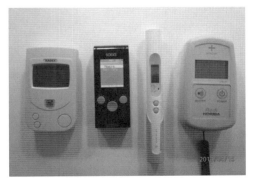

写真2　簡易型空間放射線量測定器

第14章　学校環境衛生

写真3　食品中放射性物質測定用NaIシンチレーションカウンター

に関しては，複数を設定して監視することで，より安全な対応が可能となる。

　食品中の放射線量の測定方法は，ゲルマニウム半導体検出器を用いた方法が正確であるが，測定機器が高価で測定費用が高くなるので，多くの場合はヨウ化ナトリウム（NaI）シンチレーションカウンター（**写真3**）を用いた測定を行い，スクリーニングを行っている[13]。

　空間放射線量率が 0.23 μSv/h を超える場所では除染が必要となる。その場所が土壌の場合は，地表面から 5cm〜20cm 程度の深さで土壌を取り除いたのちに，地表面の放射線量率を測定し，十分に低い値を観察できたところで，汚染を受けていない土壌を被せ，再度測定を行い，0.23 μSv/h を超えていないことを確認する。取り除いた土壌は一時，敷地内の人が近寄らない場所に保管する。保管場所の周囲で人が近寄ることができる場所の空間放射線量率を測定し，基準値以下であることを確認し記録を残す。さらに，放射性廃棄物を保管した場所と量などの記録を確実に引き継ぎ，廃棄方法や中間貯蔵方法などが決定した段階で，速やかにかつ確実に搬出できるように準備をし，搬出時にはその記録を残すことが，学校環境衛生活動の重要な課題となっている。

4　学校環境衛生におけるリスク・コミュニケーション

　学校環境衛生におけるリスク・コミュニケーション（risk communication: 危険に関する情報共有と合意形成）とは学校を取り巻くリスク（risk: 危険事象）に関する正確な情報を，学校教職員，児童生徒，保護者，地域住民，学校設置者，文部科学省，専門家等のステークホルダー（stakeholder：利害関係者）間で共有し，相互に意思疎通を図り合意形成を行うことを言う。福島第一原子力発電所の事故以来，放射線性物質による環境・食品汚染に対するリスク・コミュニケーションは学校環境衛生の重要な課題となっている。

　これまで放射線に関しては，専門機関や専門家による厳密な管理と利用により，ほとんど環境中に放出されることがなかったため，一般市民の間では十分な知識と対応技術は浸透していなかった。しかし，現在は身近に放射性物質が存在し健康被害が懸念されている。そのため，学校環境衛生に携わる教職員は，教育委員会の担当者，学校医，学校薬剤師，学校設置者，文部科学省，専門家等と情報の共有を図りながら，より効率よく児童生徒，保護者，地域住民に情報提供を行い，さらに意見や不安等の意識を把握した上で，学校としての対策を講じることが望まれている。実際には学校の建物内を含む敷地内及び通学路等の空間放射線量率の測定を行い，その記録を公開すること，給食の食材や調理された

給食全体に含まれる放射能の測定とその記録を公開すること，除染活動と除染により発生した放射性廃棄物の保管の方法についてなどの情報の提供，さらに，それらの活動に関する学校関係者や地域住民の考えや意見を収集し対応を行うことなどがこれに当たる。

　関係省庁のホームページでは，放射性物質に関するリスク・コミュニケーションとして情報が公開されている。文部科学省では教育現場向けに「放射能を正しく理解するために」[14]や「小学生のための放射線副読本」及び「中学生・高校生のための放射線副読本」[15]を作成・公開して放射線に関する知識の普及を推進している。また，消費者庁では食品中の放射性物質に関する広報資料として「食品と放射能 Q & A」を公開している[16]。

　福島第一原発の事故により放出された放射性物質による健康被害については，まだ十分な報告はないが，学校環境衛生や学校給食における安全や安心の確保という観点から，現在の「放射線量率の環境基準」や「食品中の放射性物質の基準」を満たすことは必須の条件である。さらに，「できるだけ放射性物質の少ない環境や食品を提供したいと思う気持ち」や，「より安全側に立った考え方や行動」を大切にすることは，学校が，そこに通う児童生徒やその保護者及び地域住民からの信頼を得るために重要な課題であると考えられる。

■引用・参考文献
1）「放射線モニタリング情報」
　　http://radioactivity.nsr.go.jp/ja/list/191/list-1.html（最終アクセス 2018 年 12 月）
2）環境省「放射性物質対策 > 放射性物質汚染対処特措法」
　　http://www.env.go.jp/jishin/rmp.html#act-act（最終アクセス 2018 年 12 月）
3）数研出版編集部編「福島第一原発事故の現状」『フォトサイエンス化学図録（改訂版）』数研出版，pp. 230-231，2012 年
4）放射線医学総合研究所「放射線被ばく早見図」
　　http://www.nirs.qst.go.jp/data/pdf/hayamizu/j/20180516.pdf（最終アクセス 2018 年 12 月）
5）飯本武志「放射線に関するさまざまな基準値の考え方」齋藤勝裕監修『東日本大震災後の放射性物質汚染対策』エヌ・ティー・エス，pp. 299-309，2012 年
6）環境省「追加被ばく線量年間 1 ミリシーベルトの考え方」（平成 23 年 10 月 10 日災害廃棄物安全評価検討会・環境回復検討会第 1 回合同検討会資料（別添 2））
　　https://www.env.go.jp/press/files/jp/18437.pdf（最終アクセス 2018 年 12 月）
7）環境省「放射性物質汚染対処特措法に基づく汚染廃棄物対策地域，除染特別地域及び汚染状況重点調査地域の指定について（お知らせ）」2011 年 12 月 19 日
　　http://www.env.go.jp/press/press.php?serial=14598（最終アクセス 2018 年 12 月）
8）厚生労働省「東日本大震災関連情報 > 食品中の放射性物質への対応食品中の放射性物質の対策と現状について（概要）」
　　https://www.mhlw.go.jp/shinsai_jouhou/dl/20131025-1.pdf（最終アクセス 2018 年 12 月）
9）酒井一夫「放射線の人体への影響と放射線防護の考え方」齋藤勝裕監修『東日本大震災後の放射性物質汚染対策』エヌ・ティー・エス，pp.41-50，2012 年
10）牧下圭貴『放射能汚染と学校給食』（岩波ブックレット№ 875）岩波書店，2013 年
11）高橋珠実ほか「子どもの生活空間の空間放射線量測定」『日本衛生学雑誌』vol.67，p.277，2012 年
12）高橋珠実ほか「子どもの活動空間の空間放射線量率測定」『日本衛生学雑誌』vol.68，p.201，2013 年
13）佐藤泰「放射能の測定とトレーサビリティー」齋藤勝裕監修『東日本大震災後の放射性物質汚染対策』エヌ・ティー・エス，pp.289-298，2012 年
14）文部科学省「東日本大震災関連情報 > 放射能を正しく理解するために：教育現場の皆様へ」2015 年 6 月 24 日
　　http://www.mext.go.jp/a_menu/saigaijohou/index.htm（最終アクセス 2018 年 12 月）
15）文部科学省「小学生のための放射線副読本」「中学生・高校生のための放射線副読本」

第14章　学校環境衛生

　　http://www.mext.go.jp/b_menu/shuppan/sonota/attach/1409776.htm（最終アクセス 2018 年 12 月）
16）消費者庁「東日本大震災関連情報 > 食品と放射能Ｑ＆Ａ（第 12 版）」平成 30 年 3 月改訂
　　http://www.caa.go.jp/disaster/earthquake/understanding_food_and_radiation/material/（最終アクセス 2018 年 12 月）

［新井　淑弘］

第15章

学 校 安 全

学 習のポイント

1. 事故・災害の発生には人や環境などの要因があり，それらを明らかにすることで事故の防止や，事故・災害発生時での適切な対応が可能となる。
2. 学校安全（活動）には，安全教育，安全管理，組織活動があり，危機管理の段階も踏まえて取り組むことが求められる。
3. 学校安全の内容として，防犯を含む生活安全，交通安全，災害安全がある。
4. 児童生徒において，交通事故をはじめとする不慮の事故による死亡，学校管理下での傷害，犯罪被害等は危惧される実態にあり，安全教育や安全管理の必要性は大きい。
5. 安全管理の視点として，対物管理と対人管理がある。安全管理は，校内の教職員間の連携及び家庭，PTA，地域，関係機関等との連携を通して，組織的に進めることが求められる。
6. 安全教育は学校の教育活動全体を通じて行われるものであり，安全に関する基礎的・基本的内容の理解，危険予測や危険回避の能力，自他の生命尊重の意識，安全で安心な社会づくりの重要性の認識等の育成をめざして行われる。安全教育においても，校内連携，地域等との連携により組織的に進めることが必要である。
7. 東日本大震災等の教訓も活かしながら，学校安全（活動）を改善，充実していくことが求められる。

演 習 課 題

A. 学校管理下の負傷の実態について，「どのような活動において，どのような状況で起こっているのか」を（独）日本スポーツ振興センターの学校事故事例検索データベースを使って，調べてみよう。
B. 大学の危機管理マニュアルを調べてみよう。どのような危機があり，どのような予防や対応策が挙げられているであろうか。

第15章　学校安全

第1節　事故・災害の発生とその防止の考え方

1　事故・災害の発生機序

(1)　安全のとらえ方

　安全な社会を実現することは，全ての人々が生きる上で最も基本的かつ不可欠なことである。安全とは，「心身や物品に危害をもたらす様々な危険や事件・事故が防止され，万が一事件・事故が発生した場合には，災害（被害）を最小限にするために適切に対処された状態」と定義される[1]。災害をもたらす事件・事故の発生を防止することは最優先されなければならない。しかしながら，事件・事故の生起を完全に防ぐことは困難である。そこで事件・事故が起きてしまった場合には，応急手当などの適切かつ迅速な対処によって傷害などの被害を最小限に食い止めることが重要となってくる。このように安全とは，事件・事故発生の前後にわたってとらえる必要がある。

　また，安全は人々の健康生活の基盤となる状態である。WHO（世界保健機関）は，セーフティプロモーションの概念とその展開について報告書をまとめた[2]。その中で，安全と健康・福祉の関係について図1のような関係を示した[3]。この図では，健康な生活を営み，充実した福祉を実現するには，日々の安全が確保される必要があることが示されている。

　なお，セーフティプロモーションとは，「地域や国あるいは国際レベルで，個人，コミュニティ，政府，企業やNGOなどが，安全づくりとその維持のために用いるプロセスであり，このプロセスには，安全に関わる態度や行動はもちろん，社会構造や（物理的，社会的，技術的，政治的，経済的，組織的）環境を変える上で一致したすべての努力が含まれる」と定義されている[3]。セーフティプロモーションとはヘルスプロモーションと同様に，個人・集団の行動と環境の整備の両面からの取組である。そして，人々が自他の安全を確保するためには，個人だけではなく社会全体として安全な社会を創造していくことが必要である。

図1　安全と健康の関係

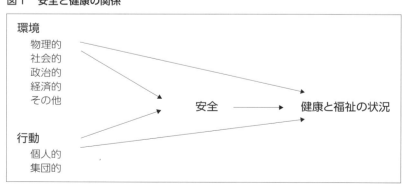

第1節　事故・災害の発生とその防止の考え方

(2)　事故・災害発生とその防止の基礎理論

　事故・災害の発生メカニズムを説明するには，疫学的な要因モデルから分析する場合と時系列に沿って分析する場合がある。前者は，事故・災害の要因を分類することによって，発生メカニズムを説明する。例えば交通事故ならば，人・車両・環境という要因に分類し，それらの関係を分析する。学校安全の領域で古くから用いられている「潜在危険論」も，同様の視点から事故・災害をとらえたものである。

　時系列から事故・災害の発生をとらえた理論としては，ハインリッヒ（Heinrich, H. W.）のドミノ理論がよく知られている。すなわち事故・災害発生の要因の流れをドミノ倒しにたとえて，「社会環境」→「人間の過失」→「不安全な行為や状態」→「事故」→「傷害」の順で発生することを示した[4]。「傷害」を防止するためには，途中のドミノ（要因）を取り除くことが有効である。ハインリッヒは主に労働災害を説明するためにドミノ理論を用いたが，より一般的な事故・災害への適用も可能である。

　ハドン（Haddon, W.）は，前述の疫学的要因モデルと時系列の視点を取り入れてハドンのマトリックスを提案した。例えば自動車事故による災害について，このマトリックスを用いて示すと表1のようになる。これによって災害発生防止ではどのような取組が必要か，事後措置では何が重要かを明らかにすることが可能となる。ハドンのマトリックスは交通事故を減少させるために大いに役立っているが，もちろん交通事故に限定されず，傷害に関わる様々な場面において応用されている。

表1　ハドンのマトリックスを用いた事故・災害の要因分析（交通事故の例）[5]

	人　　　間	自　動　車	環　　　境
事故発生前	飲酒，疲労，いねむり，スピードの出しすぎ	車体の整備不良，未点検	夜間，雨天
事故発生	シートベルト非着用	ABS非搭載，エアバッグ非装備	狭く，見通しの悪い道路
事故発生後	連絡の遅れ，応急手当のスキル不足	車体から受けた傷害	救急車の到着の遅れ

2　事故・災害の防止

　ハドンのマトリックスに示されたように，安全を確保するには事件・事故の発生前後に両面から取り組む必要がある。それに基づいて事故・災害の防止のための危機管理をとらえるならば，以下の①～④からなる4段階に分類される。ここでは学校における防犯を例にする[6]。

①　防止……事件・事故の発生を未然に防ぐ

　危険を早期に発見するため，まず日常的な安全点検が重要となる。学校敷地内，通学路，公園等，子供たちの活動範囲を把握し，事件・事故に巻き込まれやすい場所を，教職員や

第15章　学校安全

保護者等によって安全点検を実施する。また，児童生徒らを対象とした防犯教室等の安全教育を通じて，児童生徒らの危機予測・回避能力の育成を図る。

② 準備……事件・事故の発生に備える

　事件・事故が発生する場合を想定して備えておくことは，危機管理の流れの中でも特に重要と言えるであろう。学校や地域の特性を考慮した上で，想定し得る事件・事故に適切かつ迅速に対応できるように準備する。そのためにはまず危機管理体制づくりが必要であり，地域の関係機関・団体との連携を図り，保護者や地域住民へ協力を求める。危機管理体制の中では役割分担を明らかにして，それに基づき学校独自の危機管理マニュアルを作成する。マニュアルを実効性あるものにするために，適宜訓練を行う。

③ 対応……事件・事故に即時対応する

　事件・事故発生時には迅速かつ適切に対応することが求められる。危機管理マニュアルに沿って，危機管理責任者である校長や副校長（教頭）を中心に遺漏なく対応する。子供たちや教職員の安全を確実に確保し，速やかに状況把握し，救急救命，被害の拡大の防止・軽減を図る。

④ 回復……事後の対応を行うとともに回復を図る

　事態が収拾した直後から，保護者及び関係者への連絡・説明を速やかに行い，教育再開の準備や事件・事故の再発防止対策を検討する。必要に応じて心のケアなどの対策を講じ，教育委員会はもちろん場合によっては CRT（危機対応チーム）のような学外組織の力を借りる必要がある。また，危機管理の過程全体を見直して，よりよい危機管理のための改善を図ることも大切である。

■引用・参考文献
1）文部科学省『学校の安全管理に関する取組事例集：学校への不審者侵入時の危機管理を中心に』2003 年 6 月
2）WHO, *Safety and safety promotion: conceptual and operational aspects*, 1998
3）渡邉正樹『健康教育ナビゲーター：健康教育の"今"がわかる（新版）』大修館書店，pp. 14-15, 2008 年
4）International Labour Office, *Encyclopaedia of Occupational Health and Safety*, 1999
5）渡邉正樹編著『学校安全と危機管理（改訂版）』大修館書店，pp. 6-7, 2013 年
6）渡邉正樹編『新編　学校の危機管理読本』教育開発研究所，pp. 10-13, 2008 年

〔渡邉　正樹〕

第2節 学校安全の意義

1 学校安全の意義，目標，構造

　安全な社会の実現は，全ての人々が生きる上で基本的かつ不可欠なことである。これは，子供たちや教職員からなる社会である学校においても同様である。

　学校安全の意義については，第一に，子供や教職員に対して，事故，災害の発生の防止，発生時の被害の最小化することがある。事故や災害は，被害者本人の心身のみならず，周囲の人々，社会にまで大きな衝撃を与えるものであり，回避されるべきである。第二には，安全を基盤として，学校に関わる様々な教育活動を充実させることがある。教育活動は，それ自体，困難に挑戦する，耐える，目標を達成する，課題を解決するなどの価値を有する。その実現に向けて，時に，安全が軽視されたり，安全と対立したりする。そのような場合でも，安全の優先順位を保つ必要がある。第三には，子供たちの安全に関する資質や能力を育成することがある。子供たちには，自他及び社会の現在，さらには将来の安全のために，資質や能力の育成が不可欠である。

　以上の意義を実現するため，学校安全は，「児童生徒等が，自他の生命尊重を基盤として，自ら安全に行動し，他の人や社会の安全に貢献できる資質や能力を育成するとともに，児童生徒等の安全を確保するための環境を整えること」をねらいとして[1]，実践されるものである。

　学校安全の活動は，安全教育と安全管理を両輪とし，両活動を円滑に進めるための組織活動を加えて構成される（図1）。

　安全教育は，子供たちが主体や外部環境に存在する様々な危険を制御して安全に行動することをめざして行われる。一方安全管理は，子供たちを取り巻く外部環境を安全に保つための活動である。ただし，安全教育，安全管理とも個人の努力だけでは実現できない。そのため，教職員が連携して，あるいは学校と家庭・地域・関連機関等が連携して進める。それが組織活動である[1]。

　安全教育のうち，体育科及び保健体育科等の教科における指導のねらいは，基礎的・基本的事項を系統的に理解し，思考力，判断力を高めることにより，安全に関する意思決定をできるようにするものであり，体育科及び保健体育科

図1　学校安全の構造[1]

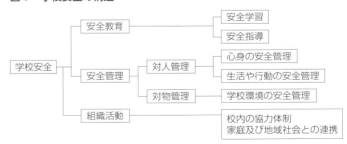

における保健の指導，社会科，理科，家庭科などの関連教科，総合的な学習の時間等で行われる[1]。一方安全に関する指導は，安全課題を取り上げ，実践的な能力や態度，望ましい安全習慣の形成をめざし，特別活動や道徳を中心に行われる。安全管理は，学校環境や行動の危険を発見，除去し，事故災害等発生時には，救急体制等により安全確保をめざす[1]。安全管理には，子供の心身状態の管理及び生活や行動の管理からなる対人管理，学校環境の管理である対物管理がある。

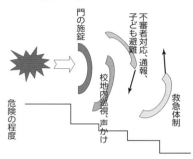

図2　多重の対策の有効性：対不審者侵入の場合[2]

　安全教育や安全管理の諸活動は，単独でも事故等の発生を防止したり傷害や被害を軽減したりする。しかしながら，様々な活動を重ねることにより，対策の多面性や多重性が実現し，全体として危険性をより大きく下げることになると考えられる（図2）。

　なお，以上の活動を実施する際には，危機管理の段階の視点も重要である。学校での危機管理には次の3段階がある[1]。

① 安全な環境を整備し，事件・事故の発生を未然に防ぐための事前の危機管理
② 事件・事故の発生時に適切かつ迅速に対処し，被害を最小限に抑えるための発生時の危機管理
③ 危機がいったん収まった後，心のケアや授業再開など通常の生活の再開を図るとともに，再発の防止を図る事後の危機管理

　例えば，安全管理においては，発生防止のための環境点検，発生時の救急体制の整備，事後の心のケアの体制整備など各段階に応じた対策が挙げられる。安全教育においても，防止のための指導，応急手当の意義や方法，PTSDや心のケアなど同様に考えられる。

2　学校安全の内容

　子供たちは様々な危機に囲まれており，時に，衝突，転倒，転落，窒息などの事故，さらに暴力，傷害などの事件に遭遇する危険性がある。学校安全は，事故や災害の防止を包括的に図るものである。もっとも，全ての危機を扱うわけではなく，以下のような領域を対象としている。

- 生活安全：日常生活において起こる事件，事故災害（犯罪被害を含む）
- 交通安全：交通場面における事故，災害
- 災害安全：地震，津波，火山活動，風水（雪）害などの自然災害，火災，原子力災害

　このうち生活安全は，子供たちの学校生活，校外学習，登下校等において起こる事件，事故災害が対象となるものであり，学校管理下の負傷，傷害，死亡，犯罪被害など多様な災害が含まれる。

　ところで，「学校管理下」とは，独立行政法人日本スポーツ振興センター法施行令第5

条（学校の管理下における災害の範囲）により定められた災害共済給付の対象となる災害の範囲である。具体的内容は，同センターの災害給付制度の「給付対象範囲」に示されている（**表1**）。

なお，子供たちが関わる危機には，上記の事故災害だけでなく，薬物乱用，自殺，いじめ，有害なネット情報など多々ある。このような危機に対しては，通常，学校安全ではなく，学校保健，生徒指導，情報教育などが対応する。学校安全とこれら領域との連携が大切である。

表1　学校の管理下となる範囲[3]

学校管理下となる場合	例
1. 学校が編成した教育課程に基づく授業を受けている場合（保育所等における保育中を含む。）	・各教科（科目），道徳，自立活動，総合的な学習の時間，幼稚園における保育中 ・特別活動中（児童・生徒・学生会活動，学級活動，ホームルーム，クラブ活動，儀式，学芸会，運動会，遠足，修学旅行，大掃除など）
2. 学校の教育計画に基づく課外指導を受けている場合	・部活動，林間学校，臨海学校，夏休みの水泳指導，生徒指導，進路指導など
3. 休憩時間に学校にある場合，その他校長の指示又は承認に基づいて学校にある場合	・始業前，業間休み，昼休み，放課後
4. 通常の経路及び方法により通学する場合（保育所等への登園・降園を含む。）	・登校（登園）中，下校（降園）中
5. 学校外で授業等が行われるとき，その場所，集合・解散場所と住居・寄宿舎との間の合理的な経路，方法による往復中	・鉄道の駅で集合，解散が行われる場合の駅と住居との間の往復中など
6. 学校の寄宿舎にあるとき	

■引用・参考文献
1）文部科学省『安全教育参考資料「生きる力」をはぐくむ学校での安全教育（改訂版）』2010年3月
2）北神正行，高橋香代編『学校組織マネジメントとスクールリーダー：スクールリーダー育成プログラム開発に向けて』学文社，2007年
3）独立行政法人日本スポーツ振興センター「学校の管理下となる範囲」
　http://www.jpnsport.go.jp/anzen/saigai/seido/tabid/84/Default.aspx（最終アクセス2018年1月）

［西岡　伸紀］

第15章 学校安全

第3節 児童生徒の事故及び災害被害

1 国内の全般的実態

　日本の人口動態統計等から，学校管理下に限定しないで実態を述べる。子供の不慮の事故は安全上の重大な課題である。その実態は，事故災害の結果（エンドポイント）である負傷，障害，死亡などの指標により様相が異なるが，ここでは，負傷，死亡を取り上げる。

　まず，1～19歳の10万人当たりの死亡数（= 死亡率）を，約5年の年齢段階ごとに示す[1]（図1）。死亡率は，女子よりも男子の方が高い。子供たちの全死亡の中で不慮の事故の占める割合は年齢段階により異なるものの，男子では15～30％程度，女子では9～19％程度であり（図2），割合は漸減傾向にあるが，低くはない。死因別の順位では，いずれの年齢段階においても，男子では1～2位，女子では2～4位であり，上位にある。

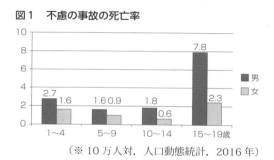

図1　不慮の事故の死亡率

（※10万人対，人口動態統計，2016年）

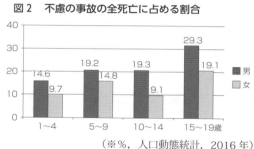

図2　不慮の事故の全死亡に占める割合

（※％，人口動態統計，2016年）

2 学校管理下の負傷，死亡

　学校管理下に限定すると，負傷，疾病については年間100万件以上発生している（表1）。負傷等の起こる場合は，校種により大きく異なる。小学校では休憩時間に多いが，中学校，高等学校では課外活動，とりわけ運動部活動において多い（図3）。また，いずれの校種

表1　学校管理下における負傷等（2017年度）

	負傷・疾病	障害(※1)	死亡(※2)
小学校	352,425	90	8
中学校	342,919	124	16
高等学校	265,571	161	25
幼稚園・保育所	58,318	14	3

（※1）治療時の件数を示す。
（※2）供花料の件数は含まない。
（独立行政法人日本スポーツ振興センター，2018年）

においても，各教科等が20%以上を占めているが，その大半は，体育，保健体育である。負傷の部位についても校種により異なり，小学校では頭部及び顔部が多く，合わせると1/3程度を占めるが，中学校，高等学校では減少し，代わりに，体幹部，下肢や上肢の割合が多くなる。多発する部位を踏まえて，応急手当を準備しておきたい（**図4**）。一方，死亡については，例年数十件発生している。その半数程度は突然死によるものである。

学校管理下の事故災害の特徴としては，まず，負傷の発生件数が多く，発生率が高いことがある。また，各教科等，課外活動などの教育活動，休憩時間に関わって起こることが多い。したがって，教育活動の内容や行い方，子供たちの周囲の環境などの安全性が肝要になる。

3　交通事故

図3　学校管理下の負傷等の発生する場合[2]

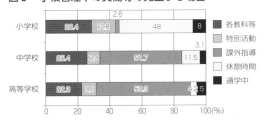

図4　学校管理下の負傷等の部位[2]

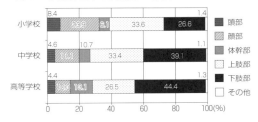

（独立行政法人日本スポーツ振興センター，2018 等）　　（独立行政法人日本スポーツ振興センター，2018 等）

交通事故は，国内の5～19歳の不慮の事故による死亡のうち最多である。特に15～19歳では，大半を占めている。学校管理下である通学中においても，交通事故は高い割合を占める。通学中の交通事故においては，小学生では歩行者事故が98%を占めるが，中学生では自転車事故が2/3程度を占め，その割合は歩行者の2倍弱に達する。高校生では，自転車がさらに増え，8割程度を占めた。

交通事故の特徴としては，発生に車両，環境，主体（子供）の要因が関係することである。発生場面は，歩行者，様々な車両などが行き交う交通場面であり，そこは，子供たちの通学路であったりする。交通場面では，子供たちの安全な行動に加え，環境整備や直接の危害を加える車両のコントロールが重要になる。

なお，自転車事故では，子供たちは，被害者だけでなく加害者にもなり得る。自転車は，交通事故の相手が車の場合は，ほぼ100%の割合で負傷又は死亡する（図

図5　自転車運転者の負傷・死亡の割合：相手別の加害被害の可能性[3]

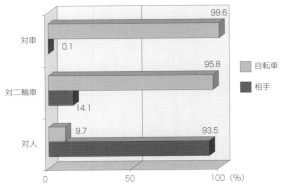

（交通事故総合分析センター，イタルダインフォメーション78, 2009年）

5)。一方，相手が人の場合には 10％程度しか負傷，死亡せず，相手である人は 90％以上負傷等する。自転車の危険性は，相手が人の場合に顕著に高まる。

4　犯罪被害

　犯罪被害については，警察庁が，刑法犯に係る子供の犯罪被害の全国統計を毎年公表している。2017（平成29）年までの推移を見ると，小学生，中学生，高校生いずれも最近10年間で半減している。また，犯罪被害は低年齢の子供が多いという印象があるかもしれないが，発生件数は，小中高と年齢段階とともに高くなっている[4]（図6）。被害の主な罪種は，いずれの年齢段階においても窃盗が圧倒的に多く，暴行，傷害，強制わいせつ等が続いた。発生場所は駐車（輪）場が最多であるが，それは，全体の9割近くを占める窃盗の発生場所が主に駐車（輪）場であることによる。窃盗以外で件数の多い暴行，傷害，強制わいせつなどの発生場所は道路上が多かった。

　学校管理下の犯罪被害については，2012（平成24）年度の災害共済給付統計の負傷では，発生件数は総数24件であり，小，中，高と校種が進むにつれ多くなった[5]。被害者の男女の割合は，いずれの校種もほとんど同じであり，加害者は不審者や見知らぬ者が大半であった。ただし，中学校男子では，同じ学校の生徒，他校生などによる暴力行為の方が多かった。発生の状況は，いずれの校種においても下校中が大半を占め，発生場所は道路がほとんどであったが，公園・遊園地も少数認められた。

　ところで，犯罪に関わっては，警察に届けられない件数が多数に上ると推測される。そのため届出以外の数値の把握が試みられている。例えば，関西地方のK市及び関東地方のT市において，児童に対して，小学校入学以降のヒヤリ・ハット経験が調査された[6,7]。図7は，その経験率をヒヤリ・ハットの内容別に示したもので，例えば「痴漢」の経験率は，K市 1.5％，T市 2.0％である。市によって割合は異なるが，両市とも，「追いかけ」が最多であった。さらに注目すべきは，いずれかの内容を経験した割合であり，小学校入学以降（1～6年間，平均3年間程度）で 15％あるいは 6％に上った。したがって，小学

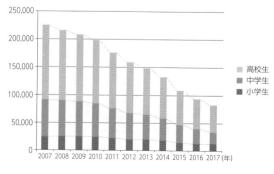

図6　小中高校生が被害者となる刑法犯の認知件数の推移

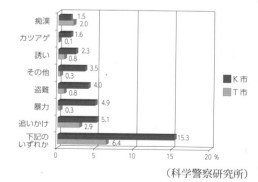

図7　K市，T市における小学生の入学以降のヒヤリハットの件数

（科学警察研究所）

生では，災害共済給付の負傷の発生率と請求は同程度である。

　犯罪被害については，道路，駐輪場などでの発生が多く，当然，通学路においても発生し得る。犯罪被害については，犯罪企図者が，ある被害者にねらいを定め，犯罪を実行し，かつ，逃走できる条件のもとで実行するものとされる。一方，学校への不審者侵入については，大きな被害につながり得るため，防止を重点化し，発生時には即座の対応が必要である。

　以上を踏まえると，犯罪被害の防止のためには，学校の玄関や校門等を施錠するなどして領域性を高めること，保護者や地域住民の見回りや挨拶等により監視性を高め，犯罪企図者の子供への接近を阻むこと，子供たちが危険な場所や状況を避けるため，また，発生時の対応のための知識，判断力，スキル等を習得したりすること，不審者侵入に対して学校が組織的な対応力を高めることなどが必要である。

5　自然災害

　自然災害には地震，風水害，火山災害，落雷，落雪，雪崩，それらの二次災害である津波，土砂崩れなど挙げられる。大規模な地震は人的，物的被害をもたらす。阪神・淡路大震災（1995（平成 7）年 1 月 17 日）では園児児童生徒 376 人，学生 112 人，教職員 41人が死亡した（同年 5 月 22 日現在）。東日本大震災（2011（平成 23）年 3 月 11 日）の死者数は，園児児童生徒 550 人，学生 55 人，教職員 36 人であった（2012（平成 24）年 1月 26 日現在）。巨大災害以外にも児童生徒等の死亡，障害等が発生しており，2005（平成17）年以降，学校管理下における死亡に関わる災害は，突風，増水，落雷，雪崩，落雪等，様々挙げられる[8]。気象災害については，当該地域の情報を得て適切に判断することが必要である。

■引用・参考文献

1 ）厚生労働統計協会『厚生の指標・増刊　国民衛生の動向　2018/2019 年版』2018 年
2 ）独立行政法人日本スポーツ振興センター学校安全部『学校の管理下の災害（平成 30 年版）平成 29 年度データ』2018 年
3 ）財団法人交通事故総合分析センター「特集　その自転車の乗り方では事故になります」『イタルダ・インフォメーション』No.78，2009 年
4 ）警察庁『平成 29 年の犯罪情勢』2018 年
5 ）独立行政法人日本スポーツ振興センター学校災害防止調査研究委員会『学校災害事故防止に関する調査研究：「通学中の事故の現状と事故防止の留意点」調査研究報告書』pp.52-61，2014 年
6 ）島田貴仁「子どもの犯罪被害実態と防犯対策を考える」『予防時報』vol.232，2008 年
7 ）原田豊「子どもの被害の測定と防犯活動の実証的基盤の確立」2012 年
　　http://www.anzen-kodomo.jp/pj_harada/index.html（最終アクセス 2014 年 8 月）
8 ）独立行政法人日本スポーツ振興センター学校安全 web「学校事故事例検索データベース」
　　https://www.jpnsport.go.jp/anzen/Default.aspx?TabId=822（最終アクセス 2019 年 1 月）

[西岡　伸紀]

第15章　学校安全

| 第4節 | 学校における安全管理と組織活動 |

1　安全管理

（1）　対物管理及び対人管理

　安全管理には，学校環境の管理である対物管理，及び心身状態，生活や行動の管理である対人管理がある。

　対物管理の中心的な活動は，校内の安全点検である。校内環境は，時間経過とともに，また，様々な活動の結果，あるいは改修や施設設備の更新，自然災害などにより変化し得る。安全点検は，学校保健安全法施行規則（第28条，第29条）にある通り，日常的に，また定期的に，あるいは臨時（学校行事前，自然災害発生時等）に，行われなければならない。点検箇所は多岐にわたる（**表1**）。これらの点検を，各学校のマニュアルや点検表に従って，教職員が役割分担やローテーションを決めて行う。また，点検は不備の箇所の発見により終わるものではない。不備の箇所は管理職に報告され，必要な事後措置を行うことまで求められる。

　対人管理には心身状態の管理，及び生活や行動の管理がある。心身状態の管理では，負傷や疾病の発生に関わる情緒や健康状態について，健康観察や健康相談などにより状態を把握したり，早期対応を図ったりする。また，生活や行動の管理では，ルールや物理的な規制などにより，危険な行動を抑制したり安全な行動を促したりする。

表1　安全点検の箇所や項目の例（一部）

○校舎内：教室，特別教室，廊下，階段，便所，屋上，校舎の出入り口，緊急用の備品・用具，校内外緊急連絡システム等
○校舎外：校庭，遊具，運動施設・用具，体育館，足洗い場，プール，駐車場・駐輪場，倉庫・部室，動物飼育施設，植栽等
○校地境界：校門，通用門，フェンス等
○教室のチェックポイント例：机・椅子，用具，壁・黒板・掲示物，床，窓，出入り口
○校舎内備品等のチェックポイント例：AED，消火器，防火扉，避難器具，刺又等

（2）　学校保健安全法及び学校安全計画

　2009（平成21）年より施行されている学校保健安全法は，学校保健及び学校安全について必要な事項を定めており，学校安全の推進に法的な根拠を与えている。同法における学校安全の概要は**表2**のとおりである[1]（詳細は巻末「資料」346～348頁を参照）。法では，総合的な学校安全計画の策定，計画中の指導や研修の位置付けの必要，危機管理マニュアル（危険等発生時対処要領）の作成と訓練，家庭，地域，関係機関等との連携の必要などが規定されている。

・286・

第4節 学校における安全管理と組織活動

　学校安全計画については，法的根拠によることにとどまらず，様々な危機に備えるためにも必要である。学校では多様な活動が行われるため，様々な事故が発生し，その中には予測が困難な場合もある。しかし，安全計画による日常的な安全教育，安全管理，組織活動が，その発生を潜在的にも防止したり，発生時の被害を軽減したりすると考えられる。また，学校安全計画により，それらの活動が相互に関連付けられ，実施時期も調整される。学校安全計画は，限られたマンパワーの下，協力や役割を分担して行うために，欠かせないものである。

表2　学校安全に関する改正の概要（文部科学省通知[1]より作成）

- ・設置者の責務：事故・災害の防止，発生時の適切な対処のため，学校の設置者は，施設・設備，管理体制の整備充実，必要な措置を講ずるよう努める。
- ・総合的な学校安全計画の策定と実施：施設・設備の安全点検，通学を含めた学校生活や日常生活における安全に関する指導等について計画を策定し，実施しなければならない。
- ・学校環境の安全確保：施設・設備に支障のある場合には，遅滞なく必要な措置を講じる。それが不可ならば，対策を講じることができない旨，設置者に申し出る。
- ・危険等発生時対処要領（「危機管理マニュアル」のこと）の作成等：危機管理マニュアルを作成し，校長が，教職員に周知，訓練等を行う。また，学校は，発生時に，子供や関係者の心身の健康回復の支援を行う。
- ・地域の関係機関等との連携：保護者，警察署，関係機関，安全に関わる団体，地域住民との連携に努める。

(3)　危機管理マニュアル

　学校安全計画に沿って安全対策を実施したとしても，事故災害は発生し得る。その際の危機管理のための必要事項や手順等を示したものが危機管理マニュアルである[2]。危機管理マニュアルはほとんどの学校で作成されているが，その実効性を高めるためには，役割や組織的な対応に対する教職員の理解，マニュアルに基づくシミュレーションや訓練が必要である。校内における緊急時の対応の原則や体制は次の通りである。校外の場合も同様である。

①　緊急時の対処方針
 1. 子供たちの安全確保，生命維持最優先
 2. 冷静で的確な判断と指示
 3. 適切な対処と迅速正確な連絡，通報

②　緊急時の対処の要点，対処の体制の一例（**図1**）
 - ・事前に，学校全体の救急及び緊急連絡体制を確立しておく。
 - ・その場に居合わせた教職員が一次救命処置，応急手当等を行う。
 - ・直ちに養護教諭や他の教職員の応援を求める。また，校長等に連絡する。
 - ・必要に応じて救急車等を手配する。
 - ・周囲の状況を整え，子供たちの動揺を抑える。

・287・

第15章 学校安全

図1 緊急時対応の体制[3]

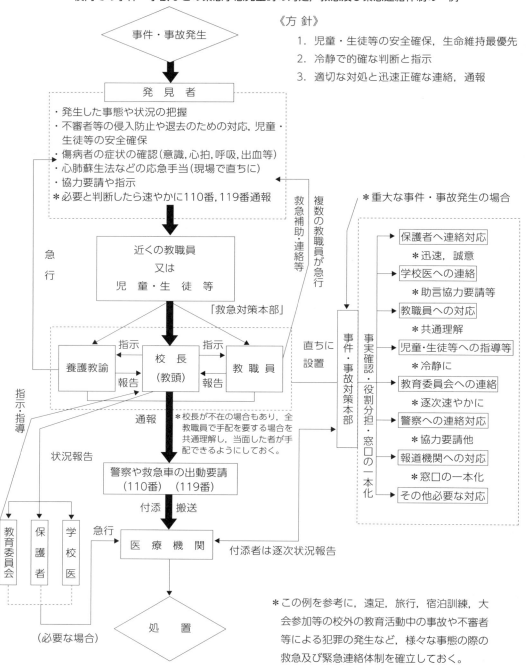

(文部科学省『安全教育参考資料「生きる力」をはぐくむ学校での安全教育』2001年)

- 保護者，学校医，教育委員会等へ連絡する。
- 事後措置として，保護者等との連絡・対応，教職員の共通理解，子供たちへの指導，PTA，警察，報道機関等への対応を行う。

(4) PDCA

　学校安全計画や危機管理マニュアルには評価，改善が必要になる（図2）。というのは，学校，地域，社会のリスク，物理的環境状態，社会的状況は変わり得るからである。例えば，近年重要視された安全課題は，不審者侵入，通学路の犯罪被害，転落，地震，津波，通学路の交通事故等推移している。また，学校保健安全法や生活安全条例の制定，様々な通知等により安全対策を追加，改正する必要も出てくる。

　安全対策の評価の指標は，事故災害の発生数や発生率に限らない。事故災害等の発生がない場合でも計画や実施が万全であるとは言えない。評価の指標としては，事故災害の発生数や発生率に加え，以下のように実施状況の評価も必要である。また，評価，改善には，各指標に関する情報やデータが欠かせない。

図2　学校安全におけるPDCA（文部科学省）[1]

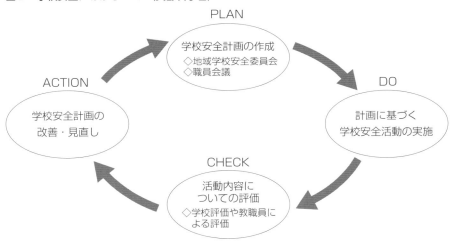

- 計画の事項の実施状況
- 計画の事項及び実施方法，実施時期
- 安全教育と安全管理の間の関連性，連携性

2　組織活動

　多様な事故災害が様々の場所で発生することからすれば，事故災害の防止は，特定の個人だけに求めるものではない。防止対策としては，3段階の危機管理を踏まえ，安全教育，安全管理を関連付けて取り組むべきである。学校が，多岐にわたる多面的な活動を行うには，危機や対策について関係者が共通理解し，連携して実施する必要がある。学校保健安全法においても，学校安全計画における職員研修の位置付け（第27条），保護者や地域の

第15章 学校安全

関係機関等との連携（第30条）の必要が記されている。

(1) 校内連携と研修

校内連携の目的には，学校管理下における事故災害の内容や発生時の状況，事故災害への防止や対応の方針や具体策，連携の仕方などを共通理解すること，対策を実施する個人や組織の対応力を高めることなどがある。そのため，校内研修では，各校の事故災害の発生状況，学校安全計画や危機管理マニュアルの解説，研修用DVDの活用，マニュアル等を用いた机上や実地のシミュレーション，訓練など，多様な内容や方法を用いたい。また，安全に関わる日常的な情報交換の機会として，研修会以外にも，職員会議や学年会などを積極的に利用する。

(2) 家庭，PTA，地域，関係機関等との連携

家庭と学校を結ぶ通学路及び校区を含む地域は，子供たちの日常活動の場である。また，各通学路によって，危険箇所や緊急避難先の場所などが異なり，安全上の個別性が高いと言える。地域についても，各々の安全上の課題や安全対策は同一とは言えず，ある特性を有している。保護者，地域住民は，そのような通学路や地域の特性をよく知っており，地域の安全の当事者と言える。また，警察，防災担当部局などは，専門性を持つ地域の組織である。したがって，学校が家庭，地域，関係機関等と連携することは極めて有効である。各連携先の特徴を以下に述べる。

家庭は，自宅周辺や通学路における固有の危険個所，緊急避難先等を把握する立場にあり，それらを踏まえて子供たちに指導する必要がある。また，地域の見守り活動に参加することや緊急避難先の役割を果たすことなどが期待される。

地域には，地域の安全な環境を整備し，安全・安心な地域社会を築いていく役割がある。また，子供たちの見守り活動，緊急避難先としての協力，学校での安全教育の支援などが期待される。具体的には，警察官OB等であるスクールガード・リーダーが連携の核となり，各学校を巡回し警備のポイント等を指導したり，見守り活動等行う学校安全ボランティア（スクールガード）の養成・研修などを行ったりしている。

なお，連携のためには，地域学校安全委員会を活用することが有用である。地域学校安全委員会は，学校が，PTA，地域のボランティア，自治会，警察などの関係機関と直接に意見交換する連絡会議である。連携が困難とされる現在，学校安全上の課題を明確にしたり，様々な組織が連携して解決に取り組んだりするための貴重な機会と言える。

■引用・参考文献

1）文部科学省スポーツ・青少年局長「学校保健法等の一部を改正する法律の公布について（通知）」2008年7月9日
2）文部科学省『学校への不審者侵入時の危機管理マニュアル』2003年
3）文部科学省『安全教育参考資料「生きる力」をはぐくむ学校での安全教育』2001年
4）文部科学省『安全教育参考資料「生きる力」をはぐくむ学校での安全教育（改訂版）』2010年

〔西岡　伸紀〕

第5節 学校における安全教育

第5節	学校における安全教育

1　子供たちの安全に関する発達

　表1では，小，中，高校生の安全に関する発達についてまとめた[1)2)]。小学校の低学年では幼児期の特徴が残るが，中・高学年では危険に対する判断や対処能力が身に付く。しかし，経験の少ないあるいは未知の場所や状況に対しては，十分な判断力を持てない。また，冒険心や仲間への同調心から危険を冒すことがある。さらに，教師や保護者の行動をよく見ており，それらをまねることもある。

　以上のことから，小学校期では，自他の生命尊重，約束や決まり事の遵守などを基本として，中学年以降では，危険の予測や回避の仕方，規範意識の向上，社会的ルールの遵守など多様な学習を実施する。ただし，未知の場所等での危険については，具体的に丁寧に指導する。また，周囲の大人等は，子供に影響を与える存在であることを自覚し，安全上よいモデルとなるよう心がける。

　中学期，高校期では，安全に関する能力は一層向上するが，関わる危険も拡大する。中学期には危険予測や意思決定に関する指導，理にかなった指導などが有効になる。また高校期では，物理的，社会的環境整備，安全上の弱者（子供，高齢者，障害のある人々など）の安全，安全に関する社会参加，幼少の子供たちのモデルとしての役割などの社会的視点からの指導が有効となる。

表1　子供たちの安全に関する発達と指導のポイント[1)2)]

1. **小学生**
　① 特　　徴
　　・安全指導に対して素直で積極的に取り組むことから，指導に最適な時期と言える。
　　・低学年では，認知の脱中心化や物事の因果関係の理解能力が高まるが，潜在的危険の判断力は不十分であり，特定の場面で学習したことの一般化が難しい。
　　・中，高学年では危険に対する判断や対処能力が身に付いてくる。しかし，未知であったり経験の少なかったりする場所や状況については危険予測や判断が難しい。
　　・冒険心や仲間への同調心から危険を冒すこともある。また，仲間との関係が強くなる。
　　・教師や保護者の行動をよく見ており，まねることがある。
　② 指導のポイント
　　・低学年では，潜在的危険や因果関係等により危険が生じる場面での丁寧な指導，実際的な場面での具体的題材による知識及び行動に関する指導が重要である。
　　・中学年では，未知の場所等の潜在的危険の丁寧な指導，自分たちの生活空間と安全・危険を関連付けた指導（安全マップづくりなど），周囲の大人が模範を示すことなどが重要である。
　　・高学年では，仲間の圧力への対処の指導などが重要である。

第15章　学校安全

2.　中学生
① 特　　徴
　・大人から「子供扱い」されることに反発し，背伸びして大人っぽい行動を顕示しようとする。慣習や道徳，社会規範に反発する者も出てくる。
　・身体的能力，心理社会的能力が高まり，基本的には，自分の生命を守る能力はさらに向上する。
　・論理的思考能力が発達するので，理にかなった教育が特に有効となる。
　・行動範囲が広がり，社会的活動が容易になる一方，関わる危険が拡大する。
　・仲間との関係がさらに強まり，仲間はずれにされることを恐れる傾向が見られる。
② 指導のポイント
　・自分が大切な存在であることを理解し，自他の生命を尊重する態度を育成する。
　・一方的な指示ではなく，規制を守ることの意義，安全な行動の理由，具体的な場面での危険予測，安全確保の方法などの理にかなった教育が有効である。
　・自己との関わりが意識されるような内容，題材とする。
　・危険に関する知識と安全行動の技能の習得に加え，動機，感情，コミュニケーション，責任，価値など，自己管理や社会生活全般の技能の習得の観点からも指導する。
　・仲間からの圧力への対処や防犯のための仲間との連携等に関する学習が必要である。
　・「大人になりつつある存在」であることを認め，教師や保護者が人生の先輩として大人になるために必要な知識，技能，心構え，責任などについて助言するような姿勢が有効である。

3.　高校生
① 特　　徴
　・大人への強い反発は沈静化し，自分らしい生き方を探索するようになる。その過程で，自分の興味，関心，利害などに傾きがちになることもある。
　・身体的能力，心理社会的能力がさらに高まり，自分の生命を守る能力は一層向上する。
　・通学，アルバイトの実施，携帯電話等の所持など行動や活動の範囲がさらに広がる。したがって，関わる危険が一層拡大する。
② 指導のポイント
　・社会貢献など，より大きな視点に立った生き方を促すことも必要である。地域における催しやボランティア活動に参加すること，幼児や小学生の観察学習の対象であり良いモデルとなることなどを促すことも重要である。
　・事故等の被害者だけでなく，加害者にならないための教育，社会の一員としての意識を促す教育も必要となる。

2　安全教育のねらいと指導内容

　安全教育のねらいは次のとおりである [2]。
　・日常生活における事件・事故災害や犯罪被害等の現状，原因及び防止方法について理解を深め，現在及び将来に直面する安全の課題に対して，的確な思考・判断に基づく適切な意思決定や行動選択ができるようにする。
　・日常生活の中に潜む様々な危険を予測し，自他の安全に配慮して安全な行動をとるとともに，自ら危険な環境を改善することができるようにする。
　・自他の生命を尊重し，安全で安心な社会づくりの重要性を認識して，学校，家庭及び地域社会の安全活動に進んで参加し，貢献できるようにする。
　そのうち，基礎的・基本的内容としては，事故災害の具体的内容や事例，原因としての

第5節 学校における安全教育

主体要因と環境要因，防止方法としての適切な行動や環境改善などがある。意思決定については，判断に迷うような状況（例えば，暗くなった場合の帰宅の仕方など）について，対応のための様々な選択肢を考え，選択肢のもたらす結果を予想し，選択肢の実行可能性や結果を評価して選択肢を選ぶ。その際，必要に応じて，意思決定に影響する要因（例えば，あせる気持ち，仲間からの圧力など）に適切に対処することも取り上げる。

危険予測では，日常生活，交通場面，自然災害などに関わり，具体的な状況や場面を用いて，状況，場面，行動などに潜在する危険（発生する可能性のある危険）を予測する。

個人や地域を守るための社会的活動や環境づくりについては，交通安全や防犯のための見守り，地域の防災活動，「子供110番の家」の設置，ガードレール，歩道，街灯などの整備，情報の配信システムの整備，安全のための法令の整備などが挙げられる。

3 学習指導要領における安全教育の内容及び活用できる資源

ここでは，小学校及び中学校の学習指導要領から，安全教育の知識・技能を中心に関わる内容を抜粋する（表2，表3）。

安全教育の実施は，体育科，保健体育科や特別活動に限定されない。小学校学習指導要領総則3では，「学校における体育・健康に関する指導は，児童の発達の段階を考慮して，学校の教育活動全体を通じて適切に行うものとする。特に，……安全に関する指導……については，体育科の時間はもとより，特別活動などにおいてもそれぞれの特質に応じて適切に行うよう努めることとする」とある。以上は，中学校学習指導要領でも同様である。

なお，小学校，中学校いずれにおいても，様々な教科において，場，器具や用具等に関わる安全が取り上げられている。また，小学校体育では「場の安全」「場や用具の安全」が，中学校保健体育では「健康・安全に気を配る」「健康・安全を確保する」ことが，繰り返されており，体育においても安全は重要な課題であることが分かる。また，理科では自然災害に関する基本的理解，中学校では災害の原因となる現象の理解がめざされている。社会では，小学校では地域社会における災害の防止，中学校では地域の自然災害に応じた防災対策等が取り上げられる。小学校特別の教科道徳では，「A 主として自分自身に関すること」の「節度，節制」の全学年段階において「安全に気を付ける」ことがある。

表2 各教科等における安全教育の内容（小学校）

体育科（保健領域）
(2) けがの防止について，課題を見付け，その解決を目指した活動を通して，次の事項を身に付けることができるよう指導する。 　ア けがの防止に関する次の事項を理解するとともに，けがなどの簡単な手当をすること。 　　(ア) 交通事故や身の回りの生活の危険が原因となって起こるけがの防止には，周囲の危険に気付くこと，的確な判断の下に安全に行動すること，環境を安全に整えることが必要であること。 　　(イ) けがなどの簡単な手当は，速やかに行う必要があること。

• 293 •

第15章　学校安全

社　会

〔3 年〕

(3)　地域の安全を守る働きについて，学習の問題を追究・解決する活動を通して，次の事項を身に付けることができるよう指導する。

　　ア　次のような知識及び技能を身に付けること。

　　　㋐　消防署や警察署などの関係機関は，地域の安全を守るために，相互に連携して緊急時に対処する体制をとっていることや，関係機関が地域の人々と協力して火災や事故などの防止に努めていることを理解すること。

　　　㋑　見学・調査したり地図などの資料で調べたりして，まとめること。

〔4 年〕

(3)　自然災害から人々を守る活動について，学習の問題を追究・解決する活動を通して，次の事項を身に付けることができるよう指導する。

　　ア　次のような知識及び技能を身に付けること。

　　　㋐　地域の関係機関や人々は，自然災害に対し，様々な協力をして対処してきたことや，今後想定される災害に対し，様々な備えをしていることを理解すること。

　　　㋑　聞き取り調査をしたり地図や年表などの資料で調べたりして，まとめること。

生　活

〔学校，家庭及び地域の生活に関する内容〕

(1)　学校生活に関わる活動を通して，学校の施設の様子や学校生活を支えている人々や友達，通学路の様子やその安全を守っている人々などについて考えることができ，学校での生活は様々な人や施設と関わっていることが分かり，楽しく安心して遊びや生活をしたり，安全な登下校をしたりしようとする。

(3)　地域に関わる活動を通して，地域の場所やそこで生活したり働いたりしている人々について考えることができ，自分たちの生活は様々な人や場所と関わっていることが分かり，それらに親しみや愛着をもち，適切に接したり安全に生活したりしようとする。

特別活動

〔学級活動〕

(2)　日常の生活や学習への適応と自己の成長及び健康安全

　　ウ　心身ともに健康で安全な生活態度の形成

　　　現在及び生涯にわたって心身の健康を保持増進することや，事件や事故，災害等から身を守り安全に行動すること。

〔学校行事〕

(3)　健康安全・体育的行事

　　心身の健全な発達や健康の保持増進，事件や事故，災害等から身を守る安全な行動や規律ある集団行動の体得，（略）に資するようにすること。

表3　各教科等における安全教育の内容（中学校）

保健体育科（保健分野）

(3)　傷害の防止について，課題を発見し，その解決を目指した活動を通して，次の事項を身に付けることができるよう指導する。

　　ア　傷害の防止について理解を深めるとともに，応急手当をすること。

　　　㋐　交通事故や自然災害などによる傷害は，人的要因や環境要因などが関わって発生すること。

　　　㋑　交通事故などに伴う傷害の多くは，安全な行動，環境の改善によって防止できること。

　　　㋒　自然災害に伴う傷害は，災害発生時だけでなく，二次災害によっても生じること。また，自然災害による傷害の多くは，災害に備えておくこと，安全に避難することによって防止できること。

・ **294** ・

第5節　学校における安全教育

㋑　応急手当を適切に行うことによって，傷害の悪化を防止することができること。また，心肺蘇生法などを行うこと。

特別活動
〔学級活動〕
(2)　日常の生活や学習への適応と自己の成長及び健康安全
　エ　心身ともに健康で安全な生活態度や習慣の形成
〔学校行事〕
(3)　健康安全・体育的行事
　略（小学校の記述と同一）

4　安全マップづくり

　安全マップづくりは，校内や地域の危険箇所，安全施設等を記載したものである。最近は，防犯だけでなく，交通安全，防災の視点を含めて作成されているように見受けられる。ただし，危険な場所や状況は防犯等の各視点によって異なることがあるので，それらを区別し整理する必要がある。また，危険な場所等を単に記憶するのではなく，危険である理由や根拠を考えさせたい。文部科学省『学校における防犯教室等実践事例集』の中から，複数の視点によるマップづくりを紹介する[3]（山形県鶴岡市立温海小学校の例）。

①　取組のねらい
・安全のための施設や設備，危険箇所等を親子一緒に歩いて調べることにより，登下校等の危険な情報を想定・実感しながら，安全な行動を親子で確認し合い，安全に対する意識を高める。
・マップを作成し，各家庭と地域及び関係機関に配布することにより，子供とその保護者，地域住民が安全施設，危険箇所等を理解し，自らの安全確保に活用するとともに，学校・家庭・地域が連携した安全な地域づくりに役立てる。

②　実施内容
　活動の主体はPTA生活育成部会である。マップの書き込み内容は以下の通りである。単に場所に注目するだけでなく，季節や状況も考慮していること，歩行者，自転車や自動車等の運転者などの複数の視点から見ていること，安全のための施設や明るい街づくりの事項も取り上げていることなど工夫されている。
・通学路として，また，一般の歩行者にとっても通行中に危ないと思われる所（施設・設備の不備や不足，落石，大雨，凍結，積雪等，季節や天候によって危険な場所等）
・子供が遊ぶときに心配される場所や事柄（子供だけでは危険な場所，遊び方によっては危険になる場所，河川の放水時に危険になる場所等）
・自転車走行中に危険と思われる場所
・自動車の運転者から見て危険と思われる場所
・自然災害などが起こったときの危険箇所

• 295 •

第15章 学校安全

・安全のための施設
・明るい街づくりに役立つ事柄（地域を美しく保つための設備や活動等）

5　家庭，地域，関連機関と連携した安全教育

　家庭は，見守り活動に加え，安全指導においても重要な役割を担う。通学路や自宅周辺の実態（危険箇所，緊急避難先等）を踏まえて，例えば次のような指導ができる。

・自宅周辺や通学路における危険な場所や緊急避難先を把握し，それを踏まえて通学の仕方や緊急時の行動の仕方を指導する。
・子供が1人になりがちな状況を把握し，そのような場合の防犯対策を話し合う。
・地域の防犯，防災，交通安全などの活動について確かめたり話し合ったりする。
・自分を大切にする気持ち（自尊感情等）を育てる。

　また，地域の人的資源や活動などは，安全教育の指導者や教材として，次のように活用できる[2]。

・学校での安全教育や訓練に，警察署・消防署等専門家の指導を活用する。
・地域にある安全に関する施設（防災館等）を教材として活用する。
・地域の地形・地質・過去の災害・環境等を教材として活用する。
・地域で安全を守る人々や団体の業務内容を調べたり，体験したりする。
・地域で開催される安全に関する行事に参加するなど，自らの安全を確保する能力や地域の人々との共助の精神を育てる。

■引用・参考文献
1）文部科学省『安全教育参考資料「生きる力」をはぐくむ学校での安全教育』2001年
2）文部科学省『安全教育参考資料「生きる力」をはぐくむ学校での安全教育（改訂版）』2010年
3）文部科学省『学校における防犯教室等実践事例集』2006年

[西岡　伸紀]

東日本大震災の経験から学ぶ学校安全（防災）上の教訓

東日本大震災は，約18,500人の死者・行方不明者を出し，うち幼稚園児から高校生までの児童生徒の死者・行方不明者は617名であった。全被災者に対する住民人口比と児童生徒被災者に対するその人口比とを比べると4分の1程度であったことから，学齢期にある子供たちは，多くが辛うじて学校にいた時間帯であったことで，かなりの命が守られたと言える。しかし大川小学校のように，児童108名中74名・教職員13名中10名が亡くなった学校もあり，学校防災上の課題は大きく，その点について検討してみることにする。

(1) ハード面の問題について

① **学校の立地条件**について：東日本大震災で，宮城県では沿岸部から4kmぐらいまで津波の浸水があり，ハザードマップでは浸水しないとされていた学校の65％に津波被災があった。また，沿岸部から近いだけではなく，河川に遡上してきた津波により被災した学校もあった。大川小学校は，海から約4km離れていたが，学校の近隣に北上川という大きな川があり，そこに遡上してきた津波との両方から被災した。また，大川小学校は，海抜1mの低地に学校があった。岩手県でも沿岸部の被災は大きかったものの，学校の被災や子供の人的被災が宮城県に比して少なかったのは，多くの学校が過去の津波経験から高台に建てられていたことが大きかった。

② **学校の近隣に高台があるか**：学校の立地が低平地で校舎が低階層の場合は，近隣に素早く避難できる高台（山手など）があるかどうか，そして，そこに階段や避難道が準備されていることが重要である。宮城県で高台に避難して子供を守った雄勝小学校，相川小学校，戸倉小学校など，津波情報を早くキャッチし，事前に把握していた山道を登って助かったのである。だが大川小学校では，裏山があったにもかかわらず避難階段や「けもの道」すらなく，教員のほとんどが裏山に登った経験がなく，倒木を恐れて避難しなかった。

③ **学校校舎の構造**（何階か，屋上はあるか）：郡部で沿岸部にある学校は比較的小規模校が多く，そうした校舎は2階建で屋上にも上れない造りになっていることが多い。宮城県で2階まで津波が来たある学校では，屋上に倉庫を造っていてそこに避難した子供たち数十名と教師が難を免れている。大川小学校は，2階建で屋上に上れる構造になってなかった。もし3階建か屋上に上れていれば難を免れたかもしれない。

(2) ソフト面の問題について

① **ハザードマップの問題**：東日本大震災では，「あの津波は想定外だった」とよく言われたが，宮城県で津波被災（浸水）のあった83校のうち54校（64.1％）がハザードマップでは津波が来ないことに

被災した大川小学校校舎（筆者撮影）

第15章　学校安全

なっていた。命を守る防災の観点からすると，マップはあくまで予測であり，安心材料にしてはならない。そのことで情報収集が甘くなり，避難が遅れたり，備えが不十分になってしまいがちである。

②　**各学校の防災マニュアルと避難訓練の問題**：3.11の震災前は，被災のあった地域の多くの学校でも防災マニュアルに津波を想定した対処（避難場所と方法，保護者への引渡し）は書かれていなかった。地震や火事，不審者等の対応は，かなりの高率で書かれ，訓練もしていたが，津波に関しては極めて不備であった。この点に関して，2年後に東南海地域の沿岸部の学校（小・中800校余り）を調査したが，やはり津波への対処は低かった。

③　**素早い情報収集の必要と保護者への引渡しの問題**：大きな地震が海底で生じると，津波が発生する可能性が大であるという常識を全ての教員が持ち，いち早く情報収集を行う必要がある。大地震時には電源がストップし，テレビやラジオからの情報が得られなくなること，電話も携帯も通じなくなることを想定し，その場合の対応策を考えておく必要がある。3.11時には，行政の防災無線も十分機能しなかった地域があったが，乾電池や手動式のラジオあるいは素早く自家用車のラジオやテレビから情報を得た学校があった。

そうした情報収集後，保護者への連絡や引渡しをどうするかについて明確にしておく必要がある。今回の大震災では，その点が不明確で「早く渡す」ことのみ意識していた学校では，地震と津波の合間に引渡しを行い，帰宅途中で津波に流されるという被災が100件以上生じた。学校が高台に避難できる場合は引き渡さず同行してもらうべきである。

④　**学校の指定避難場所の問題**：震災時学校が避難場所に指定されていた学校は，宮城県では小中ともに70％を超えていた。被災した学校でもかなりの学校が指定避難場所になっていた。宮城県内のある小学校では，体育館に住民や近隣の高齢者施設のお年寄りが避難してきて大きな被災に遭っている。体育館のギャラリー部分に避難できた者は助かったが，お年寄り等それが困難だった人が数名亡くなった。学校は公共施設であり収容力があるため指定されるのだが，低地にある場合は命を守る緊急避難場所としては適さないことが考慮されていなかった。何からの「避難」なのかを十分検討すべきである。

⑤　**学校・地域・行政の連携の課題**：学校だけで子供を守れるわけではない。学校には地域のセンター的機能はあるが，まずは子供の命を守り育む任務が一義的である。そのことを前提に，地域の組織と協議し，連携しなければならない。3.11では，その連携ができているところはうまく対処できたが，不十分な学校は被害が大きかった。東日本大震災は14時46分という時間帯に大地震があり，その約30分〜1時間後に大津波が襲来したのだが，登下校中とか朝夕・夜中，そして休日に自宅やその周辺等で発生した場合を考えると，学校と保護者が連携しての防災教育，地域の防災環境づくりが不可欠である。

■引用・参考文献
・数見隆生編著『子どものいのちは守られたのか』かもがわ出版，2011年
・数見隆生著『子どものいのちと向き合う学校防災』かもがわ出版，2015年

［数見　隆生］

第16章

応　急　手　当

学 習のポイント

1．傷病の発見後，重症度を判断し可及的早期に適切な応急手当を実施することは，病気やけがの悪化を防ぐために非常に重要である。
2．教師は，応急手当において，重症度を判定すること，傷病等の状況を記録すること，家庭に報告すること，組織的に対応すること，事後措置を行うことなどの取組を行うことが特に重要である。
3．急病の応急手当は，生命の危機に陥らないよう対応できる範囲を見極めた適切な処置が必要である。
4．けがの応急手当は，けがの程度を的確に判断して，その程度に応じた処置を行うことで，けがの悪化と二次的な障害の発生を防ぎ，完治を早めるために必要である。
5．教職員は，心肺蘇生（胸骨圧迫と人工呼吸）及び AED の正しい実施方法と手順を理解し，必要な場合に実践できる能力を身に付けておく必要がある。

演 習 課 題

A．児童生徒の急病又はけがに遭遇したときに，教師の取組として重要なことを挙げなさい。
B．自分が生活している中で，AED が設置されている場所を確認してみよう。

第16章　応急手当

第1節　応急手当の意義と教師の心構え

　応急手当とは，急病又は外傷を受けたときに行う，さしあたっての手当である[1]。総務省消防庁が示す応急手当の基礎知識によると，応急手当には心肺蘇生や気道異物除去などの救命処置と，種々の傷病に対するその他の応急手当がある[2]。学校現場における児童生徒の平成29年度の負傷・疾病の発生件数は，災害共済給付が行われたものだけでも103万882件を数える[3]。申請されない軽微な負傷・疾病を含めると，学校現場では非常に多くの傷病が発生している。傷病の多くは軽症であるが，心肺停止や重度の熱中症，頭頸部外傷，アナフィラキシーショックなど命に関わる傷病も発生しているため，現場で教職員が児童生徒の傷病の重症度を判断し早期に適切な応急手当を実施することは，救命並びに傷病の悪化を防ぐために非常に重要である。さらに，教員は授業を通して児童生徒に応急手当を教えなければならない。本項では応急手当について，教員が押さえておくべき事項を示す。

1　応急手当の意義

(1)　学校保健の領域構造における意義

　応急手当の意義を学校保健の領域構造から考える。学校保健は「保健管理」と「保健教育」の2本の柱から成り立っている。そしてこれらの2本柱を円滑に進めるための「保健組織活動」がある（第1章第1節参照）。応急手当は，保健管理の中では生活管理に位置付けられる。一方，保健教育の中では学習指導要領において，小学校5，6年から応急手当について取り扱うことが示され，中学校，高等学校でも繰り返し取り扱う。保健組織活動の中では，傷病発生時に医療機関へ専門的診察を依頼する前の初期対応として応急手当は位置付けられる。

(2)　学校安全のリスクマネジメントにおける意義

　学校安全を系統立てて進めるにはリスクマネジメントの考え方が必要不可欠である。広義のリスクマネジメントは大きく分けて事前管理，渦中管理，事後管理の3つのフェーズに分けられるが，応急処置は渦中管理に位置付けられる。

(3)　学校保健安全法における意義

　第7条において，「学校には，健康診断，健康相談，保健指導，救急処置その他の保健に関する措置を行うため，保健室を設けるものとする。」と定められている。保健室は学校における応急手当の多くを実施する場所であるが，ここで注意しなければならないのは，保健室は医療機関ではないため治療はできないということである。日本の法律上は，医師が患者の症状に対して行う行為のみを治療という。したがって保健室はあくまで傷病発生時の初期対応と重症度の判断を行う場ととらえるべきである。しかし実際の現場では，家

庭の事情で自宅から病院へ通院が困難な場合もある。創傷処置などで通院できず，自宅での対応も不十分な事例には，初期対応だけでなく継続して養護教諭が関わらざるを得ない。この際に養護教諭が創傷の状態を診て悪化していないかどうかを判断するのは，医療行為の「診断」と見なされる可能性があるので注意が必要である。保健室は病院や診療所ではないことを常に念頭に置きながら，学校医や通院先の医療機関，また保護者への連絡を怠らないようにすることが重要である。

　また第10条において，「救急処置を行うに当たっては，必要に応じて当該学校の所在する地域の医療機関その他の関係機関との連携を図るよう努めるものとする」と記されている。学校現場では応急手当だけで済む傷病が多いが，応急手当だけで済まない傷病の場合は，学校医や地域医療機関など医療機関との連携が必要不可欠である。

　さらに第29条では，「学校においては，児童生徒等の安全の確保を図るため，当該学校の実情に応じて，危険等発生時において当該学校の職員がとるべき措置の具体的内容及び手順を定めた対処要領（次項において「危険等発生時対処要領」という。）を作成するものとする。」と記されている。心肺蘇生を含めた応急処置時のマニュアルが必要不可欠である。

(4)　学習指導要領における意義

　新学習指導要領では全ての教科を①知識及び技能，②思考力，判断力，表現力等，③学びに向かう力，人間性等の三つの柱で再整理することが示されているが，これは応急手当の部分にも当てはまる。応急手当は，各学校種で次のように取り上げられている。

　小学校では第5学年及び第6学年のG保健の(2)けがの防止において，「けがの防止について理解するとともに，けがなどの簡単な手当をすること」と記されているが，①知識及び技能ではけがの種類と程度の把握，大人の応援を呼ぶこと，自らできる処置として洗浄，圧迫止血，冷却が記され，さらにすり傷や鼻出血，やけどや打撲などを取り上げて実習を行うことを勧めている[4]。また②思考力，判断力，表現力等では人の行動や環境，けがの手当の仕方などから，けがや症状の悪化の防止に関わる課題を見付けること，自分の経験の振り返りや学習したことの活用により，適切な手当ての方法を考え，選択することを勧めている。

　中学校では保健分野の(3)傷害の防止において，「応急手当を適切に行うことによって傷害の悪化を防止することができること。また心肺蘇生法などを行うこと」と記されている[5]。旧学習指導要領における表記「応急手当には心肺蘇生等があること」に比べて一歩踏み込んでいる点が注目される。新学習指導要領では，中学校の段階で応急手当が傷害の悪化を防止できることを理解することが必要であること，包帯法やAED（自動体外式除細動器）の使用を含む心肺蘇生法などの応急手当ができるようにすることが必要であることが明示されている。①知識及び技能では，傷害を受けた人の反応の確認等状況の把握，周囲の人への連絡，傷害に応じた手当が基本であり，迅速かつ適切な手当は傷害の悪化を防止できることを理解できるようにすることと，応急手当の方法として止血や患部の保護や

第16章　応急手当

固定を取り上げ理解できるようにすること，心肺停止時の対応として気道確保，人工呼吸，胸骨圧迫，AED使用の心肺蘇生法を取り上げ，理解できるようにすること，必要に応じて医師や医療機関などへの連絡を行うことについても触れるようにすることが記されている。また応急手当の実際として，胸骨圧迫，AED使用などの心肺蘇生法，包帯法や止血法としての直接圧迫法などを取り上げ，実習を行うことが勧められている。②思考力，判断力，表現力等では傷害に応じた適切な応急手当について，習得した知識や技能を傷害の状態に合わせて活用し，傷害の悪化を防止する方法を見いだすことと記されている。

　高等学校では，保健の内容(2)安全な社会生活において，「適切な応急手当は，傷害や疾病の悪化を軽減できること。応急手当には，正しい手順や方法があること。また，応急手当は，傷害や疾病によって身体が時間の経過とともに損なわれていく場合があることから，速やかに行う必要があること。心肺蘇生法などの応急手当を適切に行うこと」と記されている[6]。旧学習指導要領からの大きな変更点は，これまでは(1)現代社会と健康の中に含められていたものが，安全な社会づくりと共に内容(2)安全な社会生活として引き上げられたことである。①知識及び技能については，応急手当の意義では傷病の悪化に加えて傷病者の苦痛緩和の理解，自他の生命・身体を守り不慮の事故災害へ対応できる社会をつくるという観点，救急体制の適切な利用について記され，日常的な応急手当では実習を通じての各種方法の理解，心肺蘇生法では実習を通じての各種方法の理解と，中学の内容に加えて複数人数での対応の重要性，胸骨圧迫を優先すること，「体育」における水泳などとの関連を図り指導効果を高めるよう配慮することが記されている。

2　教師としての取組──特に管理的な視点から──

(1)　実効性のある緊急時対応マニュアルの作成

　緊急時に現場で慌てないために，実施事項や役割分担を箇条書きにしてパウチしたカードを作成し，紐で首からぶら下げマジックを一緒に紐につけておくと，応急処置を実施するときに漏れがなくなる。

(2)　状態の把握と適切な判断

　最も重要なのは傷病者の状態の把握と適切な判断である。すぐに救急搬送を要請するべきか，救急車を呼ばなくとも病院受診をするべきか，あるいは保健室で経過をみるべきか，傷病者の様子を継続して観察しながら適切な判断をする必要がある。

(3)　記録の重要性

　5W1H（When－いつ発生したか，Who－誰が［ケガの場合は児童生徒単独か，相手がいるか，下痢や嘔吐など病気の場合は単独か複数か］，Where－どこで発生したか，Why－なぜ［原因は何］か，What－何を［どの部位か］，How－どんな状態か）に沿って記録する。予めフォーマットを作っておくと漏れ落ちがない。また応急処置の内容も時系列で記載しておく必要がある。これは応急処置後の病院受診時に，学校現場でどこまで処置がなされたのかという情

• 302 •

報を医師から聞かれたときに役に立つ。また保護者からの問い合わせがあったときに丁寧な説明が可能になる。さらに重症事例などでは事例の振り返りを行い，PDCA サイクルで次のケースにより適切な対応を行う上でも貴重な情報になる。

(4) 保護者への報告

保護者への報告も上記の 5W1H に沿って行うと漏れがない。特に首から上のケガについては，小さなケガでも必ず保護者に報告した方がよい。経過観察が必要である傷病については，できるだけ速やかに保護者へ連絡するべきである。

(5) 病院搬送時の注意

病院受診が必要な場合は救急車要請の必要性について，救急車を要請しない場合は病院までの交通手段について，学校管理職，保健主事，担任と連携する必要がある。重症度が高い場合は，病院受診時に詳細な病状を説明することができる養護教諭が児童生徒に付き添うことが望ましい。ただし養護教諭が付き添う際には，留守中の保健室対応についてバックアップ体制を整えておく必要がある。

(6) 事後措置

病院搬送が必要な場合，保護者が病院に到着するまでは教員が児童生徒に付き添う必要があり，保護者に引き継いだ後もその後の経過についてその日のうちに保護者へ電話で確認し，翌日もフォローアップする必要がある。翌日，児童生徒が登校した際には本人の様子を確認するよう心がける。最後に，学校の管理下における災害に対しては，独立行政法人日本スポーツ振興センターが災害共済給付を行っている。本制度にはほとんどの児童生徒が加入しているが，加入状況を確かめた上で給付申請の案内を行う必要がある。

■引用・参考文献
1 ）新村出『広辞苑 第六版』岩波書店，2008 年
2 ）総務省消防庁／生活密着情報／応急手当について／「応急手当の基礎知識」
　　http://www.fdma.go.jp/html/life/pdf/oukyu1_kaitei4.pdf
3 ）日本スポーツ振興センター「学校の管理下の災害［平成 30 年版］」2018 年
4 ）文部科学省『小学校学習指導要領（平成 29 年告示）解説　体育編』東洋館出版社，2018 年
5 ）文部科学省『中学校学習指導要領（平成 29 年告示）解説　保健体育編』東山書房，2018 年
6 ）文部科学省『高等学校学習指導要領（平成 30 年告示）解説　保健体育編』東山書房，2019 年

[笠次　良爾]

第16章 応急手当

第2節 急病の応急手当

1 保健教育における急病の応急手当

　中学校学習指導要領における応急手当について，単元「傷害の防止」において「応急手当による傷害の悪化防止」及び「心肺蘇生法等」が挙げられている。また熱中症については，単元「健康と環境」における「身体の適応能力を超えた環境の健康への影響」の内容の１つとしてとらえられる。今回の中学校学習指導要領の改訂により単元の配列が見直され「傷害の防止」と「健康と環境」の順序が入れ替わった。このことにより，熱中症の手当と予防が連続して学習できる配置となったことは「カリキュラム・マネジメント」の充実を示した今改訂の趣旨からも注目に値する。また，「保健分野の技能については，ストレスへの対処や心肺蘇生法等の応急手当を取り上げ，個人生活における健康・安全に関する基本的な技能を身に付けるよう指導することが重要である。その際，実習を取り入れ，それらの意義や手順，及び課題の解決など，該当する知識や思考力，判断力，表現力等との関連を図ることに留意する必要がある」と記されている。

　また高等学校学習指導要領の改訂の要点においても「個人及び社会生活における健康課題を解決することを重視する観点から，（中略）心肺蘇生法等の応急手当の技能に関する内容等を充実すること」と示され，保健教育における応急手当の技能に関する内容が新たに位置付けられた。高等学校では中学校において主に「傷害」に対する応急手当が中心であったのに対し「疾病」が加わるとともに内容が「応急手当の意義」「日常的な応急手当」「心肺蘇生法」で構成されており，特に応急手当の意義として，「自他の生命や身体を守り，不慮の事故災害に対応できる社会をつくるには，一人一人が適切な連絡・通報や運搬も含む応急手当の手順や方法を身に付けるとともに，自ら進んで行う態度が必要である」ことが理解できるようになることを求めており，具体的な応急手当の技能が記されている。また上述の応急手当に関する知識及び技能に対応する思考力，判断力，表現力等の例示として「応急手当について，習得した知識や技能を事故や災害で生じる傷害や疾病に関連付けて，悪化防止のための適切な方法に応用すること」と示し，急病に対しては重症化予防のための知識及び技能，思考力，判断力，表現力等を身に付けることをねらいとしている。以上のように保健教育における急病の応急手当は疾病としては主に熱中症を扱いながら，連絡・通報・運搬等の応急手当を社会の一員の役割として率先して行う態度面にまで求めている。

2 保健管理における急病の応急手当

　2009（平成21）年施行の学校保健安全法第７条において「学校には，健康診断，健康

相談，保健指導（健康に関する指導），救急処置その他の保健に関する措置を行うため，保健室を設けるものとする。」とされ，養護教諭が行う処置に対し「救急処置」という用語が使われている。また，「応急処置」は救急隊員が行う行為，「応急手当」は一般市民が行う行為ともされているが，ここでは養護教諭が行うもの，教諭等が行うもの，児童生徒が行うものを区別せず，全て応急手当として扱う。なお，急病の応急手当において必ず頭に入れておきたいのは，医師法第17条「非医師の医業禁止」である。ここには「医師でなければ，医業をなしてはならない」とある。医業とは，通常医師が行う診察，診断，治療等を指す言葉である。例えば，「これは骨折だ」と言うことや「肺炎にかかっている」といった診断を，医師免許を持たない教職員が行ってはならないのである[3]。すなわち，急病の応急手当において，教職員にできることは，「傷害や病気を最小限にとどめて苦痛を軽減し，精神的不安を除去する」[1]ことである。

　急病はまさしく急に起こる病気であり，突然直面するものであるが，直面してから直ぐに応急手当ができるようにするための準備や環境整備が重要となってくる。特に学校内における急病に対しては，養護教諭を中心としながら，急病を発症する可能性がある児童生徒の把握がされ，急病を発症した際の対応手順が定められている。保健調査票には入学時以降の既往症，アレルギー疾患等が記録されており，学校生活管理指導表と合わせて記録・管理されている。また心臓病調査票では心疾患を突然発症する可能性がある児童生徒が把握できるようになっている。これらを元に急病が発生した際に速やかに応急手当を行うことができるような環境整備が各学校でなされている。また，養護教諭が不在の場合における対応についても各学校で定められている。例えば，アナフィラキシーショックへの対応としては，エピペン®は基本的に児童生徒が所持し，自ら注射を打つようになるが，小学校低学年の児童などの場合は，エピペン®を児童の保護者から預かり学校管理下で保管し，緊急の際に教師が対象児童に注射する場合があることから，その使用に関しても養護教諭のみならず教職員全員が使用法を熟知する必要がある。

3　急病の種類

　急病は一般に病的で異常な症状が急に現れる状態である。このような症状に対して，学校が対処すべき範囲は，次の3つに分けることができる。

(1)　重篤で緊急を要する症状

　これは医師又は救急隊員が到着するまでに救命処置を行わなければならない急病である。いわゆる生命徴候であるバイタルサイン（Vital Signs）の確認をし，危険と判断した状況である。特に，「大出血」「呼吸停止」「意識障害」「気道閉塞」「心停止」「ひどい熱傷」「中毒」については，時間的に余裕がなく，「発見したものが手当をしないと生命に関わる」[1]ことを把握しておきたい。

第16章　応急手当

(2)　保護者への引渡し又は医療機関へ連れて行く症状

これは(1)に比べて時間的に余裕があり，詳しい観察ができる症状である。例えば，「骨折」「捻挫」といった外科系の症状や，内科系の「発熱」といった症状が主になる。それぞれ，重要なのは，悪化防止や苦痛緩和の処置を施すことである。

(3)　保健室で対応できる症状

これは一般医療の対象とならない程度の軽微な症状である。例えば，「頭痛」や「腹痛」等である。これらの対応には，保健室の養護教諭が主として当たる。

4　急病の応急手当の方法

ここでは急病の具体例を挙げ，その対処についてまとめた。

(1)　心臓発作

症状：痛みが胸又は胃の上のほうから始まり，顔色が蒼白になり，唇，皮膚，爪の色が青黒くなり（チアノーゼ），冷や汗をかくといった症状が見られる。

対処：一刻も早く医療機関の診療を受ける必要があるため，救命処置の準備と同時に，救急移送の手配をする必要がある。意識があるときには，椅子に座った姿勢をとらせ，深呼吸をさせる。同時に，保温を心がけ，飲食物を与えることはしないようにすべきである。

(2)　脳卒中

症状：突然のしびれや脱力，会話不能，歩行困難，めまい，足のもつれといった症状が見られる。また，顔色は赤くなる場合もあれば，青くなる場合もある。

対処：救急移送の手配をまず行い，ネクタイやベルト等を緩め，呼吸が楽にできるようにする。意識障害を起こし倒れて身体を打つことが多いことから，頭を打っていないかよく調べる必要がある。

(3)　呼吸困難

症状：重いぜん息発作では，ぜいぜいと音をさせて呼吸困難になり，顔色は蒼白，冷や汗が出るといった症状が見られる。咳，痰，胸痛，ぜん鳴，チアノーゼ等を伴うことがある。

対処：救急移送の手配を行う。ぜん息の場合，前屈みに寄りかかって座らせ，口をすぼめて吹くようにして息をさせると楽になる。

(4)　腹　　痛

症状：激しい腹痛を訴え，顔面が蒼白になり，額に冷や汗を浮かべ，脈は弱く早くなる。また，腹部は張ったように固く，嘔吐を伴う症状が見られることもある。

対処：ベルト等を緩め，本人が最も楽な体位に寝かせ，腹を温めたり，冷やしたりしないようにする。飲食物は与えず，できるだけ早く医療機関に搬送する。またその際に，医師に嘔吐物を見せたり，腹痛の部位，程度，時間について報告できるように記録したりしておく。

• **306** •

第2節 急病の応急手当

(5) 痙攣（てんかん発作）

症状：突然意識がなくなり，全身がかたく突っ張り，がたがたと痙攣する。呼吸困難になり，顔色が青くなり，チアノーゼが見られる。白目をむいたり，尿，便を失禁したりする場合もある。嘔吐や泡を口から出すこともある。

対処：できるだけ急いで医療機関に搬送できるよう手配する。その上で，衣服のボタンを外すなど，楽に呼吸ができるよう気道確保に努める。発作時に割箸や手袋等を口に入れることは，舌や口内を傷つけたり呼吸困難を起こしたりするため行わない。また，名前を呼んだり，ゆり動かして刺激を加えたり，無理に押さえつけたりせず，保温を行うようにする。そして，どんな痙攣であったか，いつ，どんなところで，どのようなことがあった後に，どれくらい続いたかなど，情報を記録し医師に伝えるよう心がける。

(6) 熱中症

身体が放散する熱よりも高温や高湿の環境にさらされたり，あるいは体内での熱生産が放散を上回る場合に起こる全身の熱障害の総称である。症状により，熱痙攣，熱疲労，熱射病に分けられる。

熱痙攣の症状：高温の環境下での運動をしたときなどに起こる。痛みを伴った筋肉の痙攣が起き，吐き気や腹痛を伴う。大量の発汗があるにもかかわらず水分を補給しないときや塩分を含まない水分を補給したときに起こる。体温の上昇はわずかである。

熱疲労の症状：蒸し暑いところで，疲労感，頭痛，めまい，吐き気などの症状がある。大量の発汗による脱水症状であり，汗の蒸発による熱放散が不足するため，体温上昇が起こる。

熱射病の症状：高温の環境下で体温調整機能が働かなくなった状態である。異常な体温の上昇と興奮，錯乱，痙攣，昏睡などの意識障害が特徴である。発汗が停止し，皮膚が乾燥し，死亡することもある。

対処：風通しのよいところや冷房の効いた場所に運び，衣服を楽にする。顔面蒼白のときは，足を高くする。意識があり，吐き気がないようであれば，薄い食塩水など，塩分を含んだ水分を補給する。皮膚の体温が高いときには，皮膚を水でぬらし，あおいで風を送り体温を下げる。皮膚が冷たく震えがあるときには，乾いたタオルでマッサージを行う。症状がおさまらないときは，早く医師の診察を受ける。また，熱射病の症状がある場合は，急いで医療機関に搬送する。

(7) アナフィラキシーショック

アナフィラキシーとは，ある特定の物質に対する重篤なアレルギー反応であり，その反応が起きた状況をアナフィラキシーショックと呼ぶ。アレルギー反応は，じんましんのような軽い症状から，このアナフィラキシーショックのような命に関わる症状まである。

症状：アレルギー反応により，じんましんなどの皮膚症状，腹痛や嘔吐等の消化器症状，呼吸器症状等が複数同時かつ急激に出現した状況をアナフィラキシーと呼び，血圧が低下

• **307** •

第16章　応急手当

して意識の低下や脱力を来すような場合をアナフィラキシーショックと呼び，生命に関わる重篤な状態である。

対処：重症度によって異なるが，意識障害などが見られる重症の場合には，足を頭よりも高く上げた体位で寝かせ，嘔吐に備えて顔を横向きにする。また，エピペン®（事前に医師が処方したアドレナリンの充塡された自己注射薬）を携行している場合には，早期に注射する。バイタルに配慮しつつ，皮膚の色などを確認しながら医療機関への搬送を急ぐと同時に，急激に進行することを考慮し，症状出現後は片時も目を離してはならない[4]。

(8)　気管支ぜん息

症状：気管支の広範な狭窄を伴う呼吸困難を主症状とする発作であり，発作時は，ヒューヒュー，ゼーゼーという音を発して呼吸する。チアノーゼや意識低下を伴う場合は重症である。

対処：軽度の発作であれば，横たわるよりも座らせるほうが楽に呼吸できるため，カバンなど物を前に置いて寄りかかり座らせ呼吸させる。水を飲ませてもよい。痰を出させるように背中を軽く叩くこともよい。軽快後も一人にせず容態を観察し，重症の場合は，常用薬の投与や医療機関への搬送を急ぐ[5]。

(9)　ノロウイルスによる食中毒

症状：ノロウイルスは，小型球形ウイルスやノーウォーク様ウイルスという名で呼ばれてきたウイルスであり，2002（平成14）年から世界で統一されて用いられている。ノロウイルスは嘔吐，下痢などの急性胃腸炎症状を起こすが，多くは自然に回復する。特に冬期にかけて食品等を介した経口感染によって発症することが多くなる。感染者の糞便・吐物及びこれらに直接又は間接的に汚染された物品類や加熱不十分な調理での飲食，感染者によって汚染された食品等が感染源となりヒトからヒトへ飛沫感染や埃とともに周辺に散らばるような塵埃感染により発生する[6]。

対処：ノロウイルスの増殖を抑える薬剤はなく，整腸剤や痛み止め等の対症療法のみである。また，感染拡大を防ぐため，感染者より排泄された糞便や吐瀉物は，感染性のあるものとして注意して扱う必要がある。低濃度の塩素や60℃程度の熱には抵抗性を示すため，消毒には細心の注意を払う必要がある[6]。

(10)　窒息・異物誤嚥

症状：苦しそう，顔色が悪い，息ができないがあれば窒息している可能性が高い。気道に何かが詰まり，呼吸ができないことを周りに伝える方法として，親指と人差し指でのどをつかむ仕草があり，これを「チョークサイン」と呼ぶ。

対処：反応がある場合は，窒息と判断したらすぐに119番通報をする。もし強い咳ができるならば，自然に排出させる可能性があるので咳を促す。咳ができないあるいは声が出ないときは完全閉塞をしている可能性が高く，「腹部突き上げ法」「背部叩打法」の異物除去法を実施する。反応がない場合は，心停止に対する心肺蘇生の手順を開始する。異物

除去法を実施した場合は腹部の内臓を痛める可能性があるので，救急隊にその旨を伝える。また，異物が除去できた場合でも，すみやかに医師の診察を受けるようにする[7]。

■引用・参考文献
1 ）郷木義子編集代表『職場・学校・家庭・地域での応急手当マニュアル：小さなケガから救急救命処置まで』ふくろう出版，pp.173-174，2014 年
2 ）学校保健・安全実務研究会編著『新訂版　学校保健実務必携（第 3 次改訂版）』第一法規，pp.526-527，2014 年
3 ）日本赤十字社『赤十字救急法講習教本（6 版）』日赤サービス，pp.16-109，2008 年
4 ）公益財団法人日本学校保健会『学校保健の動向（平成 25 年度版）』pp.1-5，2013 年
5 ）山本公弘『イラストでわかる応急処置のすべて：緊急度とその対応（改訂）』東山書房，p.28，p.82，2010 年
6 ）国立感染症研究所 HP
　　http://www.nih.go.jp/niid/ja/kansennohanashi/452-norovirus-intro.html（最終アクセス 2014 年 8 月）
7 ）曽根悦子，田中秀治「小児の窒息や異物誤嚥時の対応」『健康教室』第 66 巻 13 号，pp.70-71，2015 年

[宮本　賢作]

第16章 応急手当

第3節　けがの応急手当

1　けがの応急手当

　学校内外での教育活動時においては，けがは頻発しているが（図1），その多くは軽いすりきず（擦過傷・挫創）や打撲であり，簡単な手当にて完治するものが多い。しかし，時として重度の傷害が発生することもあり，普段から傷害発生の防止教育や応急手当に関する授業が必要であり，同時に傷害発生時の応急手当の体制を整えておくことが重要となる。

　最も重要なけがの応急手当は，止血と化膿防止である。出血は生命に直接関係するものであって，外傷への手当の中でも止血は最優先される。

　骨折する児童生徒も挫傷・打撲に次いで多く見られるが（図1），この場合，介助者の不注意からそれを重症化させてしまう例がよくある。例えば，固定もせずに運搬したり不用意に歩かせたりして，不完全骨折を完全骨折にしてしまったり，骨端で血管や神経などに傷をつけたりすることもあり注意が必要である。

　いずれにしても，けがには，きずの危険性のほか，内臓の損傷など広い範囲の障害を伴う場合もあるため，必要な場合は速やかに医療機関に搬送することを心がけたい。また，応急手当を施す際には，治療が長引くことや細菌に感染し重篤な状態に陥らないよう，正しい応急手当が回復に影響する重要な行為ということを理解しておきたい。

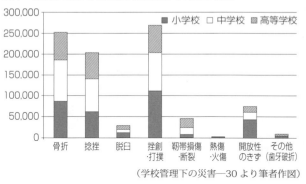

図1　負傷における種類別発生件数（平成29年度）

（学校管理下の災害―30 より筆者作図）

(1)　開放性のきず（擦過傷，切創，刺創，挫創）の手当

① 擦過傷（すりきず）を受けたときは，きず口の清潔に努め，消毒をする。きず口に付着している土砂などを，水道水や逆性石鹸液等で丁寧に洗い落とし，消毒液を塗ってその上をガーゼで覆い，包帯などで巻く。

② 切創（きりきず）を受けたときは，小さな切創ならば擦過傷の手当と同じである。深い切創のときは，止血を行い病院で診察を受ける。

③ 刺創（さしきず）を受けたときは，まず，きずの中に異物が残っていないかどうかを確かめる。また，中にたまっているものを，なるべく押し出すようにしておく。

④ 挫創でも，擦過傷と同様によく洗う。出血がひどいときは，圧迫包帯をして直ちに医

師の治療を受ける。

(2) 非開放性のきず（打撲傷，骨折，脱臼，捻挫，軽度の熱傷，凍傷）の手当

① 四肢に受けた軽い打撲は，冷たい水や氷嚢などで患部を冷やす。頭部の打撲による，意識障害，頭痛，嘔吐や痙攣がある場合は，すぐに医療機関に搬送する。自分の名前や生年月日が言えない場合は，意識障害である。腹部の打撲による激しい腹痛，嘔吐，腹部のふくらみ（消化管破裂や血管損傷，臓器損傷などの可能性）がある場合は，すぐに医療機関に搬送する。首や背中を強く打撲した場合，手足の麻痺などが見られるときは，神経が傷ついているおそれもあるので，なるべく動かさずに救急車を呼ぶ。呼吸を調べ，呼吸がなければ気道を確保し，人工呼吸を行う。

② 強い疼痛のあるとき，変形が見られるとき，急に腫れてくるとき，患部を触って激痛のあるとき，皮膚が変色しているときは，骨折を疑ってみる必要がある。また，ショック（顔色が青くなり，皮膚が冷たく，冷や汗をかき，呼吸や脈派が弱まる）を起こしている場合も，骨折の可能性がある。骨折の応急手当は，骨折した部分を動かさないようにすることが大切であり，そえ木（副木）を当てたり包帯などで骨折部位を固定したりする。

③ 脱臼したときは，骨折と同じように，そえ木や包帯で患部を固定して早めに医師の治療を受ける。脱臼と骨折は見分けがつきにくいときがあるので無理に動かさない。

④ 捻挫をしたときは，安静にして，冷却を行う。状態によっては，患部への圧迫包帯，また患部を挙上させる。

⑤ 軽い熱傷（やけど）で範囲が狭い（体の表面積の20％以下）場合，患部を冷たい水や水道水で痛みが取れるまで冷やす。蛇口から勢いよく出ている水道水などを直接当てることがないようにする。水ぶくれができても，つぶさず，薬などはつけずに医師の診察を受ける。

⑥ 耳や鼻，手，足の指などの局所の凍傷は，ぬるめのお湯（20℃ぐらい）から徐々に温かいお湯（40℃ぐらい）に患部をつける。雪や布で患部をこすったり，急激に熱いお湯につけたりするのはよくない。

(3) 応急手当で用いる止血法

人間の全血液量は，体重1kgあたり約80mlであり，一時にその1／3以上失うと生命に危険がある。開放性のきずの場合には，迅速な止血が必要になる。きず口からの出血の応急止血法には，直接圧迫止血法，間接圧迫止血法がある。

① 直接圧迫止血法

直接圧迫止血法は，開放されたきず口にガーゼやハンカチを直接強く押さえてしばらく圧迫する。包帯を少々強めに巻きつけても止血できる。止血を行うのが，他者の場合，ビニール袋やビニール手袋で直接血液に触れないようにし，感染予防に努めたい（図2）。

② 間接圧迫止血法

関節圧迫止血法は，きず口よりも心臓に近い方の動脈を指で強く押さえて止血する方法

第16章 応急手当

である。関節圧迫止血法は，直接圧迫止血法をすぐに行えない場合に，応急的に行うものであり，ガーゼやハンカチの準備ができ直接圧迫止血法を始めた場合，間接圧迫止血法は中止する。

③ その他の出血の手当

鼻血が出たときは，座位姿勢をとり，軽く下を向き，鼻を強くつまむ（**図3**）。額から鼻の部分を冷やし，衣類やネクタイなどをゆるめる。ガーゼを切って鼻孔に詰め鼻を強くつまむ。

頭のけがで，耳，鼻，口から血液や体液の流出がある場合には，頭蓋骨の底部を骨折した症状が考えられるため，直ちに病院へ搬送する。

強い圧迫や打撲で外部にきずがなくても，内部で出血を起こしている状態を「内出血」という。上肢，下肢の打撲や捻挫による皮下出血の場合，患部の高揚，冷却，安静が必要になる。頭，胸，腹の打撲で内出血が疑われる場合は飲食物を与えず，全身の保温と安静が大切である。

図2　直接圧迫止血法

図3　鼻血の手当

■引用・参考文献
・独立行政法人日本スポーツ振興センター「学校管理下の災害〔平成30年版〕」2018年
・日本赤十字社『赤十字救急法講習教本（13版）』日赤サービス，2017年
・日本赤十字社『救急法の基礎知識～備えあれば安心～』日赤サービス，2017年

〔内田　匡輔〕

第4節 心肺蘇生法

1 救急蘇生法とは

けが人や急病人（以下「傷病者」という）が発生し，突然，呼吸停止，心停止又はこれに近い状態になったときに，心臓マッサージのための「胸骨圧迫」と「人工呼吸」を行うことを，「心肺蘇生（Cardiopulmonary Resuscitation:CPR）」と言う。

「心肺蘇生」「AED（Automated External Defibrillator：自動体外式除細動器）」を用いた「除細動」，異物で窒息をきたした場合の対処方法である「気道異物除去」の3つを合わせて「心肺蘇生法」と言う。心肺蘇生法は，「一次救命処置（Basic Life Support：BLS）」と呼ばれることもある。傷病者に意識障害がみられたり，心肺の機能が停止している場合やそれに近い状態に陥っているときに，呼吸や循環を補助し傷病者を救命するための方法である。

また，状況に応じた止血や固定などの手当を「応急手当」と言い，心肺蘇生法と応急手当を合わせて「救急蘇生法」と呼ぶ（図1）。救急蘇生法は，AEDと感染防護具以外には特殊な資材を用いなくても行うことができる。また，特別な資格がなくても私たち一般市民の誰もが行うことができる。

一般市民の行う一次救命処置に対し，医師や救急隊員による高度な救命医療を二次救命処置（advanced life support:ALS）と言う。

図1 救急蘇生法の内容

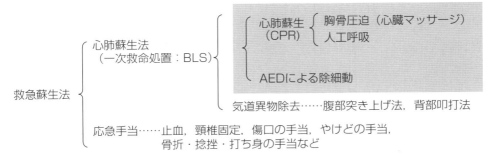

急変した傷病者を救命し，社会復帰させるために必要となる行動を「救命の連鎖」と言う（図2）。救命の連鎖は，「心停止の予防」「心停止の早期認識と通報」「一次救命処置」，そして，「二次救命処置と心拍再開後の集中治療」という，4つの輪が素速く正しくつながることで，救命効果を発揮する。そして，最初の3つの輪は，そのときに現場にいた人によって行われることが期待される。その場に居合わせた人が心肺蘇生を行った場合，行わなかった場合に比べて生存率が高くなる（図3）。また，救急隊が到着する前に一般市民がAEDによって除細動を行ったほうが，救急隊が到着してから除細動を行った場合

第16章　応急手当

図2　救命の連鎖[1)]

図3　救命の可能性と時間経過[1)]

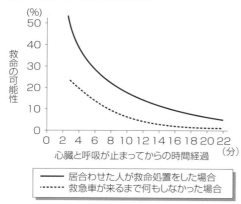

図4　電気ショックを救急隊が行った場合と市民が行った場合の1か月後社会復帰率[1)]

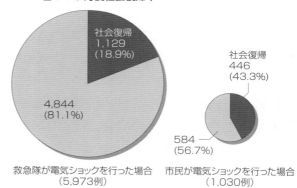

よりも，生存率や社会復帰率が高いことが分かっている（**図4**）。

このため，多くの一般市民へ救急蘇生法の基礎知識が普及し，実践できるようにすることは，非常に重要であると考えることができる。

2017（平成29）年，2018（平成30）年にそれぞれ公示された学習指導要領において，心肺蘇生法に関する部分は，保健体育の中で次のように扱われている。

1　中学校

㋐　（中略）心肺停止に陥った人に遭遇した時の手当としては，気道確保，人工呼吸，胸骨圧迫，AED（自動体外式除細動器）使用の心肺蘇生法を取り上げ，理解できるようにする。

　その際，必要に応じて医師や医療機関などへの連絡を行うことについても触れるようにする。

㋑　応急手当の実際

　胸骨圧迫，AED（自動体外式除細動器）使用などの心肺蘇生法，包帯法や止血法としての直接圧迫法などを取り上げ，実習を通して応急手当ができるようにする。

2　高等学校

㋒　心肺蘇生法

　心肺停止状態においては，急速に回復の可能性が失われつつあり，速やかな気道確保，人工呼吸，胸骨圧迫，AED（自動体外式除細動器）の使用などが必要であること，及び方法や手順について，実習を通して理解し，AEDなどを用いて心肺蘇生法ができるようにする。

　その際，複数人数で対処することがより有効であること，胸骨圧迫を優先することについて触れるようにする。

なお，指導にあたっては，呼吸器系及び循環器系の機能については，必要に応じ関連づけて扱う程度とする。
また，「体育」における水泳などとの関連を図り，指導の効果を高めるよう配慮するものとする。

2　心肺蘇生とAEDによる除細動

本節では，心肺蘇生法（一次救命処置）のうち，心肺蘇生（胸骨圧迫，人工呼吸）とAEDによる除細動について扱う。指導に当たる際のポイントとして，①安全の確認，②反応（意識）の確認，③119番通報・AED依頼，④呼吸の確認，⑤胸骨圧迫，⑥人工呼吸（技術と意思がある場合のみ），⑦AED装着が挙げられる。

(1)　安全の確認

図5は，救急蘇生法のうち心肺蘇生法を行う際の手順を示したものである。

傷病者を発見したら，まず周囲の安全を確認する。なぜなら，一酸化炭素中毒や車の往来が激しい場所で発生した事故のように，周囲の状況が傷病者だけでなく救助者にとっても危険な場合があるからである。救助者が新たな傷病者となることは絶対に避けなければならない。

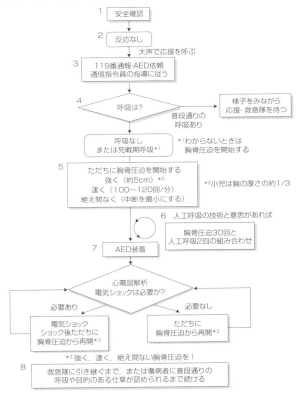

図5　主に市民が行う一次救命処置の手順[2]

(2)　反応（意識）の確認

安全が確認できたら，傷病者の反応を確認する。反応を確認することは，傷病者に心肺蘇生法を実施するかどうかの判断の指標となるため，重要である。

傷病者に近づき，「大丈夫ですか」「もしもし」などと声をかけたり，肩を軽くたたく（図6）。呼びかけに対して，応答や目的を持った仕草があるなどの反応があるかどうかについて観察する。

反応がなければ，周囲の人に救助を求める。

図6　反応を確認する[1]

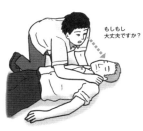

(3)　119番通報・AED依頼

次に，119番通報とAEDの手配を依頼する。その際は，通報担当・AED手配の担当を指名し具体的に依頼するのが望ましい。

119番通報の際は，落ち着いて，できるだけ正確な場所と傷

病者の状態を伝えることが求められる。また、電話を通じてAEDの手配や心肺蘇生の指導などを指示してくれる場合もあるので、その場合は落ち着いて従うようにするとよい。

自分一人しかおらず、まわりの人の助けが期待できない状況の場合は、救助者本人がまず119番通報とAEDの手配をしてから、心肺蘇生法を行う。

（4） 呼吸の確認

次に、普段通りの呼吸があるかどうか確認をする（図7）。心臓が止まると呼吸も止まるが、突然の心停止直後にはしゃくり上げるような途切れ途切れの呼吸がみられることがある。それは、「死戦期呼吸」と呼ばれ、普段通りの呼吸をしていないと判断する必要がある。呼吸の確認は、傷病者の胸や腹部の動きの観察を約10秒間行う。

呼吸の確認で、死戦期呼吸をしていたり呼吸が弱いなど、普段通りでない場合は、心停止かもしくはそれに限りなく近い状態と判断し、ただちに胸骨圧迫を開始する。普段通りの呼吸かどうかが分からない場合も、胸骨圧迫を開始する。

反応はないが普段通りの呼吸がある場合は、気道を確保し、呼吸の観察を行いながら応援や救急隊の到着を待つ。その間も、普段通りの呼吸が確認できなくなった時点でただちに胸骨圧迫を開始する。

傷病者に嘔吐や吐血など、気道を塞いでしまう症状が見られる場合や、通報などで救助者が1人でやむを得ずその場を離れる場合には、回復体位にする（図8）。

（5） 胸骨圧迫

胸骨圧迫は、心臓部（胸骨）への律動的な圧迫を反復して行うことで物理的に血液を循環させる方法である。効果的な蘇生を行うために、できるだけ早い段階で、効果的な胸骨圧迫が絶え間なく行われることが重要である。

図7　普段通りの呼吸があるかどうかを観察[1)]

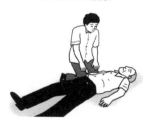

図8　回復体位[1)]

〈実施方法〉

① まず圧迫部位を確認する（図9）。救助者は、傷病者の胸の位置にひざまずく。圧迫部位は、胸の真ん中（左右・上下の真ん中、実際には、胸骨の下半分）を目安にする。

② 圧迫部位が確認できたら、胸骨圧迫を行う。圧迫部位からずれないように、手のひらの手首に近い位置（手掌基部）を置き、もう一方の手のひらを重ねて手を組む（図10）。胸骨圧迫を行う際は、図11のように肘を伸ばし救助者の両肩が圧迫部位の真上に位置するような体勢を取る。肘を伸ばしたままの姿勢で上半身の体重が垂直に圧迫部位にかかるよう圧迫する。手のひらは圧迫部位から離さない。また、両手の指が肋骨を強く圧迫しないよう注意する。圧迫をゆるめるときは、胸がもとの高さに戻るまで完全に力を抜く。

③ 圧迫は，胸骨が少なくとも5cm沈む強さで1分間に100回～120回の速さで行う。ほかに交代できる人がいる場合は，1～2分を目安に交代をする。
④ 胸骨圧迫と人工呼吸を組み合わせて行うことができる場合は，30回：2回で実施し，二次救命処置が開始されるまでの間，繰り返し行う。

(6) 人工呼吸

人工呼吸の技術を身に付けていて，人工呼吸を行う意思がある場合は，胸骨圧迫に人工呼吸を組み合わせて救助を行う。

人工呼吸の方法には，「口対口人工呼吸」がある。口対口人工呼吸は，救助者の呼気を傷病者に確実に傷病者に直接送り込むことができるため，効果的な方法である（図13）。

人工呼吸を行う際は，フェイスマスクやフェイスシールドのような感染防護具を用いることが望ましい。可能性が非常に低いとはいえ，人工呼吸によって結核や肝炎などの感染が起こることがあるからである。

感染防護具がない場合や，人工呼吸がうまくできない場合，自信がない場合，人工呼吸がためらわれる場合などは，人工呼吸は省略して胸骨圧迫のみを行う。

〈実施方法〉
① 救助者は傷病者の頭部側方にひざまずき，気道を確保する。気道確保の方法は，図13のような「頭部後屈あご先挙上法（あご先挙上法）」が一般的である。
② 吹き込んだ息が傷病者の鼻から漏れないように，前頭部に当てている手の親指と人差し指で傷病者の鼻翼をつまんで鼻孔をふさぐ。
③ 救助者の口を大きく開いて傷病者の口を覆って密着させる。空気が漏れないように注

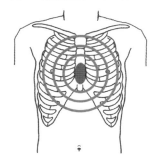

図9 胸骨圧迫の圧迫部位[1)]

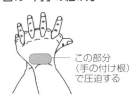

図10 両手の組み方[4)]

図11 胸骨圧迫の方法[1)]

意しながら約1秒間で傷病者の気道内にゆっくりと呼気を吹き込む。吹き込む量は、吹き込んだ呼気で傷病者の胸が上がるのが見て分かる程度を目安とする。救助者は、適切な人工呼吸ができているか、傷病者の胸の動きを観察しながら行う。

図12　口対口人工呼吸[1]

④　傷病者の呼気は、救助者の口を離すことで自動的に行われる。救助者は、口を離したときに傷病者の呼気が行われ胸が沈むのを観察する。

⑤　同じ方法で人工呼吸を2回行う。

　胸骨圧迫30回と人工呼吸2回を交互に行う心肺蘇生は、通常1人で行う。救助者が2人以上いる場合は、1人が心肺蘇生を行い、あとは119番通報やAEDの手配をするのが望ましい。また、疲弊したら交代しながら行う。

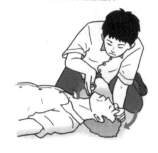

図13　頭部後屈あご先挙上法による気道確保[1]

　心肺蘇生は、二次救命処置が開始されるまで（医師や救急隊員に引き継ぐまで）続ける。また、傷病者が動き出したり正常な呼吸が再開した場合は、心肺蘇生を中止し、回復体位にして傷病者の様子を観察しながら救急隊の到着を待つ。

(7)　AED装着

　AEDは、反応がない、正常な呼吸がない傷病者に使用する。心電図を解析し、必要に応じて心臓に電気ショックを与えることができる。近年は、公共の施設や学校、駅など一般に広く普及している。通常、人目につきやすい場所に設置されていることが多い。緊急事態に備えて、身近な場所のどこにAEDが設置してあるかについて、あらかじめ確認しておくとよい。

〈実施方法〉

①　AEDが到着したら、操作しやすいように傷病者の頭の近くに置く（図14）。

②　AEDの電源を入れる。電源ボタンを押すタイプと、ふたを開けると電源が入るタイプがある。電源を入れたら、音声メッセージや点滅ランプに従って操作をする。

③　傷病者の肌に直接電極パッドを貼る。電極パッドは、傷病者の肌に密着させる。電極パッドは1対になっているので、1枚を右胸の上、もう1枚を左脇腹に貼り付ける。貼り付け位置は、電極パッドや袋にイラストで描かれているので、参考にするとよい（図15）。

④　電極パッドが正しく貼られると，AEDは自動的に心電図の解析を始める。音声メッセージの指示が流れるが，解析中はいったん心肺蘇生を中断し，傷病者に触れないようにする。

⑤　心電図の解析によって，電気ショックが必要な場合は，電気ショックを行うよう音声メッセージの指示が出る。電気ショックを行う際は，周囲の人に傷病者に触れないよう声をかけ，誰も触れていないことを確認してから，ショックボタンを押し電気ショックを行う。電気ショックの後は，すぐに胸骨圧迫から心肺蘇生を再開する。

⑥　心肺蘇生を再開して2分後に，AEDは再び自動的に心電図の解析を始める。AEDからの指示にしたがって，傷病者から手を離す。以後，2分おきに，心肺蘇生とAEDの手順をくりかえす。これらは，救急隊に傷病者を引き継ぐまで繰り返し続ける。また，救急隊に引き継ぐ際は，電極パッドは剥がさず，電源も入れたままにしておく。

〈AEDを使用する際の注意〉

①　傷病者の胸がぬれている場合，乾いた布などで胸を拭いてから電極パッドを貼り付ける。

②　電極パッドを貼り付ける位置に湿布薬などの貼り薬がある場合は，剥がして薬剤を拭き取ってから電極パッドを貼り付ける。貼り薬の上から電極パッドを貼ると，電気ショックの効果が弱まったり，貼り付け位置にやけどを引き起こすことがあるため注意する。

③　電極パッドの貼り付け位置付近に硬いこぶのような盛り上がりがある場合，皮膚の下に心臓ペースメーカーや除細動器を埋め込んでいると判断できる。その場合，電極パッドは盛り上がりから離れた位置に貼り付ける。

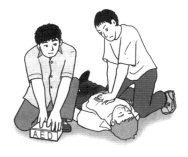
図14　AEDを置く位置[1)]

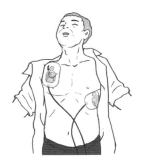
図15　電極パッドの貼り方[1)]

■引用・参考文献

1) 日本救急医療財団心肺蘇生法委員会監修『改訂5版 救急蘇生法の指針2015（市民用・解説編）』へるす出版，2016年
2) 一般社団法人日本蘇生協議会監修『JRC蘇生ガイドライン2015』医学書院，2016年
3) 日本救急医療財団心肺蘇生法委員会監修『改訂5版 救急蘇生法の指針2015（医療従事者用）』へるす出版，2016年
4) 応急手当指導者標準テキスト改訂委員会編集『応急手当指導者標準テキスト　ガイドライン2015対応』東京法令，2016年

［小泉　綾］

補　章

保健を専攻する学生のために

学 習のポイント

1. 研究課題は，自分の問題意識等から先行研究をレビューしたり，仮説を立てて吟味したりすることを通して設定する必要がある。
2. 調査票の作成においては，調査する内容についての質問項目と回答形式を適切に決める必要がある。また，回答者の倫理面への配慮も重要である。
3. 質問紙調査などによって得られたデータについては，その数量的な情報の性質を考慮した上で，適切な検定手法を選択しなければならない。
4. 教員採用試験は，教師としての資質や能力を審査するための試験であり，教師として必要な考え方や知識等とともに，実践的な能力が求められている。
5. 教師は，教師としての倫理を持って児童生徒の教育に当たることが不可欠である。

演 習 課 題

A. 学校保健に関する文献について，関連学会・学会誌あるいは検索データベースを用いて，具体的に探してみよう。
B. 学校保健に関する調査の具体的なテーマを決めて，調査票の質問文を作成し，吟味してみよう。

補 章 保健を専攻する学生のために

| 第1節 | 卒業論文・修士論文の作成の基本 |

1 研究課題の設定

研究は，研究課題を設定することから始まる。すなわち，どのような課題の解決に向けて何を明らかにするのかを明確にすることが，まず必要となる。

その際，自分の興味や問題意識を大切にして研究課題を設定することが望まれるが，自分の問題意識がそのまま研究課題になるわけではない。その点において，自分の興味・関心や疑問を中心にまとめる単なるレポートとは大きく異なる。

研究は，真理を探究し，新しい知見の発見に向けた活動である。したがって，問題意識を科学的に研究可能な課題へと転化することが求められる。そこに，研究課題を設定することの意義と難しさがある。

（1） 先行研究をレビューする

自分の問題意識に関わる先行研究の文献を収集し，これまでに，何が，どのような方法で，どこまで明らかにされているのか，課題として何が残されているのか，などについて把握する。そして，先行研究で蓄積された知見を踏まえて，自分の研究課題について創造的に，独創的に練り上げることが望まれる。この作業は，適切な研究課題を設定するためには不可欠で，重要なプロセスである。

なお，学校保健に関する先行文献は，保健学，教育学，心理学等の様々な関連学会・学会誌から収集することができるが，主要関連学会・学会誌としては，日本学校保健学会『学校保健研究』，日本公衆衛生学会『日本公衆衛生雑誌』，日本健康教育学会『日本健康教育学会誌』等がある。また，文献の検索データベースとしては，CiNii（全分野：和文誌），医学中央雑誌（医学分野：和文誌），ERIC（教育学分野：英文誌），PubMed（医学分野：英文誌），PsycINFO（心理学分野：英文誌）等がある。

（2） 仮説を吟味する

仮説を立てる際に重要となることは，①その仮説は理論的に矛盾していないか，②研究として明らかにする意味があるものか，③実際に研究・検討できるものであるか，について思考し，吟味することである。仮説が不鮮明であったり，明らかにする意味のないものであったりすれば，研究の価値は全くなくなってしまう。指導教員などからの指導・助言はもちろん，ゼミでの研究仲間からの意見や議論等を通して，仮説を吟味し改善を重ねて，慎重に決定することが大切である。

（3） 主要な用語の定義を明確にしておく

研究課題に関わる主要な用語については，それをどのような概念としてとらえるかについて，明確に定義付けしておく必要がある。その際，主観的に又は感覚的に規定すること

• 322 •

第1節 卒業論文・修士論文の作成の基本

は避けなければならない。まずは，先行研究における定義を用いることが基本である。

最後に，研究課題を設定するには，かなりの時間と努力を要することを肝に銘じておきたい。しばしば，研究課題の設定は研究全体の知的作業のうち半分以上を占めると言われるほどである。このような創造的な作業は，時間の余裕をもって早い時期に意欲的に取り掛かり，粘り強く向き合っていくことが必要である。

■引用・参考文献
・野津有司「調査・研究・プレゼンテーションの進め方」采女智津江編『新養護概説』少年写真新聞社，pp.60-63，2007 年
・下山晴彦ほか編『心理学の実践的研究法を学ぶ』新曜社，2008 年
・高橋順一ほか編『人間科学研究法ハンドブック』ナカニシヤ出版，1998 年
・大澤功ほか「連載　学校保健の研究力を高める（第 1 回～第 10 回）」『学校保健研究』第 54 巻～第 55 巻，2012 ～ 2014 年

[野津　有司]

2　調査票の作成

学校保健に関する研究の方法には様々あるが，質問紙を用いた調査法が比較的多く見られる。ここでは，そうした質問紙法において用いられる調査票の作成について，手順に沿いながら以下に述べる。

(1)　質問項目を決める

まずは，設定した研究課題に基づいて，調査する内容を明確にする必要がある。そして，調査内容を測定するための適切な質問項目を決めていくことになる。

例えば，学校保健の分野においては，調査内容として人間の「心理的傾向」[1]を測定する場合がしばしば見られる。例えば，セルフエスティーム，自己効力感，抑うつ等である。こうした心理的特性は通常，複数の質問項目で構成される心理尺度によって測定される。

質問項目の数については，一般的に，30 分程度で全ての質問項目に回答できるような分量が適当だとされている[2]。特に，学校で調査を実施する場合には，調査に要する時間が調査の協力を得る上で重要な点となるので十分な配慮が必要である。

(2)　質問文を作成する

質問文は，思いつくままに作成するのではなく，関連する先行研究を中心に情報を収集し，それらを参考にすることが望まれる。それは，先行研究で用いられているものは，測定しようとする調査内容の質問文として，一定の質が保証されており，妥当性があると考えられるからである。もちろん，そうしたものをそのまま利用する場合もあれば，語句や形式等の一部を参考にする場合もある。

質問文を作成する際には，少なくとも次のような点に留意すべきである。

・平易で具体的な文章にし，表現が専門的になりすぎないようにすること。
・二重否定等の分かりにくい表現は避けること。

補　章　保健を専攻する学生のために

- ・2つ以上の内容を問う質問文では，選択肢が複雑になったり，回答しにくくなったりするので，1つの質問文では1つの内容を問うこと。
- ・調査者の意図が見えるような誘導的な質問文は避けること。
- ・差別的な用語や表現を用いていないか，十分に注意すること。

(3)　回答形式を決める

　回答形式は，質問文に対応して決めることになる。また，調査の目的や調査対象者の年齢等も考慮することが必要であり，選択式回答の場合には適切な選択肢を設定することが大切である（**表1**）。

表1　主な回答形式と留意点

・2件法	「はい」「いいえ」，「賛成」「反対」等の2つの選択肢から，1つを選択する。 ・回答時間が少なくて済む ・低年齢の子供でも利用しやすい ・評定が大まかになってしまう
・3件法	2件法に「どちらともいえない」等の中間の選択肢を設定して，その中から1つを選択する。 ・中間の選択肢に回答が集中して，分析を難しくしてしまうおそれもある
・多肢選択法	4つ以上の独立した選択肢（例えば，箇条書きの文章）から，1つを選択する。
・評定法	例えば「とても」「やや」「どちらともいえない」「あまり」「まったく」といった程度や頻度等を示す選択肢から，1つを選択する。5段階や7段階が比較的よく用いられる。中間の選択肢を除いた偶数の段階数も利用される。 ・選択肢間の等距離性を保とうとする場合は特に，形容詞の選択に注意する必要がある ・低年齢の子供を対象にする場合は，評定段階数を多くしないほうがよい

（※宮下[2]を参考に加筆修正）

(4)　倫理面に配慮する

　性別，学年，年齢，職業等の属性をはじめ，個人のプライバシーに関わる質問項目は，調査の目的に応じて必要最小限の設定にとどめるなど，倫理面に十分配慮する必要がある。

　また最近では，大学等の研究機関における指示により，調査における倫理的配慮に関わる事項を調査票の表紙に明記することが求められている（**図1**）。

(5)　調査票の体裁を整える（図2）

　質問文及び回答形式を決めたら，次はそれらを調査票という形に仕上げる必要がある。

- ・回答しやすいように項目の順番を並べ換え，番号を付す。その際，類似の質問項目を並べると回答しやすい一方で，それらの質問の回答を無意識に一致させるようなことになりかねないので，慎重に判断する必要がある。
- ・低年齢の子供を対象とする調査の場合は，学習していない漢字や読みにくい漢字等にルビを振る。
- ・質問文のまとまりごとに教示文をつくる。教示文とは，回答者が，何について考え，

第1節　卒業論文・修士論文の作成の基本

図1　表紙の例

> **高校生の食生活に関する調査**
>
> 　本調査の目的は，高校生の食生活の状況について把握し，今後の健康教育のための基礎資料を得ることです。
> 　本調査票にあなたの名前を書くことはありません。本調査によって得られたデータは，本研究の目的以外には使用されません。また，調査結果はあなた個人を特定して公表されることはありません。ありのままを回答してください。
> 　本調査の趣旨をご理解の上，ご協力をお願い致します。
>
> 〈注意事項〉
> 　1．質問番号の順に従ってご回答ください。
> 　2．回答中は，周囲の人に話しかけたり，回答を覗き込んだりしないでください。
>
> 　この研究は△△大学△△研究科研究倫理委員会の承認を得て，回答者の皆様に不利益がないよう万全の注意を払って行われています。・・・(省略)・・・
>
> 　　　　　　　　　　　　　　　　　調査代表者　△△大学△△学部　○○○○
> 　　　　　　　　　　　　　　　　　　　　　　　TEL 03-****-****
> 　　　　　　　　　　　　　　　　　　　　　　　e-mail ******@****.****.ac.jp

図2　調査票の例

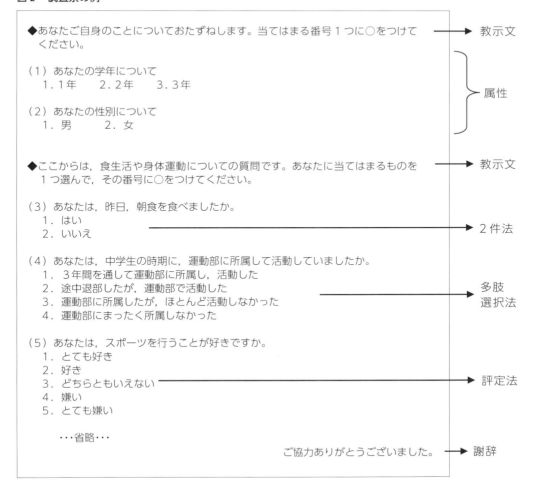

補　章　保健を専攻する学生のために

どのように回答するのかを示すものである。

・調査票に表紙をつける。表紙には，調査のタイトルを示すとともに，目的や内容を簡潔に説明し，調査の協力を求める文章や回答に当たっての注意事項等を記載する。また，調査責任者の所属，氏名，連絡先等を明記し，倫理面への配慮についても記載する。
・最後に，謝辞を示す。

(6)　予備調査等で確かめる

作成した調査票は，第三者に見てもらったり，少人数の対象にでも予備調査を行ったりするなどして，質問文のワーディング（言葉遣い等の妥当性）や分量が適切であるかなどについて確かめることが必要である。そして，予備調査等の結果に基づいて調査票を修正する。

■引用・参考文献
1 ）堀洋道監修『心理測定尺度集』Ⅰ～Ⅳ，サイエンス社，2001-2007 年
2 ）宮下一博「質問紙作成の基礎」鎌原雅彦ほか編『質問紙法』北大路書房，pp.10-21，1998 年
・野津有司「調査・研究・プレゼンテーションの進め方」采女智津江編『新養護概説』少年写真新聞社，pp.60-63，2007 年
・今在慶一朗，大渕憲一「質問紙調査法」高橋順一ほか編『人間科学研究法ハンドブック』ナカニシヤ出版，pp.149-170，1998 年
・堀野緑「量的資料収集のための質問紙の作成」鎌原雅彦ほか編『質問紙法』北大路書房，pp.78-86，1998 年

［片岡　千恵］

3　統計手法

研究課題に応じた調査票が作成され，対象とした標本集団から調査データが得られたならば，そのデータを集計・加工し，標本集団の持つ数量的な性質や傾向を見いだすことで集団全体（母集団）の特徴を推論することが必要となってくる。このような一連の作業を統計的検定と言う。

ここでは，一般的な質問紙調査によって得られるデータの種類や特性とそれに応じた検定手法の選択方法，及び代表的な検定手法の概要について解説する。

(1)　データの種類と特性

統計的検定を行うには，まずデータの種類を考慮しなければならない。データの種類は一般的に**表 2** のように分類される。

表 2　データの種類

データの種類と具体例	データの目的
●質的データ（カテゴリーデータ） 　◇名義尺度　性別，血液型，疾病の有無 　◇順序尺度　成績順位，テストの難易度（高，中，低）	分類，符号化 順序付け，大小関係の把握
●量的データ（数量データ） 　◇間隔尺度　温度，テストの得点 　◇比例尺度　身長，年齢，摂取カロリー値	等間隔な目盛り付け 原点からの等間隔な目盛り付け

• 326 •

第1節 卒業論文・修士論文の作成の基本

　質的データ（カテゴリーデータ）とは，データが類別（カテゴリー）によって区別され，文字や記号で示されることが多いものである。名義尺度と順序尺度に分かれる。名義尺度とは，性別（男，女），血液型（A，B，AB，O）など，データが単に分類の役割しか持たないものである。順序尺度とは，成績順位（1位，10位，50位……），テスト等の難易度（高，中，低）など，データの順序や大小関係に意味を持つものである。ただし，各データ間の差の大きさは問題にされない。

　量的データ（数量データ）とは，文字通り数量で示されるデータであり，その値の大きさそのものに意味を持つものである。間隔尺度と比例尺度に分かれる。間隔尺度とは，温度などのように数値が等間隔の大小関係を示しているものである。比例尺度とは，身長などのように数値が等間隔の大小関係を示し，かつ，原点（0）を持っているものである。

　なお，人間の心理面などを測定する場合に頻繁に用いられる4件法（例：そう思う，どちらかといえばそう思う，どちらかといえばそう思わない，そう思わない）や5件法，7件法等の評定法による選択肢については，厳密には順序尺度と言える。しかし，心理・教育等の分野における研究では，各選択肢間の心理的距離ができる限り等しくなる工夫を行うことで，間隔尺度として扱うことが許容されている[1][2]。

(2) 検定手法の選択

① 尺度水準と統計量

　前述の4つの尺度は，それぞれが有する数量的な情報の性質（水準）によって計算が許される統計量が決まっている（**表3**）。統計量とは，統計的検定を行う対象となるデータの基本的な特徴を示した数量値のことである。

表3　データの水準と許される統計量

データ	水準	計算が許される統計量
名義尺度	1	度数，割合（%），比，χ^2値など
順序尺度	2	水準1で許された統計量＋Spearmanの順位相関係数など
間隔尺度	3	水準2までに許された統計量＋平均値，標準偏差，Pearsonの積率相関係数など
比例尺度	4	水準3までに許された統計量＋調和平均値，幾何平均値など

（※大澤清二，1990年[3]を一部改変）

　名義尺度＜順序尺度＜間隔尺度＜比例尺度の順で含まれる情報量が大きくなり，より高度な統計量を算出することが可能となる。また，高い水準のデータを低い水準のデータに変換することは可能であるが，その逆はできない。

② 検定の基本的な手順

　統計的検定の考え方の概要は先に述べた通りであるが，実際に統計的検定を行うに当たっては，仮説（帰無仮説と対立仮説）を立て，データから必要な統計量を計算し有意水

補 章　保健を専攻する学生のために

準（偶然に生じた事象ではないと判定するための基準）に照らし合わせることで，仮説の採
否を判断するという手順で行われる。

有意水準は通常，5％（$p < 0.05$，pは有意確率），1％（$p < 0.01$），0.1％（$p < 0.001$）
などが用いられる。例えば5％水準を用いた場合，100回中5回以下しか生じない事象
が実際に起こったのだから，これは偶然生じたのではないと判断し，「5％水準で有意に
〜であった」などと表現するのである。

③　パラメトリック検定とノンパラメトリック検定

間隔尺度，比例尺度の統計的検定では，データが正規分布（データの度数分布表を作成し
た際にほぼ左右対称で釣り鐘のような形をした分布）と見なされることを前提にして行われ
るものが多く，それらをパラメトリック検定という。一方，データの正規分布を前提とし
ない検定のことをノンパラメトリック検定という。特にデータ数が少ない場合には，正規
分布を示しにくいため，ノンパラメトリック検定を用いることが妥当な場合が多い。

④　分析の目的別で見た検定手法の選択

統計的検定には，研究上の仮説の採否を決定するための様々な手法が存在する。その中
からどの検定手法を選択するかは，データの種類・特性や分布に加え，分析の目的に応じ
て決められる。表4は，主な分析の目的別で選択すべき検定手法をパラメトリック検定の
場合とノンパラメトリック検定の場合で分けて示したものである。なお，ここで示した検
定方法は統計手法の入門的かつ基本的なものである。これら以外の高度な検定手法の詳細
については，統計の専門書を参照されたい。

表4　主な分析の目的別による検定手法

分析の目的	パラメトリック検定	ノンパラメトリック検定
A.　比率の差		χ^2 検定
B.　独立した2群の比較	対応のないt検定	Mann-Whitney 検定
C.　対応のある2群の比較	対応のあるt検定	Wilcoxon 符号付順位検定
D.　独立した3群以上の比較	一元配置分散分析	Kruskal-Wallis 検定
E.　対応のある3群以上の比較	反復測定分散分析	Friedman 検定
F.　2変数の関係の強さ	Pearson の積率相関係数	Spearman の順位相関係数

（3）　代表的な検定手法の概要

ここからは，卒業論文や修士論文において用いられることが多い代表的な検定手法であ
る「χ^2 検定」「t検定」「一元配置分散分析」「Pearson の積率相関係数」について取り上げ，
それぞれの概要について示す。なお，現在では，パソコンの統計ソフトによる解析が主流
となっている実状を踏まえて，検定の具体的な計算プロセスについては必要最小限の記述
とした。

・ **328** ・

① χ² 検定

a 個のカテゴリーに分類されている名義尺度の統計量（度数や割合）を，b 群間で比較する検定方法であり，a×b のクロス集計表を用いて示すことができる。分析手順としては，クロス集計表で示された各セルの実際の「観測度数」と統計的に出現が予想される「期待度数」とのズレの大きさを基準として χ² 値と呼ばれる統計量を計算し，χ² 分布表に照らし合わせて有意性の判定を下すものである。

② t 検定

t 検定とは，間隔尺度以上の 2 群のデータの平均値の差を比較する際に用いる検定であり，2 群のデータ間が独立である場合（例：A 組と B 組とのテスト得点の比較）に用いられる「対応のない t 検定」と，2 群のデータ間が独立でない場合（例：授業の前後でのテスト得点の比較）に用いられる「対応のある t 検定」に分けられる。

ⅰ．対応のない t 検定

対応のない t 検定は，各群のデータの分散（標準偏差を二乗したもの）が等しいとみなせる場合に用いる Student の t 検定と，等しいとみなせない場合に用いる Welch の t 検定に分けられる。分析手順としては，各群の平均値の差の大きさから t 値と呼ばれる統計量を計算し，t 分布表に照らし合わせて有意性の判定を下すものである。

ⅱ．対応のある t 検定

対応のある t 検定は，各群の対応するデータを一組ずつ比較することで算出された差から t 値を計算し，t 分布表に照らし合わせて有意性の判定を下すものである。なお，対応のある t 検定は頑強性があることが知られており，サンプル数が多い場合には，極端な値や離散値がない限り，正規分布とみなされなくても用いることができる。

③ 一元配置分散分析

独立した 3 群以上の平均値の差（例：A 組，B 組，C 組のテスト得点の比較）の検定を行うには一元配置分散分析を用いる。分析手順としては，データの全分散をグループ間変動（「各群の平均値の平均」と「各群の平均値」とのズレ）とグループ内変動（偶然の影響によって生じたズレ）とに分けることで分散比（F 比）を求め，グループ間変動がグループ内変動よりも大きければ，平均値に有意差があると判定を下すものである。

※多重比較

一元配置分散分析で検定できるのは，各群の平均値を「全体的に見て有意差があるかないか」ということのみである。よって，有意差が示された場合には多重比較という手続きをとることで，実際にどの群間に差があるかを調べることができる。多重比較の方法は様々あるが，代表的なものとして，Tukey-Kramer 法（検出力が高く，有意差が出やすい）と Bonferroni 法（一般的だが 5 群以上の比較では検出力が落ちる）が挙げられる。

④ Pearson の積率相関係数

2 変数の関係の強さを記述する統計量として，Pearson の積率相関係数（r）が存在する。

補 章 保健を専攻する学生のために

2変数の散布図を書いたときに，一方の値が変化すると，他方も変化するという傾向（直線関係）の程度について示したもので，－1.0 ～ 1.0 の範囲の値をとる。相関の強さの判定基準の目安は**表5**に示す通りである。また，一般的には，算出された相関係数が母集団でも意味のある相関係数として判断してよいかについて調べる「相関の有意性検定」も同時に行う。

表5 相関の強さの判定基準

0.7＜｜r｜≦1.0	強い相関がある
0.4＜｜r｜≦0.7	中程度の相関がある
0.2＜｜r｜≦0.4	弱い相関がある
0.0≦｜r｜≦0.2	ほとんど相関がない

（※田中敏ほか，1992 年[4]を一部改変）

■引用・参考文献

1）小塩真司，西口利文編『質問紙調査の手順』ナカニシヤ出版，pp.50-51，2007 年
2）鎌原雅彦，宮下一博ほか編著『心理学マニュアル質問紙法』北大路書房，pp.15-17，1998 年
3）大澤清二『生活統計の基礎知識』家政教育社，p.19，1990 年
4）田中敏，山際勇一郎『新訂 ユーザーのための教育・心理統計と実験計画法』教育出版，p.188，1992 年
・中村好一編『論文を正しく読み書くためのやさしい統計学（改訂第 2 版）』診断と治療社，2010 年
・小野寺孝義，菱村豊『文科系学生のための新統計学』ナカニシヤ出版，2005 年

［久保 元芳］

第2節 教育実習への心構え

第2節	教育実習への心構え

　本節では，筆者が以前勤めていた大学附属学校などで多くの教育実習生を指導した経験から，教育実習における心構えや注意した方がよいことなど，実際の姿に即して記すことにする。

1　まじめに，一生懸命！

　教育実習生が担当する授業の自己評価は，特に初めての授業の後は「児童生徒たち40数人に見つめられて頭の中が真っ白になった，うまく行かなかった」など否定的な回答ばかりが挙がる。教育実習生は悪いところ，ヘタなところばかりなのだろうか。教育実習生のよいところは，若いからこそ元気で，初めてだからこそ一生懸命で，一途なところである。年齢も近く生徒の頃を覚えており，思い出せるので，「生徒の気持ちがよく分かる」のである（これをはき違えて失敗するのが生徒とお友達になってしまう場合である）。変におもしろおかしく，ウケねらいのようなことばかりをやれば，児童生徒はその軽薄さや安易な気持ちを見抜いてしまう。

　「とりあえず教員免許でも（取っておこう）…」程度の安直な気持ちで教職を履修することは，教育実習としても，教育実習を受け入れてくれる学校，教員，児童生徒たちに対しても，そして現在の教員免許や教職に対する世の批判や施策からしても非常によろしくない。児童生徒や学校の貴重な時間や活動を意識の低い学生に任せるわけにはいかない。経験不足は当然だから，うまい下手ではない。まずは，まじめに一生懸命，一所懸命が第一である。それに児童生徒は必ず応えてくれる。

2　学習指導案をしっかり書こう

　教育実習生が授業に臨むと，学習指導案をしっかり書かなければいけない，と口を揃えて言う。計画を明確にすること＝学習指導案をしっかり緻密に書くことが，まずはやるべきこと，できることである。これには当然指導教諭との検討，指導も含まれる。充分な教材研究を積み重ね，授業者としての言いたいこと，伝えたいこと，願いを鮮明にし，その方法や手順を明確にする。学習指導案に表現されることで，それらが単なる思いつきではなく，深く考えられた意図的・計画的営みであることが明確に，しかも公的になる。書くという極めて知的な作業を通じてイメージを形にし，自分自身の中での理解もより深まる。学習指導案は，まずは自分のために書くのである。

　学習指導案には統一された様式はないので，実習校，指導教諭の指示に従う。書き方も多様であるが，おおむね以下4種類の方法がある。①リストアップ方式。授業中に出てきそうな事柄（学習内容や行為，項目なんでも）を思い付くままに全て列挙する方法である。

• **331** •

補 章 保健を専攻する学生のために

ひととおりリストアップされたところで，時系列に並べ替えたり，項目別に整理し直す。②特性要因分析方式。授業の全体構造を関連付けて図示できるので（フィッシュボーン・ダイアグラム），そこから学習指導案の様式に当てはめて書き入れるだけで学習指導案ができあがる。③最初から直接学習指導案に書き込む方法。要するに「起立，礼，号令は誰が？」から書き始める。頭の中で順序，学習内容，教授行為，教材などを全て具体的にして，配置しなければ文字にならないので，かなり大変そうに見えるが，この方式で書く教育実習生もいる。④学習指導要領解説の文言を学習指導案の様式に当てはめていく。最近よく見るようになった評価規準を明確にした学習指導案の様式を参考にすると，今後は，育成すべき資質・能力の「知識及び技能」「思考力，判断力，表現力等」「学びに向かう力，人間性等」の三つの柱を項目にするのもよいだろう。いずれにせよパソコンは有効で，便利である。書き直し，考え直し，入れ替え，修正をする度にゼロからの作業を繰り返さなくていいので，効率的で生産的である。図や写真，グラフなどの貼り付け・挿入も容易でそれらによって一層分かりやすくなる。

　この分かりやすく，が教育実習生にとっては分かりにくいのだが，授業を実際にやってみることによって，分かりやすくすること，分かりやすく書くことの意味や実態を実感する。生徒にとって分かりやすく説明するとは，何をどう説明することなのか，それが学習指導案に書かれていなければ，実際に授業で生徒の前に立ったときに生徒に分かりやすく説明はできないことを実感する。すなわち「〜について分かりやすく説明する」と書かれているのは学習指導案ではないのである。分かりやすく説明するにはどうしなくてはならないのか，これが教師の仕事であり，学習指導案はそのプランなのである。このことを，学生たちは「詳しく書くのですね」と表現するが，セリフまでを書く場合もあるだろうが，少なくとも説明すべき事項を漏れなく箇条書きにしておくのは効果的である。

　学習指導案の書き初めの頃は授業の運営やメニューを列挙するだけで手一杯である。次に，教師行動，教授行為が書けるようになってくる。そして，教えたいこと，やりたいことが増えて，豊富になりすぎてくる。今度はそこから冗長な部分を削り，コンパクトな指導案になってくる。さらに生徒のことが語れるようになってくると授業が見えてくる。すなわち生徒の反応が書ける，ある程度予測できるようになってくると，必然的に教師としての対応も考えられてくるので，手応えを感じるようになってくる。

　もちろんこのとき，授業づくりの際には常に学習指導要領，同解説をよく読んでおくのは基本である。教育実習では，まずは常に手元に置いて，自分のやろうとしていることが学習指導要領，同解説のどこに該当するのか常に確認し，評価規準の明記も必要である。それらに準じて教材化されているのは文部科学省検定済教科書である。だから，奇をてらう必要は全くない。まずはオーソドックスに，教科書を使った授業をやれるようにしよう。

3 自分らしさ，工夫を形にしよう

　さて，教育実習生自身ももっと自分で授業をつくった実感を得たいと思うようになる。自分のカラーや，言いたいこと，生徒たちに分かってほしい，感じてほしいことを強調できるようにちょっと工夫してみよう。この少しの工夫とは何をどうすることが工夫なのだろうか。実はここが苦しみであり，楽しみでもある。ほんの少しでいい，その先生らしさ，その教育実習生の頑張りどころがキラリと見えてくるところである。

　「交通事故の原因」（事故が起こる三要因は，「人」「車両」「環境」）という学習内容に際し，例えばこんな工夫をした教育実習生がいた。発問「交通事故の原因にはどんなことがあるか？」に対する生徒の発言を彼の頭の中で三要因のうちのどれかに分類して板書したのである。「携帯メールをやりながら運転」という意見が出たら，「人」を想定したあたりに「携帯操作」と板書するのである（**写真1**）。この三分類は生徒たちには知らされていないため，生徒の発言のたびに先生があちらこちらに書くので，デタラメな板書のように見えてしまうので「何やってんだ？…この先生？…」とざわざわしている。そのうち，「先生は何か意図があって，どうやら3つに分けて板書しているようだ。あの3か所には何か意味があるのかな，あそこは人や行動のことか，左下は自転車，いや車のことかも…」といろいろ考える。そこから生徒にこれら分類の意味を問い直すのである（**写真1**）。教科書通りに教え込むだけでなく，生徒が気付いたり，考えたりする場面や活動をつくりたい，という願いを現実化したほんの少しの工夫である。もちろん，ほかにもやり方があるし，どうするのがよいのか最終的には授業者の決めることであり，醍醐味でもある。

　また何か実物の教材・教具があるとよい，できれば手作りがよい（**写真2**）。授業にポイントが生まれるので，そしてそれが実体として目の前にあるので，それをどう活用するかなど授業づくりの手がかりが具体的になる。このあたりの授業づくりに対する熱意を生徒は敏感に感じるので（「先生は私たちのために作ってくれているんだ」），反応はよくなるし，自分で作ったよりどころ（自信）となり，安心して授業に臨める。実際には，図，絵，プリント，ビデオ・DVD（きちんと編集しておく），フラッシュカード，フリップ，実物や模

写真1　板書の工夫

写真2　手作りの教材・教具

補　章　保健を専攻する学生のために

型などである。特に，手作り教材はお薦めである。ワークシート（配付プリント）ぐらい
は当たり前，と思っていた方がよい。オンラインスライドは，これは教材づくりが授業そ
のものになっていくので生産的である。そして準備をしたら生徒のいない実際の教室で，
自分の作った指導案，用意した教材・教具を用いて，板書計画通りに黒板に書いて（教育
実習生のボロが出やすいのもこの板書），授業を全てやってみる練習をしよう（ゲネプロ）。
実際に，教育実習期間中の夜の校舎は，いたるところで教室の明かりがついている。

　そして保健と体育の教師であることを忘れず，この両方を担当する極めて重要な教科で
あることも実感できる。もちろん，保健と体育と2つに分けて考えるのではなく，両者
が密接に関連し，融合した授業となるよう意識的に取り組んでほしい。

4　教育実習期間中は自分の全てを教育実習に

　教育実習の目的は，実際の学校現場，教師の仕事，生徒を体感することである。したがっ
て，実習中は少しでも多く生徒たちと接することが重要である。指導案が書けないからと
いって，控え室や職員室で座り込んでいる保健体育科の教育実習生なんてあり得ない。生
徒が学校にいるうちはとにかく生徒と接する。生徒と一緒に動ける，一緒に身体を動かし
てくれる人を好きなのは，ある意味生徒たちの本能である。だから保健体育科の教育実習
生は評判がよいのである。

　休み時間も食事中も教室に行って生徒たちとおしゃべりをし，掃除も一緒にやる。部活
動に参加して生徒と一緒に練習やトレーニングをする。空き時間があれば他教科の授業を
見に行く，生徒会の活動も見てみる。もしかしたら行事や引率にも加えてもらえるかもし
れない。自分の仕事，指導案の作成，教育実習日誌の記入などは生徒が下校してからでも
よいのである。

　生徒と共有すれば彼らのいろいろな表情が見られ，気付くこともあり，学ぶことだって
たくさんある。期間中自分の全てを教育実習に注いで間違いはない。うまくやろうなんて
思わなくていい，とにかくまじめに，一生懸命に全力で体当たり。そして勉強不足を痛感
したら，残りの学生生活でしっかり勉強し直せばよい。生徒はもちろん学生もまだまだ若
く，もっともっと成長できるときなのだから。

■引用・参考文献
・筑波大学「教育実習案内」平成29年度
・中京大学スポーツ科学部「教育実習指導資料集」2018年度

［小磯　透］

第3節　教員採用試験の対策

第3節　教員採用試験の対策

　全国の公立学校の教員採用試験は一般教養，教職教養，専門教養，論作文，面接により選考を行う場合が一般的である。一次試験で一般教養，教職教養，専門教養の筆記試験を行い，二次試験では面接や論作文，実技試験を実施する自治体が多いが，自治体によっては一次試験から論作文や面接を実施するなどの違いがある。

　教職教養では，教育原理，教育心理，教育法規，教育史や教育改革に関連する答申・報告等から出題される。最近は，いじめや不登校などの問題も具体的な事例として出題される傾向にある。

　保健体育科の専門教養に関しては，学習指導要領，体育分野，保健分野，体育理論，健康・スポーツ施策の各範囲から出題されている。出題形式は，適語補充式や語群選択式が多いが，自治体によっては記述式による出題を中心としているところもある。近年では，採点の合理化からか，受験者の多い自治体では，マークシートを使った正誤判断や解答解説文の選択，解答の組合せ群からの選択など択一式の出題も多くなってきた。

　「保健」に関する出題は，専門教養において基本的な知識を問われ，面接では模擬授業などを通して，その専門性について質問されている。そのため，しっかりとした知識と学習指導要領に沿って系統的に構造化した理解の仕方や，それを指導計画として立案し具体的に指導していく能力が求められている。

　教員採用試験に向けた対策は，採用試験合格のためだけでなく，教師になった後も授業力の重要な基盤となっていくものであるため，日々の努力を重ねることが重要である。

1　分野別の出題内容と傾向

(1)　保健に関する学習指導要領の出題内容

　学習指導要領における「保健」に関する出題内容は，保健（領域・分野）の目標と内容，内容の構造とその取扱い，標準授業時数・標準単位数，年間指導計画作成上の留意事項，単元の配列とその留意事項，評価の観点，など広範囲である。出題形式は記述式や穴埋めが多い。

(2)　保健に関する出題内容

　中学校保健分野では，保健衛生の基礎基本的な視点に立った出題傾向が見られ，発育・発達の生理学や喫煙，飲酒，薬物乱用防止，欲求やストレス，心身相関，生活環境の問題や環境汚染の問題等について幅広く押さえておくことが重要である。また，応急手当については心肺蘇生法の指導，自然災害についても二次災害によって生じる傷害，医薬品の正しい使い方として，用法や用量を守って服用するなどの医薬品使用の自己管理などを重視する必要がある。

補　章　保健を専攻する学生のために

　このように，健康に関する科学的な知識を幅広く問われる出題が多く，保健に関する専門用語や最新の情報や出来事などを十分に理解し，説明できるようにしておくことも必要である。

　学習指導要領では，新たにがんについても取り扱うようになった。

　新たな項目として，「保健分野の指導に際しては，自他の健康に関心をもてるようにし，健康に関する課題を解決する学習活動を取り入れるなどの指導方法の工夫を行うものとする」が追加され，授業において多様な指導方法を創意工夫することが求められている。

　指導計画の作成と内容の取扱いにおいて，「単元など内容や時間のまとまりを見通して，その中で育む資質・能力の育成に向けて，生徒の主体的・対話的で深い学びの実現を図るようにすること。その際，体育や保健の見方・考え方を働かせながら，運動や健康についての自他の課題を発見し，その合理的な解決のための活動の充実を図ること」が新設され，学習方法や指導方法の改善が必要とされている。

　高等学校の科目保健においては，従前の「現代社会と健康」「生涯を通じる健康」「社会生活と健康」の3項目から「現代社会と健康」「安全な社会生活」「生涯を通じる健康」「健康を支える環境づくり」の4項目となった。改善の内容については，十分に理解しておく必要がある。内容の重点としては，ヘルスプロモーションの視点に立った出題や感染症，生活習慣病などが多くの自治体で頻出されている。また，喫煙，飲酒，薬物乱用防止や欲求，適応機制，心身相関，ライフスキルやノーマライゼーション，環境問題などと，保健の内容全般にわたり出題されている。健康に関する科学的な知識を幅広く問われる出題が多く，保健に関する専門用語や公衆衛生の国際的な取組についてもまとめておく必要がある。さらに，最新の情報や出来事なども十分に理解し，説明できるようにしておくことも必要である。特に保健医療に関する事柄では，地域の保健・医療機関の活用の内容として医薬品の承認制度や販売規制などが，これからも出題の可能性が高いと思われる。また，メンタルヘルスの社会的な問題や心の健康に関する事柄から用語の出題が多くなってきていることが特徴的である。体育との関係においては，応急手当や心肺蘇生法の出題も多く，それに関連し熱中症に関する出題率が高くなっている。正しい手順や対処を理解しておく必要がある。

（3）　保健に関するその他の出題内容

　健康や安全に関する答申や施策では，「第2期スポーツ振興計画」「運動部活動の在り方に関する方針」「体力つくり国民運動」などの取組について，幅広くまとめておく必要があり，国や都道府県が実施し推進する施策についても出題されることが考えられる。同時に，「健康増進法」「食育基本法」「食生活指針」「環境基本法」など，基本的な項目についても，十分に熟知しておく必要がある。「21世紀における国民健康づくり運動（健康日本21）」が2012（平成24）年度末で終了となり，2013（平成25）年度から新たな「健康日本21（第2次）」が施行されている。このような生活習慣病の改善をめざした総合施

第3節 教員採用試験の対策

策について十分に理解しておくことが重要である。

(4) 実践的指導法の内容

　保健の指導については，積極的に実験や実習，課題学習を取り入れるなど指導方法の工夫を行うものとされている。特に，生徒の主体的・対話的で深い学びの実践が求められていることから，題材について生徒自ら調べ，グループ学習を通して深めていく授業づくりを実現しなくてはならない。そのため知識，理解を基礎としながらも，実践力の育成に重点を置き，学習した諸課題を生徒一人一人が自らの生涯にわたる生き方にまでに発展させて考えられるような学習方法や授業の進め方についての説明を求められる出題が増えており，展開上のねらいや方法，工夫などをどのようにしていくか具体的に解答することが求められる。また，内容によっては「体育」と関連して指導することが求められていて，そこでの指導上の配慮事項や工夫すべき点を理解しておかなければならない。最近では，授業で使用する学習シートの作成についても工夫の仕方が出題され，知識の体系的なまとめや思考・判断する場面設定など，授業と一体化した設計が求められている。

① 保健での学習方法の例
　ⅰ　ケーススタディ（事例を使った課題解決学習）
　ⅱ　ディベート（課題に対する対抗討論）
　ⅲ　ロールプレイング（即興演技による体験的な課題解決法）
　ⅳ　ブレインストーミング（自由で思いつきの発言）
　ⅴ　調査（事前学習としての調査，事後学習としての実態確認）
　　　指導に当たっては，「知識及び技能」を習得，「思考力，判断力，表現力等」「学びに向かう力，人間性等」を育成するよう，主体的・対話的で深い学びを実践する授業への改善を重視している。保健の指導においては，生徒の健康状態や発育・発達の状況を踏まえ，保健体育科で行う保健の指導と保健室等の個別指導との連携・協力が大切である。

② 「体育」と関連した学習
　ⅰ　応急手当と水泳の関連（心肺蘇生法，着衣泳の実施等）
　ⅱ　野外活動と環境学習

(5) 模擬授業の内容

　形式：受験者が5～6人，面接官が2～3人で，グループに課題を与え，順に1人ずつ5～15分で授業を行う。生徒の役は他の受験生が行う場合と面接官が行う場合がある。その後，模擬授業の内容についての面接を行う場合が多い。

　時間：20～40分

　特徴：模擬授業は，よく実施されるようになってきた選考方法であり，実技試験としての要素もある。児童生徒指導の内容での模擬授業はその場で課題が出されて，面接官を前にして実施する場合が多い。教科で出題される場合は事前に指導案を準備し，面接官に提

・ **337** ・

補 章 保健を専攻する学生のために

出して授業を実施する場合が多い。これは，教科指導や今日的な問題行動に対する対応など実践的な指導力を観ようとしている。しかし，授業の内容だけでなく，その授業の視点や考え方などについても問われるため，その後の面接での応答が重要である。

ポイント：模擬授業で考えたことがうまく表現できなくても，実施した授業についての客観的な反省ができていれば，その後の面接で高い評価を得ることができる。

2　採用試験への受験対策

教員採用試験は，保健体育の教師としての能力や資質をみるための試験であり，教師としての実践的な知識・能力や態度が要求されている。高度な知識や能力よりも基礎的な知識や基本的な事項の正確な認識が大切である。実技に関しても，うまく行うことよりも，生徒の模範となるように基礎・基本に忠実に正しく行うことが要求される。さらにそれらを踏まえ，生徒の学習への興味・関心を高め，理解を深められるような指導力や創意工夫できる能力も重視され，教育現場においてそのまま教壇に立てる即戦力が求められている。そこで，これから以下のことについて努力してほしい。

(1)　保健体育の教師として専門的知識を確実に身に付ける

教科書の内容や巻末の索引にある重要用語は，正確に理解し，解説できるようにしておく。

(2)　論述・記述問題に対応できるようにしておく

小論文や記述問題は，教育者として求められる体育観・教育観について，学習指導要領や国の施策に基づいて正しく述べることが大切である。与えられた課題に対して，的確に自分の考えを書く練習が必要である。教育問題や体育界の今日的課題について常に目を向け，正しい論調を展開できるようにしておく。

(3)　学習指導要領解説についての学習を重視する

中・高の保健体育科の性格や役割を理解するとともに，改訂の要点，目標（教科，各分野・各科目）や内容，内容の取扱いなどを十分に学習しておく。暗記すべき内容や理解する内容をカード等にまとめ，繰り返し学習することで確実に記憶していく。

(4)　受験問題を事前に調べ，対策を立てておく

自分の受験する都道府県・自治体の問題について，過去5年間の問題を集め，その傾向を分析し学習を焦点化する。闘うためには，まずは敵を知ることが大切である。闇雲に勉強するのではなく焦点を絞ることがポイントである。また，学習は身体で覚えるもので，読むだけでなく必ず自分の言葉でまとめ，書いて覚えることが大切である。

(5)　具体的な指導方法について述べることができるようにしておく

学習内容を熟知し，生徒に対して合理的で効果的な指導ができるようにする。近年では一次試験から「授業案・指導案」を作成することを課題とすることもあり，求められている課題にポイントを絞った指導案を作成できるようにしておく。

第3節　教員採用試験の対策

(6)　課題学習，実験・実習など，多様な授業展開方法を提示できるようにする

　それぞれの授業展開方法を理解し，与えられた内容に当てはまるものが提示できるようにする。また，学習効果が上がるような工夫がなされるとよい。

(7)　模擬授業用の指導案作成におけるポイント

　模擬授業で使用する指導案は当日までに作成し，面接時に提出する場合が多い。この場合の指導案は教育実習で使用する指導案とは違い，模擬授業用に配慮して作成しなければならない。模擬授業用の指導案作成のポイントは次のような点が挙げられる。

　①　A4判かB4判の1枚にまとめる（受験要綱に示されている通り）。

　②　授業内容のポイントをできる限り絞りこみ，ねらいと工夫の観点を明確にする。

　③　シンプルがよい。細かく内容を書き過ぎると面接官が質問しにくくなるので，キーワードなどのポイントを示すだけにして，質問を誘発するように工夫する。

　④　できるだけ文字数を少なくし，授業のねらいや指導の工夫箇所が指導案を見て分かるように作成する。マーカー，ポイント，囲みなどの工夫が効果的である。

　⑤　単位時間計画であっても簡単な単元計画を示し，単元の流れを押さえた指導案を作り，単元計画の質問にも答えられるようにしておく。

　⑥　指導案にメモ等の書き込みはできないので，練習を十分に行ってから面接に臨むようにする。パフォーマンスも重要である。

(8)　健康教育を実践する具体策を提示できるようにする

　「ヘルスプロモーション」の考え方に基づき，「健康」を基盤として今日的課題を理解し，解決に向けた実践力を身に付ける具体策を提示できるようにする。

(9)　教育関係，保健体育関係の最新の情報を入手し，活用できるようにする

　文部科学省，厚生労働省，各都道府県・自治体の方策や指針，提言を入手し理解する。また，各スポーツについてはルールの改定が頻繁に行われることから，各競技団体発信の最新の情報を入手する。

［本間　啓二］

補 章　保健を専攻する学生のために

| 第4節 | 子どもの権利条約と教師としての倫理 |

1　はじめに

　社会の急激な変化とともに人間関係の在り方も複雑多様になり，一人一人の個性が一層尊重され，認められなければならない時代である。教職員は，特別支援を必要とする子，性的マイノリティ，障害や疾病（小児がんや PTSD 等）とともに生きる子など多様な心身の課題を持つ子供を中心にして，チーム学校の一員として，情報を共有しつつ協働・連携して児童生徒の学習と発達を健康安全に推進する。いじめや虐待，暴力の防止対策に学校と社会が取り組む法律（平成 25 年）が出されたが義務教育段階では増加している（平成30 年）。集団に適応できないために自信を失い，自尊心を傷つけられる社会がある。学級集団が自他の尊厳を学び合い，自他実現の仲間として成長できるように指導する。居場所がない状態，守ってほしい事態やトラブルに巻き込まれたときに信頼できる人や場所に「助けて」と声を出すことが，精神的に健康であること，及び仲間として生命と人権の尊厳を守り助けることは友人として最優先されなければならないことを教える必要がある。教師には，学級や学校内の人間関係のトラブルへの対応や児童生徒の指導に当たり，子供の権利や価値の相反について共通理解するために，倫理や科学的根拠に基づく考え方（クリティカル・シンキング）について，ディープラーニングが必要である。

2　子どもの権利条約

(1)　制定と承認のねらい

　「子どもの権利条約」は，前文と本文 54 条からなり，子供の基本的人権「生きる権利・生存，育つ権利・発達，守られる権利・保護」を国際的に保障するため第 44 回国連総会にて採択された。日本は 1994（平成 6）年に批准したが，国内の理解，教育課程への位置付け等具体的な施策を進めている。いじめ，体罰，虐待，児童ポルノ，ドラッグやネット犯罪の被害者になるなど，人の尊厳を侵害する事件は，PTSD，不登校，自殺へと追い込み，社会問題として深刻化している。子供は，一人一人が固有の Human/Child Rights を持って正しい愛に育まれ，大人になる「育つ権利」「教育を受ける権利」「最善の利益・保護権利」，「意見表明，表現，思想，結社の自由と権利」等が使えることを教えられる必要がある。グローバルに災害からの復興を助け合って生きる子供たち，いじめを仲間と共に克服する子供たちには，自他の Human/Child Rights を主張し守り合うルール，健康安全な環境，一人一人の居場所，存在権，名誉と尊厳，主体的な発言と参加，所属と役割を持ち，いじめ・差別・犯罪・災害等からも自他を守り，弱者を守る智慧を創造し，たくましく未来に生きる力を発揮することが期待される。そのために，教師は，**表 1** に示す「子

• **340** •

第4節 子どもの権利条約と教師としての倫理

表1 教師が理解しておくべき子供の権利

条	内 容	子どもの権利	条	内 容	子どもの権利
1条	子どもの定義	18歳未満をいう	19条	虐待・暴力の禁止,保護	司法,措置・保護制度
2条	差別の禁止	格差是正,権利確保	23条	精神的身体的障害児童のQOL	自立・発達の促進 尊厳と社会的参加
3条	最善の利益	判断の最優先権	24条	健康・医療の権利	最高水準の健康と医療
6条	成長・発達権	生命尊重,生存権	26条	社会保障の給付	社会保険・保障の実現
12条	意見表明権	自己の意見を言う権利	28条	教育の権利	機会均等,生きる力
13条	表現の自由	情報・口頭・芸術表現	29条	教育の目的	人権・人格・最大限の発達
14条	思想・良心・宗教の自由	子どもがもつ権利	31条	休憩,余暇,遊び	レクリエーション 活動の保障
15条	結社・集会の自由	子どもがもつ権利	33条	麻薬,向精神薬禁止	取締,措置,防止教育
16条	プライバシー・名誉	子どもの名誉と信頼	34条	性的搾取,虐待防止	取締,措置,防止教育
17条	情報・資料にアクセス	健康と発達の情報収集	35条	誘拐,売買取引禁止	取締,措置,防止教育

(※鎌田尚子『養護教諭,看護師,保健師のための学校看護』p.38を改訂,2014年)[1]

どもの権利」をしっかり理解し,教育に当たることが求められる。

(2) 教育・福祉・医療の専門職に必要な関連する条文

　教師は,子供,保護者の人権としての健康・安全の問題解決のために,地域の専門職や専門機関と連携・協働する必要がある(学校保健安全法第10条,第30条)。

　障害者の権利に関する条約(平成26年2月発効)第24条(教育)では,障害者の教育の権利につき差別なく機会均等を実現することを目的として,①人間の潜在能力並びに尊厳及び自己の価値についての意識を十分に発達させ,並びに人権,基本的自由及び人間の多様性の尊重を強化すること,②障害者が,その人格,才能及び創造力並びに精神的及び身体的な能力をその可能な最大限度まで発達させること,③障害者が自由な社会に効果的に参加することを可能とすることとしている。医療の進歩により疾病・障害・発達障害のある子供たちが小・中・高等学校において学んでおり,特別支援教育の対象となる子供の数は増加傾向にある。障害者の権利条約に掲げられたインクルーシブ教育システム(人間の多様性の尊重を強化し,能力を最大限発達させ,自由な社会に参加することを目的に学校全体の全ての子供が共に学ぶ仕組み)の理念を踏まえ,子供たちの自立と社会参加を一層推進していくため,通常の学級,通級による指導,特別支援学級,特別支援学校といった,連続性のある「多様な学びの場」において,子供たちの十分な学びを確保する。そのため教師は,個々の障害の状態,発達課題,教育的ニーズの取り上げ方や指導方法において倫理的な配慮を行い,学級全体の子供たちにもPTA(保護者)に対しても倫理を指導し,共有する必要がある。前記したように,チーム学校の一員として学校内外の教育・福祉・医療の専門職との間で,診断や指導法,評価に関する情報の交換等における責任や専門性も必要である。「多様な学びの場」を小・中学校に連続して用意することは,中央教育審議会初

・ **341** ・

補　章　保健を専攻する学生のために

表 2　教師の倫理（案）

1．（基本的人権，教育権，発育発達権） 　教師は，児童・生徒等の人格の完成をめざして，一人一人の発育発達権，心身の健康権，教育権等の基本的人権を尊重する。
2．（公平・平等） 　教師は，国籍，人種・民族，宗教，信条，年齢，性別及び性的指向，社会的地位，経済的状態，ライフスタイル，健康問題，障がい等の差異にかかわらず，児童・生徒等の尊厳を尊重して公平・平等に対応する。
3．（アドボカシー，信頼関係） 　教師は，対象者（児童・生徒等，教職員，保護者）との間に信頼関係を築き，生命，存在，健康を阻害する環境の改善に努め，児童・生徒等を擁護し，必要に応じて本人の意思，意見，ニーズを代弁・アドボカシーする。
4．（知る権利，自己決定権） 　教師は，児童・生徒等，教職員，保護者の知る権利や自己決定の権利を尊重する。
5．（守秘義務） 　教師は，守秘義務を遵守し個人情報の保護に努めるとともに，これを他者と共有する場合は，適切な判断に基づいて行う。
6．（説明責任） 　教師は，自己の責任と能力を的確に認識し，対応した判断・指導について，説明責任がある。
7．（危機からの保護・安全） 　教師は，児童・生徒等の健康や生命，人権が阻害されているときや危険にさらされているときは，児童・生徒等（周囲の人々）を保護し安全の確保に努める。
8．（連携・協働体制と健康課題の解決） 　教師は，児童・生徒等，教職員，保護者，地域社会の人々及び保健医療福祉関係者と連携・協働して，児童・生徒等が持つ心身の健康課題について，解決を図る。
9．（ヘルスプロモーションの推進） 　教師は，児童・生徒等と教職員の健康保持・増進のために，健康を阻害する要因の改善に努め，よりよい環境と QOL をめざして校内教職員組織，地域社会と連携・協働してヘルスプロモーションを推進する。
10．（研究・研修／資質・力量の向上） 　教師は，常に学習，研修・研究に努め，専門職としての資質・力量の向上を図り，実践に活用する。
11．（信頼と高潔な品位の維持，市民育成） 　教師は，社会の人々の信頼を得るように，高潔な品位と誠実な態度を維持し，自己研鑽に努めるとともに，優れた市民の育成に寄与・貢献する。
12．（自らの健康の保持増進） 　教師は，より質の高い職務遂行のために，自身の心身の健康の保持増進に努める。

（※鎌田尚子，中村朋子「2012 年改訂案：養護教諭の倫理綱領（案）」[3]を基に作成，2015 年）

等中等教育分科会が報告（平成 24 年 7 月）している[2]。

　2009（平成 21）年の改正臓器移植法（平成 9 年法律第 104 号，平成 21 年法律第 83 号）では，15 歳未満の子供にも適用となり，教育や医療・福祉関係の問題として生命倫理について共通理解をする必要がある。また，世界医師会総会採択のリスボン宣言（1981 年）では，7 つの視座，すなわち①良質の医療を受ける権利，②患者が選択する自由，③自己決定権，④情報が与えられ情報を聴き情報を管理する権利，⑤秘密保持の権利，⑥健康教育を受ける権利，⑦個人の尊厳性に対する権利が挙げられた。その他に，児童虐待防止等に関する法律（平成 12 年法律第 82 号，平成 24 年法律第 67 号），発達障害者支援法（平成 16 年法律第 167 号，平成 20 年法律第 96 号），いじめ防止対策推進法（平成 25 年法律第 71 号）等があり，教師は，これらに基づきながら「子どもの権利」を擁護（アドボカシー）する必要がある。

3　教師の倫理

　学校教育の目的や目標である人格の完成や生きる力の育成を要とし，また，道徳性の涵養を基盤として考案した「教師の倫理（案）」を**表2**に示す。これは，児童生徒への指導における拠り所として，教師という専門職に必要な倫理である。なお，考案に当たっては，日本国憲法，教育基本法，学校教育法，児童憲章，子どもの権利条約，審議会答申等の資料や，医療，福祉，心理等の関連職種の倫理綱領，及び養護教諭の倫理綱領（案）[2]を参考にした。

■引用・参考文献
1）鎌田尚子「4-1）子どもの尊厳に基づく看護／養護」「4-2）学校看護／養護における倫理」岡田加奈子，遠藤伸子，池添志乃編著『養護教諭，看護師，保健師のための学校看護』東山書房，pp.36-40，2012年
2）中央教育審議会「資料2-1 教育課程企画特別部会論点整理」p.14，2015年9月28日
3）鎌田尚子，中村朋子ほか「養護教諭の倫理綱領（案）の理論的・実践的意義」『日本養護教諭教育学会誌』Vol.16，No.1，pp.30-31，2012年

〔鎌田　尚子〕

資　　料

資　料

○学校保健安全法

（昭和 33 年 4 月 10 日法律第 56 号）
最近改正　平成 27 年 6 月 24 日法律第 46 号

（目的）
第1条　この法律は，学校における児童生徒等及び職員の健康の保持増進を図るため，学校における保健管理に関し必要な事項を定めるとともに，学校における教育活動が安全な環境において実施され，児童生徒等の安全の確保が図られるよう，学校における安全管理に関し必要な事項を定め，もつて学校教育の円滑な実施とその成果の確保に資することを目的とする。

（定義）
第2条　この法律において「学校」とは，学校教育法（昭和 22 年法律第 26 号）第 1 条に規定する学校をいう。

2　この法律において「児童生徒等」とは，学校に在学する幼児，児童，生徒又は学生をいう。

（国及び地方公共団体の責務）
第3条　国及び地方公共団体は，相互に連携を図り，各学校において保健及び安全に係る取組が確実かつ効果的に実施されるようにするため，学校における保健及び安全に関する最新の知見及び事例を踏まえつつ，財政上の措置その他の必要な施策を講ずるものとする。

2　国は，各学校における安全に係る取組を総合的かつ効果的に推進するため，学校安全の推進に関する計画の策定その他所要の措置を講ずるものとする。

3　地方公共団体は，国が講ずる前項の措置に準じた措置を講ずるように努めなければならない。

（学校保健に関する学校の設置者の責務）
第4条　学校の設置者は，その設置する学校の児童生徒等及び職員の心身の健康の保持増進を図るため，当該学校の施設及び設備並びに管理運営体制の整備充実その他の必要な措置を講ずるよう努めるものとする。

（学校保健計画の策定等）
第5条　学校においては，児童生徒等及び職員の心身の健康の保持増進を図るため，児童生徒等及び職員の健康診断，環境衛生検査，児童生徒等に対する指導その他保健に関する事項について計画を策定し，これを実施しなければならない。

（学校環境衛生基準）
第6条　文部科学大臣は，学校における換気，採光，照明，保温，清潔保持その他環境衛生に係る事項（学校給食法（昭和 29 年法律第 160 号）第 9 条第 1 項（夜間課程を置く高等学校における学校給食に関する法律（昭和 31 年法律第 157 号）第 7 条及び特別支援学校の幼稚部及び高等部における学校給食に関する法律（昭和 32 年法律第 118 号）第 6 条において準用する場合を含む。）に規定する事項を除く。）について，児童生徒等及び職員の健康を保護する上で維持されることが望ましい基準（以下この条において「学校環境衛生基準」という。）を定めるものとする。

2　学校の設置者は，学校環境衛生基準に照らしてその設置する学校の適切な環境の維持に努めなければならない。

3　校長は，学校環境衛生基準に照らし，学校の環境衛生に関し適正を欠く事項があると認めた場合には，遅滞なく，その改善のために必要な措置を講じ，又は当該措置を講ずることができないときは，当該学校の設置者に対し，その旨を申し出るものとする。

（保健室）
第7条　学校には，健康診断，健康相談，保健指導，救急処置その他の保健に関する措置を行うため，保健室を設けるものとする。

（健康相談）
第8条　学校においては，児童生徒等の心身の健康に関し，健康相談を行うものとする。

（保健指導）
第9条　養護教諭その他の職員は，相互に連携して，健康相談又は児童生徒等の健康状態の日常的な観察により，児童生徒等の心身の状況を把握し，健康上の問題があると認めるときは，遅滞なく，当該児童生徒等に対して必要な指導を行うとともに，必要に応じ，その保護者（学校教育法第 16 条に規定する保護者をいう。第 24 条及び第 30 条において同じ。）に対して必要な助言を行うものとする。

（地域の医療機関等との連携）
第10条　学校においては，救急処置，健康相談又は保健指導を行うに当たつては，必要に応じ，当該学校の所在する地域の医療機関その他の関係機関との連携を図るよう努めるものとする。

（就学時の健康診断）
第11条　市（特別区を含む。以下同じ。）町村の教育委員会は，学校教育法第 17 条第 1 項の規定により翌学年の初めから同項に規定する学校に就学させるべき者で，当該市町村の区域内に住所を有するものの就学に当たつて，その健康診断を行わなければならない。

第12条　市町村の教育委員会は，前条の健康診断の結果に基づき，治療を勧告し，保健上必要な助言を行い，及び学校教育法第 17 条第 1 項に規定する義務の猶予若しくは免除又は特別支援学校への就学に関し指導を行う等適切な措置をとらなければならない。

（児童生徒等の健康診断）
第13条　学校においては，毎学年定期に，児童生徒等（通信による教育を受ける学生を除く。）の健康診断を行わなければならない。

2　学校においては，必要があるときは，臨時に，児童生徒等の健康診断を行うものとする。

第14条　学校においては，前条の健康診断の結果に基づき，疾病の予防処置を行い，又は治療を指示し，並びに運動及び作業を軽減する等適切な措置をとら

●　**346**　●

資　料

なければならない。

（職員の健康診断）

第15条　学校の設置者は，毎学年定期に，学校の職員の健康診断を行わなければならない。

2　学校の設置者は，必要があるときは，臨時に，学校の職員の健康診断を行うものとする。

第16条　学校の設置者は，前条の健康診断の結果に基づき，治療を指示し，及び勤務を軽減する等適切な措置をとらなければならない。

（健康診断の方法及び技術的基準等）

第17条　健康診断の方法及び技術的基準については，文部科学省令で定める。

2　第11条から前条までに定めるもののほか，健康診断の時期及び検査の項目その他健康診断に関し必要な事項は，前項に規定するものを除き，第11条の健康診断に関するものについては政令で，第13条及び第15条の健康診断に関するものについては文部科学省令で定める。

3　前二項の文部科学省令は，健康増進法（平成14年法律第103号）第9条第1項に規定する健康診査等指針と調和が保たれたものでなければならない。

（保健所との連絡）

第18条　学校の設置者は，この法律の規定による健康診断を行おうとする場合その他政令で定める場合においては，保健所と連絡するものとする。

（出席停止）

第19条　校長は，感染症にかかつており，かかつている疑いがあり，又はかかるおそれのある児童生徒等があるときは，政令で定めるところにより，出席を停止させることができる。

（臨時休業）

第20条　学校の設置者は，感染症の予防上必要があるときは，臨時に，学校の全部又は一部の休業を行うことができる。

（文部科学省令への委任）

第21条　前二条（第19条の規定に基づく政令を含む。）及び感染症の予防及び感染症の患者に対する医療に関する法律（平成10年法律第114号）その他感染症の予防に関して規定する法律（これらの法律に基づく命令を含む。）に定めるもののほか，学校における感染症の予防に関し必要な事項は，文部科学省令で定める。

（学校保健技師）

第22条　都道府県の教育委員会の事務局に，学校保健技師を置くことができる。

2　学校保健技師は，学校における保健管理に関する専門的事項について学識経験がある者でなければならない。

3　学校保健技師は，上司の命を受け，学校における保健管理に関し，専門的技術的指導及び技術に従事する。

（学校医，学校歯科医及び学校薬剤師）

第23条　学校には，学校医を置くものとする。

2　大学以外の学校には，学校歯科医及び学校薬剤師

を置くものとする。

3　学校医，学校歯科医及び学校薬剤師は，それぞれ医師，歯科医師又は薬剤師のうちから，任命し，又は委嘱する。

4　学校医，学校歯科医及び学校薬剤師は，学校における保健管理に関する専門的事項に関し，技術及び指導に従事する。

5　学校医，学校歯科医及び学校薬剤師の職務執行の準則は，文部科学省令で定める。

（地方公共団体の援助）

第24条　地方公共団体は，その設置する小学校，中学校，義務教育学校，中等教育学校の前期課程又は特別支援学校の小学部若しくは中学部の児童又は生徒が，感染性又は学習に支障を生ずるおそれのある疾病で政令で定めるものにかかり，学校において治療の指示を受けたときは，当該児童又は生徒の保護者で次の各号のいずれかに該当するものに対して，その疾病の治療のための医療に要する費用について必要な援助を行うものとする。

〔1〕　生活保護法（昭和25年法律第144号）第6条第2項に規定する要保護者

〔2〕　生活保護法第6条第2項に規定する要保護者に準ずる程度に困窮している者で政令で定めるもの

（国の補助）

第25条　国は，地方公共団体が前条の規定により同条第1号に掲げる者に対して援助を行う場合には，予算の範囲内において，その援助に要する経費の一部を補助することができる。

2　前項の規定により国が補助を行う場合の補助の基準については，政令で定める。

（学校安全に関する学校の設置者の責務）

第26条　学校の設置者は，児童生徒等の安全の確保を図るため，その設置する学校において，事故，加害行為，災害等（以下この条及び第29条第3項において「事故等」という。）により児童生徒等に生ずる危険を防止し，及び事故等により児童生徒等に危険又は危害が現に生じた場合（同条第1項及び第2項において「危険等発生時」という。）において適切に対処することができるよう，当該学校の施設及び設備並びに管理運営体制の整備充実その他の必要な措置を講ずるよう努めるものとする。

（学校安全計画の策定等）

第27条　学校においては，児童生徒等の安全の確保を図るため，当該学校の施設及び設備の安全点検，児童生徒等に対する通学を含めた学校生活その他の日常生活における安全に関する指導，職員の研修その他学校における安全に関する事項について計画を策定し，これを実施しなければならない。

（学校環境の安全の確保）

第28条　校長は，当該学校の施設又は設備について，児童生徒等の安全の確保を図る上で支障となる事項があると認めた場合には，遅滞なく，その改善を図るために必要な措置を講じ，又は当該措置を講ずることができないときは，当該学校の設置者に対し，

・　**347**　・

資　料

その旨を申し出るものとする。
（危険等発生時対処要領の作成等）
第29条　学校においては，児童生徒等の安全の確保を
　図るため，当該学校の実情に応じて，危険等発生時
　において当該学校の職員がとるべき措置の具体的内
　容及び手順を定めた対処要領（次項において「危険
　等発生時対処要領」という。）を作成するものとす
　る。
2　校長は，危険等発生時対処要領の職員に対する周
　知，訓練の実施その他の危険等発生時において職員
　が適切に対処するために必要な措置を講ずるものと
　する。
3　学校においては，事故等により児童生徒等に危害
　が生じた場合において，当該児童生徒等及び当該事
　故等により心理的外傷その他の心身の健康に対する
　影響を受けた児童生徒等その他の関係者の心身の健
　康を回復させるため，これらの者に対して必要な支
　援を行うものとする。この場合においては，第10
　条の規定を準用する。
（地域の関係機関等との連携）
第30条　学校においては，児童生徒等の安全の確保を
　図るため，児童生徒等の保護者との連携を図るとと
　もに，当該学校が所在する地域の実情に応じて，当
　該地域を管轄する警察署その他の関係機関，地域の
　安全を確保するための活動を行う団体その他の関係
　団体，当該地域の住民その他の関係者との連携を図
　るよう努めるものとする。
（学校の設置者の事務の委任）
第31条　学校の設置者は，他の法律に特別の定めがあ
　る場合のほか，この法律に基づき処理すべき事務を
　校長に委任することができる。
（専修学校の保健管理等）
第32条　専修学校には，保健管理に関する専門的事項
　に関し，技術及び指導を行う医師を置くように努め
　なければならない。
2　専修学校には，健康診断，健康相談，保健指導，
　救急処置等を行うため，保健室を設けるように努め
　なければならない。
3　第3条から第6条まで，第8条から第10条まで，
　第13条から第21条まで及び第26条から前条まで
　の規定は，専修学校に準用する。
附　則（平成27年6月24日法律第46号）　抄
（施行期日）
第1条　この法律は，平成28年4月1日から施行す
　る。

○小学校学習指導要領（抄）

（平成29年3月31日文部科学省告示第63号）

第2章　各教科
第9節　体育
第1　目　標
　体育や保健の見方・考え方を働かせ，課題を見付
け，その解決に向けた学習過程を通して，心と体を
一体として捉え，生涯にわたって心身の健康を保持
増進し豊かなスポーツライフを実現するための資
質・能力を次のとおり育成することを目指す。
(1)　その特性に応じた各種の運動の行い方及び身近
　な生活における健康・安全について理解するととも
　に，基本的な動きや技能を身に付けるようにす
　る。
(2)　運動や健康についての自己の課題を見付け，そ
　の解決に向けて思考し判断するとともに，他者に
　伝える力を養う。
(3)　運動に親しむとともに健康の保持増進と体力の
　向上を目指し，楽しく明るい生活を営む態度を養
　う。

第2　各学年の目標及び内容
〔第3学年及び第4学年〕
　1　目　標
(1)　各種の運動の楽しさや喜びに触れ，その行
　い方及び健康で安全な生活や体の発育・発達
　について理解するとともに，基本的な動きや
　技能を身に付けるようにする。
(2)　自己の運動や身近な生活における健康の課
　題を見付け，その解決のための方法や活動を
　工夫するとともに，考えたことを他者に伝え
　る力を養う。
(3)　各種の運動に進んで取り組み，きまりを守
　り誰とでも仲よく運動をしたり，友達の考え
　を認めたり，場や用具の安全に留意したり
　し，最後まで努力して運動をする態度を養
　う。また，健康の大切さに気付き，自己の健
　康の保持増進に進んで取り組む態度を養う。
　2　内　容
G　保健
(1)　健康な生活について，課題を見付け，その
　解決を目指した活動を通して，次の事項を身
　に付けることができるよう指導する。
　ア　健康な生活について理解すること。
　　(ｱ)　心や体の調子がよいなどの健康の状態
　　　は，主体の要因や周囲の環境の要因が関
　　　わっていること。
　　(ｲ)　毎日を健康に過ごすには，運動，食事，
　　　休養及び睡眠の調和のとれた生活を続け
　　　ること，また，体の清潔を保つことなど
　　　が必要であること。
　　(ｳ)　毎日を健康に過ごすには，明るさの調

・　348　・

節，換気などの生活環境を整えることなどが必要であること。
イ　健康な生活について課題を見付け，その解決に向けて考え，それを表現すること。
(2)　体の発育・発達について，課題を見付け，その解決を目指した活動を通して，次の事項を身に付けることができるよう指導する。
ア　体の発育・発達について理解すること。
(ｱ)　体は，年齢に伴って変化すること。また，体の発育・発達には，個人差があること。
(ｲ)　体は，思春期になると次第に大人の体に近づき，体つきが変わったり，初経，精通などが起こったりすること。また，異性への関心が芽生えること。
(ｳ)　体をよりよく発育・発達させるには，適切な運動，食事，休養及び睡眠が必要であること。
イ　体がよりよく発育・発達するために，課題を見付け，その解決に向けて考え，それを表現すること。
3　内容の取扱い
(5)　内容の「G保健」については，(1)を第3学年，(2)を第4学年で指導するものとする。
(6)　内容の「G保健」の(1)については，学校でも，健康診断や学校給食など様々な活動が行われていることについて触れるものとする。
(7)　内容の「G保健」の(2)については，自分と他の人では発育・発達などに違いがあることに気付き，それらを肯定的に受け止めることが大切であることについて触れるものとする。
(8)　各領域の各内容については，運動と健康が密接に関連していることについての具体的な考えがもてるよう指導すること。

[第5学年及び第6学年]
1　目　標
(1)　各種の運動の楽しさや喜びを味わい，その行い方及び心の健康やけがの防止，病気の予防について理解するとともに，各種の運動の特性に応じた基本的な技能及び健康で安全な生活を営むための技能を身に付けるようにする。
(2)　自己やグループの運動の課題や身近な健康に関わる課題を見付け，その解決のための方法や活動を工夫するとともに，自己や仲間の考えたことを他者に伝える力を養う。
(3)　各種の運動に積極的に取り組み，約束を守り助け合って運動をしたり，仲間の考えや取組を認めたり，場や用具の安全に留意したりし，自己の最善を尽くして運動をする態度を養う。また，健康・安全の大切さに気付き，自己の健康の保持増進や回復に進んで取り組む態度を養う。

2　内　容
G　保　健
(1)　心の健康について，課題を見付け，その解決を目指した活動を通して，次の事項を身に付けることができるよう指導する。
ア　心の発達及び不安や悩みへの対処について理解するとともに，簡単な対処をすること。
(ｱ)　心は，いろいろな生活経験を通して，年齢に伴って発達すること。
(ｲ)　心と体には，密接な関係があること。
(ｳ)　不安や悩みへの対処には，大人や友達に相談する，仲間と遊ぶ，運動をするなどいろいろな方法があること。
イ　心の健康について，課題を見付け，その解決に向けて思考し判断するとともに，それらを表現すること。
(2)　けがの防止について，課題を見付け，その解決を目指した活動を通して，次の事項を身に付けることができるよう指導する。
ア　けがの防止に関する次の事項を理解するとともに，けがなどの簡単な手当をすること。
(ｱ)　交通事故や身の回りの生活の危険が原因となって起こるけがの防止には，周囲の危険に気付くこと，的確な判断の下に安全に行動すること，環境を安全に整えることが必要であること。
(ｲ)　けがなどの簡単な手当は，速やかに行う必要があること。
イ　けがを防止するために，危険の予測や回避の方法を考え，それらを表現すること。
(3)　病気の予防について，課題を見付け，その解決を目指した活動を通して，次の事項を身に付けることができるよう指導する。
ア　病気の予防について理解すること。
(ｱ)　病気は，病原体，体の抵抗力，生活行動，環境が関わりあって起こること。
(ｲ)　病原体が主な要因となって起こる病気の予防には，病原体が体に入るのを防ぐことや病原体に対する体の抵抗力を高めることが必要であること。
(ｳ)　生活習慣病など生活行動が主な要因となって起こる病気の予防には，適切な運動，栄養の偏りのない食事をとること，口腔の衛生を保つことなど，望ましい生活習慣を身に付ける必要があること。
(ｴ)　喫煙，飲酒，薬物乱用などの行為は，健康を損なう原因となること。
(ｵ)　地域では，保健に関わる様々な活動が行われていること。
イ　病気を予防するために，課題を見付け，その解決に向けて思考し判断するとともに，それらを表現すること。

資　料

3　内容の取扱い
(2)　内容の「A体つくり運動」の(1)のアと「G
保健」の(1)のアの(ウ)については，相互の関連
を図って指導するものとする。
(7)　内容の「G保健」については，(1)及び(2)を
第5学年，(3)を第6学年で指導するものとす
る。また，けがや病気からの回復についても
触れるものとする。
(8)　内容の「G保健」の(3)のアの(エ)の薬物につ
いては，有機溶剤の心身への影響を中心に取
り扱うものとする。また，覚醒剤等について
も触れるものとする。
(9)　各領域の各内容については，運動領域と保
健領域との関連を図る指導に留意すること。

第3　指導計画の作成と内容の取扱い
1　指導計画の作成に当たっては，次の事項に配
慮するものとする。
(1)　単元など内容や時間のまとまりを見通し
て，その中で育む資質・能力の育成に向け
て，児童の主体的・対話的で深い学びの実現
を図るようにすること。その際，体育や保健
の見方・考え方を働かせ，運動や健康につい
ての自己の課題を見付け，その解決のための
活動を選んだり工夫したりする活動の充実を
図ること。また，運動の楽しさや喜びを味
わったり，健康の大切さを実感したりするこ
とができるよう留意すること。
(2)　一部の領域の指導に偏ることのないよう授
業時数を配当すること。
(3)　第2の第3学年及び第4学年の内容の「G
保健」に配当する授業時数は，2学年間で8
単位時間程度，また，第2の第5学年及び第
6学年の内容の「G保健」に配当する授業時
数は，2学年間で16単位時間程度とすること。
(4)　第2の第3学年及び第4学年の内容の「G
保健」並びに第5学年及び第6学年の内容の
「G保健」（以下「保健」という。）について
は，効果的な学習が行われるよう適切な時期
に，ある程度まとまった時間を配当すること。
(5)　低学年においては，第1章総則の第2の4
の(1)を踏まえ，他教科等との関連を積極的に
図り，指導の効果を高めるようにするととも
に，幼稚園教育要領等に示す幼児期の終わり
までに育ってほしい姿との関連を考慮するこ
と。特に，小学校入学当初においては，生活
科を中心とした合科的・関連的な指導や，弾
力的な時間割の設定を行うなどの工夫をする
こと。
(6)　障害のある児童などについては，学習活動
を行う場合に生じる困難さに応じた指導内容
や指導方法の工夫を計画的，組織的に行うこ
と。
(7)　第1章総則の第1の2の(2)に示す道徳教育

の目標に基づき，道徳科などとの関連を考慮
しながら，第3章特別の教科道徳の第2に示
す内容について，体育科の特質に応じて適切
な指導をすること。
2　第2の内容の取扱いについては，次の事項に
配慮するものとする。
(1)　学校や地域の実態を考慮するとともに，
個々の児童の運動経験や技能の程度などに応
じた指導や児童自らが運動の課題の解決を目
指す活動を行えるよう工夫すること。特に，
運動を苦手と感じている児童や，運動に意欲
的に取り組まない児童への指導を工夫すると
ともに，障害のある児童などへの指導の際に
は，周りの児童が様々な特性を尊重するよう
指導すること。
(2)　筋道を立てて練習や作戦について話し合う
ことや，身近な健康の保持増進について話し
合うことなど，コミュニケーション能力や論
理的な思考力の育成を促すための言語活動を
積極的に行うことに留意すること。
(3)　第2の内容の指導に当たっては，コン
ピュータや情報通信ネットワークなどの情報
手段を積極的に活用し，各領域の特質に応じ
た学習活動を行うことができるように工夫す
ること。その際，情報機器の基本的な操作に
ついても，内容に応じて取り扱うこと。
(4)　運動領域におけるスポーツとの多様な関わ
り方や保健領域の指導については，具体的な
体験を伴う学習を取り入れるよう工夫するこ
と。
(10)　保健の内容のうち運動，食事，休養及び睡
眠については，食育の観点も踏まえつつ，健
康的な生活習慣の形成に結び付くよう配慮す
るとともに，保健を除く第3学年以上の各領
域及び学校給食に関する指導においても関連
した指導を行うようにすること。
(11)　保健の指導に当たっては，健康に関心をも
てるようにし，健康に関する課題を解決する
学習活動を取り入れるなどの指導方法の工夫
を行うこと。

資　料

○中学校学習指導要領（抄）

（平成 29 年 3 月 31 日文部科学省告示第 64 号）

第2章　各教科
第7節　保健体育
第1　目　標

体育や保健の見方・考え方を働かせ，課題を発見し，合理的な解決に向けた学習過程を通して，心と体を一体として捉え，生涯にわたって心身の健康を保持増進し豊かなスポーツライフを実現するための資質・能力を次のとおり育成することを目指す。
(1)　各種の運動の特性に応じた技能等及び個人生活における健康・安全について理解するとともに，基本的な技能を身に付けるようにする。
(2)　運動や健康についての自他の課題を発見し，合理的な解決に向けて思考し判断するとともに，他者に伝える力を養う。
(3)　生涯にわたって運動に親しむとともに健康の保持増進と体力の向上を目指し，明るく豊かな生活を営む態度を養う。

第2　各学年の目標及び内容

［保健分野］
1　目　標
(1)　個人生活における健康・安全について理解するとともに，基本的な技能を身に付けるようにする。
(2)　健康についての自他の課題を発見し，よりよい解決に向けて思考し判断するとともに，他者に伝える力を養う。
(3)　生涯を通じて心身の健康の保持増進を目指し，明るく豊かな生活を営む態度を養う。
2　内　容
(1)　健康な生活と疾病の予防について，課題を発見し，その解決を目指した活動を通して，次の事項を身に付けることができるよう指導する。
　ア　健康な生活と疾病の予防について理解を深めること。
　　(ア)　健康は，主体と環境の相互作用の下に成り立っていること。また，疾病は，主体の要因と環境の要因が関わり合って発生すること。
　　(イ)　健康の保持増進には，年齢，生活環境等に応じた運動，食事，休養及び睡眠の調和のとれた生活を続ける必要があること。
　　(ウ)　生活習慣病などは，運動不足，食事の量や質の偏り，休養や睡眠の不足などの生活習慣の乱れが主な要因となって起こること。また，生活習慣病などの多くは，適切な運動，食事，休養及び睡眠の調和のとれた生活を実践することによって予防できること。
　　(エ)　喫煙，飲酒，薬物乱用などの行為は，心

身に様々な影響を与え，健康を損なう原因となること。また，これらの行為には，個人の心理状態や人間関係，社会環境が影響することから，それぞれの要因に適切に対処する必要があること。
　　(オ)　感染症は，病原体が主な要因となって発生すること。また，感染症の多くは，発生源をなくすこと，感染経路を遮断すること，主体の抵抗力を高めることによって予防できること。
　　(カ)　健康の保持増進や疾病の予防のためには，個人や社会の取組が重要であり，保健・医療機関を有効に利用することが必要であること。また，医薬品は，正しく使用すること。
　イ　健康な生活と疾病の予防について，課題を発見し，その解決に向けて思考し判断するとともに，それらを表現すること。
(2)　心身の機能の発達と心の健康について，課題を発見し，その解決を目指した活動を通して，次の事項を身に付けることができるよう指導する。
　ア　心身の機能の発達と心の健康について理解を深めるとともに，ストレスへの対処をすること。
　　(ア)　身体には，多くの器官が発育し，それに伴い，様々な機能が発達する時期があること。また，発育・発達の時期やその程度には，個人差があること。
　　(イ)　思春期には，内分泌の働きによって生殖に関わる機能が成熟すること。また，成熟に伴う変化に対応した適切な行動が必要となること。
　　(ウ)　知的機能，情意機能，社会性などの精神機能は，生活経験などの影響を受けて発達すること。また，思春期においては，自己の認識が深まり，自己形成がなされること。
　　(エ)　精神と身体は，相互に影響を与え，関わっていること。欲求やストレスは，心身に影響を与えることがあること。また，心の健康を保つには，欲求やストレスに適切に対処する必要があること。
　イ　心身の機能の発達と心の健康について，課題を発見し，その解決に向けて思考し判断するとともに，それらを表現すること。
(3)　傷害の防止について，課題を発見し，その解決を目指した活動を通して，次の事項を身に付けることができるよう指導する。
　ア　傷害の防止について理解を深めるとともに，応急手当をすること。
　　(ア)　交通事故や自然災害などによる傷害は，人的要因や環境要因などが関わって発生すること。
　　(イ)　交通事故などによる傷害の多くは，安全

・　**351**　・

資　　料

な行動，環境の改善によって防止できること。

(ウ)　自然災害による傷害は，災害発生時だけでなく，二次災害によっても生じること。また，自然災害による傷害の多くは，災害に備えておくこと，安全に避難することによって防止できること。

(エ)　応急手当を適切に行うことによって，傷害の悪化を防止することができること。また，心肺蘇生法などを行うこと。

イ　傷害の防止について，危険の予測やその回避の方法を考え，それらを表現すること。

(4)　健康と環境について，課題を発見し，その解決を目指した活動を通して，次の事項を身に付けることができるよう指導する。

ア　健康と環境について理解を深めること。

(ア)　身体には，環境に対してある程度まで適応能力があること。身体の適応能力を超えた環境は，健康に影響を及ぼすことがあること。また，快適で能率のよい生活を送るための温度，湿度や明るさには一定の範囲があること。

(イ)　飲料水や空気は，健康と密接な関わりがあること。また，飲料水や空気を衛生的に保つには，基準に適合するよう管理する必要があること。

(ウ)　人間の生活によって生じた廃棄物は，環境の保全に十分配慮し，環境を汚染しないように衛生的に処理する必要があること。

イ　健康と環境に関する情報から課題を発見し，その解決に向けて思考し判断するとともに，それらを表現すること。

3　内容の取扱い

(1)　内容の(1)のアの(ア)及び(イ)は第1学年，(1)のアの(ウ)及び(エ)は第2学年，(1)のアの(オ)及び(カ)は第3学年で取り扱うものとし，(1)のイは全ての学年で取り扱うものとする。内容の(2)は第1学年，(3)は第2学年，(4)は第3学年で取り扱うものとする。

(2)　内容の(1)のアについては，健康の保持増進と疾病の予防に加えて，疾病の回復についても取り扱うものとする。

(3)　内容の(1)のアの(イ)及び(ウ)については，食育の観点も踏まえつつ健康的な生活習慣の形成に結び付くように配慮するとともに，必要に応じて，コンピュータなどの情報機器の使用と健康との関わりについて取り扱うことにも配慮するものとする。また，がんについても取り扱うものとする。

(4)　内容の(1)のアの(エ)については，心身への急性影響及び依存性について取り扱うこと。また，薬物は，覚醒剤や大麻等を取り扱うものとする。

(5)　内容の(1)のアの(オ)については，後天性免疫不全症候群（エイズ）及び性感染症についても取

り扱うものとする。

(6)　内容の(2)のアの(ア)については，呼吸器，循環器を中心に取り扱うものとする。

(7)　内容の(2)のアの(イ)については，妊娠や出産が可能となるような成熟が始まるという観点から，受精・妊娠を取り扱うものとし，妊娠の経過は取り扱わないものとする。また，身体の機能の成熟とともに，性衝動が生じたり，異性への関心が高まったりすることなどから，異性の尊重，情報への適切な対処や行動の選択が必要となることについて取り扱うものとする。

(8)　内容の(2)のアの(エ)については，体育分野の内容の「A体つくり運動」の(1)のアの指導との関連を図って指導するものとする。

(9)　内容の(3)のアの(エ)については，包帯法，止血法など傷害時の応急手当も取り扱い，実習を行うものとする。また，効果的な指導を行うため，水泳など体育分野の内容との関連を図るものとする。

(10)　内容の(4)については，地域の実態に即して公害と健康との関係を取り扱うことにも配慮するものとする。また，生態系については，取り扱わないものとする。

(11)　保健分野の指導に際しては，自他の健康に関心をもてるようにし，健康に関する課題を解決する学習活動を取り入れるなどの指導方法の工夫を行うものとする。

第3　指導計画の作成と内容の取扱い

1　指導計画の作成に当たっては，次の事項に配慮するものとする。

(1)　単元など内容や時間のまとまりを見通して，その中で育む資質・能力の育成に向けて，生徒の主体的・対話的で深い学びの実現を図るようにすること。その際，体育や保健の見方・考え方を働かせながら，運動や健康についての自他の課題を発見し，その合理的な解決のための活動の充実を図ること。また，運動の楽しさや喜びを味わったり，健康の大切さを実感したりすることができるよう留意すること。

(2)　授業時数の配当については，次のとおり扱うこと。

ア　保健分野の授業時数は，3学年間で48単位時間程度配当すること。

イ　保健分野の授業時数は，3学年間を通じて適切に配当し，各学年において効果的な学習が行われるよう考慮して配当すること。

(3)　障害のある生徒などについては，学習活動を行う場合に生じる困難さに応じた指導内容や指導方法の工夫を計画的，組織的に行うこと。

(4)　第1章総則の第1の2の(2)に示す道徳教育の目標に基づき，道徳科などとの関連を考慮しながら，第3章特別の教科道徳の第2に示す内容について，保健体育科の特質に応じて適切な指

● 352 ●

導をすること。
2　第2の内容の取扱いについては，次の事項に配慮するものとする。
(1)　体力や技能の程度，性別や障害の有無等に関わらず，運動の多様な楽しみ方を共有することができるよう留意すること。
(2)　言語能力を育成する言語活動を重視し，筋道を立てて練習や作戦について話し合う活動や，個人生活における健康の保持増進や回復について話し合う活動などを通して，コミュニケーション能力や論理的な思考力の育成を促し，自主的な学習活動の充実を図ること。
(3)　第2の内容の指導に当たっては，コンピュータや情報通信ネットワークなどの情報手段を積極的に活用して，各分野の特質に応じた学習活動を行うよう工夫すること。
(4)　体育分野におけるスポーツとの多様な関わり方や保健分野の指導については，具体的な体験を伴う学習の工夫を行うよう留意すること。
(5)　生徒が学習内容を確実に身に付けることができるよう，学校や生徒の実態に応じ，学習内容の習熟の程度に応じた指導，個別指導との連携を踏まえた教師間の協力的な指導などを工夫改善し，個に応じた指導の充実が図られるよう留意すること。
(6)　第1章総則の第1の2の(3)に示す学校における体育・健康に関する指導の趣旨を生かし，特別活動，運動部の活動などとの関連を図り，日常生活における体育・健康に関する活動が適切かつ継続的に実践できるよう留意すること。なお，体力の測定については，計画的に実施し，運動の指導及び体力の向上に活用するようにすること。
(7)　体育分野と保健分野で示された内容については，相互の関連が図られるよう留意すること。

資　料

○高等学校学習指導要領（抄）
（平成30年3月30日文部科学省告示第68号）

第6節　保健体育
第1款　目　標
　体育や保健の見方・考え方を働かせ，課題を発見し，合理的，計画的な解決に向けた学習過程を通して，心と体を一体として捉え，生涯にわたって心身の健康を保持増進し豊かなスポーツライフを継続するための資質・能力を次のとおり育成することを目指す。
(1)　各種の運動の特性に応じた技能等及び社会生活における健康・安全について理解するとともに，技能を身に付けるようにする。
(2)　運動や健康についての自他や社会の課題を発見し，合理的，計画的な解決に向けて思考し判断するとともに，他者に伝える力を養う。
(3)　生涯にわたって継続して運動に親しむとともに健康の保持増進と体力の向上を目指し，明るく豊かで活力ある生活を営む態度を養う。

第2款　各科目
第2　保　健
　1　目　標
　保健の見方・考え方を働かせ，合理的，計画的な解決に向けた学習過程を通して，生涯を通じて人々が自らの健康や環境を適切に管理し，改善していくための資質・能力を次のとおり育成する。
　(1)　個人及び社会生活における健康・安全について理解を深めるとともに，技能を身に付けるようにする。
　(2)　健康についての自他や社会の課題を発見し，合理的，計画的な解決に向けて思考し判断するとともに，目的や状況に応じて他者に伝える力を養う。
　(3)　生涯を通じて自他の健康の保持増進やそれを支える環境づくりを目指し，明るく豊かで活力ある生活を営む態度を養う。
　2　内　容
　(1)　現代社会と健康について，自他や社会の課題を発見し，その解決を目指した活動を通して，次の事項を身に付けることができるよう指導する。
　　ア　現代社会と健康について理解を深めること。
　　　(ア)　健康の考え方
　　　　　国民の健康課題や健康の考え方は，国民の健康水準の向上や疾病構造の変化に伴って変わってきていること。また，健康は，様々な要因の影響を受けながら，主体と環境の相互作用の下に成り立っていること。
　　　　　健康の保持増進には，ヘルスプロモーションの考え方を踏まえた個人の適切な意思決定や行動選択及び環境づくりが関わること。

資　料

(イ)　現代の感染症とその予防

感染症の発生や流行には，時代や地域によって違いがみられること。その予防には，個人の取組及び社会的な対策を行う必要があること。

(ウ)　生活習慣病などの予防と回復

健康の保持増進と生活習慣病などの予防と回復には，運動，食事，休養及び睡眠の調和のとれた生活の実践や疾病の早期発見，及び社会的な対策が必要であること。

(エ)　喫煙，飲酒，薬物乱用と健康

喫煙と飲酒は，生活習慣病などの要因になること。また，薬物乱用は，心身の健康や社会に深刻な影響を与えることから行ってはならないこと。それらの対策には，個人や社会環境への対策が必要であること。

(オ)　精神疾患の予防と回復

精神疾患の予防と回復には，運動，食事，休養及び睡眠の調和のとれた生活を実践するとともに，心身の不調に気付くことが重要であること。また，疾病の早期発見及び社会的な対策が必要であること。

イ　現代社会と健康について，課題を発見し，健康や安全に関する原則や概念に着目して解決の方法を思考し判断するとともに，それらを表現すること。

(2)　安全な社会生活について，自他や社会の課題を発見し，その解決を目指した活動を通して，次の事項を身に付けることができるよう指導する。

ア　安全な社会生活について理解を深めるとともに，応急手当を適切にすること。

(ア)　安全な社会づくり

安全な社会づくりには，環境の整備とそれに応じた個人の取組が必要であること。また，交通事故を防止するには，車両の特性の理解，安全な運転や歩行など適切な行動，自他の生命を尊重する態度，交通環境の整備が関わること。交通事故には補償をはじめとした責任が生じること。

(イ)　応急手当

適切な応急手当は，傷害や疾病の悪化を軽減できること。応急手当には，正しい手順や方法があること。また，応急手当は，傷害や疾病によって身体が時間の経過とともに損なわれていく場合があることから，速やかに行う必要があること。

心肺蘇生法などの応急手当を適切に行うこと。

イ　安全な社会生活について，安全に関する原則や概念に着目して危険の予測やその回避の方法を考え，それらを表現すること。

(3)　生涯を通じる健康について，自他や社会の課題を発見し，その解決を目指した活動を通し

て，次の事項を身に付けることができるよう指導する。

ア　生涯を通じる健康について理解を深めること。

(ア)　生涯の各段階における健康

生涯を通じる健康の保持増進や回復には，生涯の各段階の健康課題に応じた自己の健康管理及び環境づくりが関わっていること。

(イ)　労働と健康

労働災害の防止には，労働環境の変化に起因する傷害や職業病などを踏まえた適切な健康管理及び安全管理をする必要があること。

イ　生涯を通じる健康に関する情報から課題を発見し，健康に関する原則や概念に着目して解決の方法を思考し判断するとともに，それらを表現すること。

(4)　健康を支える環境づくりについて，自他や社会の課題を発見し，その解決を目指した活動を通して，次の事項を身に付けることができるよう指導する。

ア　健康を支える環境づくりについて理解を深めること。

(ア)　環境と健康

人間の生活や産業活動は，自然環境を汚染し健康に影響を及ぼすことがあること。それらを防ぐには，汚染の防止及び改善の対策をとる必要があること。また，環境衛生活動は，学校や地域の環境を健康に適したものとするよう基準が設定され，それに基づき行われていること。

(イ)　食品と健康

食品の安全性を確保することは健康を保持増進する上で重要であること。また，食品衛生活動は，食品の安全性を確保するよう基準が設定され，それに基づき行われていること。

(ウ)　保健・医療制度及び地域の保健・医療機関

生涯を通じて健康を保持増進するには，保健・医療制度や地域の保健所，保健センター，医療機関などを適切に活用することが必要であること。

また，医薬品は，有効性や安全性が審査されており，販売には制限があること。疾病からの回復や悪化の防止には，医薬品を正しく使用することが有効であること。

(エ)　様々な保健活動や社会的対策

我が国や世界では，健康課題に対応して様々な保健活動や社会的対策などが行われていること。

(オ)　健康に関する環境づくりと社会参加

自他の健康を保持増進するには，ヘルス

資　料

プロモーションの考え方を生かした健康に
関する環境づくりが重要であり，それに積
極的に参加していくことが必要であるこ
と。また，それらを実現するには，適切な
健康情報の活用が有効であること。
イ　健康を支える環境づくりに関する情報から
課題を発見し，健康に関する原則や概念に着
目して解決の方法を思考し判断するととも
に，それらを表現すること。
3　内容の取扱い
(1)　内容の(1)のアの(ウ)及び(4)のアの(イ)について
は，食育の観点を踏まえつつ，健康的な生活習
慣の形成に結び付くよう配慮するものとする。
また，(1)のアの(ウ)については，がんについても
取り扱うものとする。
(2)　内容の(1)のアの(ウ)及び(4)のアの(ウ)について
は，健康とスポーツの関連について取り扱うも
のとする。
(3)　内容の(1)のアの(エ)については，疾病との関
連，社会への影響などについて総合的に取り扱
い，薬物については，麻薬，覚醒剤，大麻等を
取り扱うものとする。
(4)　内容の(1)のアの(オ)については，大脳の機能，
神経系及び内分泌系の機能について必要に応じ
関連付けて扱う程度とする。また，「体育」の
「A体つくり運動」における体ほぐしの運動と
の関連を図るよう配慮するものとする。
(5)　内容の(2)のアの(ア)については，犯罪や自然災
害などによる傷害の防止についても，必要に応
じ関連付けて扱うよう配慮するものとする。ま
た，交通安全については，二輪車や自動車を中
心に取り上げるものとする。
(6)　内容の(2)のアの(イ)については，実習を行うも
のとし，呼吸系及び循環器系の機能について
は，必要に応じ関連付けて扱う程度とする。ま
た，効果的な指導を行うため，「体育」の「D
水泳」などとの関連を図るよう配慮するものと
する。
(7)　内容の(3)のアの(ア)については，思春期と健
康，結婚生活と健康及び加齢と健康を取り扱う
ものとする。また，生殖に関する機能について
は，必要に応じ関連付けて扱う程度とする。責
任感を涵養することや異性を尊重する態度が必
要であること，及び性に関する情報等への適切
な対処についても扱うよう配慮するものとする。
(8)　内容の(4)のアの(ア)については，廃棄物の処理
と健康についても触れるものとする。
(9)　指導に際しては，自他の健康やそれを支える
環境づくりに関心をもてるようにし，健康に関
する課題を解決する学習活動を取り入れるなど
の指導方法の工夫を行うものとする。

第3款　各科目にわたる指導計画の作成と内容の取扱い
1　指導計画の作成に当たっては，次の事項に配慮
するものとする。
(1)　単元など内容や時間のまとまりを見通して，
その中で育む資質・能力の育成に向けて，生徒
の主体的・対話的で深い学びの実現を図るよう
にすること。その際，体育や保健の見方・考え
方を働かせながら，運動や健康についての自他
や社会の課題を発見し，その合理的，計画的な
解決のための活動の充実を図ること。また，運
動の楽しさや喜びを深く味わったり，健康の大
切さを実感したりすることができるよう留意す
ること。
(2)　第1章第1款の2の(3)に示す学校における体
育・健康に関する指導の趣旨を生かし，特別活
動，運動部の活動などとの関連を図り，日常生
活における体育・健康に関する活動が適切かつ
継続的に実践できるよう留意すること。なお，
体力の測定については，計画的に実施し，運動
の指導及び体力の向上に活用するようにするこ
と。
(3)　「保健」は，原則として入学年次及びその次
の年次の2か年にわたり履修させること。
(5)　義務教育段階との接続を重視し，中学校保健
体育科との関連に留意すること。
(6)　障害のある生徒などについては，学習活動を
行う場合に生じる困難さに応じた指導内容や指
導方法の工夫を計画的，組織的に行うこと。
2　内容の取扱いに当たっては，次の事項に配慮す
るものとする。
(1)　言語能力を育成する言語活動を重視し，筋道
を立てて練習や作戦について話し合ったり身振
りや身体を使って動きの修正を図ったりする活
動や，個人及び社会生活における健康の保持増
進や回復について話し合う活動などを通して，
コミュニケーション能力や論理的な思考力の育
成を促し，主体的な学習活動の充実を図ること。
(2)　各科目の指導に当たっては，その特質を踏ま
え，必要に応じて，コンピュータや情報通信
ネットワークなどを適切に活用し，学習の効果
を高めるよう配慮すること。
(3)　体力や技能の程度，性別や障害の有無等にか
かわらず，運動の多様な楽しみ方を社会で実践
することができるよう留意すること。
(4)　「体育」におけるスポーツとの多様な関わり
方や「保健」の指導については，具体的な体験
を伴う学習の工夫を行うよう留意すること。
(5)　「体育」と「保健」で示された内容については，
相互の関連が図られるよう，それぞれの内容を
適切に指導した上で，学習成果の関連が実感で
きるよう留意すること。

事項別索引

[A-Z]

ADHD　190, 192, 246, 249, 250, 253
AED　286, 301, 302, 313-316, 318, 319
AIDS　187
ARCS 動機づけモデル　86
BLS　313
CO　164
Focusing Resources on Effective School Health　48
H1N1　185
HACCP　144
Health Promoting School　18, 46, 48
Healthy School　46
HIV　187, 188
Human/Child Rights　340
HUS　187
INES　269
LD　246, 249, 250, 253
LNT モデル　270
MR ワクチン　186
OD の診断基準　166
PDCA　289
Pearson の積率相関係数　327-329
PM 2.5　261
PTSD　192
STD　188
STI　188
t 検定　328, 329
WHO　258, 276
χ^2 検定　328, 329
χ 線　269

[あ行]

アデノイド　165
アトピー性皮膚炎　167, 168, 240, 242
アドボカシー　342
アドレナリン自己注射液　168
アナフィラキシー　144, 168, 222, 240-242
アナフィラキシーショック　144, 168, 223, 300, 305, 307, 308
α 線　269
アレルギー疾患　144, 214, 223, 240
アレルギー食対応　145
アレルギー性鼻炎　169, 240, 242

安全側　270, 273
安全管理　254, 279, 286
安全教育　279, 291
安全点検　286
安全マップ　295
医学的学校衛生　42
医業　305
生きる力　65, 106, 117, 121, 138
意見表明　341
医師法　305
いじめ　206-211
いじめの認知件数　206, 208
いじめ防止対策推進法　206, 208, 211
一元配置分散分析　328, 329
一次救命処置　313-315
一般型　156, 157
医薬品　168, 260
医療的ケア　255
インクルーシブ教育システム　244, 245
飲酒　126-130
咽頭結膜熱　182, 217, 268
飲料水　262, 263, 266-268
う歯　34, 43, 164
うつ病　190, 192, 196, 203
運動時間　162, 175, 176
エイズ　72, 110, 117-119, 121, 185, 187
衛生害虫　268
栄養教諭　29, 31, 73, 141, 145, 223, 241
栄養教諭制度　45
エピペン®　144, 168, 169, 305, 308
応急手当　72, 76, 91, 300-313

[か行]

ガイガーミューラーカウンター　271
改正小学校令　42
回復体位　316
外部講師　153
外部被曝　269, 270
科学的な理解　59
痂皮化　182
学外講師　133
学習意欲　54
学習指導案　80-84, 91-93, 103, 104, 331, 332

事項別索引

学習指導要領　39、56-77、107、127、143、150、245、293、301、304、314、335、338

学習指導要領解説　74、98、99、109、127、151、332、338

学習評価　90

学制　42

学生生徒身体検査規程　42

課題学習　337、339

学級活動　108-110、294、295

学級担任　23

学校安全　276-281

学校安全計画　34、35、286

学校医　27、220

学校医制度　42

学校衛生　42、43

学校栄養職員　28、29、141、145、241

学校環境衛生　258

学校環境衛生活動　258、259、261、266、272

学校環境衛生基準　20、40、259、260、262

学校看護婦　43

学校管理下　280-282

学校給食　143

学校給食衛生管理基準　144

学校給食法　143

学校教育法　44、80、215、219、247、259、263

学校健康教育　16

学校健康教育運動　46

学校健康教育課　16

学校歯科医　27、220

学校歯科医令　43

学校生活管理指導表　238

学校生活管理指導表（アレルギー疾患用）　144、240

学校清潔法　42

学校体育指導要綱（試案）　56、57

学校伝染病予防規則　42

学校内診療施設　43

学校の清潔　263、265-268

学校保健　16

学校保健安全法　19

学校保健安全法施行規則　19

学校保健安全法施行令　19

学校保健委員会　30、31、46

学校保健活動　18

学校保健行政　38-40

学校保健計画　34-36

学校保健情報　24

学校保健政策　49-51

学校保健組織活動　18、25

学校保健統計調査　164、167、174、230

「学校保健」の教職必修化　46、47

学校保健法　19、22

学校薬剤師　27、220、260

化膿防止　310

体つくり運動　70、162、196

体の発育・発達　68、69、78、119

カリキュラム・マネジメント　66、107、304

川口市立青木中学校　46

間隔尺度　326-328

換気　23、68、262、263、266、267

換気の基準　262、264

がん教育　148-153

環境衛生検査　35、259、262

環境管理　254

環境づくり　293、298、336

監視性　285

感染症　180-188

感染症の予防及び感染症の患者に対する医療に関する法律　180-182

感染性胃腸炎　186

観点別学習状況　94

γ線　269

管理職　26

既往歴　216、234

気管支ぜん息　167、217、240、308

器官の発育　156

危機管理　254、277、278

危機管理体制　22、223、278

危機管理マニュアル　21、278、286、287、290

危険等発生時対処要領　21、286、287、301

危険予測　291-293

基礎的環境整備　244、246

喫煙　126-130

気道異物除去　313

気道確保　318

技能関連体力　160

救急処置　20、32

救急蘇生法　313-315

急性影響　126、128

急性出血性結膜炎　180、182、183

急性腎炎症候群　171

急病　304-306

教育委員会　22、27、38、39

教育基本法　16、39、44、107、343

教育実習　331、334

教育職員免許法　19、24、111

教育的学校衛生　43

・ **358** ・

事項別索引

教育令　42
教科書　84, 98, 338
共感的　148, 198
胸骨圧迫　302, 313, 315-319
教材　85, 89, 97, 99
教材化　97, 99, 332
教材観　81
教材づくり　334
教授行為　100, 332
偽陽性　229
共生社会　148, 244
競争的価値観　210
協働体制　342
起立性調節障害　166
緊急地震速報　72
近視　44, 164
空気感染　186
具体物教材　99
グループワーク　87, 129
グレイ　269
訓練　21, 26, 286, 287, 290, 296, 298
経口感染　186, 308
形態の発育　156
傾聴的　198
系統主義　58
痙攣　307, 311
ケーススタディ　87, 337
けがの防止　69
研究課題　322
健康安全・体育的行事　111, 226
健康観察　214-217
健康関連体力　160
健康教育運動　44, 46
健康診断　226, 228, 232, 250
健康相談　214, 218-220
健康相談活動　32, 218
健康と環境　73, 304
健康な生活　68, 71
健康に関する指導　106, 107
健康の保持増進のための実践力　54
健康リテラシー　55
校外機関　197, 200
口蓋扁桃　165
光化学スモッグ　261
航空機モニタリング　269, 271
広告分析　129, 130
抗多動薬　253
校長　26, 183, 204, 205

交通安全　35, 280
交通事故　277, 283
後天性免疫不全症候群　187
行動化・習慣化　58, 111
行動体力　160
高病原性鳥インフルエンザ　185
合理的配慮　244
高齢期　76
呼吸機能の発達　157
呼吸困難　167, 170, 306-308
国際寄生虫対策センター　49
国際原子力事象評価尺度　269
国民学校令　44
心のケア　21, 176, 278, 280
心の健康　69, 72
心の発達　69
心の問題　197, 200
個人情報　24, 200, 223, 240
骨折　310-312
子どもの権利条約　340
コンサルテーション役　223

[さ行]

災害安全　280
災害共済給付　38, 281, 303
再興感染症　185
最善の利益　340, 341
挫創　310
擦過傷　217, 310
三間の減少　163
シーベルト　269
ジェンダー　121, 122
しきい値なし直線モデル　270
時系列　277, 302, 332
止血　310, 311
止血法　311
思考・判断・表現　83, 90, 91, 94
思考力，判断力，表現力等　70, 71, 73, 74, 85, 91,
　151, 195, 196, 301, 302, 332
自己決定　123, 124
自己決定権　342
事後措置　229, 303
自己判断　123
自殺　115, 202
資質・能力　106
思春期　157
死戦期呼吸　316
刺創　310

359

事項別索引

肢体不自由　247, 248, 252, 253
実質的違法性阻却　255
実践力　54, 56, 71, 104, 110-112
質的データ　326, 327
疾病　71, 164, 253
疾病の予防　58, 151, 256
質問紙法　323
指定避難場所　298
児童会活動　17, 108, 110
指導観　81, 82
指導時数　78
指導内容　67
指導方法　70, 73, 77
自閉症　247-249
シミュレーション　287, 290
社会的学校衛生　43
就学規準　245, 247, 248
就学時健康診断　231
就学指導　250
重症度　145, 166, 167
授業観　96
授業構想力　101
授業遂行能力　96-98
主体的に学習に取り組む態度　67, 90, 91, 94
出席停止　182-184
種痘　42
順序尺度　326, 327
傷害の防止　72
小学校教員心得　42
小学校保健計画実施要領（試案）　44, 56, 58
省察的態度　101
情報機器　206
小論文　338
除去食対応　145
食育　136
食育基本法　138, 336
食育推進基本計画　136, 138
食に関する指導　138
食に関する指導の手引　139, 143
食物アレルギー　137, 144, 168, 240, 241
初経　68, 118, 119, 122
除細動　315
除染　271-273
自立活動　255, 256, 281
事例を用いた学習　129
新型インフルエンザ　180-182, 185
心筋炎　170
心筋症　170

神経型　156, 157
新興感染症　185
人工呼吸　313, 315, 317, 318
心疾患　169, 238
腎疾患　170, 171
心室中隔欠損症　169
心身症　167
心身症としてのOD　166, 167
心身の機能の発達　72, 78, 90, 119, 195
身体活動量　161, 162
身体機能の発達　63, 72
身体検査　42-44, 234
新体力テスト　160-163
シンチレーションカウンター　271, 272
心的外傷後ストレス障害　192
心肺蘇生法　313
心理尺度　323
心理的ないじめ　206
水泳プールの管理　267, 268
睡眠障害　252
スキャモン　156, 157
スクールガード・リーダー　290
スクールカウンセラー　27
スクールソーシャルワーカー　197, 225
スクリーニング　226, 228, 229
ステークホルダー　272
ストレス　194
ストレッサー　194, 195, 210
スポーツテスト　160
生活安全　280
生活管理　254
生活経験主義　58, 59
生活習慣　152, 161, 163, 174
性感染症　188
性器クラミジア感染症　188
正規分布　328, 329
生殖型　156, 157
精通　122
性的指向　116
性同一性障害　115, 116
生徒会活動　108, 110
生徒観　82, 103
性に関する指導　117, 119, 120
生理学大意　42
セーフティプロモーション　276
接触感染　186
摂食障害　191
切創　310

・　360　・

設置者　20
舌扁桃　165
先行研究　322
ぜん息　167, 306, 308
総合的な学習の時間　17, 119
痩身傾向児　164, 172
素材　98-101
組織活動　29, 286
存在権　340

[た行]
ターナー　44
体育科・保健体育科　26
第一次米国教育使節団　44
第一発育急進期　156
対人管理　286
体操伝習所　42
代替食対応　145
体調不良　163
大日本学校衛生協会　43
第二発育急進期　156
対物管理　286
第四次薬物乱用防止五か年戦略　131
体力　160
体力・運動能力の低下　174, 176
体錬科　44
多重比較　329
脱臼　311
打撲　311
単位時間　78
単元　81
地域学校安全委員会　289, 290
知覚過敏症　253
知識及び技能　69, 70, 74, 90
知識・技能　65, 67, 68, 74, 82-84, 90-92, 293
知識の習得　54
地方教育行政の組織及び運営に関する法律　38, 39
注意欠如多動性障害　192
中央教育審議会答申　22, 30
中性子線　269
中等学校保健計画実施要領（試案）　44, 46, 56, 214
腸管出血性大腸菌Ｏ157　144, 187
調査票　323
通級による指導　244, 246, 247, 341
津波　192, 269, 285, 297
ティーム・ティーチング　24
定期健康診断　164, 226
ディベート　337

てんかん発作　307
電磁波　269
伝染性軟属腫　268
伝染病予防規則　42
統計手法　326
統計的検定　326
統計量　327
統合失調症　75, 190
凍傷　311
道徳　120
道徳教育　208
討論　110
特殊教育　244
特定鳥インフルエンザ　180
特別活動　108, 119
特別支援学級　247
特別支援学校　247
特別支援教育　244
特別支援教育コーディネーター　251
突然死　169
トラホーム（トラコーマ）　43
鳥インフルエンザ（Ｈ５Ｎ１）（Ｈ７Ｎ９）　180

[な行]
内部被曝　269
二酸化炭素　262
二次救命処置　313
認定特別支援学校就学者　250
熱傷　311
熱中症　307
ネフローゼ症候群　170
年間指導計画　78
捻挫　311
脳卒中　306
ノロウイルス　186, 308
ノンパラメトリック検定　328

[は行]
パーセンタイル値　230
バイタルサイン　305
配当時間　78
ハインリッヒのドミノ理論　277
ハザードマップ　297
ハサップ　144
発育　156
発育曲線　156
発達　156
発達障害　246

361

事項別索引

ハドンのマトリック　277
パラメトリック検定　328
犯罪企図者　285
犯罪被害　284
反社会的行動　285
板書計画　94
搬送　303
パンデミック　185
引渡し　306
微小粒子状物質　261
ヒト免疫不全ウイルス　187
避難訓練　298
避難場所　298
被曝　269
飛沫感染　186, 308
肥満傾向児　164
肥満度　172
評価規準　94
病気の予防　69
評定　90, 94
比例尺度　326
ブースター効果　186
腹痛　306
負傷　282
不審者　284
不整脈　170
不登校　224
プライバシーの保護　200
プリシード・プロシードモデル　126
不慮の事故　282
ブレインストーミング　77, 88, 129
文化フィールド　99
文章教材　99
β線　269
ベクレル　269
ヘルスプロモーション　18
防衛体力　160
防災教育　298
放射性廃棄物　271
放射線　269, 271
放射線モニタリングポスト　271
放射線量　269
包帯法　301
防犯　277
防犯教室　200
ホームルーム活動　23, 108, 119
保健（体育）教師　18
保健・医療機関　73, 77, 336

保健・医療制度　77
保健活動や対策　77
保健管理　304
保健教育　304
保健教科書　90
保健室　306
保健指導　222
保健主事　25
保健主事の設置　44
保健主事の役割　25
保健所　184
保健調査　226
補装具　254
補聴器　253

[ま行]
麻しん　186
学びに向かう力，人間性等　70, 74
慢性腎炎症候群　171
三島通良　42
身の回りの生活の危険　69
見守り活動　290, 296
耳塞ぎ　253
むし歯　164
名義尺度　326
目線そらし　253
メンタルヘルス　197-199
模擬授業　102-104, 335, 338, 339
問題教材　99

[や行]
薬物乱用　129
薬物乱用防止教育　126, 127
薬物乱用防止教室　131, 132
有意水準　328
輸入感染症　185
要観察歯　164
溶血性尿毒症症候群　187
溶血性連鎖球菌　171
養護教諭　24, 219
養護教諭の職務　45, 218
養護訓導　44
養生法　42
予備調査　326

[ら行]
ライフスキル　49, 126, 127
裸眼視力　164

力量　96, 100
リスク・コミュニケーション　272
リスボン宣言　342
流行性角結膜炎　268
粒子線　269
領域性　285
量的データ　327
臨時休業　183
臨時健康診断　231
リンパ型　156
倫理綱領　343
倫理的配慮　324
ロールプレイング　77, 110, 129, 337
ワークシート　84, 94, 334
ワーディング　326

［わ行］
ワルダイエル咽頭輪　165

学校保健ハンドブック〈第７次改訂〉

1982 年 4 月10日	初版第 1 刷発行
2014 年 9 月10日	第 6 次改訂第 1 刷発行
2019 年 4 月10日	第 7 次改訂第 1 刷発行
2022 年 6 月20日	第 7 次改訂第 6 刷発行

編　集　**教員養成系大学保健協議会**

発行所　株式会社 **ぎょうせい**

〒136-8575　東京都江東区新木場 1-18-11

URL　https://gyosei.jp

フリーコール　0120-953-431

〈検印省略〉

ぎょうせい　お問い合わせ 検索 https://gyosei.jp/inquiry/

印刷　ぎょうせいデジタル株式会社　　　　　　　　Ⓒ 2019　Printed in Japan

※乱丁・落丁本はお取り替えいたします。

ISBN978-4-324-10577-1

(5108483-00-000)

[略号：学保ブック（7訂）]

平成29年改訂
小学校教育課程実践講座
全14巻

☑ **豊富な先行授業事例・指導案**
☑ **Q&Aで知りたい疑問を即解決！**
☑ **信頼と充実の執筆陣**

⇒**学校現場の ？ に即アプローチ！**
　明日からの授業づくりに直結!!

A5判・本文2色刷り・各巻220〜240頁程度

セット定価 27,720円（税込）
セット送料サービス

各巻定価 1,980円（税込）
各巻送料310円

巻 構 成　編者一覧

● **総 則** 天笠　茂（千葉大学特任教授）

● **国 語** 樺山敏郎（大妻女子大学准教授）

● **社 会** 北　俊夫（国士舘大学教授）

● **算 数** 齊藤一弥
（高知県教育委員会学力向上総括専門官）

● **理 科** 日置光久（東京大学特任教授）
田村正弘（東京都足立区立千寿小学校校長）
川上真哉（東京大学特任研究員）

● **生 活** 朝倉　淳（広島大学教授）

● **音 楽** 宮下俊也
（奈良教育大学教授・副学長・理事）

● **図画工作** 奥村高明（聖徳大学教授）

● **家 庭** 岡　陽子（佐賀大学大学院教授）
鈴木明子（広島大学大学院教授）

● **体 育** 岡出美則（日本体育大学教授）

● **外国語活動・外国語** 菅　正隆
（大阪樟蔭女子大学教授）

● **特別の教科 道徳** 押谷由夫
（武庫川女子大学教授）

● **総合的な学習の時間** 田村　学
（國學院大學教授）

● **特別活動** 有村久春（東京聖栄大学教授）

株式会社 **ぎょうせい**

フリーコール
TEL：0120-953-431 [平日9〜17時] **FAX：0120-953-495**

〒136-8575 東京都江東区新木場1-18-11　**https://shop.gyosei.jp**　ぎょうせいオンライン 検索

平成29年改訂
中学校教育課程実践講座
全13巻

☑ 豊富な先行授業事例・指導案
☑ Q&Aで知りたい疑問を即解決！
☑ 信頼と充実の執筆陣

⇒学校現場の **?** に即アプローチ！
明日からの授業づくりに直結!!

A5判・本文2色刷り・各巻220～240頁程度

セット定価 **25,740**円（税込）
セット送料サービス

各巻定価 **1,980**円（税込）
各巻送料310円

巻 構 成　編者一覧

● **総 則** 天笠　茂（千葉大学特任教授）

● **国 語** 髙木展郎（横浜国立大学名誉教授）

● **社 会** 工藤文三（大阪体育大学教授）

● **数 学** 永田潤一郎（文教大学准教授）

● **理 科** 小林辰至（上越教育大学大学院教授）

● **音 楽** 宮下俊也
（奈良教育大学教授・副学長・理事）

● **美 術** 永関和雄（武蔵野美術大学非常勤講師）
安藤聖子（明星大学非常勤講師）

● **保健体育** 今関豊一（日本体育大学大学院教授）

● **技術・家庭**
〈技術分野〉古川　稔（福岡教育大学特命教授）
〈家庭分野〉杉山久仁子（横浜国立大学教授）

● **外 国 語** 菅　正隆（大阪樟蔭女子大学教授）

● **特別の教科 道徳** 押谷由夫
（武庫川女子大学教授）

● **総合的な学習の時間** 田村　学
（國學院大學教授）

● **特別活動** 城戸　茂（愛媛大学教授）
島田光美（日本体育大学非常勤講師）
美谷島正義（東京女子体育大学教授）
三好仁司（日本体育大学教授）

株式会社 **ぎょうせい**

フリーコール
TEL:0120-953-431 [平日9～17時] FAX:0120-953-495

〒136-8575 東京都江東区新木場1-18-11
https://shop.gyosei.jp ぎょうせいオンライン 検索

「特別支援教育」の考え方・進め方が **事例でわかるシリーズ！**

共生社会の時代の特別支援教育 全3巻

編集代表 柘植雅義（筑波大学教授）

A5判・セット定価 **8,250円（税込）** 送料サービス
各巻定価 **2,750円（税込）** 送料310円　［電子版］各巻定価 **2,750円（税込）**

※送料は2021年2月現点の料金です。　※電子版はぎょうせいオンライン（https://shop.gyosei.jp）からご注文ください。

**「特別支援教育」の今を知り、目の前の子供たちに向き合っていく。
その確かな手がかりがここに。**

巻構成

第1巻 新しい特別支援教育 インクルーシブ教育の今とこれから

特別支援教育の現状と課題をコンパクトにまとめ、学校種ごとの実践のポイントについて事例を通して紹介いたします。

編集代表 柘植雅義（筑波大学教授）　編著 石橋由紀子（兵庫教育大学大学院准教授）
　　　　　　　　　　　　　　　　　　　　伊藤由美（国立特別支援教育総合研究所主任研究員）
　　　　　　　　　　　　　　　　　　　　吉利宗久（岡山大学大学院准教授）

第2巻 学びを保障する指導と支援 すべての子供に配慮した学習指導

障害のある子供への指導・支援、すべての子供が共に学び合う環境づくり、授業における合理的配慮の実際など、日々の実践に直結した事例が満載です。

編集代表 柘植雅義（筑波大学教授）　編著 熊谷恵子（筑波大学教授）
　　　　　　　　　　　　　　　　　　　　日野久美子（佐賀大学大学院教授）
　　　　　　　　　　　　　　　　　　　　藤本裕人（帝京平成大学教授）

第3巻 連携とコンサルテーション 多様な子供を多様な人材で支援する

学校内外の人材をどう生かし子供の学びと育ちを支えていくか。生徒指導や教育相談の在り方は、保護者の関わりは、様々な連携策を事例で示します。

編集代表 柘植雅義（筑波大学教授）　編著 大石幸二（立教大学教授）
　　　　　　　　　　　　　　　　　　　　鎌塚優子（静岡大学教授）
　　　　　　　　　　　　　　　　　　　　滝川国芳（東洋大学教授）

株式会社 **ぎょうせい**
〒136-8575 東京都江東区新木場1-18-11

フリーコール **TEL：0120-953-431** ［平日9〜17時］ **FAX：0120-953-495**
https://shop.gyosei.jp　ぎょうせいオンライン 検索